Droit institutionnel, matériel et contentieux de l'Union européenne

5e édition

D1665606

Déjà parus :

Michel Attal, *Culture judiciaire*, 4ᵉ éd., 2019

Michel Attal et Xavier Bioy, *Protection des droits et libertés fondamentaux et grand oral*, 2014

Olivier Blin, *Droit international public général*, 3ᵉ éd., 2022

Emmanuel Cordelier, *Droit commercial et droit des affaires*, 5ᵉ éd., 2022

Eugénie Fabries–Lecea, *Droit international privé*, 2ᵉ éd., 2022

Valerio Forti, *Régime général des obligations*, 2021

Jérôme Julien, *Droit des obligations*, 5ᵉ éd., 2021

Cécile Le Gallou, *Droit des sûretés*, 4ᵉ éd., 2021

Véronique Mikalef-Toudic, *Droit des personnes et de la famille*, 2ᵉ éd., 2015

Véronique Mikalef-Toudic, *Droit de la famille et des régimes matrimoniaux*, 2ᵉ éd., 2022

Stéphane Piedelièvre, *Les régimes matrimoniaux*, 4ᵉ éd., 2022

Stéphane Piedelièvre, *Successions et libéralités*, 4ᵉ éd., 2022

Anne Ponseille, *Droit de l'exécution des peines*, 2021

Catherine Puigelier, *La note de synthèse. Méthodologie, sujets et corrigés*, 2021

Bruno Siau, *Droit du travail*, 4ᵉ éd., 2018

Claire Sourzat, *Droit pénal général et procédure pénale*, 3ᵉ éd., 2019

Droit institutionnel, matériel et contentieux de l'Union européenne

5e édition

Olivier Blin

Préface de Joël Molinier

BRUYLANT

Collection
Paradigme

Pour toute information sur nos fonds et nos nouveautés dans votre domaine de spécialisation, consultez nos sites web via www.larcier.com.

© Lefebvre Sarrut Belgium SA, 2022   5e édition
Éditions Bruylant
Rue Haute, 139/6 - 1000 Bruxelles

Imprimé en Belgique

Dépôt légal :
Bibliothèque nationale, Paris : août 2022   ISSN 2506-9004
Bbliothèque royale de Belgique, Bruxelles : 2022/0031/201   ISBN : 978-2-39013-383-4

Collection
Paradigme

Découvrez tous les ouvrages de la collection Paradigme

À mon père, que j'ai tenté de rallier à l'idée européenne...

Avertissement

Le présent ouvrage a été conçu en 2014 pour correspondre au programme de l'examen d'accès au Centre régional de formation professionnelle des avocats (CRFPA) résultant de l'arrêté du 11 septembre 2003 qui prévoyait à l'époque, s'agissant de la dimension européenne, deux matières : le « Droit communautaire et européen » d'une part et la « Procédure communautaire et européenne » d'autre part.

L'arrêté du 17 octobre 2016 (*JORF* du 18 octobre 2016) revoit significativement tant le programme que les modalités de l'examen d'accès au CRFPA.

Dorénavant, parmi les épreuves d'admissibilité figure une épreuve dite de spécialité au titre de laquelle les candidats pourront choisir le « Droit international et européen » dont il est précisé qu'il comprend : le « droit international public » (voy. O. BLIN, *Droit international public général*, cette collection, 2017), le « Droit international privé » (voy. E. FABRIES-LÉCÉA, *Droit international privé*, cette collection, 2017), le « Droit du commerce international » et enfin le « Droit européen ».

Sous ce dernier intitulé, il nous semble qu'il convient de ranger le droit institutionnel (institutions et actes de l'Union), le droit matériel (libre circulation et libre concurrence) et le contentieux (juridictions européennes et principales voies de recours utilisables devant elles) de l'Union européenne.

Quant au contentieux devant la Cour européenne des droits de l'homme – relevant d'une organisation européenne différente de l'Union européenne, le Conseil de l'Europe –, le choix a été fait de le traiter spécifiquement, dans un document « compagnon » disponible en ligne.

Ces précisions permettent de justifier le plan général de cet ouvrage de « Droit de l'Union européenne » finalement retenu :

Partie I : Le système juridique européen

Partie II : Le marché européen

Partie III : Le juge européen

Abréviations

aff.	affaire
art. préc.	article précité
BCE	Banque centrale européenne
BEI	Banque européenne d'investissement
CDE	Cahiers de droit européen
CE	Communauté européenne (ex-CEE)
C.E.	Conseil d'État
CECA	Communauté européenne du charbon et de l'acier
Cour eur. D.H.	Cour européenne des droits de l'homme
CEEA	Communauté européenne de l'énergie atomique (ou Euratom)
chron.	chronique
CIG	Conférence intergouvernementale
CJAI	Coopération en matière de justice et d'affaires intérieures
CJCE	Cour de justice des Communautés européennes
CJUE	Cour de justice de l'Union européenne
Cons. const.	Conseil constitutionnel
CPJP	Coopération policière et judiciaire en matière pénale
ELSJ	Espace de liberté, de sécurité et de justice
Europe	Revue Europe
ibid.	au même endroit (*ibidem*)
infra	ci-dessous
JCl Europe	Juris-Classeur Europe

JDE	Journal de droit européen (ex-*JTDE*)
JORF	Journal officiel de la République française
JOCE	Journal officiel des Communautés européennes
JOUE	Journal officiel de l'Union européenne
np	non publié (arrêt ou ordonnance)
ord.	ordonnance
PE	Parlement européen
PESC	Politique étrangère et de sécurité commune
PUF	Presses universitaires de France
QPC	Question prioritaire de constitutionnalité
RAE	Revue des affaires européennes
rapp.	rapport
Rec.	Recueil de la jurisprudence de la Cour de justice
RDUE	Revue du droit de l'Union européenne (ex-*RMUE*)
RUE	Revue de l'Union européenne (ex-*RMCUE*)
RTDE	Revue trimestrielle de droit européen
SEBC	Système européen des banques centrales
dir.	sous la direction de
supra	ci-dessus
TCE	Traité instituant la Communauté européenne
TFPUE	Tribunal de la fonction publique de l'Union européenne
TFUE	Traité sur le fonctionnement de l'Union européenne
TUE	Traité sur l'Union européenne
UE	Union européenne
UEM	Union économique et monétaire

Préface

Le titre du présent ouvrage permet de saisir d'emblée l'ambition qui a animé son auteur. Le plan adopté le confirme. Dans une première partie (*Le système juridique européen*), les institutions, organes et organismes de l'Union sont présentés, puis les sources du droit de l'Union sont inventoriées. Ensuite, dans une deuxième partie (*Le marché européen*), le régime des grandes libertés, de circulation et de concurrence, est analysé. Dans une troisième partie enfin (*Le juge européen*), l'organisation des juridictions de l'Union, leurs règles de fonctionnement et les voies de droit qui permettent de les saisir sont tour à tour précisées.

C'est dire que M. Blin a mis en œuvre une approche englobante de son sujet, en réunissant dans un même ouvrage une matière habituellement répartie en au moins deux, traduisant la traditionnelle dichotomie droit institutionnel/droit matériel de l'Union européenne. Il fournit ainsi, sous la forme d'une vue d'ensemble, une très complète introduction à la connaissance du droit de l'Union, que le lecteur pourra, dans un second temps, approfondir en fonction de ses centres d'intérêt. Les publications en effet ne manquent pas, qui sont consacrées à tel aspect du droit de l'Union, alors que rares sont celles qui, sans être superficielles, « balayent » ce dernier dans son entier.

Sans doute, compte tenu des limites imparties à l'ouvrage, M. Blin ne pouvait-il être exhaustif. Il a ainsi choisi, s'agissant des domaines d'intervention de l'Union, de se focaliser sur le marché intérieur, en laissant en dehors du champ de son étude les diverses politiques sectorielles que l'Union met en œuvre, nonobstant l'importance que certaines d'entre elles revêtent. Mais, après tout, le marché intérieur n'est-il pas, aujourd'hui encore, le « cœur de métier » de l'Union ? Bien loin d'être un acquis qu'il suffirait de gérer, il demeure, notamment dans l'esprit de la Commission, une priorité politique dont tous les résultats ne sont pas encore, ou ne sont pas suffisamment concrétisés. En outre, M. Blin a retenu une acception large du marché intérieur, en y intégrant, aux côtés des classiques libertés de circulation, les instruments de la politique de concurrence.

L'essentiel du droit de l'Union est donc exposé dans un ouvrage dont l'un des principaux mérites est de rendre aisément accessible les diverses facettes d'une construction juridique qui, directement ou indirectement, produit aujourd'hui ses effets sur le quotidien de 500 millions de personnes.

Joël MOLINIER
Professeur émérite de l'Université de Toulouse 1 – Capitole

Sommaire

PARTIE II
LE MARCHÉ EUROPÉEN

TITRE I
La libre circulation

TITRE II
La libre concurrence

PARTIE III
LE JUGE EUROPÉEN

TITRE I
Les juridictions de l'Union et la procédure contentieuse

TITRE II
Les principales voies de droit

Introduction générale

1. Discours de Victor Hugo sur les États-Unis d'Europe. « À coup sûr, cette chose immense, la République européenne, nous l'aurons. Nous aurons ces grands États-Unis d'Europe qui couronneront le vieux monde comme les États-Unis d'Amérique couronnent le nouveau.

Nous aurons l'esprit de conquête transfiguré en esprit de découverte ; nous aurons la généreuse fraternité des peuples, au lieu de la fraternité féroce des empereurs ; nous aurons la patrie sans la frontière, le budget sans le parasitisme, le commerce sans la douane, la circulation sans la barrière, l'éducation sans l'abrutissement [...], la vérité sans le dogme.

[...] Il y aura sur le monde un flot de lumière. Et qu'est-ce que cette lumière ? C'est la liberté. Et qu'est-ce que cette liberté ? C'est la paix. »

Ainsi s'exprimait Victor Hugo (1802-1885), avec son lyrisme habituel, dans une lettre adressée en 1872 aux organisateurs du Congrès de la Paix à Lugano qui l'avaient invité à participer à leurs discussions sur la situation en Europe et auxquelles il ne pouvait se rendre[1].

2. États désunis d'Europe. Un siècle et demi plus tard et dans une période où l'Union européenne apparaît dorénavant « mortelle » plutôt qu'irréversible[2], cette référence au concept des « États-Unis d'Europe » peut surprendre.

D'aucuns considèrent en effet qu'il serait plus adapté de parler des « États désunis d'Europe »[3] tant les lignes de fracture sont aujourd'hui importantes – sur les questions économique, migratoire, ou encore des valeurs de l'Union –, voire de la « fin de l'Europe » du fait de la montée en puissance des mouvements anti-européens, du *Brexit*[4], et de la récente

---

1. Voy. O. BLIN, « Victor Hugo et la construction communautaire », *Revue de la recherche juridique*, n° 1, 2004, pp. 569-585.
2. P. HUBERDEAU, *La construction européenne est-elle irréversible ?*, coll. Réflexe Europe, Paris, La documentation Française, 2017.
3. P. SMOLAR, « Les États désunis d'Europe », *Le Monde*, 11 novembre 2011.
4. Sur le *Britain Exit*, voy. Ch. BAHUREL, E. BERNARD et M. HO-DAC (dir.), *Le Brexit. Enjeux régionaux, nationaux et internationaux*, Bruxelles, Bruylant, 2017, ainsi que V. BARBE et C. KOUMPLI, *Brexit, droits et libertés*, Bruxelles, Larcier, 2022.

pandémie de la Covid-19 qui a mis à mal certains principes fondateurs (de libre circulation[5], de discipline budgétaire...) de l'Union et la solidarité entre ses États membres.

En dépit – ou à cause – de cette situation dans laquelle les intérêts nationaux ont manifestement pris le dessus sur le sens de l'intérêt commun, le message d'avenir que Victor Hugo adresse aux peuples européens dans la seconde moitié du XIXe siècle demeure pourtant un éclairage pertinent pour qui veut comprendre l'évolution des Communautés et de l'Union européenne depuis le début des années 1950 et réfléchir à son avenir, quelle que soit la forme de celui-ci...

3. Rappel des étapes de la construction européenne. Plus de 70 ans, c'est l'âge de la construction politique, économique et juridique la plus ambitieuse jamais tentée par des États modernes ; afin de saisir l'originalité de ce véritable « pari »[6], son histoire sera brièvement retracée ci-dessous, à travers ses principales étapes : la mise en place des Communautés européennes (§ 1), la relance de celles-ci par l'Acte unique européen de 1986 (§ 2), l'institution de l'Union européenne par le Traité de Maastricht de 1992 (§ 3), les timides avancées du Traité d'Amsterdam de 1997 (§ 4), la réforme institutionnelle *a minima* du Traité de Nice de 2001 (§ 5), la Convention sur la réforme des institutions et la Constitution européenne de 2004 (§ 6) et enfin la nouvelle « mécanique institutionnelle » résultant du Traité de Lisbonne de 2007 (§ 7)[7].

§ 1. La mise en place des Communautés européennes

4. Lancement de la CECA. « L'Europe ne se fera pas d'un coup, ni dans une construction d'ensemble. Elle se fera par des réalisations concrètes créant d'abord une solidarité de fait [...]. Le rassemblement des nations européennes exige que l'opposition séculaire de la France et de l'Allemagne soit éliminée. » Ainsi s'exprimait, le 9 mai 1950 dans le salon de l'horloge du Quai d'Orsay, Robert Schuman, ministre français des Affaires étrangères. Ce discours – rédigé par Jean Monnet (alors Commissaire au plan) et ses collaborateurs, notamment le juriste Paul Reuter – devait marquer le véritable coup d'envoi de la construction européenne[8].

---

5. Voy. F. Berrod, « L'Union européenne et la Covid-19 ou le réarmement des frontières », *Europe*, étude n° 9, 2020.

6. Voy. C. Pineau et C. Rimbaud, *Le grand pari. L'aventure du Traité de Rome*, Paris, Fayard, 1991. Voy. aussi G. Amato, *The History of the European Union, Constructing Utopia*, London, Hart Publishing, 2019.

7. Voy. G. Soulier et O. Descamps, « Union européenne. Histoire de la construction européenne », *JCl Europe*, fasc. 100, 2021.

8. Voy. P. Reuter, *La CECA*, Paris, LGDJ, 1953.

À ce moment-là, d'autres organisations européennes avaient déjà été mises en place : l'Organisation européenne de coopération économique (OECE) créée en 1948 et qui deviendra l'Organisation de coopération et de développement économiques (OCDE) ; l'Union de l'Europe occidentale (UEO, 1948) ; l'Organisation du Traité de l'Atlantique Nord (OTAN, 1949) ; le Conseil de l'Europe (1949) enfin.

Mais ce projet de pool charbon-acier franco-allemand, qui aboutira au Traité de la Communauté européenne du charbon et de l'acier (CECA) signé le 18 avril 1951 à Paris par l'Allemagne, la France, la Belgique, l'Italie, le Luxembourg et les Pays-Bas, s'engageait dans une logique tout à fait nouvelle.

5. Création de la CEE et de la CEEA. Entré en vigueur le 15 juillet 1952 pour une durée de cinquante ans, ce Traité de Paris instituant la CECA avait en effet pour principale caractéristique de confier la gestion du marché commun du charbon et de l'acier à une « Haute Autorité » composée de membres indépendants des États, selon une formule qui sera qualifiée de « supranationale ». Un Conseil des ministres, une Assemblée parlementaire et une Cour de justice complétaient un dispositif institutionnel qui préfigurait celui de la future Communauté européenne générale.

Dans la foulée de la CECA, les mêmes pays signeront d'ailleurs à Rome, le 25 mars 1957, deux autres traités, l'un instituant la Communauté économique européenne (CEE) et l'autre la Communauté européenne de l'énergie atomique (Euratom ou CEEA), qui entreront en vigueur le 14 janvier 1958.

6. Logique intégrative (ou supranationale) des Communautés européennes. Ces trois Communautés européennes constituent autant d'organisations internationales, c'est-à-dire des enceintes ayant vocation à permettre aux États qui le souhaitent d'élaborer et d'adopter des règles communes dans un domaine déterminé. Mais elles se distinguent des organisations internationales dites « classiques » (ONU, OMC, FAO, etc.) dans la mesure où elles fonctionnent sur la base de mécanismes d'intégration et non de simple coopération interétatique.

Concrètement, ce principe d'intégration signifie que les États membres ont accepté de déléguer leur souveraineté à des institutions dans différentes matières, comme la gestion du charbon et de l'acier, l'union douanière ou la politique commerciale commune. Cette démarche est beaucoup plus ambitieuse que la simple coopération, puisque les États mettent en commun certaines de leurs compétences et laissent le soin à des institutions spécialement mises en place à cet effet de gérer les intérêts qu'ils partagent[9]. Cela étant, à côté de ces domaines de compétences

---

9. Voy. P. PESCATORE, *Le droit de l'intégration. Émergence d'un phénomène nouveau dans les relations internationales, selon l'expérience des Communautés européennes,* coll. Droit de l'UE, Bruxelles, Bruylant, 2006.

transférés des États vers les Communautés, il y a également des domaines régis par la coopération, comme en matière de politique économique (encore aujourd'hui d'ailleurs) par exemple.

7. Premières crises des Communautés européennes. Le premier objectif du Traité CEE était l'établissement d'une union douanière entre les six États membres, c'est-à-dire la réalisation d'un espace sans frontières tarifaires internes protégé par un tarif douanier commun vis-à-vis de l'extérieur. Celle-ci sera réalisée dès la fin des années 1960 malgré deux crises majeures, l'une à propos de la première candidature du Royaume-Uni (en 1962-1963) et l'autre concernant la « politique de la chaise vide » – le 30 juin 1965, la France de de Gaulle cessait de siéger au Conseil des ministres pour protester contre le passage de l'unanimité à la majorité qualifiée sur certaines questions, notamment le dossier agricole – finalement réglée par le fameux « compromis de Luxembourg ». Les deux décennies suivantes seront marquées par la poursuite de l'intégration communautaire et plusieurs élargissements des Communautés avec l'adhésion du Royaume-Uni, du Danemark et de l'Irlande en 1973, celle de la Grèce en 1979 et celles de l'Espagne et du Portugal en 1986.

Au milieu des années 1980, les États membres des Communautés européennes ont décidé d'aller plus loin dans l'intégration communautaire, en s'engageant dans la réalisation du marché intérieur.

§ 2. La relance des Communautés européennes par l'Acte unique européen de 1986

8. Contenu de l'Acte unique européen. L'Acte unique européen des 14 et 28 février 1986, entré en vigueur le 1er juillet 1987, a constitué la première modification d'importance des traités fondateurs[10].

Il a prévu la réalisation, à l'échéance du 31 décembre 1992, d'un grand marché intérieur au sein duquel la libre circulation des marchandises mais également des personnes, des services et des capitaux serait assurée, grâce à l'élimination des obstacles techniques, fiscaux et physiques aux frontières intracommunautaires ; il a apporté également des améliorations au système institutionnel communautaire par une association plus étroite du Parlement européen au processus décisionnel, par l'institutionnalisation du Conseil européen et par la création d'un Tribunal de première instance chargé d'assister la Cour de justice ; enfin, il a officialisé l'existence de la coopération en matière de politique étrangère, développée de manière informelle au cours des divers Conseils européens à partir de 1974.

---

10. Voy. J. DE RUYT, *L'Acte unique européen*, Bruxelles, Éditions de l'ULB, 1987 et D. BLANC, « Acte unique européen », *Rép. Dalloz*, 2019.

9. Portée de l'Acte unique européen. Ainsi, l'Acte unique européen a doté les Communautés européennes, limitées jusque-là à une dimension exclusivement économique, d'une dimension politique reposant sur des fondements juridiques et susceptible de permettre à terme la réalisation d'une véritable union politique. Le préambule de l'Acte unique européen envisageait d'ailleurs la perspective d'une transformation des relations entre les États membres des Communautés en une Union européenne. Ce sera chose faite avec l'adoption du Traité de Maastricht.

§ 3. L'institution de l'Union européenne par le Traité de Maastricht de 1992

10. Adoption du Traité sur l'Union européenne. À partir des années 1970, la nécessité d'une véritable Union européenne a été avancée à diverses reprises comme à l'occasion du Conseil européen de Stuttgart en 1983 ou par le projet de Traité sur l'Union européenne adopté par le Parlement européen en février 1984. C'est dire qu'elle constituait à plus ou moins brève échéance un impératif juridique et politique incontournable.

Finalement, c'est le 7 février 1992 que les 12 États membres ont signé le Traité sur l'Union européenne à Maastricht accompagné de 17 protocoles et de 33 déclarations ! Sans entrer dans les détails de la « grammaire de Maastricht » particulièrement complexe, il est possible de présenter ce nouveau traité sous un angle formel puis sous un angle matériel[11].

11. Traité sur l'Union européenne : forme. Pour ce qui est de la forme tout d'abord, le concept d'Union européenne – qui figure dans l'intitulé même du traité –, permet de rassembler trois éléments ou plutôt trois « piliers » dans un même ensemble. On a en effet coutume de présenter l'architecture du Traité de Maastricht en employant l'image d'un temple grec qui comporterait de haut en bas les éléments suivants.

Un « fronton » rassemble les principes communs à l'Union, c'est-à-dire les dispositions relatives à ses objectifs et à son cadre institutionnel. Pour supporter ce fronton, trois piliers peuvent être distingués.

Le pilier central rassemble les dispositions modifiant les Traités de Paris (Traité CECA) et de Rome (Traité CEE devenu Traité CE [TCE], et Traité Euratom) : c'est le pilier dit « communautaire ».

À droite et à gauche, les deuxième et troisième piliers sont respectivement relatifs à la Politique étrangère et de sécurité commune (PESC) et à la Coopération dans les domaines de la justice et des affaires intérieures (CJAI). Le pilier de la PESC remplace la coopération politique européenne

---

11. J. Cloos, G. Reinesch, D. Vignes et J. Weyland, *Le Traité de Maastricht. Genèse, analyse, commentaire*, Bruxelles, Bruylant, 1993.

consacrée par l'Acte unique européen et recouvre notamment la sauve-garde des valeurs communes de l'Union, le maintien de la paix et le renforcement de la sécurité internationale, le renforcement de la démocratie et de l'État de droit, ou encore le respect des droits de l'homme. Le pilier de la CJAI englobe essentiellement les politiques d'asile, d'immigration, la lutte contre la toxicomanie, contre la fraude internationale, la coopération judiciaire, douanière et policière.

Alors que le premier pilier fonctionne – pour l'essentiel – selon la méthode de l'intégration précédemment évoquée, les deux autres sont simplement soumis à des mécanismes de coopération. Les rédacteurs du Traité de Maastricht, ayant eu conscience que l'on ne pouvait imposer directement aux États membres des mécanismes d'intégration dans des domaines aussi sensibles que la politique étrangère ou la justice, ont en effet choisi d'instaurer pragmatiquement une simple coopération dans ces matières dans un premier temps, pour seulement dans un second intégrer celles-ci au pilier communautaire central[12].

Enfin, les fondations de la nouvelle architecture européenne sont constituées par les dispositions finales du traité, relatives notamment aux modalités de révision de celui-ci ou à l'adhésion des nouveaux États.

12. Traité sur l'Union européenne : fond. Pour ce qui est du contenu du Traité sur l'Union européenne ensuite, celui-ci apporte un certain nombre d'innovations. Il généralise le principe de subsidiarité en vertu duquel la Communauté n'intervient que si et dans la mesure où les objectifs de l'action envisagée ne peuvent être réalisés de manière suffisante par les États membres. Il instaure aussi une citoyenneté européenne qui ne se substitue pas aux citoyennetés nationales mais se superpose à celles-ci. En outre, le Traité de Maastricht procède à une extension des compétences communautaires à de nouveaux domaines : la politique industrielle, la protection des consommateurs, la santé, l'éducation, la culture ou la formation professionnelle. À ce titre, le transfert de compétences le plus notable est assurément celui de la monnaie ; un calendrier comportant trois étapes prépare la réalisation complète de l'Union économique et monétaire (UEM) avec l'euro comme monnaie unique à partir de 2002. Par ailleurs, le Traité de Maastricht accroît sensiblement les pouvoirs du Parlement européen (avec la création de la procédure de codécision), érige la Cour des comptes au rang d'institution communautaire, élargit les compétences du Tribunal de première instance, crée un Comité des régions et étend le recours à la majorité qualifiée au sein du Conseil des ministres.

Le Traité de Maastricht (qui, on l'aura compris, modifie le TCE sur certains points et crée le Traité sur l'Union européenne – TUE) a été modifié par le Traité d'Amsterdam de 1997 qui est entré en vigueur le 1er mai 1999 dans les 15 États membres de l'Union, les Douze ayant été rejoints par l'Autriche, la Finlande et la Suède en 1995.

---

12. Voy. G. Isaac, « Le pilier communautaire, un pilier pas comme les autres », *CDE*, n°s 1/2, 2001, pp. 46-89.

§ 4. Les timides avancées du Traité d'Amsterdam de 1997

13. Apports du Traité d'Amsterdam en matière de droits de l'homme. Outre le fait qu'il procède à une renumérotation des articles des traités communautaires, le Traité portant révision du Traité sur l'Union européenne ou Traité d'Amsterdam procède à plusieurs avancées pour la construction européenne[13].

Il pose d'abord explicitement le respect des droits de l'homme et des principes démocratiques comme condition à la candidature de tout État à l'Union (art. 6 TUE). Il prévoit en outre qu'en cas de violation grave et persistante par un État membre de ces principes fondateurs de l'Union, le Conseil européen pourra suspendre certains droits conférés à l'État en question, notamment son droit de vote au sein du Conseil des ministres (nouvel article 7 TUE). C'est cette dernière disposition qui a été utilisée pour faire pression sur l'Autriche, à la suite de l'arrivée au pouvoir du parti populiste de Jörg Haider, en 2000 et, pour la première fois de manière formelle, début 2018 à l'encontre de la Pologne[14].

Le Traité d'Amsterdam apporte ensuite différentes modifications à chacun des trois piliers.

14. Apports du Traité d'Amsterdam se rapportant aux piliers de l'Union. S'agissant du pilier communautaire, le Traité d'Amsterdam y intègre des domaines qui relevaient auparavant de la Coopération en matière de justice et d'affaires intérieures : on parle en l'espèce de « communautarisation partielle du troisième pilier » s'agissant des politiques concernant l'asile, l'immigration, la coopération en matière civile et l'octroi de visas pour les ressortissants des pays tiers. En outre, la procédure de codécision est simplifiée et son application étendue à de nouvelles matières (santé publique, égalité hommes-femmes, transports, politique sociale, etc.) ; le recours à la majorité au sein du Conseil est à nouveau généralisé.

Pour ce qui concerne le deuxième pilier, des dispositions relatives à l'Union de l'Europe occidentale (UEO) autrefois annexées au Traité de Maastricht sont intégrées au traité et font de cette organisation le « bras armé de l'Europe ». D'autres innovations concernent les règles de vote au sein du Conseil : pour les décisions devant être prises à l'unanimité, le traité introduit le concept de « l'abstention constructive » qui permet à un État de s'abstenir sans empêcher l'adoption de la décision en question ; pour les décisions à la majorité qualifiée, si un État déclare s'opposer à

---

13. Voy. Y. LEJEUNE (dir.), *Le Traité d'Amsterdam, espoirs et déceptions*, Bruxelles, Bruylant, 1997 et P. MANIN (dir.), *La révision du Traité sur l'Union européenne. Perspectives et réalités*, Paris, A. Pedone, 1996.
14. Voy. plus largement : M. WAELBROECK et P. OLIVIER, « La crise de l'État de droit dans l'Union européenne : que faire ? », *CDE*, 2017, n° 2, pp. 299-342.

l'adoption d'une telle décision pour des raisons importantes de politique nationale, le Conseil des ministres statuant à la majorité qualifiée renvoie au Conseil européen le soin de prendre une décision à l'unanimité.

Le troisième pilier se voit pour sa part sensiblement réduit : du fait de la « communautarisation » d'une partie de son contenu précédemment évoquée, il ne comprend désormais que les dispositions relatives à la coopération policière et judiciaire en matière pénale (CPJP), couvrant la lutte contre la criminalité, le trafic de drogue, d'armes, la corruption et la fraude. Par ailleurs, « l'acquis de Schengen » – c'est-à-dire les résultats de la coopération intergouvernementale réalisée entre certains États européens dans le domaine de la libre circulation des personnes dès 1985 et développée en marge des traités communautaires – est dorénavant intégré à ce pilier[15].

Outre ces modifications, le Traité d'Amsterdam institue enfin un mécanisme dit de « coopération renforcée » : dans le cadre des premier et troisième piliers, une partie des États membres ont la possibilité de réaliser ensemble un approfondissement de la construction communautaire dans tel ou tel domaine. Cette notion de « coopération renforcée » consacre officiellement l'idée d'une intégration différenciée selon les États membres au sein de l'Union.

15. Échec du Traité d'Amsterdam sur le terrain institutionnel. Par-delà ces apports, le Traité d'Amsterdam a totalement échoué sur les réformes de nature institutionnelle considérées pourtant par beaucoup comme un préalable indispensable aux prochains élargissements de l'Union. L'enjeu était tel que de nombreuses contributions ont été apportées à ce vaste débat, émanant des institutions communautaires bien sûr, mais également des instances politiques des États membres.

Une nouvelle Conférence intergouvernementale (CIG) s'est donc ouverte à Bruxelles le 14 février 2000 avec pour objectif de réexaminer la composition et le mode de fonctionnement des principales institutions communautaires afin de préparer au mieux le défi de l'élargissement ; elle s'est achevée par un accord décevant obtenu au Sommet de Nice.

§ 5. La réforme institutionnelle *a minima* du Traité de Nice de 2001

16. Ordre du jour du futur Traité de Nice. L'ordre du jour de la « CIG 2000 » était pour l'essentiel constitué par ce que l'on appelait les « reliquats d'Amsterdam » – c'est-à-dire la taille de la Commission, la repondération des voix et la réduction des hypothèses de recours à l'unanimité au sein du Conseil des ministres – auxquels a rapidement été ajoutée la question de l'assouplissement de la procédure de mise en œuvre des « coopérations

---

15. Voy. F. Gazin, « Accords de Schengen », *Rép. eur. Dalloz*, 2020.

renforcées » admises dans leur principe par le Traité d'Amsterdam. Lancée sous présidence portugaise, cette CIG a finalement abouti à Nice, sous présidence française, le 11 décembre 2000, à l'issue du plus long sommet de l'histoire européenne.

17. Contenu du Traité de Nice. En définitive, seul le dossier de la procédure des « coopérations renforcées » a pu être réglé de manière satisfaisante. Les autres thèmes de réforme ont en effet donné lieu à de tels marchandages que les décisions laborieusement obtenues apparaissent fort éloignées à la fois des ambitions initiales et des diverses propositions formulées par la présidence française. L'accord signé a d'ailleurs été vivement critiqué par la plupart des capitales européennes, le président de la Commission européenne en personne ou encore la majorité des eurodéputés. Seul point positif du Sommet de Nice, la proclamation d'une « Charte des droits fondamentaux de l'Union européenne », texte reconnaissant toute une série de droits aux ressortissants communautaires mais n'ayant pas de valeur juridique directe[16].

18. Signature et entrée en vigueur du Traité de Nice. Le Traité de Nice a été officiellement signé le 26 février 2001 par les ministres des Affaires étrangères des Quinze et est entré en vigueur – après une phase de ratifications nationales marquée par un premier référendum irlandais négatif (juillet 2001) – le 1er février 2003. Entre-temps, le Traité CECA, prévu pour 50 ans à partir de son entrée en vigueur (1952-2002), disparaissait[17].

Dès décembre 2001, au Sommet de Laeken, les Quinze se sont engagés dans un débat constitutionnel en décidant de mettre en place une « Convention européenne sur la réforme des institutions » (Convention sur la réforme des institutions) sur le modèle de la Convention qui avait élaboré la Charte des droits fondamentaux entre 1999 et 2000[18].

§ 6. La Convention sur la réforme des institutions et la Constitution européenne de 2004

19. Composition et mandat de la Convention sur la réforme des institutions. Présidée par M. Valéry Giscard d'Estaing et composée de représentants des États, des parlements nationaux – dans les deux cas, à la fois pour les États membres et les 13 pays candidats de l'époque (les 12 qui rentreront finalement en 2004 et 2007, ainsi que la Turquie) – de la Commission européenne, des parlements nationaux et du Parlement

---

16. V. Constantinesco, Y. Gautier et D. Simon (dir.), *Le Traité de Nice : premières analyses*, Strasbourg, Presses universitaires de Strasbourg, 2001.

17. P. Daillier, « La disparition de la CECA le 23 juillet 2002. Des problèmes de succession d'organisations internationales ? », in *Mélanges J.-C. Gautron*, Paris, A. Pedone, 2004, pp. 19-28.

18. G. Braibant, *La Charte des droits fondamentaux de l'Union européenne*, Paris, Éditions du Seuil, 2001.

européen (au total un peu plus d'une centaine de personnes), cette Convention européenne avait pour mission de réfléchir à une réforme en profondeur du système existant autour de quatre grands thèmes : une Constitution européenne ; une délimitation plus claire des compétences entre la Communauté européenne et les États ; le renforcement du rôle des parlements nationaux ; la valeur juridique de la Charte des droits fondamentaux de l'Union.

20. Travaux de la Convention sur la réforme des institutions. Les travaux de la Convention européenne ont commencé en février 2002 et se sont achevés en juin 2003 ; ils ont permis des débats dans un cadre large (puisqu'il ne se limitait pas aux représentants des États comme cela est habituellement l'usage) et transparent, dans la mesure où la Convention européenne disposait d'un site Internet sur lequel le grand public avait accès à la totalité des documents de travail et pouvait même poser des questions ou formuler des propositions. Les résultats de ces travaux ont pris la forme d'un « projet de Traité instituant une Constitution pour l'Europe » présenté au Sommet européen de Thessalonique du 20 juin 2003 ; ce texte devait constituer une bonne base de travail pour les représentants des États réunis dans une Conférence intergouvernementale (CIG) convoquée à partir du 4 octobre 2003 avec pour ambition de se mettre d'accord sur une Constitution européenne.

21. Signature de la Constitution européenne en 2004. D'abord mise en échec par l'opposition de l'Espagne et de la Pologne à la nouvelle répartition des droits de vote au Conseil de l'Union, cette Conférence gouvernementale a finalement permis l'adoption d'un texte, légèrement remanié par rapport à celui proposé par la Convention européenne, le 18 juin 2004 ; après une mise en forme juridique définitive, ce « Traité établissant une Constitution pour l'Europe » (ci-après « Constitution européenne ») a été officiellement signé le 29 octobre 2004 à Rome[19].

22. Constitution européenne : forme. Formellement, le long texte de la Constitution européenne (448 articles) se présentait en quatre parties : la première se rapportait aux institutions de l'Union ; la deuxième reprenait la Charte des droits fondamentaux qui se voyait donc conférer une valeur constitutionnelle ; la troisième était composée des dispositions afférentes aux politiques et actions de l'Union ; enfin, la quatrième partie regroupait les clauses générales et finales (procédure de révision, modalités d'entrée en vigueur, etc.). En outre, il permettait de réunir en un seul instrument juridique, les actuels Traités CE et UE alors que le Traité Euratom demeurait à part ; par ailleurs, la Communauté européenne disparaissait et seule l'Union européenne, qui se voyait attribuer la personnalité juridique, était

---

19. Pour des commentaires, voy. L. Burgorgue-Larsen, A. Levade et F. Picod (dir.), *Traité établissant une Constitution pour l'Europe, commentaire article par article*, Bruxelles, Bruylant, 2007 ; M. Dony et E. Bribosia, *Commentaire de la Constitution de l'Union européenne*, Bruxelles, Éditions de l'ULB, 2005.

maintenue : il y avait donc incontestablement une simplification formelle de l'Union avec la disparition des divers piliers et donc une lisibilité accrue du système européen pour les citoyens de l'Union.

23. Constitution européenne : fond. Quant au contenu du texte, il comportait de nombreuses nouveautés, sur le plan institutionnel comme sur le terrain normatif.

Sur un plan institutionnel, plusieurs innovations méritent d'être soulignées : le Conseil européen devenait une véritable institution et se voyait doté d'une présidence assurée par une personne (et non plus par un État) pour une durée de deux ans et demi (et non plus pour un semestre) ; la Commission devait être composée, à partir de 2014, d'un nombre de membres correspondant aux deux tiers du nombre d'États de l'Union et son président était proposé par le Conseil européen et formellement désigné par le Parlement européen « en tenant compte des résultats des élections européennes » ; le Parlement européen voyait ses pouvoirs renforcés en matière budgétaire comme en matière législative (le champ de la codécision rebaptisée « procédure législative ordinaire » étant largement étendu) ; enfin un « ministre des Affaires étrangères de l'Union » était créé, cumulant les fonctions de vice-président de la Commission européenne chargé des relations extérieures et de l'actuel Haut Représentant à la PESC pour une meilleure visibilité et crédibilité internationales de l'Union.

Sur le terrain normatif, la Constitution européenne prévoyait une hiérarchie équivalente à celle que l'on connaît dans les systèmes juridiques nationaux, avec le texte constitutionnel au sommet, puis des « actes législatifs » (comprenant les lois et lois-cadres européennes) et enfin des « actes non législatifs » (c'est-à-dire d'exécution des actes précédents).

24. Échec de la Constitution européenne. Malgré ces nouveautés, et à cause à la fois de l'intitulé « Constitution européenne » pouvant faire croire à la création d'un « super État européen » et des débats sur la troisième partie du texte se rapportant aux politiques européennes (et la fameuse image du « plombier polonais » incarnant le risque de *dumping* social), les Français d'abord (29 mai 2005) et les Néerlandais ensuite (1er juin 2005) devaient rejeter le texte constitutionnel entraînant finalement son abandon malgré les 18 ratifications nationales obtenues par ailleurs[20].

25. Perspective d'un nouveau traité. En mars 2007, lors de la cérémonie des 50 ans des Traités de Rome, les Vingt-Sept adoptaient la « Déclaration de Berlin » dans laquelle ils se fixaient pour objectif de sortir de l'impasse institutionnelle d'ici juin 2009, date des élections européennes. Militant pendant la campagne pour l'adoption d'un « traité simplifié », M. Nicolas Sarkozy fraîchement élu président de la République française

---

20. J.-C. GAUTRON, « L'échec de la Constitution européenne en France », *Annuaire français des relations internationales*, 2006, pp. 462 et s.

allait convaincre ses partenaires européens de combler le vide laissé par la défunte Constitution européenne avec l'adoption d'un traité à vocation purement institutionnelle : le « Traité modificatif européen ».

§ 7. La nouvelle « mécanique institutionnelle » résultant du Traité de Lisbonne de 2007

26. Traité de Lisbonne : forme. Ce « Traité modificatif européen » devenu « Traité de Lisbonne » – puisqu'il y fut signé le 13 décembre 2007 – maintient, tout en les modifiant, le Traité sur l'Union européenne (TUE) d'une part et le Traité instituant la Communauté européenne (TCE) rebaptisé « Traité sur le fonctionnement de l'Union » (TFUE) d'autre part ; la Communauté européenne disparaît en effet laissant subsister la seule Union européenne, dotée explicitement de la personnalité juridique[21]. On l'aura compris, le Traité de Lisbonne n'est pas à proprement parler un traité simplifié[22]...

27. Traité de Lisbonne : fond. Sur le fond, ce traité reprend l'essentiel des nouveautés institutionnelles inscrites dans la Constitution européenne, notamment : la promotion du Conseil européen en véritable institution de l'Union et sa présidence stable ; la nomination d'un « Haut Représentant pour la politique étrangère de l'Union » ; le nombre réduit de commissaires européens à partir de 2014 ; la « procédure législative ordinaire » comme mode d'adoption de droit commun des actes de l'Union ; le renforcement des pouvoirs budgétaires et législatifs du Parlement européen ; une meilleure association des parlements nationaux au processus d'élaboration des actes européens.

Mais, en même temps, tout ce qui de près ou de loin pouvait faire penser à un État (les symboles de l'Union, l'appellation de « ministre des Affaires étrangères de l'Union », l'affirmation de la supériorité du droit de l'Union sur le droit national des États membres, etc.) a disparu ; en outre, la Charte des droits fondamentaux qui faisait partie intégrante de la Constitution européenne n'est pas reprise dans les traités européens résultant de Lisbonne même si elle est dotée de la même valeur juridique que ceux-ci (art. 6, § 1, TUE)...

En conséquence, s'il n'est pas faux de prétendre que, sur le plan institutionnel, le Traité de Lisbonne représente une sorte de « Constitution européenne bis », sur le plan de l'ambition en revanche, il est clair que le Traité modificatif européen n'a pas le « souffle » des traités horizontaux antérieurs et tout spécialement du dernier d'entre eux.

---

21. Art. 47 TUE. Voy. O. Blin, « La personnalité juridique de l'Union européenne après Lisbonne : véritable acquisition ou simple reconnaissance ? », in J. Larrieu (dir.), *La personnalité juridique. Traditions et évolutions*, Paris, LGDJ, 2013, pp. 131-142.

22. Voy. E. Brosset, C. Chevalier-Govers, V. Edjaharian et C. Schneider (dir.), *Le Traité de Lisbonne, reconfiguration ou déconstitutionnalisation de l'Union européenne*, Bruxelles, Bruylant, 2009 ; F.-X. Priollaud et D. Siritzy, *Le Traité de Lisbonne. Texte et commentaire article par article de nouveaux traités européens (TUE-TFUE)*, Paris, La documentation Française, 2008 ; F. Picod, « Traité de Lisbonne », *JCl Europe*, fasc. 10, 2021.

Toutefois, ce traité de pure « mécanique institutionnelle » a au moins le mérite de remettre l'Union européenne en mouvement.

28. Entrée en vigueur du Traité de Lisbonne. Quelques jours seulement après la signature du Traité de Lisbonne, la procédure des ratifications nationales a commencé ; la Hongrie a été le premier pays à ratifier, suivie rapidement par ses partenaires, notamment la France qui a ratifié début 2008 par voie parlementaire.

Le processus d'entrée en vigueur du Traité de Lisbonne a cependant été bloqué pendant plusieurs mois du fait du premier référendum, négatif, en Irlande (18 juin 2008) ; le second référendum irlandais, positif cette fois (2 octobre 2009), a ouvert la voie à l'entrée en vigueur du Traité de Lisbonne finalement intervenue le 1er décembre 2009.

29. Coexistence des divers traités européens. À l'issue de cette rapide présentation introductive et plus de soixante ans après l'entrée en vigueur des traités de Rome[23], il n'est peut-être pas inutile de rappeler la configuration actuelle des traités européens.

Le Traité CEEA (ou Euratom) demeure formellement, mais en dehors de l'Union européenne nouvelle version.

Cette Union européenne est régie par deux traités : d'une part, le Traité sur l'Union européenne (« TUE », créé par Maastricht et modifié par les Traités d'Amsterdam, Nice et donc Lisbonne) qui comporte 55 articles se rapportant aux aspects généraux du système (objectifs de l'Union, valeurs de l'Union, cadre institutionnel, système des coopérations renforcées, etc.) ; d'autre part, le Traité sur le fonctionnement de l'Union européenne (référence « TFUE ») qui succède au TCE (Traité de Rome de 1957, modifié par l'Acte unique européen, les Traités de Maastricht, Amsterdam, Nice et Lisbonne) et comporte 358 articles à caractère technique détaillant notamment le fonctionnement institutionnel de l'Union, la typologie de ses sources et les modalités d'application des diverses politiques (sauf la PESC envisagée dans le TUE) au titre desquelles elle est susceptible d'agir.

Outre ces traités à 27, il convient de mentionner deux traités (internationaux plutôt qu'européens au sens classique du terme[24]) adoptés en 2011 entre certains États européens seulement : il s'agit d'abord du Traité instaurant le Mécanisme européen de stabilité (MES) – remplaçant le Fonds européen de stabilité financière (FESF) mis en place dans l'urgence afin de venir en aide à plusieurs pays en difficulté financière fin 2010 – signé entre les pays de la zone euro le 2 février 2012 entré en vigueur le 27 septembre 2012 ; il s'agit ensuite du Traité sur la stabilité, la coordination et la gouvernance de la zone euro (TSCG ou « Pacte budgétaire

---

23. Voy. D. Blanc (dir.), « 60 ans des traités », *RDUE*, 2017, n° 673 et « Soixantième anniversaire des traités de Rome », *L'Observatoire de Bruxelles*, 2017, n° 108.
24. En ce sens, J. Pertek, *Droit des institutions de l'Union européenne*, coll. Thémis Droit, Paris, PUF, 2013, p. 88.

européen ») impliquant 25 États (le Royaume-Uni, la République tchèque et la Croatie faisant défaut), signé le 2 mars 2012 et entré en vigueur le 1er janvier 2013[25], et qui a vocation à renforcer l'efficacité de la surveillance économico-budgétaire des États membres.

Précisons ici que l'accord de retrait – correspondant au texte arrêté en novembre 2019 et définitivement conclu par le Conseil (au nom de l'Union) et par le Royaume-Uni le 30 janvier 2020 – pourrait apparaître de prime abord comme un autre traité européen, dans la mesure où il a été signé entre États membres ; à l'analyse, il n'en est rien puisqu'il a été plus précisément signé entre l'Union et un pays tiers en devenir comme le démontrent les modalités prévues à l'article 50 TUE qui en constitue son fondement[26].

30. Configuration générale actuelle de l'Union. Depuis l'entrée en vigueur du Traité de Lisbonne et la disparition de la Communauté européenne comme des divers piliers créés par Maastricht, le dispositif est beaucoup plus lisible, au moins formellement.

L'architecture juridique globale de l'Union en est largement simplifiée et se présente désormais, de manière grossière, sous la forme d'un important tronc commun composé des anciens premier et troisième piliers, doté d'un appendice constitué par la PESC (ancien deuxième pilier) gouverné par des règles qui lui sont spécifiques.

31. Annonce du plan. L'étude du système actuel de l'Union européenne s'effectuera à travers les trois dimensions principales – institutionnelle, matérielle et juridictionnelle – de cet objet juridique : plus précisément, nous commencerons par la présentation de son système juridique (partie 1), avant d'étudier les aspects essentiels de son marché intérieur (partie 2) pour terminer en analysant la place et les pouvoirs de son juge (partie 3).

32 à 34. *Réservés.*

---

25. J.-V. Louis, « Un traité vite fait, bien fait ? », *RTDE*, n° 1, 2012, pp. 5-22.

26. Formellement, l'accord de retrait se compose de deux textes : d'une part l'accord de retrait du Royaume-Uni de Grande-Bretagne et d'Irlande du Nord de l'Union européenne et de la Communauté européenne de l'énergie atomique (publié au *JOUE*, L 29, du 31 janvier 2020), accompagné de plusieurs protocoles, notamment sur l'Irlande ; d'autre part de la déclaration politique fixant le cadre des relations futures entre l'Union européenne et le Royaume-Uni (publiée au *JOUE*, C 34, du 31 janvier 2020). Justement, ces « relations futures » ont été formalisées par un « accord de commerce et de coopération » signé le 24 décembre 2020 (publié au *JOUE*, L 444, du 31 décembre 2020), applicable de manière provisoire à partir du 1er janvier 2021 et de manière définitive depuis le 1er mai 2021.

PARTIE I

Le système juridique européen

35. Principe d'attribution des compétences. À titre préalable, il convient de préciser que l'Union n'a comme compétences que celles qui lui ont été attribuées par les États en vertu des traités – c'est ce que l'on appelle le principe d'attribution des compétences – qui régit le fonctionnement des organisations internationales : elles ne peuvent donc agir que dans des domaines limitativement déterminés par les traités, même si ce principe a connu des extensions, l'une prévue par le traité lui-même (« compétences subsidiaires » de l'actuel article 352 TFUE) et l'autre consacrée par le juge (« compétences implicites », notamment en matière externe avec l'arrêt *AETR*[27]).

36. Catégories de compétences depuis Lisbonne. Trois catégories ont été officialisées par le Traité de Lisbonne à l'article 5, § 2, du TUE et aux articles 3 à 6 du TFUE – celle des compétences exclusives de l'UE, celle des compétences d'appui de l'UE et la solution la plus fréquente celle des compétences partagées[28] ; il convient d'y ajouter celle des compétences nationales résiduelles par lesquelles nous commencerons ; en outre, la coordination des politiques économiques des États fait l'objet d'un régime spécifique[29] de même que la PESC[30].

37. Les compétences nationales résiduelles. Toutes les compétences non attribuées à l'Union demeurent nationales, les États gardant leur pouvoir normatif dans les matières en question (exemple de la fiscalité). Cependant, ce pouvoir n'est pas sans limites dans la mesure où ils ne pourront pas légiférer sans prendre en compte « l'effet utile » et la finalité des traités. À ce titre, ils sont tenus d'un devoir de coopération loyale (avec les institutions européennes), de fidélité et de collaboration (entre eux) inscrits à l'article 4 du TUE.

38. Les compétences exclusives de l'Union. Les compétences exclusives de l'Union correspondent à l'hypothèse où les États ont perdu leur pouvoir de légiférer parce qu'ils l'ont transféré à l'Union. Jusqu'au Traité de Lisbonne, il n'existait pas de liste officielle des compétences exclusives de l'Union, dégagées au cours du temps par le juge européen soit sur un fondement textuel, soit en vertu de la théorie des compétences implicites (arrêt *AETR* précité).

Relèvent dorénavant officiellement de cette catégorie : l'union douanière ; les règles de concurrence nécessaires à la réalisation du marché commun ; la politique monétaire (pour les 19 pays ayant adopté l'euro) ; la protection des ressources halieutiques ; la politique commerciale commune.

---

27. CJCE, 31 mars 1971, *Commission c/ Conseil (AETR)*, aff. 22/70, *Rec.*, p. 263.
28. Pour des précisions, voy. M. BLANQUET, « Compétences de l'Union. Architecture générale, délimitation », *JCl Europe*, fasc. 170, 2012 et « Compétences de l'Union. Exercice », *JCl Europe*, fasc. 171, 2014.
29. Art. 5, § 1, TFUE.
30. Art. 23 à 46 TUE.

39. Les compétences d'appui ou de complément de l'Union. Nouvellement créées par le Traité de Lisbonne, ces compétences permettent seulement à l'Union de coordonner et d'encourager l'action des États membres dont la finalité est européenne : on y trouve notamment la protection de la santé, l'industrie, la culture, ou encore l'éducation.

En ces domaines, si la compétence demeure fondamentalement nationale, l'Union peut ponctuellement adopter des actes contraignants, mais elle ne peut en aucun cas procéder à une harmonisation des dispositions législatives et réglementaires des États.

40. Compétences partagées entre l'Union et ses États. La dernière catégorie de compétences, la plus riche, est celle où la compétence de l'Union est « [...] partagée avec les États membres » (également appelées « compétences concurrentes ») : il s'agit notamment du marché intérieur, de la politique agricole commune, de la politique de l'environnement, de la protection des consommateurs ou encore des transports.

En ces domaines, que l'Union ait commencé à exercer sa compétence ou qu'elle ne l'ait pas encore fait, les États peuvent prendre des dispositions nationales, mais leur pouvoir normatif est étroitement limité : ils ne doivent pas porter atteinte aux principes généraux du traité (libre circulation, non-discrimination, etc.), ne doivent pas prendre des dispositions contraires aux règles européennes quand elles existent et sont soumis à l'obligation de coopération précitée. En d'autres termes, ils doivent éviter de gêner l'action, même ultérieure, de l'Union.

41. Principes régissant l'exercice des compétences. L'exercice des compétences dévolues à l'Union est régi par deux principes : le principe de subsidiarité et le principe de proportionnalité[31].

42. Principe de subsidiarité. Le principe de subsidiarité, applicable aux seules compétences partagées, signifie que l'Union n'intervient que si l'action des États s'avère insuffisante par rapport aux objectifs européens. Ce principe a modifié les modes d'action européenne : en effet, l'Union ne légifère pas systématiquement ; elle n'a vocation à le faire que si elle peut être plus efficace que les États. L'examen se fait au cas par cas et ce principe conduit à privilégier les méthodes souples d'intervention (reconnaissance mutuelle, méthode ouverte de coordination) en privilégiant comme instrument la directive. En cas de litige, notamment entre la Commission qui propose normalement les actes et les États, le juge pourra être amené à se prononcer (contrôle *a posteriori*) ; en outre, le Traité de Lisbonne a mis en place un contrôle *a priori* permettant aux parlements nationaux de contester des projets d'actes législatifs au regard du principe de subsidiarité et de demander leur réexamen à la Commission[32].

---

31. Voy. l'art. 5, §§ 4 et 5, TUE ainsi que le Protocole n° 2 annexé au Traité de Lisbonne.
32. Mécanisme dit « d'alerte précoce » : sur le fonctionnement du dispositif, J. BIZET, « Le contrôle de subsidiarité par les parlements nationaux », *RDUE*, 2018, n° 617, pp. 192-197. Plus largement, voy. « Les parlements nationaux et l'Union européenne », *RAE*, 2014/1, pp. 7-96.

43. Principe de proportionnalité. En ce qui concerne le principe de proportionnalité, il s'agit d'une création prétorienne de la Cour codifiée à l'article 5, § 4, TUE dans les termes suivants : « En vertu du principe de proportionnalité, le contenu et la forme de l'action de l'Union n'excède pas ce qui est nécessaire pour atteindre les objectifs des traités. »

À la différence du principe de subsidiarité, le principe de proportionnalité joue tant pour les compétences partagées que pour les compétences exclusives et les compétences d'appui. Il signifie que si l'Union a le choix entre plusieurs modes d'action, à efficacité égale, elle doit choisir celui qui laisse le plus de liberté aux États, aux entreprises ou aux particuliers ; il faut donc toujours recourir à la règle la moins contraignante et faire en sorte que les inconvénients ne soient pas démesurés par rapport aux objectifs visés.

44. Intervention et actes des institutions. Dès lors que l'Union aura matière à agir – à un titre ou à un autre –, elle devra se fonder sur la disposition pertinente des traités – la « base juridique » – laquelle précisera les conditions dans lesquelles elle interviendra, au-delà de l'application des principes de subsidiarité et de proportionnalité.

L'Union agira par l'intermédiaire de ses institutions (titre 1) qui adopteront des actes variés constituant le « droit européen dérivé » venant prendre place au sein d'un système organisé de sources du droit (titre 2).

TITRE I

Les institutions de l'Union

45. Système institutionnel initial. À l'origine, le dispositif institutionnel des Communautés européennes s'appuyait sur quatre organes établis par les Traités de Paris et de Rome pour chacune des trois Communautés, organes dont les fonctions et l'influence variaient d'une Communauté à l'autre. Le Traité de Paris avait prévu une Haute Autorité, une Assemblée parlementaire (ou commune), un Conseil spécial des ministres et une Cour de justice. Dans la foulée des Traités de Rome de 1957, l'Assemblée parlementaire et la Cour de justice allaient devenir communes aux trois Communautés et en 1965 – avec le « Traité de fusion » du 8 avril 1965, entré en vigueur le 1er août 1967 – les Communautés se dotaient d'un Conseil des ministres et d'une Commission unique : l'unification et la simplification du dispositif institutionnel communautaire étaient alors réalisées.

Ce quadripartisme initial[33] s'est bien entendu considérablement enrichi à mesure que l'intégration européenne s'approfondissait, rendant la lisibilité du système de plus en plus difficile.

46. Système institutionnel de l'Union avant Lisbonne. En effet, entre l'entrée en vigueur du Traité de Maastricht fin 1993 et celle du Traité de Lisbonne fin 2009, les fameux piliers coexistaient, le premier pilier (pilier communautaire) étant régi par des mécanismes d'intégration alors que les deuxième (pilier de la Politique étrangère et de sécurité commune, PESC) et troisième (pilier de la Coopération policière et judiciaire en matière pénale, CPJP) piliers prévoyaient une simple coopération intergouvernementale.

Même si la cohérence de cet ensemble hétérogène était assurée par l'existence d'un « cadre institutionnel unique » – signifiant que les institutions et organes de l'Union intervenaient en tant que tels dans chacun des piliers mais selon des mécanismes différents selon qu'ils agissaient dans le cadre du pilier communautaire ou des deux piliers intergouvernementaux –, l'architecture était pour le moins difficile à comprendre pour les non-initiés.

47. Système institutionnel de l'Union depuis Lisbonne. Depuis la disparition de la structure en piliers résultant de l'entrée en vigueur du Traité de Lisbonne, l'architecture institutionnelle de l'Union est largement simplifiée même si les modalités décisionnelles continuent de varier d'une matière à l'autre, conférant aux institutions et organes européens une influence inégale selon les questions envisagées.

Plus précisément, l'article 13, § 1, TUE précise que l'Union dispose « [...] d'un cadre institutionnel visant à promouvoir ses valeurs, poursuivre ses objectifs, servir ses intérêts, ceux de ses citoyens et ceux de ses États membres ainsi qu'à assurer la cohérence, l'efficacité, et la continuité de ses politiques et actions »[34].

---

33. Voy. P. PESCATORE, « L'exécutif communautaire : justification du quadripartisme institué par les Traités de Paris et Rome », *CDE*, 1978, pp. 387-406.
34. Voy. C. BLUMANN, « Institutions de l'Union. Présentation générale », *JCl Europe*, fasc. 200, 2020.

Parmi les nombreux acteurs institutionnels actuels, il est possible de distinguer deux catégories d'intervenants : la première regroupe les institutions qui jouent un rôle majeur dans le système juridique européen en raison de leurs prérogatives juridiques et de leur influence politique (chapitre 1), alors que la seconde réunit des institutions et organes dont l'activité est plus réduite, en d'autres termes secondaire (chapitre 2).

Chapitre I

Les institutions principales

48. Liste officielle des institutions au sens strict. Selon l'article 13 TUE résultant du Traité de Lisbonne, sept instances ont la qualité d'institutions au sens strict : cinq d'entre elles l'étaient déjà avant Lisbonne (le Conseil des ministres, la Commission, le Parlement européen, la Cour de justice et la Cour des comptes), auxquelles il convient d'ajouter deux nouveaux venus depuis le 1er décembre 2009 (le Conseil européen et la Banque centrale européenne). Cette qualification permet aux instances concernées de disposer d'une certaine autonomie sur le plan budgétaire et dans la gestion de leur personnel, ainsi que de pouvoir saisir (dans des conditions diverses cependant) le juge européen.

Au sein de ces institutions principales, il est possible de distinguer les institutions qui se partagent, selon des modalités variables d'une matière à l'autre, le pouvoir de décision (section 1) des institutions qui ont une activité de contrôle au sein du système (section 2).

LES INSTITUTIONS DE DÉCISION

49. Institutions et légitimités. Depuis l'origine, le système institutionnel européen est fondé sur la nécessaire collaboration fonctionnelle des institutions en matière législative, exécutive et budgétaire ; en d'autres termes, les principales institutions doivent collaborer étroitement, sans pour autant que leur autonomie respective ne se trouve mise en cause. Cela est d'autant plus logique que ces institutions incarnent des légitimités différentes : intergouvernementale (Conseil européen et Conseil des ministres), supranationale (Commission) et enfin démocratique (Parlement européen).

L'étude du fonctionnement du système institutionnel européen permet de saisir la réalité selon laquelle le Conseil européen possède le pouvoir d'impulsion (§ 1) alors que les institutions constituant le « triangle institutionnel », la Commission européenne (§ 2), le Conseil des ministres (§ 3) et le Parlement européen (§ 4), mettent ces orientations en œuvre sur le plan juridique.

§ 1. Le Conseil européen

50. Promotion du Conseil européen par le Traité de Lisbonne. Le Traité de Lisbonne a fait du Conseil européen une institution à part entière, parachevant ainsi sa lente émergence puis son incontestable affirmation politique ; en effet, le Conseil européen constitue une sorte « d'autorité présidentielle » de l'Union puisqu'il donne l'impulsion politique à l'Union et définit ses grandes orientations[35].

---

35. Voy. J.-P. Jacqué, « Conseil européen », *JCl Europe*, fasc. 221, 2018.

Pour comprendre la place qui est aujourd'hui la sienne dans le système institutionnel, nous évoquerons successivement la naissance du Conseil européen (A), sa composition (B), le déroulement de ses travaux (C) et enfin son rôle (D).

A. La naissance du Conseil européen

51. Origine et affirmation progressive du Conseil européen. Le Conseil européen n'avait pas été prévu par les pères fondateurs des Communautés européennes ; mais à partir des années 1960, les chefs d'État et de gouvernement des États européens ont pris l'initiative de se rencontrer à l'occasion de « sommets européens ».

Lors du Sommet de Paris des 9 et 10 décembre 1974, à l'initiative de Valéry Giscard d'Estaing et d'Helmut Schmidt, il a été décidé d'institutionnaliser ces rendez-vous de nature intergouvernementale selon la formule suivante : « Les chefs de gouvernement ont [...] décidé de se réunir, accompagnés des ministres des Affaires étrangères, trois fois par an, et chaque fois que nécessaire, en Conseil de la Communauté et au titre de la coopération politique européenne. » Au-delà de cette officialisation, il n'était pas (encore) question de faire du Conseil européen une institution au sens strict.

Il faudra d'ailleurs attendre l'Acte unique européen de 1986 pour que le Traité CEE mentionne l'existence du Conseil européen, le Traité de Maastricht de 1992 pour que son rôle soit enfin précisé et le Traité de Lisbonne pour qu'il devienne donc une véritable institution.

B. La composition du Conseil européen

52. Composition avant Lisbonne. Cette composition a changé avec l'entrée en vigueur du Traité de Lisbonne.

Avant celle-ci, le Conseil européen réunissait les chefs d'État ou de gouvernement – de manière exceptionnelle les deux (en période de cohabitation en France) – des États membres, le président et le vice-président de la Commission européenne (dans la mesure où c'est elle qui proposera formellement des projets d'actes au titre du pouvoir d'initiative qui lui est reconnu), ainsi que les ministres des Affaires étrangères (chacun assisté, de manière purement administrative, par un membre de la Commission). Participaient également au Conseil européen quelques membres du Secrétariat du Conseil des ministres chargés du compte rendu des débats puisque, le Conseil européen n'étant pas une institution permanente, il ne possède pas de structure administrative propre.

53. Composition depuis Lisbonne. Depuis le 1er décembre 2009, la composition du Conseil européen a significativement évolué sous deux aspects : d'une part, les ministres des Affaires étrangères des États ne participent plus aux Conseils européens (sauf ordre du jour particulier) ; d'autre part, le Conseil européen accueille deux personnalités nouvelles : le président du Conseil européen d'abord et le Haut Représentant pour la politique étrangère de l'Union ensuite.

54. Fonction de président du Conseil européen. S'agissant du premier, il prend la place du chef d'État ou chef de gouvernement du pays qui présidait l'Union pendant six mois et dirigeait auparavant à ce titre le Conseil européen ; le choix a été fait de désigner une personne ne disposant pas de mandat national (et donc pleinement disponible pour se consacrer à cette tâche), choisie pour deux ans et demi (renouvelable une fois) à la majorité qualifiée par les chefs d'État et de gouvernement[36]. Son rôle est non seulement d'animer les travaux du Conseil européen, mais aussi plus largement d'assurer la représentation de l'Union au plan interne et surtout international (selon l'article 15, § 5, TUE, il assure « à son niveau et en sa qualité » la représentation extérieure de l'Union pour les matières relevant de la PESC) afin que celle-ci soit « identifiable » et plus stable. Il doit œuvrer en faveur de consensus entre les États, assurer les liaisons utiles avec les autres institutions et remettre un rapport au Parlement européen après chaque Conseil européen.

En définitive, le président du Conseil européen a un rôle d'intermédiaire – de « *chairman* » comme disent les Anglo-Saxons –, le Conseil européen demeurant une instance de dialogue politique et n'ayant aucun pouvoir législatif[37].

Le premier président à être désigné (puis renouvelé au printemps 2012) a été l'ancien Premier ministre belge M. Herman Van Rompuy qui n'était pas une personnalité politique européenne de premier plan. La principale question était de savoir si M. Van Rompuy disposerait d'une véritable marge de manœuvre et pourrait s'imposer face aux États ou s'il serait seulement « aux ordres » de ceux-ci ; après plus de douze ans de pratique, si l'efficacité du Conseil européen a été significativement renforcée, il est difficile de prétendre que son Président se soit réellement affirmé... M. Donald Tusk, ancien Premier ministre polonais, a succédé à M. Van Rompuy fin 2014 puis a été renouvelé dans ses fonctions en mars 2017 malgré la défiance de son propre gouvernement ! Depuis le 1er décembre 2019, c'est le Belge Charles Michel qui est devenu le troisième président du Conseil européen, lequel a été récemment reconduit jusqu'à novembre 2024.

---

36. Art. 15, § 5, TUE.
37. Voy. J.-V. Louis, « Quelques réflexions préliminaires sur le rôle du président du Conseil européen », in *Mélanges P. Soldatos*, Bruxelles, Bruylant, 2012, pp. 49-60.

55. Fonction de « Haut Représentant pour les affaires étrangères et la politique de sécurité de l'Union ». Quant au « Haut Représentant pour les affaires étrangères et la politique de sécurité de l'Union » (ci-après Haut Représentant), il est désigné par le Conseil européen avec l'accord du président de la Commission européenne[38]. Ce Haut Représentant dispose d'une position institutionnelle originale puisqu'il est tout à la fois membre de droit du Conseil européen, président de la formation « Affaires étrangères » du Conseil des ministres et vice-président de la Commission européenne chargé des relations extérieures de l'Union. C'est la Britannique Catherine Ashton qui a été désignée fin 2009 avec pour mission de déterminer et d'assurer la cohérence de l'action extérieure de l'Union en s'appuyant sur le Service européen d'action extérieure[39] ; régulièrement critiquée pendant son mandat pour son manque de visibilité, elle a cédé sa place fin 2014 à une Italienne, Mme Federica Mogherini. Fin 2019, l'Espagnol Josep Borrell – qui a présidé le Parlement européen au milieu des années 2000 – a accédé à ce poste.

On l'aura compris, le président du Conseil européen et le Haut Représentant doivent coopérer en précisant la frontière de leurs prérogatives respectives pour éviter la cacophonie au niveau international[40]. Ils doivent également composer avec la présidence tournante de l'Union, assumée semestriellement par l'un des Vingt-Sept désormais, les États n'ayant pas l'intention de s'effacer complètement : alors, pour reprendre la fameuse formule du secrétaire d'État américain Henry Kissinger, « L'Europe, quel(s) numéro(s) de téléphone ? »[41]...

56. Présidence tournante de l'Union nouvelle formule. Le Traité de Lisbonne maintient le principe de la présidence semestrielle de l'Union, laquelle est assurée à tour de rôle par le chef d'État ou de gouvernement de chacun des États membres. Mais il prévoit que l'Union soit présidée sur une période de 18 mois par un groupe de trois États se succédant de manière égalitaire, afin de souligner, d'une part, la continuité qui doit exister à la tête de l'Union (officialisant la pratique de la « Troïka » regroupant jusque-là, la précédente présidence, la présidence en cours, et la présidence à venir) et, d'autre part, la solidarité qui doit nécessairement unir les États, les États « novices » pouvant prendre appui sur leurs homologues expérimentés[42].

---

38. Art. 18, § 1, TUE. Voy. A. FERON, « Le Haut Représentant de l'Union pour les affaires étrangères et la politique de sécurité », *Courrier hebdomadaire du CRISP*, 2013/18-19, n° 2183-2184, pp. 5-58.

39. Ce service, prévu par l'article 27, § 3, TUE, a été mis en place en janvier 2011 ; il est composé de fonctionnaires des directions des relations extérieures du Conseil et de la Commission ainsi que de diplomates détachés par les États membres.

40. L'épisode de la désignation du récipiendaire du prix Nobel de la Paix au nom de l'Union fin 2012 est encore dans toutes les mémoires...

41. Voy. J.-C. ZARKA, « Après le Traité de Lisbonne, l'Union a-t-elle enfin un numéro de téléphone ? », *Dalloz*, n° 16, 22 avril 2010, pp. 972 et s.

42. Voy. F. CHATZSISTAIROU, « Les États de l'Union européenne moteurs d'une forme de gouvernance inédite : le trio de présidences », *RUE*, n° 568, 2013, pp. 275-286.

57. Modalités d'alternance. Depuis l'Acte unique, un système d'alternance a été prévu entre le premier et le second semestre de l'année afin que le même pays n'ait pas toujours à présider le même semestre : traditionnel-lement, le deuxième semestre est en effet plus chargé que le premier dans la mesure où il ne comporte que cinq mois utiles compte tenu de l'inter-ruption des activités européennes au mois d'août. En outre, de nombreuses décisions sont arrêtées en fin d'année (budget, quotas de pêche, etc.). Par ailleurs, les groupes d'États sont désormais constitués de telle sorte que les pays récemment entrés dans l'Union soient « encadrés » par des pays plus anciens dans l'Union.

Avant Lisbonne, l'ordre de succession des États à la tête de l'Union était établi par une décision du Conseil des ministres ; depuis Lisbonne, c'est le Conseil européen lui-même (statuant à la majorité qualifiée) qui le détermine. En 2020 et 2021, la Croatie, l'Allemagne, le Portugal et la Slovénie ont présidé successivement l'Union, mais la pandémie de Covid-19 a significativement limité leurs initiatives.

58. Rôle de la présidence tournante de l'Union. Durant ces six mois, la prési-dence anime les travaux de l'Union et consulte régulièrement ses partenaires pour connaître leur position sur les dossiers en cours ; par sa position, la présidence peut « geler » certains dossiers qui lui paraissent secondaires et, à l'inverse, mettre l'accent sur ceux qui lui paraissent incontournables : ainsi, le Luxembourg, fin 2015, avait souhaité mettre en avant la dimension sociale de l'Union, l'enjeu du numérique ou encore l'objectif de développement durable ; quant à l'Allemagne, lors du second semestre 2020, elle a officiel-lement fixé comme prioritaires la gestion du plan de relance post-Covid-19 (de 750 milliards d'euros), la mise en place d'un embryon de budget com-mun, et enfin le renforcement du dialogue avec la Chine. Lors du premier semestre 2022, la France s'était donné comme objectifs prioritaires officiels « la relance pour permettre à l'Europe de réussir sa transition écologique et numérique, la puissance pour défendre et promouvoir nos valeurs et nos intérêts, l'appartenance pour construire un imaginaire commun, par la culture, nos valeurs et notre histoire commune ». Cette fois, c'est le déclenchement de la guerre en Ukraine, fin février, qui a « percuté » cet ambitieux programme. La France a laissé la place à la République tchèque le 1er juillet, à laquelle la Suède et l'Espagne succéderont en 2023.

C. Les travaux du Conseil européen

59. Fréquence des réunions du Conseil européen (sommets européens). La décision de 1974 créant le Conseil européen prévoyait que ce dernier se réunirait trois fois par an et chaque fois que nécessaire. L'Acte unique européen – confirmé par le Traité de Maastricht – disposait que le Conseil européen se réunissait au moins deux fois par an ; le Traité de Lisbonne prévoit dorénavant deux réunions du Conseil européen par semestre.

Il faut y ajouter parfois des conseils extraordinaires, lesquels peuvent être convoqués dès lors que l'agenda européen ou international l'exige. Ainsi, en septembre 2001 (juste après les attentats terroristes aux États-Unis), les États de l'Union ont-ils jugé utile d'organiser un sommet européen afin d'envisager les mesures à prendre pour faire face à la menace terroriste ; en mars 2007, le Sommet de Berlin a, quant à lui, été l'occasion d'une célébration du cinquantenaire du Traité de Rome et d'un engagement à sortir de l'impasse institutionnelle après l'échec de la Constitution européenne ; entre 2008 et 2012, de nombreux sommets européens ont été consacrés à la gestion de la crise économique et financière, consécutive à la crise des *Subprimes* aux États-Unis d'Amérique ; entre 2015 et 2019, ce sont plutôt la lutte antiterroriste d'une part et la crise migratoire d'autre part qui ont conduit les États de l'Union à se réunir en urgence lors de sommets. On y ajoutera plus récemment les sommets européens dédiés au *Brexit*, à la crise sanitaire et à la guerre en Ukraine.

Auparavant, les sommets européens se déroulaient dans le pays qui assurait la présidence de l'Union ; depuis l'élargissement de 2004, par souci de simplification et d'économies, toutes les réunions du Conseil européen se déroulent à Bruxelles.

60. Préparation des travaux du Conseil européen. Le Traité de Lisbonne prévoit désormais que l'ordre du jour du Conseil européen est préparé par le président du Conseil européen, en coopération avec le président du Conseil (donc l'État assurant la présidence de l'Union) et le président de la Commission, normalement un mois avant la réunion. Cet ordre du jour est examiné par le Conseil « Affaires générales » qui pourra préparer les travaux sur les points inscrits et suggérer l'inscription d'autres points ; après une dernière réunion de celui-ci, dans la semaine qui précède le Conseil européen, le président du Conseil européen établit l'ordre du jour du Conseil européen.

61. Déroulement des travaux du Conseil européen. Le déroulement des séances laisse une grande place aux contacts et réunions informels. Le Conseil européen est en général organisé sur deux demi-journées : la première est habituellement consacrée aux questions plutôt techniques, alors que la seconde est plutôt réservée aux discussions relevant de la PESC. Les travaux s'ouvrent par une déclaration du président du Parlement européen qui ne participe toutefois pas ensuite aux travaux du Conseil européen. Cette faible association de l'institution parlementaire est souvent critiquée par les députés européens même si, depuis le Traité de Maastricht, le Conseil européen présente au Parlement européen un rapport à la suite de chacune de ses réunions ainsi qu'un rapport annuel concernant les progrès réalisés par l'Union.

62. Conclusions présentées à l'issue des sommets européens. À l'issue du sommet, le président du Conseil européen présente les conclusions de cette réunion ; l'usage veut que ces conclusions ne soient pas contestées (puisqu'elles ont été discutées et négociées préalablement entre les États pendant le Conseil européen) et qu'elles n'aient pas de valeur juridique mais seulement une valeur politique. D'ailleurs, le TUE précise que le Conseil européen n'a pas de rôle législatif ; il a un rôle fondamentalement politique.

D.   Le rôle du Conseil européen

63. Nature juridique initiale du Conseil européen. Dès la mise en place du Conseil européen, un débat s'est développé sur sa nature juridique dans la mesure où il présentait une ambivalence certaine : il était conçu à la fois comme une instance de coopération intergouvernementale dans le domaine de la politique étrangère (à l'époque où cette matière ne relevait pas du champ de l'action européenne) et comme une formation suprême du Conseil des ministres pour le reste.

Aujourd'hui, le débat sur la nature réelle du Conseil européen est dépassé puisque, depuis le Traité de Maastricht de 1992, il lui est officiellement reconnu un rôle transversal, l'article 15, § 1, TUE précisant qu'il « donne à l'Union les impulsions nécessaires à son développement et en définit les orientations et priorités politiques générales ». En d'autres termes, le Conseil européen peut aborder toute question d'intérêt européen, quelle que soit la matière.

64. Attributions du Conseil européen. Il faut bien comprendre que la plupart des « décisions » prises par le Conseil européen ne sont pas créatrices de droits et obligations juridiques ; il s'agit en effet de décisions strictement politiques qui devront être ultérieurement formalisées et mises en œuvre par les autres institutions (Commission, Conseil des ministres et Parlement européen), selon les modalités prévues par les traités européens : ainsi, le Conseil européen a un rôle politique tout particulier dans le domaine de l'action extérieure de l'Union – c'est-à-dire la PESC[43], mais également les relations économiques externes et les aspects extérieurs des autres politiques de l'Union[44] – et en matière d'élargissement[45].

Sur d'autres questions importantes, il est possible d'affirmer cette fois que le Conseil européen décide, au sens juridique du terme : en cas de violation grave et persistante des valeurs de l'Union par un État membre, il pourra décider de suspendre les droits de vote de l'État en cause (art. 7 TUE) ; il est également « en première ligne » pour négocier les conditions de retrait d'un État souhaitant quitter l'Union comme dans le cadre du *Brexit*[46] ; il est également partie prenante dans les deux

---

43. Voy. chapitre II du titre V du TUE.
44. Voy. art. 21, § 3, TUE.
45. Art. 49 TUE.
46. Voy. J.-B. VILA, « La sortie d'un État membre dans le Traité sur l'Union européenne. D'un mécanisme utopique à une portée juridique », *RTDE*, n° 2, 2011, pp. 273-297.

procédures de révisions des traités, la procédure normale (art. 48, §§ 2 à 5, TUE) et la procédure simplifiée (art. 48, § 6, TUE) ; enfin, c'est dans le cadre du Conseil européen que divers postes importants sont pourvus : président du Conseil européen, Haut Représentant, président et membres (après approbation du Parlement européen) de la Commission et membres du directoire de la BCE.

Le Conseil européen pourra décider par un vote formel (à la majorité qualifiée la plupart du temps) auquel ne participeront ni le président du Conseil européen ni le Haut Représentant ; sinon, il utilisera la technique du consensus.

65. Rôle souvent décisif du Conseil européen. En définitive, l'importance acquise progressivement par le Conseil européen au sein du système de l'Union est incontestable. Initialement conçu comme un lieu informel d'échanges, il permet aujourd'hui, d'une part, d'orienter politiquement les activités des Vingt-Sept et, d'autre part, de relancer la dynamique européenne lorsque celle-ci connaît des blocages. Il constitue en effet une instance politique de très haut niveau qui favorise les accords sur les questions les plus sensibles – budgétaires et agricoles surtout – qui n'ont pas pu être réglées dans des instances plus « techniques », comme le Conseil des ministres.

La crise budgétaire et financière qu'a connue la zone euro il y a plus de dix ans maintenant a donné l'occasion au Conseil européen d'appa-raître en « première ligne » – avec l'instauration de « sommets de la zone euro » –, et ce rôle politique prééminent s'est confirmé lors des crises plus récentes, comme le *Brexit*, la crise sanitaire et tout dernièrement la guerre en Ukraine qui a permis au Conseil européen de prendre des sanctions sans précédent à l'encontre de la Russie, politiques au titre de la PESC, écono-miques et financières, *via* le Conseil des ministres, au titre de la politique commerciale commune et de la liberté des capitaux notamment. Beaucoup d'observateurs ont salué la réactivité de l'Union en affirmant que l'Europe « puissance internationale » était peut-être enfin née à ce moment-là...

Plus largement, il est possible de se demander si le Conseil européen « reformaté » par Lisbonne n'est pas en train d'acquérir une autorité lui permettant de troubler significativement le jeu qui se déroule depuis près de trois décennies maintenant au sein du fameux « triangle institu-tionnel »[47]...

Parmi les institutions formant ce triangle institutionnel, il y a d'abord la Commission européenne.

---

47. Voy. D. BLANC, « Le triangle amoureux comme métaphore du triangle institutionnel ou le Parlement européen hors du placard », in *Mélanges P. Soldatos*, Bruxelles, Bruylant, 2012, pp. 11-26.

§ 2. La Commission européenne

66. Légitimité de la Commission. Contrairement au Conseil européen qui est une instance intergouvernementale, la Commission européenne (anciennement Haute Autorité de la CECA) est une instance intégrative (ou supranationale) ; cela signifie qu'elle est indépendante des gouvernements des États et a vocation à défendre l'intérêt général européen. Or, chacun sait que l'intérêt commun ne correspond pas toujours, loin s'en faut, à la somme arithmétique des intérêts particuliers des États.

Dès lors, la Commission ne peut être assimilée au secrétariat d'une organisation internationale classique et sa seule existence, eu égard à la légitimité qu'elle incarne, constitue la principale originalité du système institutionnel européen[48].

Après avoir évoqué la composition et l'organisation de la Commission (A), nous préciserons son fonctionnement et ses attributions (B).

A.   La composition et l'organisation de la Commission européenne

67. Évolution de la composition et de l'organisation de la Commission. La composition (1) comme l'organisation (2) de la Commission de Bruxelles ont connu une évolution sensible depuis la naissance des Communautés européennes[49].

1.   *La composition de la Commission européenne*

68. Aspects de la composition de la Commission. La composition de la Commission européenne présente trois aspects : le mode de désignation, le nombre et le statut des commissaires européens.

69. Désignation des commissaires européens. Les modalités de désignation des commissaires européens ont singulièrement évolué depuis le Traité de Rome. Alors qu'ils étaient initialement désignés d'un commun accord par les gouvernements des États membres pour un mandat de quatre ans, ils sont désormais choisis – depuis le Traité de Maastricht – pour cinq ans (leur mandat est renouvelable) sur la base d'un accord entre les États et le Parlement européen, qui se déroule en deux étapes depuis l'entrée en vigueur du Traité d'Amsterdam. Il y a ainsi une coïncidence entre le mandat

---

48.   Voy. O. Blin, « 50 ans de Commission européenne ou la légitimité intégrative en question », in *Mélanges G. Isaac*, Toulouse, Presses de l'Université de Toulouse, 2004, pp. 287-321.

49.   J. Pertek, « Commission européenne. Organisation et fonctionnement », *JCl Europe*, fasc. 230, 2012.

des commissaires et celui des eurodéputés, qui est assurée par le fait qu'en cas de démission collective ou censure, la nouvelle Commission ne sera désignée que pour le délai restant à courir jusqu'à la fin des cinq ans.

La première étape de la désignation concerne le président (ou la présidente) de la future Commission : en vertu du Traité de Lisbonne, une personne est proposée par le Conseil européen, statuant à la majorité qualifiée et « en tenant compte des résultats des élections européennes »[50], puis elle est élue par le Parlement européen à la majorité des membres le composant[51] : c'est cette procédure qui a été suivie pour la nomination de Mme Ursula von der Leyen, désignée en juillet 2019, à une très courte majorité d'eurodéputés (383 voix pour, 327 voix contre et 22 abstentions…).

La seconde étape concerne les autres membres de la Commission : proposés après concertation entre les États et le président fraîchement désigné, ils sont regroupés sur une liste qui doit être approuvée par le Parlement européen, après quoi la nomination de l'ensemble de la Commission est formellement effectuée par le Conseil européen à la majorité qualifiée. C'est donc une double « investiture » qui est donnée à la Commission par le Parlement européen, d'abord de son président, ensuite de l'ensemble de l'institution ; l'intervention du Parlement européen dans cette procédure de désignation assure à la Commission « l'onction démocratique » qui lui permettra d'asseoir sa légitimité.

70. Poids du Parlement européen. En pratique, le Parlement européen soumet chaque candidat à un « grand oral » afin de tester ses compétences et sa capacité à assumer les fonctions de commissaire dans le secteur qui lui est, potentiellement encore, affecté ; le risque existe cependant de mêler à des appréciations sur l'aptitude du candidat des appréciations inspirées de considérations politiques. En outre, cette capacité d'empêchement reconnue au Parlement européen du fait du pouvoir d'approbation qui lui est dévolu, peut être utilisée par les eurodéputés pour tenter d'influencer les États en amont, c'est-à-dire au moment des discussions relatives à la désignation du président et des autres commissaires européens, en indiquant de manière informelle ce qu'ils pensent de tel ou tel candidat.

Ainsi, en 2004, l'Italien Buttiglione, prétendant au portefeuille « Justice, liberté et sécurité », avait suscité, en raison de propos jugés discriminatoires et homophobes, la défiance d'une partie des eurodéputés ; au point que M. Barroso, président nouvellement désigné, avait renoncé à présenter le collège à l'approbation du Parlement européen par crainte d'être désavoué. Après concertation avec les États, M. Barroso avait finalement écarté M. Buttiglione et obtenu l'investiture de la Commission le 18 novembre 2004, un mois après la date d'installation initialement prévue.

---

50. Voy. J.-V. Louis, « Des partis politiques et de l'élection du président de la Commission », *CDE*, n° 1, 2013, pp. 5-20.
51. Art. 17, § 7, TUE.

Dans le même ordre d'idées, lors de la « Commission Barroso 2 », l'un des membres proposés a retiré sa candidature suite à l'attention portée par le Parlement européen sur d'éventuelles affaires de corruption impliquant son conjoint dans son pays d'origine.

En octobre 2014, une Slovène, Mme Alenka Bratusek, pressentie comme Commissaire à l'énergie – mais « recalée » par le Parlement européen –, avait renoncé, tandis que plusieurs futurs commissaires (parmi lesquels le Français P. Moscovici) avaient été « chahutés » lors de leur audition.

Et fin 2019, ce ne sont pas moins de trois candidats qui ont été « recalés », dont une Française, Mme Sylvie Goulard – éphémère ministre de la Défense en 2017 –, finalement remplacée par M. Thierry Breton, ancien ministre lui aussi…

71. Répartition des portefeuilles. Par ailleurs, la répartition des portefeuilles entre commissaires européens est un exercice délicat et cela en raison de plusieurs contraintes.

En premier lieu, il est bien évident que les priorités européennes évoluent au fil du temps conférant ainsi à un même domaine une importance stratégique variable selon la période : ainsi, le portefeuille « Marché intérieur » est-il aujourd'hui moins exposé qu'à la fin des années 1980 lorsqu'il y avait l'objectif du grand « marché unique » de 1992 ; quant au portefeuille des « Affaires économiques et monétaires », après avoir été exposé lors du lancement de l'euro en 2002, il est apparu par la suite moins central avant de redevenir particulièrement sensible avec la crise économique et financière qu'a connue l'Union à partir de 2008 et jusqu'à récemment ; à l'inverse, le domaine de la « Politique commerciale », responsabilité répartie entre plusieurs commissaires jusqu'en 1999, représente désormais un portefeuille en tant que tel ; quant au portefeuille « Changement climatique et énergie », créé en 2009, il traduit une nouvelle priorité européenne – transformée en « Pacte vert pour l'Europe » (ou *Green Deal*) – à l'instar du portefeuille « Économie numérique et société » datant quant à lui de 2014. Enfin, certains postes ont vu leur périmètre évoluer substantiellement comme le traditionnel portefeuille de la politique de concurrence, élargi fin 2019 au numérique, secteur ô combien stratégique dans le cadre de la surveillance du comportement des GAFA[52]…

En deuxième lieu, il est clair que les États mettent tout en œuvre pour que leur ressortissant ait la responsabilité d'un secteur considéré comme prestigieux (parmi lesquels, notamment, la concurrence, la politique commerciale ou encore la justice) plutôt qu'un portefeuille dont la portée apparaît purement technique. Les négociations sont donc souvent intenses entre les États et le président de la Commission nouvellement désigné, même si seul ce dernier a juridiquement la responsabilité d'affecter les postes entre les commissaires.

---

52. Voy. plus largement B. Bertrand, *La politique européenne du numérique*, Bruxelles, Bruylant, 2022.

En troisième et dernier lieu, il faut avoir conscience du fait que les élargissements successifs de l'Union ont conduit de manière purement mécanique à une augmentation du nombre de commissaires européens ; cette contrainte a imposé, à partir du milieu des années 2000, le redécoupage de portefeuilles existants (scission des transports et de l'énergie, ou de la santé et de la protection des consommateurs traditionnellement liés) de même que la création pure et simple de nouvelles responsabilités (affaires administratives, audit et lutte contre la fraude, multilinguisme notamment) dont la pertinence a pu être contestée… tout comme l'intitulé du portefeuille « Protection de notre mode de vie européen » transformé en « Promotion de notre mode de vie européen », s'agissant de la Commission en exercice.

72. Nombre de commissaires européens. Jusqu'en 2004, le nombre de commissaires européens était de 20 pour 15 États : il y avait en effet une inégalité entre les cinq plus grands États sur le plan démographique (Allemagne, Espagne, France, Italie et Royaume-Uni) qui désignaient chacun deux personnes, et les 10 autres États qui n'en désignaient qu'une seule.

Lors des négociations qui devaient aboutir au Traité de Nice, les grands États ont accepté le principe égalitaire selon lequel chaque État, quelle que soit sa démographie, désignerait un seul commissaire européen. Depuis novembre 2004 (première Commission désignée sous l'empire du Traité de Nice entré en vigueur l'année précédente), il y a donc un nombre de commissaires européens équivalent à celui des États membres, soit 27 actuellement. Le Traité de Lisbonne prévoyait qu'à partir de 2014, le nombre de commissaires correspondrait aux deux tiers du nombre d'États membres, à moins que les États ne se prononcent à l'unanimité en faveur du maintien de la règle « un commissaire par État »[53]… Ce qui fut fait en 2008 pour obtenir l'accord des Irlandais sur le Traité de Lisbonne, solution officialisée par le Conseil européen de mai 2013.

73. Statut des commissaires européens. Enfin, le statut des commissaires mérite d'être brièvement évoqué. Selon l'article 245 TFUE, les commissaires exercent leurs fonctions « […] en pleine indépendance, dans l'intérêt général de l'Union ». Une fois désignés par leur pays, ils deviennent donc totalement indépendants de leur gouvernement. Ils doivent d'ailleurs, avant d'entrer en fonctions, prêter serment devant la Cour de justice en s'engageant solennellement à respecter « les devoirs de leur charge », ce qui comporte notamment l'engagement « de ne solliciter, ni accepter d'instructions d'aucun gouvernement, ni d'aucun organisme ». Les États membres de leur côté ont l'obligation de ne pas chercher à influencer les commissaires. En outre, durant leur mandat, les commissaires ne peuvent pas exercer une autre activité, qu'elle soit rémunérée ou non.

---

53. Art. 17, § 5, TUE.

74. Comportement des commissaires européens. L'affaire *Cresson* a donné l'occasion à la Cour de justice de préciser ce qu'il fallait entendre par « devoirs d'honnêteté et de délicatesse » qui incombent à tout commissaire, durant son mandat mais également après. On rappellera qu'une action avait été intentée par M. Romano Prodi, président de la Commission européenne, contre Mme Édith Cresson, membre de la Commission Santer (1995-1999), accusée d'avoir favorisé le recrutement de deux connaissances personnelles lorsqu'elle était en poste. Dans ses conclusions, l'avocat général avait souligné le fait qu'au-delà du cas d'espèce, il en allait de la crédibilité des institutions européennes en général et de la confiance que les citoyens placent en elles. Tout en qualifiant le comportement de Mme Cresson de manquement à ses obligations, la Cour a cependant estimé que celui-ci ne justifiait pas pour autant une réduction de sa retraite[54]...

Depuis 1999, il existe un code de conduite précisant les obligations qui s'appliquent aux commissaires et imposant une déclaration des intérêts financiers et du patrimoine des commissaires ainsi que de leurs conjoints. La volonté de transparence de la Commission va jusqu'à la mise en ligne de la description et de la valeur de tout cadeau fait aux commissaires européens (en pratique essentiellement au président) dans l'exercice de leurs fonctions, d'une valeur vénale supérieure à 50 euros... Après l'affaire Barroso de 2017 – l'ancien président de la Commission était parti « pantoufler » fin 2017 chez *Goldman Sachs*, banque tenue en partie responsable de la crise financière –, la Commission a décidé de durcir les règles éthiques applicables à ses membres[55]. Le nouveau code de conduite est entré en vigueur le 31 janvier 2018.

75. Démission des commissaires européens. Enfin, diverses hypothèses peuvent conduire à la démission des commissaires : en cas de décès ou de démission volontaire (tout spécialement lorsque le commissaire européen souhaite prendre des fonctions ministérielles dans son propre pays) ; la « démission d'office » prononcée par la Cour de justice en cas de faute grave (à la demande de la Commission ou du Conseil des ministres) ou d'incapacité à remplir ses fonctions ; la démission collective, soit décidée par le président de la Commission (ce fut le cas de la Commission dirigée par M. Jacques Santer contrainte politiquement à la démission en 1999), soit suite à une motion de censure adoptée par le Parlement européen ; enfin, le Traité de Nice a consacré le droit pour le président de la Commission d'obtenir, avec l'accord de la majorité du collège, la démission de l'un de ses membres (démission individuelle). Ce dernier cas de figure fait suite aux difficultés rencontrées par la Commission dirigée par M. Jacques Santer du fait du comportement indélicat de certains de ses membres ; plus récemment (début 2013), un commissaire européen maltais soupçonné de trafic d'influence a été contraint à la démission, même s'il n'a pu

---

54. CJCE, 11 juillet 2006, *Édith Cresson c/ Commission*, aff. C-432/04, *Rec.*, p. I-6387.
55. Comm. UE, communiqué IP/18/504, 31 janvier 2018.

obtenir du Tribunal de l'Union un jugement au fond sur les circonstances de son départ faute de prouver matériellement l'existence d'une décision du Président de la Commission[56]...

2. L'organisation de la Commission européenne

76. Présidence de la Commission. L'organisation de la Commission mérite les précisions suivantes.

Il convient d'insister d'abord sur le rôle joué par son président, lequel dispose de prérogatives importantes : autorité sur les autres commissaires, coordination du travail de la Commission, présidence des séances, participation au Conseil européen, interventions devant le Parlement européen, rôle important de représentation internationale (participation au G7 notamment), etc. Le prestige et l'efficacité de la Commission sont intimement liés à la personnalité du président. L'actuelle présidente, l'Allemande von der Leyen, est la première femme à accéder à cette responsabilité et la treizième personne à diriger la Commission ; elle succède à l'Allemand Walter Hallstein (1958-1967), au Belge Jean Rey (1967-1970), à l'Italien Franco Maria Malfatti (1970-1972), au Néerlandais Sicco Mansholt (1972-1973), au Français François-Xavier Ortoli (1973-1977), au Britannique Roy Jenkins (1977-1981), au Luxembourgeois Gaston Thorn (1981-1985), au Français Jacques Delors (1985-1995), au Luxembourgeois Jacques Santer (1995-1999), à l'Italien Romano Prodi (1999-2004), au Portugais Manuel Barroso (2004-2014) et au Luxembourgeois Jean-Claude Juncker (2014-2019).

Le Traité d'Amsterdam est allé dans le sens d'un renforcement de l'autorité du président sur le collège en posant la formule suivante : « La Commission remplit sa mission dans le respect des orientations politiques définies par son président. » Le Traité de Nice a renforcé cette présidentialisation en précisant que le président de la Commission décide de l'organisation interne de l'instance qu'il dirige et peut remanier en cours de mandat la distribution des responsabilités incombant aux autres commissaires. En outre, il n'y a plus de plafonnement du nombre de vice-présidents désignés par le président lui-même après approbation du collège (il y en a 8 dans l'actuelle Commission, dont 3 « vice-présidents exécutifs »).

Malgré tout, il paraît difficile d'assimiler le président de la Commission européenne au chef de gouvernement d'un régime parlementaire.

77. Spécialisation des commissaires. Il faut souligner ensuite la spécialisation des commissaires, en vertu de laquelle chacun d'entre eux dispose d'un « portefeuille » précisément déterminé. Chaque commissaire a donc

---

56. Trib., 12 mai 2015, *Dalli c/ Commission*, aff. T-562/12, np : comm. V. Michel, *Europe*, n° 255, 2015. Plus largement, voy. L. Blattière, « Le pouvoir de révocation des commissaires européens au révélateur de l'affaire « Dalli » », *RDUE*, 3/2017, pp. 89-112.

une responsabilité particulière pour un ou plusieurs des grands secteurs d'activité de l'Union (agriculture, marché intérieur, concurrence, environnement, relations extérieures, affaires économiques et monétaires, etc.). Conseillé par quelques personnes qui constituent son « cabinet », il a sous son autorité des « services » qui correspondent en termes d'organisation aux directions administratives des ministères.

Structurée en 22 directions générales et 15 services assimilés, la Commission constitue une véritable technostructure regroupant près de 33 000 agents permanents dont plus de 90 % sont des fonctionnaires européens. Il faut savoir par ailleurs qu'une importante réforme administrative de la Commission a été amorcée en 2000 afin, principalement, de rénover le statut de ses agents (avec un nouveau dispositif applicable depuis le 1er mai 2004) et d'améliorer le fonctionnement d'une institution qui a dû faire face aux effets induits par l'approfondissement de l'intégration européenne, d'une part, et les élargissements successifs, d'autre part. Entre 2001 et 2014, il a d'ailleurs existé une direction générale spécifiquement chargée de « l'audit interne » et de « la consolidation de la réforme administrative ».

B.   Le fonctionnement et les attributions de la Commission européenne

1.   *Le fonctionnement de la Commission européenne*

78. Collégialité. Le fonctionnement de la Commission est collégial, c'est-à-dire que la Commission exerce l'essentiel de ses compétences par le moyen d'une décision délibérée en commun et qui implique collectivement les commissaires sur le plan politique. Les décisions de la Commission – qui se réunit normalement une fois par semaine – sont adoptées à la majorité simple des membres qui la composent, ou éventuellement par consensus, dès lors que le *quorum* déterminé par le règlement intérieur (prévoyant actuellement la présence de la majorité des commissaires) est atteint ; il est à noter que le président n'a pas de voix prépondérante.

Afin d'éviter que la règle de la collégialité ne paralyse l'action de la Commission, celle-ci peut avoir recours à diverses procédures simplifiées pour adopter ses décisions. La première procédure permet, pour les délibérations portant sur des dossiers importants ou complexes, aux chefs de cabinet des commissaires de se mettre d'accord sur certains points qui feront l'objet ensuite d'une simple adoption formelle sans débat par les commissaires. La deuxième procédure, réservée aux affaires techniques, est la « procédure écrite » : les membres de la Commission reçoivent communication du dossier et de la proposition de décision et, si dans un délai déterminé ils n'ont pas présenté de réserve ou d'opposition, la proposition est réputée adoptée. Enfin, au titre de la troisième procédure, applicable aux mesures de gestion et d'administration courante (notamment dans le secteur agricole), la Commission peut habiliter un de ses membres à prendre ces mesures en son nom sous son contrôle.

2. Les attributions de la Commission européenne

79. Attributions importantes. Les traités européens confèrent à la Commission des attributions importantes que l'on peut regrouper en trois volets principaux[57].

80. Contrôle du respect du droit de l'Union. La Commission est d'abord la « gardienne des traités » et plus largement du droit européen. En effet, elle veille au respect de l'ensemble des règles de l'Union européenne par les États membres, mais également par les autres institutions et même par les particuliers. Au titre de cette prérogative, elle peut notamment poursuivre les infractions dont elle est informée ou qu'elle constate elle-même.

Concernant les infractions au droit européen commises par les particuliers, elles se produisent le plus souvent sur le terrain des règles de concurrence. Elles peuvent donner lieu à des sanctions financières importantes – susceptibles d'être contestées devant le Tribunal de l'Union puis, le cas échéant, devant la Cour de justice – comme, fin 2013, avec une entente sur des produits dérivés de certains taux d'intérêt dans le secteur bancaire (impliquant notamment la *Société Générale* et la *Deutsche Bank*) – avec une amende de près d'1,7 milliard d'euros – et mi-2017 avec l'affaire *Google* pour un abus de position dominante en matière de comparaison des prix en ligne avec une amende record de 2,4 milliard d'euros[58] ! Chaque année, ce sont entre 2 et 3 milliards d'euros qui sont récoltés en amendes et versés au budget général de l'Union européenne.

S'agissant des infractions d'origine étatique, la Commission peut engager une procédure en manquement à l'encontre d'un (ou plusieurs) État qui aurait violé l'une de ses obligations européennes[59]. Cette procédure comporte deux étapes, la première de nature administrative, la seconde de nature contentieuse. Au cours de la première étape, la Commission commence par adresser une lettre de mise en demeure à l'État ; ce dernier dispose alors d'un délai, généralement de trois mois, pour présenter ses observations. Si la Commission n'est pas convaincue par les explications qui lui ont été fournies, celle-ci envoie alors à l'État en cause un avis motivé précisant le délai (en général un mois) dont il dispose pour mettre sa législation en conformité avec les exigences européennes.

---

57. Pour des précisions, voy. J. Pertek, « Commission européenne. Pouvoirs », *JCl Europe*, fasc. 231, 2015.
58. Il y a actuellement trois affaires Google pour un montant total de 8,25 milliards d'euros ! Voy. *infra*, partie 2, titre 2 « La libre concurrence ».
59. Voy. *infra*, partie 3, titre 2, chapitre 1 « Le recours en manquement ».

À défaut d'exécution par l'État à l'issue de ce nouveau délai, la seconde étape, la phase contentieuse, se matérialise par la saisine directe de la Cour de justice. Les statistiques de ces six dernières années font apparaître une diminution significative des arrêts en manquement introduits : alors que l'on était traditionnellement entre 150 et 200 affaires annuelles jusqu'à la fin des années 2000, seules 128 ont été enregistrées en 2010, puis entre 50 et 70 de 2011 à 2015 et entre 30 et 40 seulement par an depuis 2017 ; quant au sens du jugement, la Cour confirme le manquement de l'État dans plus de 90 % des cas.

Enfin, toujours au titre du contrôle de la légalité européenne, la Commission assure la gestion des clauses de sauvegarde, c'est-à-dire des dispositions qui autorisent, dans certaines circonstances, des mesures dérogatoires aux règles communes. À titre d'exemple, début 2008 puis à l'automne 2012, il avait beaucoup été question de la clause de sauvegarde figurant à l'article 23 de la directive 2001/18/CE du 12 mars 2001 et permettant à un État d'interdire temporairement la commercialisation d'un organisme génétiquement modifié (OGM) pourtant autorisé à l'échelon européen[60].

81. Initiative législative. La Commission européenne – c'est son deuxième volet de compétences – est ensuite l'organe d'initiative au sein de l'Union : elle joue un rôle essentiel dans le processus de création des actes de l'Union européenne (règlements, directives et décisions) puisqu'elle détient, dans toute une série de matières (marché intérieur, concurrence, environnement, PAC, etc.), le monopole de « l'initiative législative ». L'article 293 TFUE dispose en effet que le Conseil des ministres ne décide que sur proposition de la Commission et que celui-ci ne peut modifier la proposition de la Commission, sans son accord, qu'à l'unanimité ; en outre, tant que le Conseil n'a pas définitivement statué, la Commission a la possibilité de modifier sa proposition. Ces diverses précisions permettent de mieux comprendre le rôle important joué par la Commission en amont mais également tout au long du processus d'adoption des actes européens.

Ce monopole de l'initiative « législative » connaît toutefois quelques rares limitations : c'est le cas dans le cadre de l'espace de liberté, de sécurité et de justice (asile, immigration, coopération judiciaire…), le Traité de Lisbonne prévoyant un droit d'initiative pour les États qui peut être exercé par un quart des États membres[61] ; sur certaines questions relevant de l'Union économique et monétaire (UEM), le Conseil ou tout État peut également solliciter une proposition de la Commission, alors que la Banque centrale européenne peut lui soumettre des avis ; enfin, la Cour

---

60. Signalons qu'après plusieurs années de discussions, la directive 2001/18 a été modifiée par la directive 2015/412 du 11 mars 2015 (*JOUE*, L 68, 13 mars 2015) afin d'accorder plus de souplesse aux États membres désirant restreindre ou interdire les OGM sur leur territoire.
61. Voy. art. 76 TFUE.

de justice peut faire une proposition visant à faire modifier son Statut, laquelle fera l'objet d'un avis de la Commission avant d'être transmise au Conseil et au Parlement[62].

Ce même Traité de Lisbonne institue également une initiative populaire (« droit d'initiative citoyenne »), à la demande d'1 million de citoyens résidant dans au moins un quart des États membres (soit 7 actuellement) et sur une question relevant des attributions de la Commission[63] ; même si la Commission n'est pas tenue de donner suite à la demande (elle doit cependant motiver son refus, cette motivation devant être adaptée à l'acte en cause et faite en fonction des circonstances de l'espèce), elle peut être contrainte politiquement d'agir si la proposition recueille un soutien populaire important[64].

Quant aux domaines de la politique étrangère et de la politique de défense, la Commission peut seulement soutenir un projet d'acte (« décision-PESC » ou « décision-PESD ») émanant du Haut Représentant pour la politique étrangère de l'Union[65].

Il faut noter enfin que le Conseil des ministres et le Parlement européen disposent de la possibilité de suggérer à la Commission une initiative législative[66] : en tout état de cause, celle-ci n'est pas, juridiquement, tenue de donner suite.

82. Commission et respect de la subsidiarité. Il est utile d'indiquer par ailleurs que, de manière à limiter l'éventuelle « frénésie législative » dont pourrait être atteinte la Commission européenne, le principe de subsidiarité – consacré par le Traité de Maastricht – prévoit que la Communauté européenne n'intervienne, dans les domaines où elle partage sa compétence avec celle des États membres, que dans la mesure où cela s'avère strictement nécessaire. Cette contrainte juridique dont la Cour de justice assure le respect représente aussi, et peut-être surtout, un compromis politique visant à rassurer certains États inquiets de l'extension régulière des compétences européennes. Rappelons à cet égard que le Traité de Lisbonne a créé un « mécanisme d'alerte précoce » en faveur des parlements nationaux

---

62. C'est ce qui s'est passé en avril 2015 lorsque la Cour a proposé une réforme de son Statut afin de modifier la composition du Tribunal de l'Union. L'article 281 TFUE prévoit également le processus inverse : une proposition de la Commission transmise au Conseil et au Parlement après avis de la Cour de justice.
63. S'agissant de l'échec d'une initiative citoyenne dans le champ de la politique économique et monétaire : Trib., 30 septembre 2015, *Anagnostakis c/ Commission*, aff. T-450/12, np : comm V. Michel, *Europe*, n° 403, 2015.
64. Les modalités de ce droit d'initiative citoyenne ont été organisées par le règlement (UE) n° 211/2011, 16 février 2001, applicable depuis le 1ᵉʳ avril 2012, *JOUE*, L 65, 11 mars 2011. Voy. P. Langlais « L'initiative citoyenne européenne : un mécanisme d'implication de la société civile en voie de judiciarisation », *RAE* 2017/3, pp. 495-520. E. Dubout, F. Martucci et F. Picod (dir.), *L'initiative citoyenne européenne*, Bruxelles, Bruylant, 2019.
65. Voy. art. 30 TUE.
66. Voy. respectivement les art. 241 TFUE et 225 TFUE.

qui estimeraient qu'une proposition d'acte ne respecte pas le principe de subsidiarité : cela s'est produit pour la première fois en septembre 2012 à l'encontre d'un texte visant à organiser le droit de grève[67], opposition qui devait finalement conduire au retrait de la proposition de la Commission.

En dernier lieu, il convient de souligner que la liberté dont dispose la Commission sur le terrain de l'initiative législative est en pratique largement contrainte par les propositions émises par les États, le Conseil, le Parlement européen et les acteurs économiques, par la mise en œuvre de règles internationales, du fait des actes imposés par les traités ou le droit dérivé (en matière agricole notamment) et enfin en raison des exigences d'adaptation ou de codification des actes existants.

Finalement, la Commission a surtout le choix du moment opportun pour présenter ses propositions... ou à l'inverse pour décider de retirer certaines d'entre elles[68].

83. Compétence d'exécution. Le troisième et dernier volet de compétences appartenant à la Commission est celui de l'exécution des traités et des actes européens dans toute une série de domaines[69]. En préalable, il convient de rappeler que ce sont normalement les États qui disposent de la compétence d'exécution, en vertu du principe d'administration indirecte sur lequel repose l'Union : en d'autres termes, l'adoption des mesures exécutives relèvera de ceux-ci dès lors que l'intervention européenne ne sera pas nécessaire.

Depuis longtemps la Commission revendiquait pourtant le pouvoir de prendre seule ces mesures d'exécution, ce que les États lui avaient toujours refusé ; ces derniers se contentaient de lui déléguer, ponctuellement, le pouvoir d'adopter ces règles[70]. Avec le Traité de Lisbonne, la Commission devient le titulaire de principe du pouvoir d'exécution lorsque des conditions uniformes d'exécution des actes contraignants de l'Union sont nécessaires (art. 291, § 2, TFUE visant les « actes d'exécution ») ; l'acte adopté doit se contenter de préciser (et non de modifier) l'acte de base[71]. En outre, la Commission doit prendre l'avis de comités (composés de représentants des États) dans le cadre de la procédure dite « Comitologie », codifiée par une décision du Conseil du 13 juillet 1987, modifiée en 1999, en 2006 et dernièrement en 2011[72].

---

67. Voy. D. SIMON, *Europe*, 2012, repère n° 7.
68. Fin 2014, la « Commission Juncker » a décidé le retrait de 73 propositions législatives pendantes (*JOUE*, C 80, 7 mars 2015, pp. 17-23).
69. Plus largement, voy. J. JORDA, « La prise de décision exécutive dans l'Union européenne », in M. BLANQUET (dir.), *La prise de décision dans le système de l'Union européenne*, Bruxelles, Bruylant, 2011, pp. 203-230.
70. Voy. J.-P. JACQUÉ, *Droit institutionnel de l'Union européenne*, coll. Cours, Paris, Dalloz, 2015, p. 399.
71. Voy. Cour, 15 octobre 2014, *Parlement c/ Commission*, aff. C-65/13, np : comm. V. MICHEL, *Europe*, n° 511, 2014.
72. C. BLUMANN, « Un nouveau départ pour la comitologie. Le règlement n° 182/2011 du 16 février 2011 », *CDE*, n° 1, 2012, pp. 23-51. Chaque année, la Commission publie un rapport sur les travaux de ces comités, détaillant leurs activités dans chaque domaine d'action.

À côté de ces actes d'exécution reprenant largement une pratique ancienne, le Traité de Lisbonne a créé les « actes délégués », mentionnés à l'article 290, § 1, TFUE, qui correspondent à des actes non législatifs de portée générale qui « complètent ou modifient certains éléments non essentiels de l'acte législatif » et concernent de nombreuses matières : droit de la consommation, politique agricole commune, fonds structurels ou encore réglementation financière. La délégation de pouvoir résulte au cas par cas de l'acte législatif de référence et deux conditions, éventuellement cumulatives, peuvent être posées : le Conseil ou le Parlement européen peuvent révoquer la délégation, d'une part, et l'acte délégué ne peut entrer en vigueur que si les deux institutions précitées n'ont pas formulé d'objections dans le délai fixé à cet effet par l'acte législatif, d'autre part[73].

La Commission gère également les fonds structurels (fonds agricole, fonds régional, fonds social, fonds pour la pêche et instrument européen de voisinage) qui sont les instruments privilégiés de la cohésion économique et sociale de l'Union. Leurs crédits représentent aujourd'hui des sommes considérables correspondant aux trois quarts du budget général de l'Union.

La Commission exerce enfin des responsabilités en matière de relations extérieures : elle négocie les traités bilatéraux et multilatéraux sur la base d'un mandat défini par le Conseil des ministres et défend les intérêts européens dans les enceintes commerciales multilatérales (notamment à l'Organisation mondiale du commerce, l'OMC).

Terminons sur les pouvoirs de la Commission en notant que celle-ci a acquis ces dernières années des compétences remarquables dans le champ budgétaire, du fait de la crise mais aussi de l'asymétrie entre le pilier monétaire et le pilier économique de l'UEM : participation à un dialogue avec les États de la zone euro, véritable pouvoir de surveillance avec la possibilité de proposer des recommandations au Conseil, voire des sanctions et des mesures correctrices avec application, dans ce dernier cas, de la procédure de la majorité inversée (la proposition de la Commission est adoptée à moins que le Conseil ne s'y oppose à la majorité qualifiée dans un délai déterminé)[74].

84. Rôle irremplaçable de la Commission. En définitive, le rôle de la Commission est irremplaçable dans la mesure où elle bénéficie de la permanence et d'une connaissance technique des dossiers bien supérieure à celle des États membres. Souvent décriée pour un activisme excessif ou, à l'inverse, pour son inaction, la Commission doit faire face depuis une quinzaine d'années maintenant à la concurrence des États, d'un côté, et du Parlement européen, de l'autre[75]. En outre, elle souffre d'un déficit de

---

73. Pour des précisions, voy. S. Sutour, « Les actes délégués », *Rapp. Sénat*, n° 322, 29 janvier 2014.
74. Voy. J.-P. Jacqué, *Droit institutionnel de l'Union européenne, op. cit.*, pp. 403-405.
75. Voy. I. Petit, « L'Union européenne 20 ans après : redressement ou déclin de la supranationalité institutionnelle, décisionnelle ? », in *Mélanges P. Soldatos*, Bruxelles, Bruylant, 2012, pp. 101-116 et P. Soldatos, « L'érosion croissante de la gouvernance supranationale de l'UE : dérive d'intégration et impératif de refondation », *RDUE*, 2018, n° 615, pp. 78-86.

communication auprès des opinions publiques qu'elle s'efforce de combler depuis une vingtaine d'années, comme l'a démontré la création d'un poste de commissaire européen chargé des « Relations institutionnelles et stratégie de communication » en 2004, correspondant aujourd'hui au portefeuille « Relations interinstitutionnelles ».

La qualité de ses rapports avec les deux autres acteurs du « triangle institutionnel », notamment le Conseil des ministres, est décisive pour l'efficacité de l'action européenne.

§ 3. Le Conseil des ministres

85. Légitimité intergouvernementale. Comme le Conseil européen, le Conseil des ministres – ou Conseil de l'Union – incarne les intérêts des États ; en dépit de la montée en puissance du Parlement européen, il demeure le principal détenteur du pouvoir de décision de l'Union[76].

Nous étudierons successivement la composition (A), le fonctionnement et les attributions (B) du Conseil des ministres.

A.   La composition du Conseil des ministres

86. Ministres participant au Conseil. Le Conseil (ainsi mentionné dans les traités européens) est un collège de représentants nationaux. Depuis le Traité de Maastricht, l'article 16 TUE précise que : « Le Conseil est formé par un représentant de chaque État au niveau ministériel, habilité à engager le gouvernement de cet État membre. » Cette précision laisse la possibilité aux États fédéraux (Belgique ou Allemagne) d'être représentés au Conseil par un ministre régional dès lors que la compétence correspondant au dossier en discussion (éducation ou culture notamment) relève de l'échelon local ; toutefois, ce ministre régional doit avoir la capacité juridique d'engager son pays.

Par ailleurs, certains États fortement régionalisés, comme l'Espagne, ont choisi d'associer les représentants des exécutifs régionaux aux travaux du Conseil ; ceux-ci font partie de la délégation nationale, mais la responsabilité des négociations demeure de la responsabilité du gouvernement central.

87. Présence de la Commission et transparence. La Commission européenne peut assister aux réunions du Conseil, mais il lui est toujours possible de choisir de délibérer en « cadre interne », c'est-à-dire en dehors de la présence de la Commission : cela est systématiquement le cas lorsque les questions envisagées concernent le seul Conseil (affaires contentieuses, nomination de hauts fonctionnaires du Conseil, etc.).

---

76. Voy. C. Blumann, « Conseil de l'Union européenne », *JCI Europe*, fasc. 219, 2020.

Au nom de la transparence et du rapprochement des institutions des citoyens européens, diverses mesures ont été adoptées à la fin des années 1990 : tenue de débats publics, publicité des votes, des procès-verbaux et déclarations, accès libre aux documents du Conseil.

88. Diversité des formations du Conseil. Il faut bien comprendre que s'il n'y a juridiquement qu'un seul Conseil des ministres, celui-ci se réunit en diverses formations selon l'ordre du jour de ses travaux. Afin de mettre fin à une véritable inflation des formations du Conseil qui s'était développée à la fin des années 1990 et au problème de coordination qui en résultait mécaniquement, leur nombre a été plafonné.

Le Traité de Lisbonne mentionne deux formations du Conseil des ministres jusque-là regroupées en une seule : le Conseil « Affaires générales » qui assure la cohérence des travaux des différentes formations du Conseil (réunissant les ministres des Affaires européennes, formation à compétence plutôt technique) ; le Conseil « Affaires étrangères » qui est présidé par le « Haut Représentant » et qui élabore l'action extérieure de l'Union selon les lignes stratégiques fixées par le Conseil européen et assure la cohérence de l'action de l'Union (réunissant les ministres des Affaires étrangères, formation à compétence plutôt politique)[77].

Depuis septembre 2010, il y a par ailleurs huit formations sectorielles du Conseil des ministres : « Affaires économiques et financières », « Emploi, politique sociale et consommateurs », « Compétitivité », « Transports, télécommunications et énergie », « environnement », « Agriculture et pêche », « Éducation, jeunesse et culture » et « Justice et affaires intérieures » ; elles réunissent les ministres des États membres en charge du secteur considéré.

On estime qu'il y a entre 80 et 100 sessions du Conseil (toutes formations confondues) chaque année.

89. Préparation nationale des réunions du Conseil. Signalons que la complexité de la préparation des décisions du Conseil a conduit certains États membres à mettre en place une structure spécifique de coordination administrative ; en France, cette tâche est assumée par le Secrétariat général des affaires européennes (SGAE) dépendant directement du Premier ministre, lequel a remplacé en 2005 le Secrétariat général du comité interministériel pour les questions de coopération européenne (SGCI) institué en 1948[78] !

---

77. Art. 16, § 6, TUE.
78. Voy. plus largement sur l'administration française et l'Union : Y. Doutriaux et C. Lequesne, *Les institutions de l'Union européenne après la crise de l'euro*, coll. Réflexe Europe, Paris, La documentation Française, 2013, pp. 221-262.

B. Le fonctionnement et les attributions du Conseil des ministres

90. Aspects du fonctionnement. Le fonctionnement comme les attributions du Conseil méritent des précisions permettant d'appréhender le rôle central joué par cette institution au sein du système de l'Union.

1. Le fonctionnement du Conseil des ministres

91. Rôle de la présidence. L'État qui assure la présidence de l'Union dirige pendant six mois toutes les formations du Conseil des ministres, sauf la formation « Affaires étrangères ». La présidence joue un rôle important dans le fonctionnement du Conseil, puisqu'elle a pour fonctions de fixer l'ordre du jour des travaux – ce qui lui permet de mettre l'accent sur certains dossiers et parallèlement d'en retarder d'autres selon les priorités qu'elle s'est fixées –, de faire adopter des décisions – la présidence joue un rôle déterminant pour rédiger et présenter des textes à partir des propositions de la Commission européenne avant de les faire adopter par le Conseil – et de représenter l'ensemble des États membres de l'Union dans les organisations et conférences internationales.

Bien entendu, la présidence est particulièrement exposée en période de Conférence intergouvernementale (CIG) puisqu'elle a pour mission d'animer ses travaux et de proposer des compromis à ses partenaires pour aboutir à un nouveau traité européen. Cette fonction a par exemple été assumée par l'Irlande début 2004 au moment de l'accord politique sur la Constitution européenne ou plus tard par l'Allemagne lorsque les Vingt-Sept ont réussi à se mettre d'accord sur le futur Traité de Lisbonne.

Rappelons enfin que le Traité de Lisbonne prévoit que la présidence de l'Union soit assurée par un groupe prédéterminé de trois pays, pour une période de 18 mois et selon une succession égalitaire, formule permettant de mettre l'accent sur la nécessaire collaboration qui doit exister entre les pays qui se relaient à la tête de l'Union[79].

92. Rôle des instances de préparation. Deux instances assurent le travail de préparation des décisions du Conseil des ministres : le COREPER et le Secrétariat général du Conseil.

93. COREPER. Le Comité des représentants permanents des États membres (COREPER) n'était prévu initialement que dans le règlement intérieur du Conseil ; depuis le Traité de Maastricht, il est inscrit à l'article 240 TFUE[80]. Ces

---

79. Voy. *supra*, pt 56.
80. Voy. J.-P. Jacqué, « L'autorité discrète du Comité des représentants permanents », in *Mélanges P. Manin*, Paris, A. Pedone, 2010, pp. 255 et s.

représentants, qui ont la qualité d'ambassadeurs, sont les chefs de mission de chaque État membre à Bruxelles et ont donc vocation à assurer toutes les liaisons utiles entre l'État et l'Union. La réunion de ces représentants et d'un membre de la Commission constitue le COREPER qui comprend deux formations : le « COREPER II » regroupe les ambassadeurs-représentants permanents qui traitent des questions politiques et qui préparent notamment les Conseils « Affaires générales » et « Ecofin » ; le « COREPER I » est composé des représentants adjoints et traite des questions plus techniques.

Les propositions d'actes européens sont transmises par les services de la Commission européenne au Conseil. Une fois reçues par celui-ci, elles sont transmises au COREPER. Le plus souvent le COREPER les renvoie à son tour à des comités – il en existerait près de 250 aujourd'hui ! – composés de hauts fonctionnaires nationaux compétents dans le domaine considéré, ainsi qu'un représentant de la Commission. Ces comités représentent un premier cadre d'examen, technique, et de négociation sur l'acte envisagé. En cas d'accord au sein du Comité, le COREPER se contentera de transmettre son rapport au Conseil pour adoption formelle. À défaut de consensus au niveau du Comité, il appartiendra au COREPER de l'obtenir et à défaut au Conseil lui-même.

De manière exceptionnelle, certains comités transmettent directement leurs travaux au Conseil – leur rapport ne transite donc pas par le filtre du COREPER – comme le « Comité spécial agricole » qui prépare les travaux du « Conseil agriculture », et comme le « Comité économique et financier » dans la perspective du « Conseil Ecofin ».

On l'aura compris, le COREPER joue un rôle central de préparation et de filtrage des actes destinés à être adoptés par le Conseil des ministres. Il est le lieu où se développe un double dialogue : dialogue des représentants permanents entre eux et dialogue de chacun d'entre eux avec sa capitale. Et, en dépit de la critique parfois formulée selon laquelle il s'agirait là d'une structure technocratique échappant à tout contrôle du pouvoir politique, il faut bien comprendre, d'une part, que ces représentants agissent toujours dans le cadre d'instructions gouvernementales (parfois passées au filtre du contrôle parlementaire) et, d'autre part, qu'ils ne sauraient adopter des actes juridiques en lieu et place des ministres.

94. Secrétariat général du Conseil. Sous l'autorité d'un Secrétaire général nommé par le Conseil à la majorité qualifiée (art. 240 TFUE), le Secrétariat général du Conseil rassemble environ 3 500 fonctionnaires qui assistent le Conseil et assurent son fonctionnement administratif (programmation des réunions, interprétation, traduction et reproduction des documents, etc.).

Les fonctionnaires du Secrétariat général rédigent notamment des rapports relatant les travaux des comités destinés au COREPER puis au Conseil des ministres ; à ces tâches purement administratives est venue s'ajouter une fonction de conseiller de la présidence : informé de l'état des dossiers, le secrétaire général peut en effet transmettre à celle-ci des suggestions de fond et de procédure, et participer à l'élaboration de compromis.

95. Service juridique au sein du Secrétariat. Au sein de ce Secrétariat, le service juridique du Conseil occupe une place essentielle puisqu'il assiste à tous les travaux du Conseil, peut être consulté par les délégations pour toute question et notamment sur celle de la base juridique, question véritablement fondamentale et qui mérite donc quelques explications. Dans la mesure où l'Union ne dispose que de compétences d'attribution, elle ne peut agir que si elle est habilitée à le faire en vertu d'une disposition du TUE ou du TFUE que l'on appelle la « base juridique » ; cette base juridique conditionne la procédure à suivre et les modalités de vote applicables[81]. Étant donné qu'un même acte peut parfois se rattacher à des matières différentes et donc à des procédures différentes, la Cour de justice a dégagé des critères précis afin de déterminer la base juridique pertinente[82].

Le service juridique veille également au respect des procédures prévues par les traités, notamment la consultation de certaines instances lorsqu'il y a lieu (Parlement européen, Comité économique et social, Comité des régions). Enfin, il met en forme juridique les textes arrêtés par le Conseil, les transmet pour publication au *Journal officiel de l'Union européenne* et rédige les procès-verbaux et les communiqués de presse à l'issue des travaux du Conseil.

96. Modalités de prise de décision du Conseil. Les réunions du Conseil sont convoquées par la présidence, à l'initiative de celle-ci, d'un État membre ou de la Commission[83]. L'ordre du jour est divisé en « points A » destinés à être soumis au vote sans débat car ils ont fait l'objet d'un consensus au sein du COREPER et en « points B » faisant, eux, l'objet d'un débat. Rappelons que la Commission européenne participe normalement aux réunions du Conseil des ministres, ainsi que le président de la Banque centrale européenne lorsque des questions relatives à la monnaie commune sont à l'ordre du jour.

En principe, le Conseil arrête ses décisions par un vote ; mais rien ne lui interdit de le faire par consensus, c'est-à-dire sans recours à un vote formel[84]. Lorsqu'il procède à un vote, le Conseil peut adopter ses décisions à la majorité, simple ou qualifiée, ou à l'unanimité ; plus précisément, le Traité de Lisbonne pose le principe selon lequel le Conseil statue à la majorité qualifiée, sauf si les traités en disposent autrement.

---

81.   Voy. C. Kholer et J.-C. Engel, « Le choix approprié de la base juridique pour la législation communautaire : enjeux constitutionnels et principes directeurs », *Europe*, chron. n° 1, 2007. S'agissant par exemple de la frontière entre coopération policière et politique commune des transports, voy. Cour, 6 mai 2014, *Commission c/ Parlement et Conseil*, aff. C-43/12 : comm. V. Michel, *Europe*, n° 290, 2014. Plus récemment pour ce qui concerne la délimitation entre la PESC d'une part et les politiques commerciale commune et de coopération au développement d'autre part, voy. Cour, gr. ch., 4 septembre 2018, *Commission c/ Conseil*, aff. C-244/17 : comm. D. Simon, *Europe*, n° 412, 2018.

82.   Voy. notamment le critère du « centre de gravité » de l'acte, dégagé par l'arrêt *Dioxyne de titane* : CJCE, 11 juin 1991, *Commission c/ Conseil*, C-300/89, *Rec.*, p. I-2867.

83.   Art. 237 TFUE.

84.   J.-P. Jacqué, « Le vote au Conseil de l'Union européenne », in M. Blanquet (dir.), *La prise de décision dans le système de l'Union européenne*, *op. cit.*, pp. 61-89.

97. Majorité simple. Le vote du Conseil à la majorité simple (ou absolue) est rare et doit être expressément prévu[85] ; en pratique, il ne s'applique guère que pour l'adoption du règlement intérieur, des demandes d'études ou de propositions adressées à la Commission.

98. Majorité qualifiée. Le vote à la majorité qualifiée est dorénavant le mode décisionnel de principe ; dans cette hypothèse, les voix des membres étaient affectées, jusqu'au début de 2017, d'une pondération fondée sur un critère démographique.

99. Pondération jusqu'à fin 2014. La répartition résultait du Traité de Nice à l'occasion duquel les plus grands États, démographiquement parlant, avaient obtenu une nouvelle grille limitant partiellement l'érosion de leur influence dans la perspective de l'élargissement de l'Union aux anciens pays de l'Europe de l'Est, pour la plupart faiblement peuplés. Politiquement, cette satisfaction s'expliquait par le fait que ces mêmes grands États avaient accepté à Nice de ne plus désigner deux mais une seule personne à la Commission européenne à partir de l'entrée en vigueur du nouveau traité[86].

Pour mémoire, la répartition était la suivante :

État	Voix	État	Voix
Allemagne	29	Bulgarie	10
Royaume-Uni	29	Slovaquie	7
France	29	Autriche	10
Italie	29	Danemark	7
Espagne	27	Finlande	7
Pologne	27	Irlande	7
Roumanie	14	Lituanie	7
Pays-Bas	13	Croatie	7
Grèce	12	Lettonie	4
Tchéquie	12	Slovénie	4
Belgique	12	Estonie	4
Hongrie	12	Chypre	4
Portugal	12	Luxembourg	4
Suède	10	Malte	3

Au total, les 28 États de l'Union représentaient 352 voix ; la majorité qualifiée était obtenue à partir de 260 voix (soit près de 74 % du total) et la minorité de blocage était de 93 voix. De plus, il fallait qu'au moins 15 États membres appartiennent à cette majorité lorsque le Conseil

---

85. Art. 16, § 3, TUE.
86. Voy. *supra*, pt 72.

statuait sur une proposition de la Commission, et que 19 États membres au moins appartiennent à cette majorité dans les cas où la proposition d'acte émanait d'un ou plusieurs États (ou plus exceptionnellement d'une autre institution, la BCE, la BEI ou la Cour de justice).

Enfin, il était reconnu à tout État la possibilité de demander que l'on vérifie que la majorité représente au moins 62 % de la population totale de l'Union, la décision n'étant pas considérée comme adoptée dans le cas contraire (« filet démographique » souhaité par l'Allemagne) ; il s'agissait toutefois d'une vérification optionnelle qui n'intervenait qu'à la demande d'un ou plusieurs États.

En définitive, l'obtention de la majorité qualifiée était fondée sur un triple critère : en voix, en États et en population.

100. Champ de la majorité qualifiée avant Lisbonne. L'Acte unique européen de 1986 avait élargi la place du vote à la majorité qualifiée, permettant ainsi d'adopter toutes les directives relatives à la réalisation du grand marché unique de 1992. Le Traité de Maastricht l'a étendue à toute une série de matières (politique des visas, politique sociale, de l'éducation, de la santé, de la protection des consommateurs, de l'environnement, de l'aide au développement, etc.). Le Traité d'Amsterdam y a ajouté l'emploi et les programmes-cadres en matière de recherche et le Traité de Nice est allé encore un peu plus loin.

L'utilisation de la majorité qualifiée a toutefois suscité à diverses reprises de fortes résistances de certains États membres, au point que deux compromis ont été adoptés pour en limiter la pratique.

101. Compromis de Luxembourg. Le « compromis de Luxembourg » a été adopté en janvier 1966 pour mettre fin à la crise de la « chaise vide » ouverte par la France quelques mois plus tôt, laquelle souhaitait conserver un droit de veto dans un domaine relevant pourtant du vote à la majorité qualifiée (en l'espèce, la politique agricole) dans le cadre du Conseil des ministres. Ce compromis précisait que dans les hypothèses où le vote à la majorité s'appliquait mais qu'un ou plusieurs États membres estimaient que des « intérêts très importants étaient en jeu », la discussion devait se poursuivre de façon à aboutir à une solution acceptable par tous les membres du Conseil. Mais dans l'hypothèse où, malgré ces nouvelles discussions, cet accord unanime n'avait pu être trouvé, la décision était-elle définitivement bloquée ou pouvait-on revenir à l'application de la majorité qualifiée ? Le flou de la rédaction du compromis autorisait diverses interprétations… Le compromis de Luxembourg a disparu en tant que tel avec le Traité de Lisbonne.

102. Compromis de Ioaninna. Le « compromis de Ioaninna » avait été adopté dans la perspective de l'élargissement de l'Union européenne à l'Autriche, à la Finlande et à la Suède, lequel devait intervenir en 1995. Dans l'hypothèse d'une décision du Conseil des ministres à la majorité qualifiée, il prévoyait que dès lors que l'on s'approcherait de la minorité de blocage sans pour autant l'atteindre, on chercherait à obtenir « dans un délai raisonnable » une majorité plus large que celle normalement requise. À défaut, la présidence devait procéder au vote dans les conditions normales de majorité qualifiée. Ce compromis, qui avait disparu avec le Traité de Nice, a été repris avec quelques modifications par le Traité de Lisbonne.

103. Calcul de la majorité qualifiée prévu par Lisbonne. Le Traité de Lisbonne prévoyait que le système précédemment décrit s'applique jusqu'au 31 octobre 2014 ; après, la pondération disparaissait.

Du 1er novembre 2014 au 31 mars 2017, la majorité qualifiée était obtenue avec 55 % des États (donc au minimum 16 sur 28) représentant au moins 65 % de la population de l'Union si la proposition émanait de la Commission ou du Haut Représentant pour la politique étrangère, et 72 % des États (donc au minimum 21 sur 28) représentant au moins 65 % de la population de l'Union dans les autres cas. Durant cette période, un État pouvait cependant demander lors d'un vote que l'on revienne au système de Nice : le nouveau système n'est donc devenu pleinement applicable qu'à partir du 1er avril 2017 ; en outre, une clause s'inspirant du compromis de Ioannina pouvait s'appliquer (minorité rassemblant neuf États représentant au moins 26 % de la population de l'Union)

Depuis le 1er avril 2017, la double majorité (55 % des États et 65 % de la population, ou 72 % des États et 65 % de la population) s'applique définitivement, avec la clause reprenant le compromis de Ioannina dont les seuils sont abaissés (au moins sept États et 19 % de la population) ; la pondération a dorénavant complètement disparu.

104. Extension du champ de la majorité qualifiée avec Lisbonne. Dans la continuité des traités modificatifs précédents, le champ de la majorité qualifiée a été largement étendu par le Traité de Lisbonne pour devenir aujourd'hui la règle, cette modalité de vote faisant partie intégrante de la « procédure législative ordinaire »[87].

D'une part, elle s'applique aux matières nouvelles comme l'espace, le sport, le tourisme et la protection civile ; d'autre part, elle joue pour des matières existantes, relevant antérieurement soit de l'ancien pilier communautaire (notamment les transports, la liberté d'établissement, la culture, les visas, l'asile ou encore l'immigration), soit de l'ancien troisième pilier (la coopération judiciaire en matière civile, pénale – avec des aménagements – ou policière).

105. Unanimité. Le vote à l'unanimité s'applique encore dans certaines hypothèses, étant précisé qu'une ou plusieurs abstentions n'empêchent pas l'obtention de celle-ci (contrairement au « commun accord » parfois mentionné dans les traités).

---

87. Voy. *infra*, paragraphe suivant sur le Parlement européen.

Ces hypothèses peuvent être classées en deux catégories : il y a d'abord les questions dites « constitutionnelles », comme la révision des traités ou l'adhésion de nouveaux États notamment ; il y a également les questions réputées « sensibles » pour les États, à propos desquelles ils n'ont pas voulu abandonner leur droit de veto : la fiscalité, la sécurité sociale, certains accords internationaux en matière de commerce de services (la fameuse « exception culturelle »), les perspectives financières pluriannuelles, l'essentiel de la PESC (dont la défense), la coopération policière, la coopération pénale (s'agissant des définitions pénales et de leur régime juridique), la coopération judiciaire en matière de droit de la famille ou encore la création d'un parquet européen[88].

Ce maintien de l'unanimité est politiquement inévitable en raison de la volonté des États de défendre ce qui leur reste de souveraineté ; il est aussi techniquement explicable puisque, pour faire passer une matière du champ de l'unanimité dans celui de la majorité qualifiée, il faut l'unanimité, que l'on modifie formellement les traités ou que l'on mette en œuvre une « clause-passerelle »[89].

2.   Les attributions du Conseil des ministres

106. Diversité des attributions du Conseil. Disposant seul pendant longtemps du pouvoir de décision dans les domaines législatif et budgétaire, le Conseil des ministres doit dorénavant partager celui-ci avec le Parlement européen. Au titre de l'article 16, § 1, TUE, il exerce quatre types de prérogatives.

107. Exercice du pouvoir législatif. Le Conseil exerce d'abord le pouvoir législatif, à travers l'édiction d'actes de droit dérivé (règlements, directives et décisions), la plupart du temps conjointement avec le Parlement européen au titre de la « procédure législative ordinaire ». Il existe cependant encore des hypothèses dans lesquelles le Conseil décide seul, le Parlement étant seulement consulté : protection sociale et sécurité sociale, protection à l'étranger des citoyens de l'Union, droit de la famille, création d'un parquet européen, harmonisation fiscale et PESC notamment.

Rappelons aussi que le Conseil ne décide que sur proposition de la Commission européenne, sauf hypothèses particulières[90].

108. Pouvoir gouvernemental. Le Conseil dispose ensuite d'un pouvoir que l'on peut qualifier de « gouvernemental » : il exerce en effet diverses attributions qui appartiennent traditionnellement à un gouvernement.

---

88.   D'où le recours récent à une coopération renforcée s'agissant spécifiquement de la protection des intérêts financiers de l'Union : voy. F. ANDREONE, « L'institution du Parquet européen », *RDUE*, 2018, n° 614, pp. 43-59 ; Ph. BONNECARRERE, *Rapp. Sénat*, n° 335, 19 février 2020.

89.   Les « clauses-passerelles » prévues dans certaines matières permettent de passer de l'unanimité à la majorité qualifiée ou de changer la procédure législative applicable sans avoir besoin de réviser les traités européens.

90.   Voy. *supra*, pt 81.

En matière budgétaire, c'est lui qui arrête le projet de budget et participe ensuite, avec le Parlement européen, à la procédure qui conduit à l'adoption définitive de celui-ci. En matière de relations extérieures, il autorise l'ouverture des négociations, donne des directives à la Commission européenne pour mener celles-ci et, au terme de ces discussions, conclut l'accord[91], la plupart du temps après approbation par le Parlement européen. C'est encore le Conseil – par la voix de son président – qui exprime la position des États membres de l'Union dans les enceintes internationales, en concertation avec la Commission qui représente l'Union en tant que telle.

109. Pouvoir de coordination. Le Conseil se voit également attribuer un pouvoir général de coordination, tout spécialement pour ce qui concerne les politiques économiques des États, coordination qui se réalise à travers la définition des « grandes orientations de politique économique »[92] et qui s'effectue par voie de délibérations, études, consultations mais également, le cas échéant, par l'intermédiaire d'actes obligatoires. Le TFUE prévoit également que le Conseil organise la coordination entre les États dans l'espace de liberté, de sécurité et de justice[93] et plus particulièrement en ce qui concerne la coopération policière opérationnelle ; l'article 148 TFUE se rapporte à la coordination des politiques de l'emploi.

110. Exercice exceptionnel du pouvoir exécutif. Enfin, le Conseil dispose du pouvoir exécutif dans des cas spécifiques comme la fixation des prix agricoles et des quotas de pêche, l'adoption des règles en matière de concurrence et d'aides d'État, ou encore dans certains domaines de l'Union économique et monétaire[94].

Intéressons-nous maintenant à une institution incarnant la légitimité démocratique, le Parlement européen.

§ 4. Le Parlement européen

111. « Montée en puissance » régulière du Parlement. S'il est une institution qui a vu ses prérogatives et son influence augmenter régulièrement depuis les débuts de la construction européenne, c'est bien le Parlement européen[95]. Cette réalité s'explique essentiellement par la volonté de combler le « déficit démocratique », souvent dénoncé, du système européen[96].

---

91. Voy. art. 218 TFUE.
92. Art. 121, §§ 2 à 4, TFUE.
93. Art. 87, § 3, TFUE.
94. On rappelle en effet que c'est la Commission européenne qui dispose du pouvoir d'exécution de principe (art. 17, § 1, et art. 291 TFUE).
95. J. Auvret-Finck (dir.), *Le Parlement européen après l'entrée en vigueur du Traité de Lisbonne*, Bruxelles, Larcier, 2013.
96. Voy. O. Costa et F. Saint Martin, *Le Parlement européen*, coll. Réflexe Europe, Paris, La documentation Française, 2011.

Le Parlement européen est aujourd'hui un acteur majeur du système de l'Union permettant aux représentants des peuples de peser politiquement et juridiquement sur le cours de l'histoire commune des Vingt-Sept, ce qu'il n'était pas du tout au départ même si c'était, formellement, la première institution citée dans les traités.

Nous étudierons les traits caractéristiques de cette institution sous l'angle de sa composition et de son organisation d'abord (A) et de son fonctionnement et de ses attributions ensuite (B).

A.   La composition et l'organisation du Parlement européen

112. Particularités du Parlement. La composition (1) et l'organisation (2) du Parlement européen présentent logiquement certaines originalités par rapport aux parlements nationaux.

1.   *La composition du Parlement européen*

113. Désignation des eurodéputés. À l'origine, « l'Assemblée des Communautés européennes » était formée de délégués que les parlements nationaux étaient appelés à désigner en leur sein selon une procédure fixée par chaque État membre. Cette cooptation a pris fin avec l'adoption par le Conseil, le 20 septembre 1976, de « l'Acte portant élection des représentants à l'Assemblée au suffrage universel direct » appliqué pour la première fois en 1979.

Mais chaque État demeure libre d'adopter le mode de scrutin qu'il veut : entre 1979 et 2003, et à nouveau depuis 2018 (avec la loi n° 2018-509 du 25 juin 2018), la France a retenu un scrutin proportionnel de listes nationales avec une seule circonscription, constituée par l'ensemble du territoire national ; il n'y a qu'entre 2003 et 2018 qu'elle a opté pour un système de huit circonscriptions interrégionales censé rapprocher les députés des citoyens... Depuis 2004, le mode de scrutin est proportionnel – dès 1999, le Royaume-Uni avait décidé d'abandonner son système traditionnel de système majoritaire – et les circonscriptions peuvent être nationales (Autriche, Danemark, Espagne, etc.) ou régionales (Irlande, Italie, Pologne ou encore Royaume-Uni).

Les eurodéputés sont élus pour cinq ans et disposent d'un mandat représentatif. Comme leurs homologues nationaux, ils bénéficient d'une immunité – leur permettant d'exercer librement leur mandat sans s'exposer à des poursuites de nature arbitraire ou politique – à partir du jour de la proclamation des résultats des élections européennes par leur État d'origine : c'est ce que la Cour a précisé en décembre 2019 à propos de trois eurodéputés catalans indépendantistes. Cette immunité ne peut être levée que par le Parlement européen lui-même à la demande d'une autorité nationale et en séance plénière, hypothèse qui n'est plus tout à fait exceptionnelle depuis une vingtaine d'années...

114. Nombre d'eurodéputés. Si l'article 14, § 2, TUE indique que le Parlement est composé de « représentants des citoyens de l'Union », la répartition des sièges demeure effectuée entre les États membres de sorte que le Parlement représente toujours les peuples des différents États membres et non le peuple de l'Union. Il y a en effet un contingent pour chaque État, fondé sur un critère démographique qui conduit cependant en pratique à une surreprésentation des « petits pays ».

Reprenant la solution figurant dans la défunte Constitution européenne, le Traité de Lisbonne prévoyait un total de 751 eurodéputés, à partir de 2014, avec une répartition différente de celle prévue par le Traité de Nice qui aboutissait à un total de 736 eurodéputés ; dès février 2018, le Parlement européen a décidé qu'une fois le Royaume-Uni sorti de l'Union, les 73 sièges ainsi libérés seraient pour partie ajoutés aux contingents de certains pays – les eurodéputés français sont ainsi passés de 74 à 79 –, le solde étant mis en réserve pour de futurs élargissements[97].

Depuis le 1er février 2020, le Parlement européen ne compte donc plus que 705 membres, avec la répartition suivante :

État	Eurodéputés	État	Eurodéputés
Allemagne	96	Autriche	19
France	79	Bulgarie	17
		Slovaquie	14
Italie	76	Danemark	14
Espagne	59	Finlande	**14**
Pologne	52	Croatie	12
Roumanie	33	Lituanie	11
Pays-Bas	29	Irlande	13
Belgique	21	Lettonie	8
Grèce	21	Slovénie	8
Portugal	21	Estonie	7
Tchéquie	21	Chypre	6
Hongrie	21	Luxembourg	6
Suède	21	Malte	6
Total des eurodéputés		705	

---

97. PE, communiqué, 7 février 2018.

115. Statut financier des eurodéputés. S'agissant enfin du statut des députés, il n'est pas encore complètement uniforme puisque si le régime indemnitaire est dorénavant identique d'un eurodéputé à l'autre, ce n'est pas le cas en ce qui concerne les incompatibilités du mandat de parlementaire européen avec d'autres fonctions électives.

Jusqu'en juin 2009, les eurodéputés percevaient deux séries d'indemnités : d'une part, des indemnités (importantes, voire même excessives pour certains observateurs) provenant du Parlement européen, d'autre part, une indemnité d'origine nationale (généralement d'un montant égal à celui octroyé aux députés nationaux de l'État considéré). Dans la mesure où le montant de l'indemnité nationale était très variable d'un État à l'autre, il en résultait une forte disparité entre eurodéputés de nationalités différentes (entre 800 euros pour un eurodéputé hongrois et 11 000 euros pour son collègue italien !).

Après plusieurs années de discussions, le Conseil des ministres et le Parlement européen se sont mis d'accord sur le principe d'une indemnité globale unique de 7 956 euros brut par mois, soit 6 200 euros net après déduction de l'impôt européen et de la cotisation d'assurance accidents, hors prime de frais généraux et remboursement de frais de voyage et de séjour ; ce système est entré en vigueur en juin 2009[98].

116. Incompatibilités de fonctions et mandats. Par ailleurs, s'il interdit logiquement aux députés européens d'exercer certaines fonctions de niveau européen (membre de la Commission, de la Cour de justice, fonctionnaire d'une institution européenne, etc.) et de niveau national (membre d'un gouvernement notamment), l'Acte de 1976 se contente de renvoyer aux législations nationales pour ce qui concerne le cumul des fonctions électives.

Depuis deux lois du 5 avril 2000, un ressortissant français ne peut être parlementaire européen et en même temps député, sénateur, président du Conseil général ou Conseil régional, mais pourra en revanche être parallèlement maire, conseiller général ou conseiller régional. En vertu d'une loi du 14 janvier 2014, le cumul entre un mandat local et la fonction de député européen n'est plus possible depuis les élections européennes de 2019.

2.   L'organisation du Parlement européen

117. Sessions, bureau et président. L'article 229 TFUE précise que le Parlement européen tient une session annuelle qui commence au mois de mars ; dans la pratique, la session n'étant jamais close, le Parlement siège tout au long de l'année au rythme normal d'une semaine (de quatre jours) par mois, avec éventuellement des sessions extraordinaires – à la demande de la majorité de ses membres, du Conseil ou de la Commission – consacrées notamment au budget.

---

98.   Décision du Parlement européen du 28 septembre 2005 (*JOUE*, L 162, 7 octobre 2005).

Le Parlement dispose d'un bureau constitué d'un président, de quatorze vice-présidents et de cinq questeurs ; il est élu pour un mandat de deux ans et demi renouvelable. Il est compétent pour toutes les questions relatives au fonctionnement interne du Parlement. Le Parlement européen est actuellement présidé par une Maltaise, Mme Roberta Metsola (appartenant au Parti populaire européen), qui a succédé à M. David Sassoli (social-démocrate), le 18 janvier 2022. Le président représente le Parlement tant auprès des autres institutions qu'à l'extérieur.

Enfin, le Parlement dispose d'un pouvoir d'auto-organisation : il adopte son règlement intérieur et détermine librement son ordre du jour ; il s'appuie sur des services administratifs rassemblant environ 5 000 fonctionnaires européens.

B. Le fonctionnement et les attributions du Parlement européen

118. Fonctionnement classique, attributions importantes. Si le fonctionnement du Parlement européen (1) est globalement proche de celui de ses homologues nationaux, ses attributions (2) en revanche ne peuvent être comparées à celles dont disposent les parlements des États membres.

1. *Le fonctionnement du Parlement européen*

119. Éclatement géographique. Précisons avant toute chose que le fonctionnement du Parlement européen est compliqué en pratique par le fait que ses sessions se déroulent à Strasbourg, siège officiel de cette institution (localisation qui est régulièrement source de débats), que les réunions de ses commissions et ses sessions extraordinaires se tiennent à Bruxelles et que son Secrétariat général est établi à Luxembourg ! En 2006, cet éclatement géographique, faisant du Parlement un véritable « cirque ambulant », a pu être évalué à 19 000 tonnes de CO_2 et 205 millions d'euros gaspillés par an ; et périodiquement l'idée d'une implantation unique à Bruxelles resurgit...

120. Conférence des présidents. La Conférence des présidents est composée du président du Parlement et des présidents des groupes politiques. Elle est compétente pour tout ce qui concerne le travail législatif, c'est-à-dire l'ordre du jour, la répartition des compétences entre les commissions du Parlement, etc.

121. Commissions permanentes et temporaires. Le Parlement comprend trois catégories de commissions : les commissions permanentes (au nombre de 20 depuis 2011, parmi lesquelles celles des budgets, de l'agriculture, de la politique régionale, des relations économiques extérieures, des affaires sociales, etc.), les commissions temporaires mises en place pour une période d'un an (prorogeable) pour suivre certaines affaires sensibles et préparer les avis que le Conseil des ministres demande au Parlement européen ou les résolutions que le Parlement adopte de sa propre initiative, et enfin les commissions d'enquête qui peuvent être constituées à la demande du quart des membres du Parlement pour examiner des allégations d'infraction ou de mauvaise administration dans l'application du droit de l'Union[99].

122. Groupes politiques. Enfin, il convient de préciser que les eurodéputés ne siègent pas par nationalité mais par affinités politiques au sein de groupes transnationaux qui doivent comprendre au minimum 23 eurodéputés appartenant au moins à 7 États différents. Ces groupes politiques sont un facteur d'intégration au sein de l'Union et contribuent à la formation d'une conscience européenne ainsi qu'à l'expression de la volonté politique des citoyens de l'Union ; outre le fait qu'ils constituent le principal vecteur d'influence pour les eurodéputés, ils sont source de nombreux avantages, parmi lesquels la mise à disposition de moyens techniques (collaborateurs, secrétariat, salles de réunion, etc.), le bénéfice d'un droit de parole et d'initiative politique en commission et séance plénière, et enfin la garantie de ressources financières provenant du Parlement[100].

C'est le Conseil des ministres et le Parlement en vertu de la procédure législative ordinaire qui fixent le statut des partis politiques au niveau européen et notamment les règles relatives à leur financement.

Sauf disposition contraire, le Parlement statue à la majorité (relative) des suffrages exprimés. Suite aux élections de mai 2019, la répartition des eurodéputés au sein des sept groupes politiques – auxquels il convient d'ajouter un groupe de non-inscrits – est la suivante, selon le site du Parlement européen :

Parti populaire européen (PPE) : 176	Verts et alliance libre européenne : 72
Alliance progressiste des socialistes et démocrates européens : 145	Groupe de la gauche unitaire au Parlement européen : 39
Renew Europe (anciennement Alliance des démocrates et libéraux pour l'Europe) : 103	Identité et démocratie (anciennement Europe de la liberté et de la démocratie) : 65
Conservateurs et réformateur européens : 64	Non-inscrits : 41

---

99. Art. 226, al. 1er, TFUE. Ainsi, début 2018, une commission spéciale chargée d'enquêter sur les modalités d'autorisation des pesticides en Europe a été mise en place.
100. Voy. O. Costa et F. Saint Martin, *Le Parlement européen, op. cit.*, pp. 56-60.

2. Les attributions du Parlement européen

123. Diversité des attributions. Les attributions du Parlement européen sont mentionnées à l'article 14, § 1, TUE dans les termes suivants : « Le Parlement européen exerce, conjointement avec le Conseil, les fonctions législative et budgétaire. Il exerce des fonctions de contrôle politique et consultatives, conformément aux conditions prévues par les traités. Il élit le président de la Commission. » Elles sont donc aujourd'hui importantes et se rapportent au domaine budgétaire, au contrôle politique et à l'élaboration des actes européens ; on y ajoutera de brefs développements relatifs à la procédure constituante.

124. Pouvoir budgétaire. Pendant longtemps, les seules véritables attributions reconnues au Parlement européen se rapportaient au domaine budgétaire. Initialement, le Parlement ne pouvait que débattre de l'avant-projet de budget qui lui était proposé par le Conseil et proposer des modifications ; après quoi, c'était le Conseil des ministres qui arrêtait définitivement le budget européen.

Depuis deux traités budgétaires, conclus en 1970 et 1975, le Parlement peut être considéré comme codétenteur, avec le Conseil, de l'autorité budgétaire. Jusqu'au Traité de Lisbonne, il était fait une distinction entre les dépenses obligatoires (DO : dépenses inévitables par rapport aux activités de l'Union, dans le domaine agricole notamment) pour lesquelles le Conseil avait le dernier mot, et les dépenses non obligatoires (DNO : dépenses non obligatoires, en d'autres termes réellement nouvelles) pour lesquelles le Parlement pouvait avoir le dernier mot à une double majorité (des membres qui le composaient et des trois cinquièmes des suffrages exprimés).

Cette distinction a disparu et le Traité de Lisbonne instaure une égalité de droit entre le Conseil et le Parlement sur l'adoption de l'ensemble du budget de l'Union selon la « procédure législative spéciale » de l'article 314 TFUE. Une fois la procédure achevée, le président du Parlement arrête définitivement le budget ; enfin, le Parlement vote « la décharge » en faveur de la Commission sur l'exécution du budget[101].

Toutefois, le Parlement n'a obtenu qu'un pouvoir d'approbation s'agissant de la définition du cadre financier pluriannuel qui reste de la compétence du Conseil.

125. Contrôle politique. Le Parlement exerce également des prérogatives prenant la forme d'un contrôle politique au sein du système européen. En vertu de l'article 227 TFUE, il peut ainsi recevoir des pétitions des citoyens de l'Union (dont le total annuel frôle le millier et qui concernent

---

101. Voy. J. MOLINIER, « La décision budgétaire », in M. BLANQUET (dir.), *La prise de décision dans le système de l'Union européenne, op. cit.*, pp. 257-274 et « Budget de l'Union européenne. Contenu », *JCl Europe*, fasc. 198, 2016.

principalement la protection de l'environnement). Dans le même ordre d'idées, le Parlement nomme un médiateur pour la durée de la législature ; sur plaintes de personnes physiques et morales, Mme E. O'Reilly – en poste depuis le 1er octobre 2013 – s'intéresse essentiellement à l'accès aux documents, à la façon dont la Commission traite les plaintes émanant des particuliers et aux limites d'âge dans la fonction publique européenne[102].

Mais le contrôle politique du Parlement vise surtout l'exécutif européen, partagé entre le Conseil et la Commission, dont les représentants viennent régulièrement s'expliquer devant l'instance de Strasbourg.

S'agissant des rapports entre le Parlement et la Commission européenne, plusieurs points doivent être mentionnés. Le Parlement est d'abord compétent pour investir et censurer la Commission européenne : dans cette dernière hypothèse, le Parlement doit adopter une motion de censure à la majorité des deux tiers des suffrages exprimés et à la majorité des membres qui le composent. Cette prérogative n'est plus seulement une hypothèse d'école depuis que la Commission présidée par M. Jacques Santer a été contrainte politiquement à la démission (même si la motion de censure votée à son encontre n'avait pas obtenu les majorités requises)[103]. Le Parlement examine les nombreux rapports mensuels et annuels que la Commission est tenue de lui transmettre. Les députés européens peuvent également poser des questions orales et écrites aux membres de la Commission et interroger régulièrement les commissaires européens pendant « l'heure des questions ». À cet égard, signalons que le 5 avril 2022, un nouveau format de débat a été inauguré, donnant aux parlementaires européens la possibilité d'interroger directement la présidente de la Commission européenne sur des problèmes d'actualité sous forme de « questions et réponses courtes, sans préavis, ni préparation », précise le communiqué de presse du Parlement européen.

Les rapports entre le Parlement et les Conseils prennent les formes suivantes : le président de l'Union expose son programme en début de semestre et rend compte des résultats obtenus en fin de mandat ; le président du Conseil européen présente un rapport à l'issue de chaque sommet européen ; quant au Haut Représentant pour la politique étrangère de l'Union, il informe régulièrement le Parlement des développements de la PESC et « tient compte » de ses positions. Enfin, les ministres peuvent participer aux séances plénières, à « l'heure des questions » ainsi qu'aux débats importants et doivent répondre en outre aux questions écrites.

126. Pouvoir législatif important. Enfin, le Parlement exerce des compétences en matière « législative » : il y a eu un renforcement constant de celles-ci au cours du temps, processus parachevé par le Traité de Lisbonne qui simplifie les procédures applicables à l'élaboration et à l'adoption

---

102.   Voy. R. Gosalbo Bono et J. Herrmann, « Médiateur européen », *Rép. eur.* Dalloz, 2014 ; voy. également, M. Martinez Navarro, « Le médiateur européen et le juge de l'UE », *CDE*, 2014/2, pp. 389-425.
103.   J.-V. Louis, « Une crise salutaire ? », *RMUE*, 1999/1, pp. 5 et s.

des actes européens ; aujourd'hui, trois procédures sont susceptibles de s'appliquer, la première est dite « ordinaire » alors que les deux autres sont « spéciales »[104].

127. Procédure législative ordinaire. La procédure principale est la « procédure législative ordinaire » de l'article 294 TFUE qui correspond à la procédure de codécision créée par Maastricht et dont le champ d'application avait été régulièrement étendu par la suite. Comme son nom l'indique, il s'agit désormais de la procédure de principe pour l'adoption des actes de droit dérivé de l'Union : 89 % des actes législatifs adoptés entre 2009 et 2019, contre 21 % entre 2004 et 2009.

Cette procédure permet au Parlement européen d'adopter des actes européens (règlements, directives et décisions) conjointement avec le Conseil des ministres, sur proposition de la Commission ; il y a une égalité parfaite entre les deux institutions et, en cas d'accord entre elles, l'acte qui est cosigné par le président du Conseil des ministres et celui du Parlement disposera d'une double légitimité, interétatique et démocratique.

Son déroulement se caractérise par la navette du projet de texte entre le Conseil et le Parlement et des lectures successives de part et d'autre, dans des délais déterminés ; après deux lectures, un Comité de conciliation, composé de manière paritaire de membres du Conseil et du Parlement, aura pour mission d'aboutir à un accord sur un projet commun avec l'aide de la Commission : si le Comité de conciliation parvient à un projet commun, il doit encore être accepté par le Conseil à la majorité qualifiée et le Parlement à la majorité absolue pour que l'acte soit définitivement adopté ; si le Comité de conciliation ne parvient pas à un projet commun ou si l'une des deux institutions n'adopte pas à la majorité requise le projet commun du Comité de conciliation, l'acte est réputé non adopté.

128. Champ de la procédure législative ordinaire. Le champ d'application de cette « procédure législative ordinaire » est aujourd'hui très important puisqu'il concerne 73 domaines, notamment : les services, les transports, l'emploi, la politique sociale, l'éducation, la culture, la protection des consommateurs, la protection de la santé, la protection de l'environnement, la politique agricole, mais également les contrôles aux frontières, l'asile et l'immigration, la coopération judiciaire en matière pénale ou encore les politiques nouvellement créées (espace, tourisme, sport et protection civile).

Malgré son caractère apparemment complexe, la procédure de codécision à laquelle a succédé la « procédure législative ordinaire » s'est révélée très satisfaisante, une écrasante majorité de textes étant adoptée à son terme entre 2014 et 2019 (89 % des textes adoptés après une seule lecture

---

104. Voy. D. BLANC, « Le Parlement européen législateur », in M. BLANQUET (dir.), *La prise de décision dans le système de l'Union européenne, op. cit.*, pp. 91-126. Plus largement, voy. J.-P. JACQUÉ, *Droit institutionnel de l'Union européenne, op. cit.*, pp. 443-467.

et 10 % après un accord en seconde lecture) et dans un délai raisonnable (la durée moyenne variant de 19 à 22 mois). Les échecs ont été très rares ces dix dernières années et pas forcément définitifs, s'agissant par exemple des textes relatifs au dispositif « anti-OPA » ou à la libéralisation des services portuaires.

Soucieux de tirer la meilleure efficacité de cette procédure, les membres du « triangle institutionnel » ont adopté, dès 1999, une déclaration commune sur les modalités pratiques de cette procédure, plusieurs fois actualisée, dernièrement en 2007. En outre, dans l'accord interinstitutionnel « Mieux légiférer » de 2016, le Parlement européen, le Conseil et la Commission ont convenu qu'ils adopteraient chaque année une déclaration commune définissant les « objectifs et priorités généraux » ainsi que les « dossiers d'importance majeure » pour l'année à venir, lesquels devraient bénéficier d'un traitement prioritaire dans le cadre du processus législatif. L'objectif est d'associer plus étroitement les colégislateurs à la programmation, ce que le Parlement europén réclamait de longue date.

129. Première procédure législative spéciale : l'approbation. La deuxième procédure législative – mais la première « procédure législative spéciale » – est la reprise de la procédure d'avis conforme, créée par l'Acte unique et étendu par le Traité de Maastricht, rebaptisée « procédure d'approbation ». Elle permet au Parlement européen de rendre un avis sans l'intervention duquel la décision prise par le Conseil ne peut être définitivement adoptée. Ici, l'alternative est simple pour l'Assemblée de Strasbourg : soit le Parlement accepte l'acte et celui-ci sera définitivement adopté ensuite par le Conseil, soit il le rejette et l'acte sera abandonné ; il ne peut pas l'amender.

Cette procédure, qui confère donc un droit de veto au Parlement, s'appliquait jusqu'au Traité de Lisbonne essentiellement aux accords d'adhésion des nouveaux États et aux accords d'association avec les pays tiers. Depuis le 1er décembre 2009, elle concerne également la « clause de flexibilité » (qui permet une action de l'Union en l'absence de base juridique)[105], l'adoption du « cadre financier pluriannuel », le recours aux coopérations renforcées en dehors du domaine de la politique étrangère ou encore divers accords internationaux (parmi lesquels les accords commerciaux et l'accord d'adhésion de l'Union à la CEDH). On y ajoutera bien entendu la procédure de retrait d'un État membre prévue à l'article 50 TUE, laquelle a joué à l'occasion du *Brexit* et permis au Parlement européen d'approuver l'accord de retrait le 29 janvier 2020.

Enfin, il convient de noter qu'il existe à l'inverse quelques rares hypothèses imposant l'approbation du Conseil des ministres sur un texte transmis par le Parlement, comme pour les mesures relatives au statut des parlementaires[106] ou les conditions générales d'exercice des fonctions du Médiateur européen[107].

---

105. Art. 352 TFUE.
106. Art. 223, § 2, TFUE.
107. Art. 228, § 3, TFUE.

130. Seconde procédure législative spéciale : la consultation. La troisième procédure d'adoption d'actes de droit dérivé de l'Union est la « procédure de consultation » (anciennement avis simple) : dans cette hypothèse, le Conseil des ministres doit recueillir l'avis du Parlement avant de prendre une décision mais il n'est pas tenu juridiquement de suivre cet avis.

Cette procédure – qui constituait initialement le seul mode de participation du Parlement européen au processus législatif – s'applique notamment à l'harmonisation fiscale, à la protection diplomatique et consulaire, à la fiscalité de l'énergie, au régime linguistique des titres de propriété intellectuelle, à certaines mesures de protection sociale ou encore à la coopération policière opérationnelle. Correspondant à des domaines sensibles dans lesquels les États ont souhaité garder le « dernier mot », elle se combine la plupart du temps avec l'exigence d'unanimité au Conseil des ministres.

Enfin, à côté de ces procédures législatives, la procédure constituante implique également le Parlement européen.

131. Parlement et procédure constituante. Le Parlement européen est partie prenante des procédures de révision des traités prévues à l'article 48 TUE[108].

Dans le cadre de la procédure de révision ordinaire, le Parlement peut soumettre « des projets tendant à la révision des traités », au même titre que la Commission européenne ou que tout État membre. Par la suite, le Parlement est consulté par le Conseil européen avant la décision qu'il peut prendre en faveur des modifications proposées ; en cas de décision favorable, le Conseil européen pourra convoquer une « Convention » (dans ce cas, des représentants du Parlement européen y participeront aux côtés de représentants de la Commission, des États et des parlements nationaux) à moins qu'il décide de ne pas la réunir – car l'ampleur des modifications ne la justifie pas – après « approbation du Parlement européen ». Au total, le Parlement européen dispose d'une influence non négligeable au cours de la procédure, et toujours d'une faculté d'empêcher.

Pour ce qui concerne la procédure de révision simplifiée (applicable à la partie III du TFUE), l'initiative appartient là encore au Parlement européen, ainsi qu'à la Commission et à tout gouvernement ; la décision de modification relève ensuite du Conseil européen, statuant à l'unanimité après consultation du Parlement européen et de la Commission : c'est cette procédure qui a été utilisée en 2011-2012 afin de modifier l'article 136 TFUE, permettant ainsi l'instauration du Mécanisme européen de stabilité (MES).

132. Lisbonne et le parachèvement de la place du Parlement. En définitive, le Traité de Lisbonne achève, logiquement, la « montée en puissance » du Parlement européen – qui n'a plus grand-chose à voir, on l'aura compris,

---

108. Voy. H. GAUDIN, « La procédure de révision des traités », in M. BLANQUET (dir.), *La prise de décision dans le système de l'Union européenne, op. cit.*, pp. 231-255.

avec son ancêtre des années 1950 à 1980 – au sein du système institutionnel européen, même si l'on notera sa quasi-absence dans le domaine « ultra-intergouvernemental » de la PESC[109].

À côté des institutions disposant du pouvoir de décision (budgétaire, législative et constituante), il en existe d'autres qui ont une fonction de contrôle.

SECTION 2

LES INSTITUTIONS DE CONTRÔLE

133. Institutions à vocation de contrôle. Plusieurs institutions ont vocation à contrôler l'activité des autres acteurs majeurs : c'est le cas de la Cour de justice de l'Union qui effectue un contrôle de nature juridictionnelle (§ 1) et de la Cour des comptes qui exerce un contrôle de nature financière (§ 2).

§ 1. Le contrôle juridictionnel de la Cour de justice de l'Union européenne

134. Renvoi aux première et troisième parties. Dans la mesure où la troisième partie du présent ouvrage est spécifiquement consacrée au juge de l'Union européenne, il ne sera pas question ici de traiter de la composition, des attributions des juridictions de l'Union ainsi que de la procédure contentieuse applicable devant elles[110], ni des principales voies de droit qu'elles ont à connaître[111].

L'apport de la jurisprudence à la structuration de l'ordre juridique des Communautés puis de l'Union européennes ne sera pas non plus abordé ici : il le sera dans le premier chapitre du titre 2 de cette partie qui abordera les sources du droit de l'Union européenne, avec des développements sur les sources non écrites (jurisprudence et principes généraux du droit).

135. Compétences générales de la Cour de justice de l'Union européenne. Dans ces conditions, les développements ci-dessous se focaliseront sur un aspect intéressant et pourtant largement sous-estimé de l'activité du juge de l'Union : son activité consultative[112].

---

109. Voy. F. Terpan, « La prise de décision dans la PESC : un mode de fonctionnement intergouvernemental controversé », in M. Blanquet (dir.), *La prise de décision dans le système de l'Union européenne*, *op. cit.*, pp. 157-176, et J. Auvret-Finck, « PESC-Acteurs », *JCl Europe*, fasc. 2610, 2020.

110. Voy. *infra*, partie 3, titre 1 « Les juridictions de l'Union et la procédure contentieuse ».

111. Voy. *infra*, partie 3, titre 2 « Les principales voies de droit ».

112. Voy. D. Simon, « La fonction consultative de la CJCE », in A. Ondoua et D. Szymczak (dir.), *La fonction consultative des juridictions internationales*, Paris, A. Pedone, 2009, pp. 66 et s.

En effet, au titre de sa mission – qui est d'assurer « [...] le respect du droit dans l'interprétation et l'application des traités » selon la formule de l'article 19 TUE –, le juge de l'Union dispose d'une compétence contentieuse d'abord et consultative ensuite.

Sa compétence contentieuse correspond aux nombreux arrêts et ordonnances rendus chaque année (précisément 1 723 en 2021, pas si loin des 1 905 de 2019, année record) par la « Cour de justice de l'Union européenne » – c'est-à-dire la Cour de justice, le Tribunal et le Tribunal de la fonction publique (entre 2004 et 2016) – sur la base de différentes voies de droit que sont notamment : le recours en annulation (équivalent du recours pour excès de pouvoir français) qui lui permet de contrôler la légalité des actes européens, à la demande d'un État membre, d'une institution de l'Union ou de toute personne physique ou morale ; le recours en manquement qui assure le contrôle du comportement des États membres au regard de leurs obligations européennes ; enfin, le renvoi préjudiciel instaurant une coopération judiciaire entre le juge national et le juge de l'Union puisque le premier pourra saisir le second lorsqu'il aura un doute sur l'interprétation ou la validité d'une règle européenne utile pour la solution d'un litige qui lui est soumis.

Sa compétence consultative relève de la seule Cour de justice, au titre de l'article 218, § 11, TFUE qui dispose : « Un État membre, le Parlement européen, le Conseil ou la Commission peut recueillir l'avis de la Cour de justice sur la compatibilité d'un accord envisagé avec les traités. En cas d'avis négatif de la Cour, l'accord envisagé ne peut entrer en vigueur, sauf modification de celui-ci ou révision des traités »[113].

136. Compétence consultative de la Cour de justice. Même si cette hypothèse – qui n'est pas sans rappeler le mécanisme prévu à l'article 54 de la Constitution française de 1958 permettant au Conseil constitutionnel d'examiner un traité international au regard de la Constitution – ne figure pas dans la section du TFUE consacrée à la Cour de justice de l'Union européenne mais dans le titre relatif aux accords internationaux de l'Union, il ne fait pas de doute que cette fonction consultative relève plus largement de l'office judiciaire de la Cour, celle-ci n'hésitant pas d'ailleurs à renvoyer à certains de ses avis dans tel ou tel arrêt[114].

Cette procédure d'avis a été utilisée une grosse vingtaine de fois entre 1975 et 2019, dont quatre fois depuis 2017[115]. Certaines affaires ont particulièrement retenu l'attention, notamment la conclusion des accords

---

113. Voy. S. Adam, *La procédure d'avis devant la Cour de justice de l'Union européenne*, Bruxelles, Bruylant, 2011.

114. Voy. CJCE, 10 mars 1998, *Allemagne c/ Conseil*, aff. C-122/95, *Rec.*, p. I-973 ; plus largement, voy. C. Runavot, *La compétence consultative des juridictions internationales : vicissitudes de la fonction judiciaire internationale*, Paris, LGDJ, 2010.

115. Avis 1/15, 26 juillet 2017, *Accord PNR UE-Canada* ; avis 2/15, 16 mai 2017, *Accord de libre-échange UE-Singapour* ; avis 1/17, 30 avril 2019, *Accord commercial global UE-Canada (Ceta)* : comm. D. Simon, *Europe*, n° 236, 2019, et avis 1/19, 6 octobre 2021, *Convention d'Istanbul* : comm. D. Simon, *Europe*, n° 428, 2022.

de Marrakech créant l'Organisation mondiale du commerce[116], et plus récemment l'éventuelle adhésion de l'Union à la Convention européenne des droits de l'homme (CEDH) – dix-huit ans après celle de la Communauté à cette même convention[117] – ou encore la nouvelle génération d'accords de libre-échange comme celui passé entre l'Union et Singapour[118].

137. Apports des avis pour l'autonomie de l'Union. Au-delà de la stricte question de la compatibilité des accords externes avec le droit primaire, la procédure d'avis a offert à la Cour de justice l'occasion d'influencer de manière décisive le droit des relations extérieures de l'entité européenne – cette réalité est connue – mais également de garantir les fondements de l'Union à travers la protection de son autonomie[119] ; c'est sur ce dernier point – essentiel pour comprendre la place occupée par le juge dans le système général de l'Union – que nous voudrions brièvement insister.

L'enjeu de la défense de l'autonomie du système de l'Union, et notamment de sa dimension juridictionnelle, est apparu clairement à partir des avis n°s 1/91 et 1/92 relatifs à la constitution de l'espace économique européen[120]. En effet, le principe de la création – par voie d'accord international – d'une juridiction, se situant en dehors du cadre institutionnel de l'Union et susceptible de soumettre celle-ci à ses décisions, n'a été admis qu'à la seule condition que les compétences dévolues à la Cour de justice et aux juridictions des États membres ne soient pas dénaturées et que, plus largement, il ne soit pas porté atteinte « [...] à l'autonomie de l'ordre juridique de l'Union ». La Cour a été encore plus explicite, lors de l'examen du projet d'accord instaurant une juridiction des brevets, en concluant dans les termes suivants : « L'accord envisagé, en attribuant une compétence exclusive pour connaître un important nombre d'actions intentées par des particuliers dans le domaine du brevet communautaire ainsi que pour interpréter et appliquer le droit de l'Union dans ce domaine à une juridiction internationale, qui se situe en dehors du cadre institutionnel et juridictionnel de l'Union, priverait les juridictions des États membres de leur compétence concernant l'interprétation et l'application du droit de l'Union ainsi que la Cour de la sienne pour répondre, à titre préjudiciel, aux questions posées par lesdites juridictions et, de ce fait, dénaturerait les compétences que les traités confèrent aux institutions de l'Union et aux États membres qui sont essentielles à la préservation de la nature même du droit de l'Union »[121].

---

116. Avis 1/94, 15 novembre 1994, *Rec.*, p. I-5267 : comm. J. Auvret-Finck, *RTDE*, 1995, pp. 322 et s.
117. Avis 2/13, 18 décembre 2014, *Adhésion de l'Union à la CEDH*, np.
118. Avis 2/15, 16 mai 2017, *Accord de libre-échange UE-Singapour* : comm. A. Hervé, « L'avis 2/15 de la Cour de justice. Et maintenant que faire du partage des compétences entre l'Union et ses États ? », *CDE* 2017, n° 3, pp. 693-735.
119. Voy. M.-C. Runavot, « La construction européenne à travers le prisme des avis de la Cour de justice. Polyvalence et ambivalence de la fonction consultative », *RMCUE*, n° 567, 2013, pp. 231-238.
120. Avis 1/91, 14 décembre 1991, *Rec.*, p. I-6079 et avis 1/92, 10 avril 1992, *Rec.*, p. I-2821 : comm. J. Boulouis, *RTDE*, 1992, pp. 457 et s.
121. Avis 1/09, 8 mars 2011, *Rec.*, p. I-1137, pt 89.

Dans son avis n° 2/13 rendu le 18 décembre 2014[122], la Cour a réaffirmé le caractère non négociable de l'autonomie de l'Union européenne : après avoir rappelé de manière « dogmatique » la spécificité de l'Union (« La circonstance que l'Union est dotée d'un ordre juridique d'un genre nouveau, ayant une lecture qui lui est spécifique, un cadre constitutionnel et des principes fondateurs qui lui sont propres, une structure institutionnelle particulièrement élaborée ainsi qu'un ensemble complet de règles juridiques qui en assurent le fonctionnement, entraîne des conséquences en ce qui concerne la procédure et les conditions d'une adhésion à la CEDH »), elle critique point par point (notamment : l'absence de prohibition des requêtes interétatiques entre États membres à Strasbourg, le mécanisme du codéfendeur, la procédure d'implication préalable de la Cour, ou encore le contrôle juridictionnel en matière de PESC) le contenu du projet d'accord d'adhésion de l'Union à la CEDH pour écarter, *a priori* pour longtemps, la perspective d'une telle adhésion... Sur une question aussi sensible que la protection des droits de l'homme et avec en toile de fond les importants « rapports de systèmes », beaucoup d'auteurs ont jugé l'attitude de la Cour au mieux « défensive », au pire « dogmatique » ou « autistique »[123]...

138. Monopole d'interprétation des accords mixtes par la Cour. Au-delà de cette réalité consultative, la Cour de justice a également clairement marqué sa volonté de maîtriser la résolution des différends impliquant ses propres États au regard d'accords mixtes, ces accords passés entre l'Union européenne et ses États membres avec des pays tiers ; ainsi, dans l'affaire de « l'usine Mox », elle a pu conclure que l'Irlande avait manqué à ses obligations en saisissant un Tribunal arbitral d'un litige l'opposant au Royaume-Uni à propos de la Convention des Nations Unies sur le droit de la mer[124].

Outre le contrôle juridictionnel effectué par les juridictions européennes, il existe un contrôle financier à l'échelon de l'Union européenne ; il relève de la responsabilité de la Cour des comptes européenne.

---

122. Avis 2/13, 18 décembre 2014, np : comm. F. Benoît-Rohmer, *RTDE*, 2015/3, pp. 593-611, H. Labayle et F. Sudre, *RFDA*, 2014, n° 1, pp. 3-22, J.-P. Jacqué, *CDE*, 2015, n° 1, pp. 19-45, *RAE*, 2015/1, pp. 7-107 et D. Simon, *Europe*, étude n° 2, 2015, pp. 4-9. Plus largement, voy. également : D. Déro-Bugny, *Les rapports entre la Cour de justice de l'Union européenne et la Cour européenne des droits de l'homme*, Bruxelles, Bruylant, 2015.
123. J.-P. Jacqué, *Droit institutionnel de l'Union européenne*, op. cit., p. 91.
124. CJCE, 30 mai 2006, *Commission c/ Irlande*, aff. C-459/03, *Rec.*, p. I-4635.

§ 2. Le contrôle financier de la Cour des comptes européenne

139. Création de la Cour des comptes européenne. Créée à l'initiative du Parlement européen par le traité budgétaire du 22 juillet 1975 et installée depuis 1977 à Luxembourg, la Cour des comptes constitue la « conscience financière de l'Union ». Cette institution de l'Union – depuis le Traité de Maastricht – est régie par les articles 285 à 287 TFUE ; elle est chargée du contrôle des comptes de la totalité des recettes et dépenses de l'Union, autrement dit de ce que l'on appelle le « contrôle externe », le « contrôle interne » incombant au contrôleur financier de chaque institution européenne[125].

Après avoir étudié la composition et le fonctionnement de la Cour des comptes (A), nous préciserons la nature de ses attributions (B).

A.   La composition et le fonctionnement de la Cour des comptes

140. Composition de la Cour des comptes. La Cour des comptes est composée de 27 membres nommés pour six ans (renouvelables) par le Conseil des ministres statuant à la majorité qualifiée après consultation du Parlement européen[126] et choisis parmi des personnalités appartenant ou ayant appartenu dans leurs pays respectifs à une Cour des comptes ou à un organisme analogue. Les membres désignés élisent leur président pour trois ans renouvelables ; depuis septembre 2016, il s'agit d'un Allemand, M. Klaus-Heiner Lehne, réélu fin 2019. Si l'indépendance des membres de la Cour des comptes est bien entendu essentielle au regard de leur fonction, l'obligation d'intégrité qui pèse sur eux l'est tout autant, à l'instar de ce qui a pu être précisé plus haut s'agissant des commissaires européens. D'ailleurs, une affaire récente a donné l'occasion à la Cour de justice de condamner un membre de la Cour des comptes, convaincu d'une série d'infractions graves aux devoirs de sa charge, à une sanction sans précédent puisque correspondant à la déchéance des deux tiers de ses droits à pension[127] !

141. Fonctionnement de la Cour des comptes. Le fonctionnement de la Cour des comptes conjugue la division du travail – chaque membre se voyant confier un secteur spécifique de vérification et de contrôle – et la collégialité, puisque les avis et les rapports annuels sont adoptés à la majorité des membres qui la composent au nom de l'institution.

---

125. Voy. G. Desmoulins, « Cour des comptes », *JCl Europe*, fasc. 240, 2017 et M. Ekelmans, « Cour des comptes », *Rép. eur. Dalloz*, 2019.
126. Art. 286 TFUE.
127. Cour (ass. plén.), 30 septembre 2021, *Cour des comptes c/ K. P* : comm. D. Simon, *Europe*, n° 370, 2021.

Le Traité de Nice a permis de prévoir que des chambres puissent être créées au sein de la Cour en vue d'adopter certaines catégories de rapports ou d'avis ; il en exise cinq actuellement. La Cour des comptes rassemble environ 900 agents (auditeurs, traducteurs et personnel administratif). Les auditeurs sont répartis dans des « groupes de contrôle » et préparent les projets de rapports sur lesquels la Cour prend ses décisions.

B.   Les attributions de la Cour des comptes

142. Attributions étendues. Les compétences de la Cour des comptes sont très étendues puisqu'elle « [...] examine la légalité et la régularité des recettes et des dépenses et s'assure de la "bonne gestion financière" » en vertu de l'article 287, § 2, TFUE.

Le contrôle de la Cour a lieu sur pièces et le cas échéant sur place, non seulement auprès des institutions européennes (surtout la Commission européenne) et des États membres, mais plus largement auprès de tout organisme gérant des recettes ou des dépenses au nom de l'Union et de toute personne physique ou morale bénéficiaire de fonds européens. L'objectif est clair : il est de lutter contre la fraude au budget européen dont on sait qu'une partie non négligeable est le fait des États qui effectuent en pratique la majeure partie des opérations de recette et de dépense de l'Union, notamment par l'intermédiaire de leurs organismes d'intervention agricole. Dans ces conditions, une coopération étroite entre la Cour des comptes et ses homologues nationaux s'avère indispensable, comme cela est d'ailleurs rappelé à l'article 287, § 3, TFUE qui évoque « [...] une coopération empreinte de confiance et respectueuse de leur indépendance ».

Plus largement, les autorités des États membres doivent aider la Cour des comptes dans sa mission ; pour autant, ce n'est pas systématiquement le cas comme le prouve une affaire dans laquelle les autorités allemandes avaient refusé de fournir certaines pièces et informations relatives aux dispositifs de lutte contre l'évasion et la fraude fiscales dans le domaine de la TVA. Au bout du compte, cette absence de coopération avait été constitutive d'un manquement condamné en 2011 par la Cour de justice[128].

143. Cour des comptes et OLAF. La Cour des comptes ne possède aucun pouvoir juridique propre ; notamment, elle ne peut pas poursuivre les responsables d'irrégularités ou de fraudes présumées, voire constatées par ses contrôleurs. Dans une telle hypothèse, la Cour des comptes transmettra le dossier à l'Office de lutte antifraude (OLAF), organisme indépendant ayant succédé en 1999 à l'Unité de lutte antifraude qui était un simple service de la Commission européenne. L'OLAF a vocation à

---

128.   Cour, 15 novembre 2011, *Commission c/ Allemagne*, aff. C-539/09, *Rec.*, p. I-11235 : comm. G. Desmoulins, « La Cour de justice de l'Union européenne conforte la légitimité de la Cour des comptes européenne », *RAE*, 2011/4, pp. 823-831.

protéger les intérêts financiers de l'Union et lance à ce titre chaque année plusieurs centaines d'enquêtes conduites par quelque 300 fonctionnaires zélés ; celles-ci permettent fréquemment de recouvrer plusieurs dizaines de millions d'euros correspondant à des irrégularités liées à l'absence de garanties suffisantes dans la légitimité des paiements ou à l'insuffisante fiabilité du système de contrôle et de vérification tant de la Commission européenne que des États.

144. Rapport annuel. En outre, la Cour des comptes attire l'attention des autres institutions principales et de l'opinion publique sur les irrégularités comptables ou les fraudes qu'elle constate, à l'occasion des divers rapports qu'elle adopte chaque année. Elle y parvient essentiellement à travers son rapport général annuel, publié au *Journal officiel* et examiné, généralement en novembre, en séance plénière au Parlement européen. Ainsi, il y a quelques années, la Cour notait dans son rapport général un volume non négligeable « d'erreurs substantielles affectant la régularité et la légalité des opérations », notamment au titre des « politiques structurelles » dont 12 % au moins des 32 milliards d'euros versés aux bénéficiaires étaient discutables d'un point de vue strictement comptable. Les conditions d'utilisation des fonds alloués au titre de la politique d'aide au développement de l'Union par certains pays bénéficiaires sont ainsi régulièrement dénoncées, comme les sommes affectées à la Russie dont la Cour affirmait, il a quelques années, qu'il était difficile d'être certain qu'elles aient véritablement bénéficié à leurs destinataires initiaux...

145. Rapports spéciaux. Par ailleurs, chaque année, la Cour des comptes établit une dizaine de rapports spéciaux (portant par exemple sur l'évaluation des programmes-cadres de recherche et de développement technologique, les dépenses immobilières des institutions, le système de contrôle et de sanction dans le secteur de la pêche ou encore la gestion du Fonds pour les réfugiés), ainsi qu'une quinzaine de rapports spécifiques visant les comptes annuels des divers organismes et agences de l'Union européenne pour l'exercice considéré.

Ainsi, il y a près d'une dizaine d'années maintenant, la Cour des comptes a rendu un rapport « au vitriol » sur les fonds alloués à l'Égypte sur les six dernières années et portant sur un total de 1 milliard d'euros ; « bien intentionné, mais inefficace », ce soutien financier n'a pas permis d'encourager les droits de l'homme et l'affectation des aides versées directement au budget égyptien est restée largement inconnue[129] !

À la même époque, un rapport qui pointait l'existence de significatifs conflits d'intérêts de membres de 3 agences (de sécurité aérienne, de sécurité des aliments et des produits chimiques) a été très remarqué[130],

---

129. Voy. J.-J. Mevel, « L'UE épinglée pour son aide "inefficace" à l'Égypte », *Le Figaro*, 18 juin 2013.
130. *La gestion des conflits d'intérêts dans une sélection des agences de l'Union*, Rapp. spécial Cour des comptes n° 15, 2012, Luxembourg.

plus que celui de 2017 sur l'efficacité de la Cour de justice[131]. Ces derniers mois, la Cour a adopté des rapports sur des sujets aussi divers que le déploiement de la 5G, l'efficacité énergétique dans les entreprises ou le niveau insuffisant de protection des institutions et organes de l'Union en matière de cybersécurité.

146. Fonction d'assistance de la Cour des comptes. La Cour des comptes exerce enfin une fonction d'assistance des autorités budgétaires que sont le Conseil des ministres et le Parlement européen. À ce titre, elle est amenée à collaborer étroitement avec la Commission du contrôle budgétaire du Parlement (la fameuse « Cocobu ») à l'occasion de la décharge que vote l'Assemblée de Strasbourg au profit de la Commission pour l'exécution du budget portant sur l'exercice précédent.

147. Cour des comptes et accès au juge de l'Union. Il convient de noter pour conclure sur la Cour des comptes que, depuis le Traité de Maastricht, elle peut agir dans le cadre d'un recours en carence contre une autre institution européenne (pour un refus de communication de pièces par exemple)[132] ; en outre, depuis le Traité d'Amsterdam, elle peut aussi saisir la Cour de justice, mais cette fois par le biais d'un recours en annulation tendant à sauvegarder ses prérogatives[133].

148. Conclusion sur la collaboration fonctionnelle des institutions principales. Tout en étant autonomes les unes par rapport aux autres, les institutions principales ont vocation à collaborer, d'un point de vue fonctionnel, dans les domaines budgétaire, exécutif et législatif.

S'agissant tout spécialement de ce dernier enjeu, le rôle majeur est dévolu aux membres du « triangle institutionnel » (Commission européenne, Conseil des ministres et Parlement européen) qui incarnent chacun une légitimité différente (supranationale, intergouvernementale, démocratique) et qui agissent dans des conditions différentes au titre de la Politique étrangère et de sécurité commune (avec un mécanisme décisionnel quasi exclusivement intergouvernemental) ou dans le cadre des autres politiques (régies très majoritairement par la « procédure législative ordinaire » et accessoirement par les « procédures législatives spéciales »). Pour autant, il n'est pas possible de prétendre qu'il y ait, à l'échelon de l'Union, un schéma de séparation des pouvoirs comme on en connaît dans le cadre étatique[134] ; cette réalité souligne une fois de plus l'irréductible originalité du projet européen.

149 et 150. *Réservés.*

---

131. *Examen de la performance en matière de gestion des affaires à la Cour de justice de l'Union européenne*, Rapp. spécial Cour des comptes n° 14, 2017, Luxembourg.
132. Art. 265, al. 1er, TFUE.
133. Art. 263, al. 3, TFUE.
134. Voy. T. Georgopoulos, « Doctrine de séparation des pouvoirs et l'intégration européenne », in M. Blanquet (dir.), *La prise de décision dans le système de l'Union européenne, op. cit.*, pp. 3-30 et S. Roland, *Le triangle décisionnel communautaire à l'aune de la théorie de la séparation des pouvoirs : recherches sur la distinction des pouvoirs législatif et exécutif dans la Communauté*, Bruxelles, Bruylant, 2008.

Chapitre II

Les institutions et organes secondaires

151. Définition des institutions et organes secondaires. Les institutions et organes secondaires sont chargés d'une mission spécifique au sein de l'Union européenne et y exercent une influence tout à fait variable ; parmi ceux-ci, nous avons choisi de distinguer les organes personnalisés (section 1), de ceux qui ne le sont pas (section 2).

SECTION 1

LES ORGANES PERSONNALISÉS

152. Définition d'un organe personnalisé. Un organe personnalisé doit être ici entendu comme toute entité dotée d'une personnalité juridique propre, distincte de celle de l'Union ; cette qualité de sujet de droit à part entière peut être conférée soit par les traités, soit par un acte des institutions européennes : le premier cas renvoie aux organes bancaires (§ 1) alors que le second correspond aux agences de l'Union qui se sont multipliées depuis une quinzaine d'années (§ 2).

§ 1. Les institutions et les organes bancaires

153. Banques européennes : BCE et BEI. Il y a deux organes financiers dans l'Union européenne : d'un côté, la Banque centrale européenne (BCE) qui dispose du pouvoir monétaire au sein de la zone euro (A) et qui constitue une institution à part entière depuis le Traité de Lisbonne, de l'autre côté, la Banque européenne d'investissement (BEI) qui effectue des prêts pour des investissements contribuant au développement de l'Union (B).

A.   La Banque centrale européenne (BCE)

154. Réalisation de l'Union économique et monétaire (UEM). Le principe comme le calendrier de la réalisation de l'Union économique et monétaire (UEM) ont été posés par le Traité de Maastricht de 1992[135]. Le 1er janvier 1999 s'est ouverte la troisième et dernière phase de la marche vers une monnaie unique avec, comme point d'orgue, le lancement de l'euro début 2002, il y a donc plus de vingt ans. Toutefois, seuls pouvaient participer à cette monnaie unique les États européens qui, d'une part, remplissaient les critères économiques et budgétaires prévus par le Traité de Maastricht

---

135.   Sur l'évolution de l'UEM, voy. : O. CLERC et P. KAUFFMANN, *L'Union économique et monétaire européenne. Des origines aux crises contemporaines*, Paris, Pedone, 2016 ; O. CLERC, « L'Union économique et monétaire et la dynamique fonctionnaliste de l'intégration européenne : 60 ans de vicissitudes », *RDUE*, 2018, n° 616, pp. 130-139.

(stabilité des prix, taux d'intérêt à long terme, absence de dévaluation dans les deux années précédentes, déficit public inférieur à 3 % du PIB et dette publique inférieure à 60 % du PIB) et, d'autre part, en avaient fait le choix politique. C'est ainsi que le Danemark, le Royaume-Uni (bien qu'ils aient rempli tous deux les critères précédents) et la Suède (qui ne remplissait pas les critères, elle) ont refusé de faire partie de la zone euro (clause d'« *opting out* »)[136]. Pour en revenir aux « critères de Maastricht », il faut savoir qu'ils font l'objet d'importantes critiques depuis une dizaine d'années car d'autres – comme les taux de croissance, taux de chômage ou taux d'épargne – ont été écartés alors qu'ils apparaissent tout aussi pertinents. De plus certains d'entre eux – déficit et dettes publics – sont loin d'être respectés par un certain nombre d'États en situation normale, et leur application a été logiquement suspendue pendant la crise sanitaire de 2020-2021 ; d'ailleurs, la France milite pour qu'ils soient revus...

155. Composition de la zone euro. Depuis le 1er janvier 2015, 19 États participent à la monnaie unique : l'Allemagne, l'Autriche, la Belgique, l'Espagne, la Finlande, la France, la Grèce, l'Irlande, l'Italie, le Luxembourg, les Pays-Bas, le Portugal, la Slovénie (1er janvier 2007), Chypre et Malte (1er janvier 2008), la Slovaquie (1er janvier 2009) enfin l'Estonie (1er janvier 2011), la Lettonie (1er janvier 2014) et la Lituanie (1er janvier 2015).

Précisons que les États qui ont rejoint l'Union européenne à partir de 2004 ont l'obligation, et non la simple faculté, d'intégrer la zone euro dès lors, bien entendu, qu'ils remplissent les critères économiques et financiers de Maastricht ; d'ailleurs sept d'entre eux sont déjà dans la zone euro alors que la Croatie y rentrera le 1er janvier 2023, et la Bulgarie *a priori* l'année suivante.

156. Création de la BCE. Cette ultime phase de l'UEM a été marquée par la mise en place de plusieurs institutions dont la plus importante est assurément la Banque centrale européenne (BCE). Cette BCE s'insère aux côtés des 28 banques centrales nationales dans une structure vaste, le « Système européen des banques centrales (SEBC) »[137] ; en réalité, c'est « l'Eurosystème » – qui rassemble la BCE et les banques centrales des seuls États participant à la zone euro – qui coexiste au sein du SEBC qui en poursuit les objectifs et en assume les missions. L'objectif de ce dispositif est d'intégrer les banques centrales au système européen, puisque celles-ci doivent agir conformément aux orientations et instructions de la BCE et ont l'obligation de fournir à la BCE toutes les informations qu'elle sollicite ; s'agissant spécifiquement des banques centrales des États membres de la zone euro (la Banque de France, par exemple), elles ne sont plus, pour l'essentiel, que de simples relais de la BCE[138].

---

136. Voy. S. ADALID, *La Banque centrale européenne et l'eurosystème. Recherches sur le renouvellement d'une méthode d'intégration*, Bruxelles, Bruylant, 2015, et E. LE HÉRON, *À quoi sert la Banque centrale européenne ?*, 2e éd., coll. Réflexe Europe, Paris, La documentation Française, 2016.
137. Voy. F. MARTUCCI, « Système européen des banques centrales. BCE et eurosystème », *JCl Europe*, fasc. 243, 2019.
138. Voy. F. MARTUCCI, *L'ordre économique et monétaire de l'Union européenne*, Bruxelles, Bruylant, 2015.

Présentons maintenant l'organisation (1) puis les attributions (2) de la BCE, rouage essentiel de la réalisation de l'UEM, qui est régie par les articles 282 à 284 TFUE, le Protocole n° 4 annexé au TUE et son règlement intérieur, modifié dernièrement en février 2015.

1.   *L'organisation de la Banque centrale européenne*

157. Caractéristiques de la BCE. Établie à Francfort dès le 1er juin 1998, la BCE a remplacé l'Institut monétaire européen (IME) à partir du 1er janvier 1999. Cet institut avait vocation, de 1994 à 1999, à renforcer la coopération entre les banques centrales nationales et à améliorer la coordination des politiques monétaires des États membres dans la perspective de l'adoption de la monnaie unique. Selon le souhait de l'Allemagne et malgré l'opposition initiale des Français, la BCE est indépendante des gouvernements de sorte qu'elle représente un véritable « pouvoir monétaire européen » : les États membres de la zone euro lui ont en effet définitivement transféré leur souveraineté en matière monétaire[139]. À ce titre, ses membres ne doivent ni solliciter ni accepter aucune instruction des autres institutions européennes, des gouvernements des États ou de tout autre organisme.

Quelque 2 300 fonctionnaires européens et 300 intervenants extérieurs (experts, conseillers, etc.) travaillent au sein des différents services de la BCE installée depuis mars 2015 dans l'ancien marché de gros de Francfort, dans des locaux flambant neufs (10 ans de travaux pour deux tours jumelles de 185 mètres de haut et 120 000 mètres carrés de bureaux) dont l'inauguration a été effectuée sous protection policière afin d'éloigner plusieurs dizaines de milliers de manifestants hostiles à la mondialisation et à la finance internationale…

158. Organes de la BCE. La BCE comporte trois organes.

Le directoire est composé du président de la BCE, du vice-président et de quatre autres membres, nommés par le Conseil européen statuant à la majorité qualifiée (depuis Lisbonne) sur recommandation du Conseil et après consultation du Parlement européen et du Conseil des gouverneurs de la BCE, ainsi que des gouverneurs des banques centrales nationales dont la monnaie est l'euro. Les membres du directoire disposent d'un mandat d'une durée de huit ans qui n'est pas renouvelable, de manière à garantir leur indépendance, avec un décalage dans le temps de leur nomination afin d'assurer une continuité de fonctionnement à la tête de la BCE ; ils ne peuvent pas être démis de leur fonction. La désignation du premier président de l'histoire de la BCE a donné lieu à d'intenses tractations entre les États, notamment entre

---

139.   Les banques centrales nationales peuvent continuer à assumer toute mission prévue par le droit national à condition que celle-ci soit compatible avec le droit de l'Union : la Banque de France est ainsi en charge du surendettement qui n'est pas un objectif de l'eurosystème : F. Martucci, *Droit de l'Union européenne*, coll. Hypercours, Paris, Dalloz, 2017, p. 290.

les Pays-Bas et la France qui soutenaient chacun « leur » candidat. Au Conseil européen de Cologne d'avril 1999, c'est finalement le candidat néerlandais (M. Wim Duisenberg) qui a été nommé, lequel a indiqué qu'il démissionnerait à mi-mandat pour laisser la place au candidat français M. Jean-Claude Trichet ; ce dernier lui a effectivement succédé le 1er novembre 2003 mais pour une période de huit ans… Entre le 1er novembre et le 31 octobre 2019, c'est l'Italien Mario Draghi qui a présidé la BCE ; c'est la Française Christine Lagarde – ancienne directrice du FMI – qui lui a succédé fin 2019[140] et se trouve entourée, au sein de ce directoire, d'un Espagnol (vice-président), d'une Allemande, d'un Irlandais, d'un Italien et d'un Néerlandais.

Organe d'administration, le directoire met en œuvre la politique monétaire conformément aux orientations et décisions adoptées par le Conseil des gouverneurs.

Ce Conseil des gouverneurs réunit les six membres du directoire ainsi que les gouverneurs des banques centrales nationales des États participant à la monnaie unique (donc au total 25 personnes actuellement). Il constitue l'organe de direction de la BCE : il définit en effet la politique monétaire des Dix-Neuf par des décisions qui, normalement, sont prises à la majorité simple de ses membres[141] ; il se réunit deux fois par mois.

Le troisième organe de la BCE est le Conseil général. Il comprend le président, le vice-président de la BCE et les gouverneurs des banques centrales de tous les États de l'Union, soit 29 personnes actuellement : il constitue donc une instance de dialogue entre les États participant à l'UEM (« pays *in* ») et ceux n'y participant pas (« pays *out* »). Il n'a pas de pouvoir de décision mais seulement des compétences consultatives ; il a vocation à disparaître dès lors que tous les États de l'Union auront adopté l'euro.

2. *Les attributions de la Banque centrale européenne*

159. Personnalité juridique et moyens de la BCE. La BCE est dotée de la personnalité juridique. Comme toute banque, la BCE dispose d'un capital – souscrit par les banques centrales des États membres et d'un montant de 10,76 milliards d'euros en 2012 – et de ressources propres ; mais en tant que banque centrale, elle est surtout investie d'un pouvoir de réglementation et de décision en matière monétaire.

Afin d'assurer la gestion de la monnaie européenne, la BCE a notamment pour tâches : d'autoriser l'émission de billets de banque (le président de la BCE y appose d'ailleurs sa signature) et de pièces frappées

---

140. Sur le fondement de l'article 283, § 2, TFUE.

141. La majorité des deux tiers s'applique toutefois dans trois cas : lorsque la BCE estime qu'une banque centrale prend des décisions interférant avec les objectifs de l'Eurosystème ; quand la BCE décide de recourir à des méthodes opérationnelles non prévues par ses statuts ; dans l'hypothèse où le Conseil des gouverneurs souhaite augmenter le capital de la BCE.

en euros ; de fixer des taux directeurs de manière à assurer la stabilité de l'euro (notons que l'euro n'a jamais été aussi bas, en cet été 2022, quasiment à parité avec le dollar) ; de constituer des réserves de change ; d'exercer un pouvoir de contrôle sur les banques centrales nationales ; d'assurer une fonction consultative auprès des États membres et des autres institutions européennes en matière monétaire. Enfin, elle dispose d'un pouvoir de sanction à l'encontre des opérateurs économiques (banques ou établissements de crédit) qui n'auraient pas respecté ses décisions. Pour remplir ses fonctions, la BCE peut adopter des règlements, des décisions, des recommandations et des avis ; ses actes sont susceptibles d'un recours en annulation et elle peut intenter un tel recours pour la « sauvegarde de ses prérogatives » (à l'image de la Cour des comptes précédemment présentée).

Le Traité de Maastricht a institué – à côté de la BCE – un Comité économique et financier, lequel succède au Comité monétaire de la deuxième phase de l'UEM. Ce comité est chargé de suivre la situation économique et financière des États membres et de l'Union, et d'en faire des rapports réguliers au Conseil des ministres et à la Commission. Il a également pour mission de préparer les réunions du Conseil « Ecofin ». Composé de représentants des États, de la Commission et de la BCE, il constitue une instance de dialogue entre ces différents acteurs s'agissant des questions monétaires.

160. Eurogroupe. La dernière institution de l'UEM n'était pas prévue par les traités et présentait une nature informelle jusqu'au Traité de Lisbonne qui a consacré son existence et précisé son fonctionnement : il s'agit du Conseil de l'Euro (ou « Eurogroupe »). Souhaitée par la France pour constituer un contre-pouvoir économique face au pouvoir monétaire incarné par la BCE, cette instance a été créée au Conseil européen de Luxembourg de décembre 1997 afin de permettre aux pays de la zone euro de se concerter sur toutes les questions relatives à l'UEM. Plus largement, l'objectif est de renforcer la cohérence de la politique monétaire menée par la BCE et des politiques économiques définies par les États membres, qu'elles soient budgétaires, fiscales ou structurelles (« *policy mix* »).

Depuis 2005, afin de renforcer la crédibilité et la visibilité de la zone euro dans les institutions et conférences financières internationales (notamment au FMI), l'Eurogroupe s'est doté d'un président ; le Luxembourgeois Jean-Claude Juncker l'a présidé jusqu'en 2012 avant d'être remplacé par le Néerlandais Jeroen Dijsselbloem auquel ont succédé le Portugais Mário Centeno en 2018 et l'Irlandais Paschal Donohoe, en poste depuis début 2020.

Mais sur le plan décisionnel, s'agissant des politiques économiques, l'Eurogroupe ne peut rien arrêter même si l'épisode de la crise des dettes souveraines peut conduire à nuancer une telle affirmation[142] ; il se réunit

---

142. L. Fromont, « L'eurogroupe : le côté obscur de la gouvernance de la zone euro », *RDUE*, 4/2017, pp. 195-221.

donc la veille de la tenue du Conseil « Ecofin », pour « caler » une position à Dix-Neuf qui sera ensuite débattue au sein du Conseil rassemblant les 27 ministres de l'Économie et des Finances, lequel statuera selon des modalités différentes selon que les mesures concernent les seuls « pays *in* » ou les 27 États de l'Union.

161. Débats sur le rôle de la BCE. Dans la mesure où la compétence monétaire appartient désormais à la Banque centrale européenne mais que la conduite des politiques économiques relève encore des États, il y a régulièrement des tensions entre le président de la BCE et les chefs d'État ou de gouvernements européens ; à l'époque de la présidence Trichet, il a été ainsi souvent reproché à la BCE son obsession de la lutte contre l'inflation (au détriment d'autres objectifs économico-financiers considérés comme également pertinents), alors que M. Mario Draghi s'est plutôt intéressé à la stabilité financière et bancaire au sein de la zone euro...

Précisément, du fait de la crise des dettes souveraines, les États de l'Union se sont divisés sur la question de savoir si la BCE devait venir en aide aux États en difficulté financière dans la mesure où les traités ne le permettaient pas[143] ; le débat avait même été porté sur le terrain contentieux à partir d'une question préjudicielle formulée par la Cour constitutionnelle allemande à propos des opérations monétaires sur titre (*Outright Monetary Transactions, OMT*) de l'Eurosystème[144]. Afin d'éviter une contagion de l'ensemble de la zone euro, la BCE a finalement décidé de participer à un plan de sauvetage à partir de 2010 permettant non seulement de renflouer les États en difficulté (au premier rang desquels la Grèce) mais également leurs banques. Ce plan d'urgence provisoire dénommé Fonds européen de stabilité financière (FESF) a été pérennisé par le Traité établissant le Mécanisme européen de stabilité (MES), signé par les pays de la zone euro et entré en vigueur le 27 septembre 2012. La révision de l'article 126 TFUE a en effet permis l'instauration de ce mécanisme permanent qui constitue non pas une institution ou un organe de l'Union mais une organisation internationale ; il a une capacité de 700 milliards d'euros (avec une « montée en puissance » prévue sur 10 ans) et est alimenté par les contributions des États qui possèdent un nombre de voix proportionnel à leur participation (l'Allemagne dispose d'un peu plus de 27 %, la France de 20 %, l'Italie de 18 %...) ; installé à Luxembourg, il prend ses décisions à la majorité des 85 % des droits de vote, conférant ainsi à l'Allemagne, la France et l'Italie une minorité de blocage. Il peut lever de l'argent sur

---

143. L'article 125 TFUE interdit en effet à l'Union et à ses États membres de répondre des engagements d'un État européen ou de les prendre à leur charge (clause de non-renflouement ou « *no bail-out* »). Voy. également F. Allemand, « La dette en partage. Quelques réflexions juridiques sur le traitement de la dette publique en droit de l'UE », *CDE*, 2015/1, pp. 235-292.

144. Voy. Cour, 16 juin 2015, *Peter Gauweiler e.a.*, aff. C-62/14, np : comm. R. Kovar, *RTDE*, 2015/3, pp. 579-592, et D. Simon, *Europe*, étude n° 7, 2015, pp. 5-7. Plus largement, voy. F. Allemand, « Crise des dettes souveraines : la contestation par des particuliers de certaines mesures adoptées par la BCE », *JDE* 2016, n° 227, pp. 90-98.

les marchés afin de le prêter à un taux bonifié aux États en difficulté, acheter de la dette d'État sur le marché primaire (lors de l'émission) ou le marché secondaire (où s'échangent des titres en circulation), mettre en place des programmes préventifs à la demande d'États, voire recapitaliser directement (sans passer par les États) les banques en difficulté.

Ajoutons qu'à côté des instruments dits « conventionnels », la BCE peut recourir à des instruments non conventionnels, parmi lesquels les *quantitative easings* – littéralement « assouplissements quantitatifs » –, en créant de la monnaie non pas pour financer l'activité de prêt des banques, mais pour acheter directement des titres sur les marchés, essentiellement des obligations d'État. Les conditions dans lesquelles la BCE a eu recours à ces instruments ces dernières années ont été vivement contestées, à nouveau par le juge constitutionnel allemand, dans un arrêt remarqué du 5 mai 2020[145].

Au-delà des aspects juridiques et économiques de ce dossier, il y a incontestablement une dimension politique dans la posture de la Cour de Karlsruhe à l'égard d'une institution dont l'indépendance par rapport aux États est garantie par les traités…, comme le souhaitaient les Allemands lors de sa création en 1999 !

162. Amélioration de la gouvernance de la zone euro. La crise économique et financière de 2008-2013 a également mis en lumière les limites des règles de gouvernance de la zone euro[146] ; 25 États ont donc conclu le Traité sur la stabilité, la coordination et la gouvernance dans la zone euro (TSCG ou « pacte budgétaire européen ») applicable depuis le 1er janvier 2013, et dont le contenu avait vocation à être intégré dans le droit de l'Union européenne dans les cinq ans suivant son entrée en vigueur[147].

Ce traité diminue la marge de manœuvre des États en imposant l'intégration de la fameuse « règle d'or » dans les droits nationaux, si possible dans la Constitution – pour sa part la France l'a intégrée dans une loi organique ; est ainsi posé le principe de l'équilibre budgétaire ou d'un déficit ne dépassant pas 0,5 % du PIB hors mauvaise conjoncture. En outre, il renforce les pouvoirs de la Commission et, dans une moindre mesure, de la Cour de justice sur les États « laxistes » en matière économique, sans pour autant que les sanctions ne soient automatiques en cas de dérapage[148]…

---

145. *CverfGe*, 5 mai 2020 : comm. D. Simon, *Europe*, repère n° 6, 2020.
146. Voy. T. Debard, « "Touche pas à mon euro" : quelques réflexions sur la prétendue crise de l'euro, l'endettement des États souverains, le déficit de l'Union européenne », in *Mélanges P. Soldatos*, Bruxelles, Bruylant, 2012, pp. 155-168.
147. Pour des précisions, voy. F. Martucci, « La longue marche vers le cadre budgétaire intégré de la zone euro », *RDUE*, 2018, n° 616, pp. 157-165.
148. Voy. J.-V. Louis, « La nouvelle "gouvernance" économique de l'espace euro », in *Mélanges J. Molinier*, Paris, LGDJ, 2012, pp. 405-427 et N. de Sadeleer, « La gouvernance économique européenne : Léviathan ou colosse aux pieds d'argile », *Europe*, étude n° 5, 2012, pp. 4-11 Voy. également J.-B. Auby et P. Idoux (dir.), *Le gouvernement économique européen*, Bruxelles, Bruylant, 2017.

163. Mécanisme de surveillance unique. Ce dispositif a été enrichi par le Mécanisme de surveillance unique (MSU) confiant à la BCE un rôle central dans le cadre de l'union bancaire européenne[149] : jusqu'à fin 2014, les banques des États de l'Union (6 000 environ) étaient supervisées par des organismes nationaux (en France, l'Autorité de contrôle prudentiel rattaché à la Banque de France) dont l'action était coordonnée – depuis début 2011 – par l'Autorité bancaire européenne. Depuis le 4 novembre 2014, ce rôle a été officiellement confié à un Conseil de supervision créé au sein de la BCE – pour lequel celle-ci a recruté environ 1 000 fonctionnaires supplémentaires –, comprenant un président et un vice-président, un directoire de 4 membres de la BCE et les 19 représentants des superviseurs nationaux[150]. Entre mai et octobre 2014, ce Conseil avait passé au crible 124 banques appartenant à 22 pays de l'Union afin de tester leur robustesse et leur capacité à renforcer leurs fonds propres, avec pour objectif de rassurer les marchés ; les résultats de cette « opération vérité » ont été positifs, puisque toutes les grandes banques européennes ont passé le test avec succès, seuls quelques établissements de second ordre ayant été « recalés ». Ces « stress-tests » ont été renouvelés en 2016 et début 2018 – cette fois sur 37 banques appartenant à 10 États européens et représentant 70 % des actifs bancaires de la zone euro – avec des résultats sensiblement améliorés par rapport à 2016[151].

Au titre de cette activité de surveillance, la BCE a récemment procédé également à une évaluation des progrès réalisés par les banques européennes en matière d'intégration des risques climatiques et environnementaux dans leurs processus opérationnels ; à cet égard, dans un communiqué de presse du 14 mars 2022, elle a pu regretter qu'aucun établissement ne réponde complètement à l'heure actuelle aux exigences inscrites dans les lignes directrices qu'elle a établies fin 2020, appelant donc les opérateurs à faire évoluer leurs pratiques, significativement et sans délai…

164. Conclusion sur la BCE. Entre 2014 et 2016, afin de relancer la croissance en Europe, la BCE s'est engagée dans un programme de « méga-prêts aux banques (pour un total de 400 milliards d'euros sur une période 4 ans et à un taux de 0,15 %) afin de les inciter à prêter à leur tour aux entreprises afin de lutter contre les pressions déflationnistes (pouvant conduire à une baisse généralisée, durable et auto-entretenue des prix) en Europe. Et plus près de nous, en 2020, la BCE a débloqué une enveloppe de 1 850 milliards d'euros destinés à des rachats de dette publique et privée afin de tenter de contenir les graves répercussions économiques de la pandémie de Covid-19. Aujourd'hui, les débats restent vifs autour de la politique qui doit être menée par la BCE, spécialement en matière de lutte contre l'inflation – initiée par la hausse de l'énergie et désormais entretenue par la guerre en Ukraine – et de gestion des dettes publiques qu'elle détient (de nombreux économistes appelant à une réduction, voire à une annulation de celles-ci).

---

149. Voy. règlement (UE) n° 1024/2013, 15 octobre 2013 (*JOUE*, L 287, 29 octobre 2013, p. 63) et règlement (UE) n° 1022/2013, 23 octobre 2013 (*JOUE*, L 287, 29 octobre 2013, p. 5).
150. Voy. A Buzelay, « De l'Union monétaire à l'Union bancaire en Europe », *RUE*, n° 571, 2013, pp. 466-471.
151. Pour des précisions, voy. *Rapport sur les activités prudentielles en 2018*, BCE, Francfort, 2019.

Au niveau extra-européen cette fois, soulignons que, depuis le *Brexit* et la perte du « passeport » financier de la *City* pour opérer dans l'Union, la BCE est très attentive aux relocalisations d'effectifs et d'activités bancaires effectuées par divers établissements britanniques sur le continent...

Instrument de prêt, la Banque européenne d'investissement constitue l'autre organe financier de l'Union.

B. La Banque européenne d'investissement (BEI)

165. Création de la BEI. Créée par le Traité de Rome instituant la CEE et installée à Luxembourg, la Banque européenne d'investissement (BEI) accorde des prêts à long terme pour financer des projets d'investissement contribuant au développement équilibré de l'Union ainsi qu'à son intégration[152]. En 2021, elle a encadré le financement d'un millier de projets.

166. Organisation de la BEI. Dotée de la personnalité juridique, la BEI est indépendante financièrement, possède une structure administrative propre – laquelle rassemble près de 3 000 personnes – et trois organes qui assurent son fonctionnement.

La BEI comprend d'abord un Conseil des gouverneurs composé d'un ministre par État membre, en général le ministre de l'Économie et des Finances. Ce Conseil définit les directives générales de la politique de crédit, approuve le bilan et le rapport annuel, décide des augmentations de capital. La présidence annuelle est assurée à tour de rôle par les États membres suivant un ordre alphabétique. Le Conseil statue dans la plupart des cas à la majorité, représentant au moins 50 % du capital souscrit.

La BEI comporte également un Conseil d'administration comprenant 28 administrateurs (désignés par chacun des États et par la Commission européenne). Il s'agit de hauts fonctionnaires du ministère de l'Économie et des Finances, de dirigeants de banques ou d'instituts de crédit qui sont nommés pour cinq ans par le Conseil des gouverneurs sur désignation des États. Le Conseil d'administration assure la conformité de la gestion de la Banque avec les dispositions des traités européens, de ses statuts et des directives du Conseil des gouverneurs. Cette instance décide notamment de l'octroi de prêts et garanties, et de la conclusion d'emprunts.

Le Conseil de direction est le troisième et dernier organe de la Banque. Il est composé du président de la banque et de huit vice-présidents nommés par le Conseil des gouverneurs pour six ans sur proposition du Conseil d'administration. Ce Conseil assure la gestion des affaires courantes, prépare les décisions du Conseil d'administration et assure leur exécution.

---

152. F. Peraldi-Leneuf, « Banque européenne d'investissement », *JCl Europe*, fasc. 242, 2013.

Le capital de la BEI (243 milliards d'euros) est souscrit par les États membres selon une clé de répartition fondée sur le PIB de chacun. Ses ressources sont constituées par des emprunts qu'elle lance sur les marchés de capitaux ; ne poursuivant aucun but lucratif, la BEI prête l'argent à un taux quasi identique à celui auquel elle l'a emprunté sur ces marchés.

167. Montant et affectation des prêts de la BEI. L'augmentation de capital opérée en 2012 avait pour objectif de permettre à la BEI de soutenir des initiatives en faveur de la relance et de la création d'emplois en Europe à travers une capacité de prêt significativement accrue.

De fait, en 2021, la Banque a accordé un peu plus de 65 milliards d'euros en financements, ce qui la situe au premier rang des institutions financières internationales. Elle prête à l'intérieur de l'Union pour des projets d'intérêt commun ayant notamment comme objectifs : l'amélioration de la compétitivité des entreprises (enjeu de l'innovation), l'amélioration des infrastructures (par le développement des réseaux transeuropéens, en matière d'énergie, de transports et de communications), ou encore la protection de l'environnement (naturel mais également social dans une logique de développement durable).

Elle assure également des financements à l'extérieur de l'Union dans le cadre des relations avec les pays ACP (Afrique, Caraïbes et Pacifique) et des protocoles financiers conclus avec une douzaine de pays méditerranéens.

168. Rôle complémentaire des prêts de la BEI. Depuis le Traité de Maastricht, la BEI a compétence pour financer les programmes d'investissement en liaison avec l'intervention des fonds structurels et des autres instruments financiers de l'Union. Ces dernières années, la BEI s'est engagée dans le financement de toute une série de programmes, au titre des programmes « Europe 2020 » et aujourd'hui « Horizon Europe », se rapportant notamment aux infrastructures (routières, hospitalières, etc.) et à l'innovation.

Par son financement, complémentaire à celui d'acteurs publics et privés nationaux, la BEI a pu débloquer certains dossiers délicats ces dernières années, comme ceux du TGV Est ou de la liaison Lyon/Turin. Dans les années qui viennent, la BEI jouera un rôle significatif dans le financement des projets au titre du « Pacte vert » (ou *Green Deal*) – tendant à la neutralité carbone à l'horizon 2050 – lancé fin 2019 par la Commission dirigée par Mme von der Leyen. Centrée jusque-là sur l'emploi et la croissance, la BEI doit devenir la « Banque européenne du climat » : alors qu'elle allouait 30 % de ses fonds à des projets (publics ou privés) liés à l'environnement ces dernières années, elle va y consacrer 50 % dans les prochaines années et disposera de 30 milliards d'euros par an pour « décarboner », notamment en accordant des prêts bonifiés aux acteurs engagés dans des mesures de transition écologique.

Si la création de la BEI et de la BCE résulte des traités, celle des agences européennes découle d'actes adoptés par les institutions européennes et répond à un objectif de décentralisation fonctionnelle.

§ 2. Les agences européennes

169. Définition et vocation des agences. Les agences européennes peuvent être définies comme des organismes de droit public européen, distincts des institutions et possédant une personnalité juridique propre. Elles sont créées par un acte de droit dérivé – généralement un règlement – en vue de remplir une tâche technique, scientifique ou de gestion bien spécifique, précisée dans leur acte constitutif[153].

La mise en place de ces organismes répond à des objectifs de rationalisation et d'amélioration de l'action de l'Union : en effet, elle permet de confier certaines tâches techniques à des spécialistes de la question, tout en allégeant la charge de travail de la Commission qui s'est considérablement compliquée avec l'accroissement régulier des compétences européennes. Normalement, ces agences n'ont aucun pouvoir décisionnel ; elles ont seulement une fonction de régulation, limitée à des capacités de recherche d'informations, d'audit, d'expertise. Elles ont cependant une influence importante, parfois décisive, à travers les avis qu'elles transmettent aux institutions européennes de décision : l'exemple de l'Agence européenne des médicaments et de son poids dans le processus d'autorisation de mise sur le marché des vaccins contre la Covid-19 est emblématique à cet égard.

170. Liste des agences. Lancé timidement dans les années 1970, ce phénomène est allé en s'accélérant ces vingt dernières années, tout spécialement dans le contexte de la « nouvelle gouvernance européenne » ; ces dernières années, le Bureau d'appui en matière d'asile est devenu une agence européenne, alors que l'Autorité européenne du travail a été installée à Bratislava début 2020 afin de mieux lutter contre la fraude et le *dumping* social… Pour le reste, la liste des agences actuelles est la suivante, avec notamment trois « autorités » créées en 2011 en matière financière suite à la crise :

Nom de l'agence	Date de création ; siège
Agence communautaire de contrôle des pêches	2005 ; Vigo (Espagne)
Agence européenne de la sécurité des réseaux et de l'information	2004 ; Héraklion (Grèce)
Agence européenne des droits fondamentaux (a succédé en 2007 à l'Observatoire européen des phénomènes racistes et xénophobes)	1997 ; Vienne (Autriche)
Agence européenne des médicaments	1994 ; Londres (Royaume-Uni) puis Amsterdam (Pays-Bas)
Agence européenne des produits chimiques	2006 ; Helsinki (Finlande)
Agence européenne pour l'environnement	1990 ; Copenhague (Danemark)
Agence Frontex devenue Agence européenne de gardes-frontières et de gardes-côtes (2016)	2004 ; Varsovie (Pologne)

---

153. J. MOLINIER, *Les Agences de l'Union européenne*, Bruxelles, Bruylant, 2011 et « Agences de l'Union européenne », *Rép. eur. Dalloz*, 2019.

Agence européenne pour la reconstruction	1999 ; Thessalonique (Grèce)
Agence européenne pour la sécurité aérienne	2003 ; Cologne (Allemagne)
Agence européenne pour la sécurité et la santé au travail	1994 ; Bilbao (Espagne)
Agence européenne pour la sécurité maritime	2003 ; Lisbonne (Portugal)
Agence ferroviaire européenne	2004 ; Lille-Valenciennes (France)
Agence européenne pour la sécurité des aliments	2002 ; Parme (Italie)
Autorité bancaire européenne	2011 ; Londres (Royaume-Uni) puis Paris (France)
Autorité européenne des assurances et des pensions professionnelles	2011 ; Francfort (Allemagne)
Autorité européenne des marchés financiers	2011 ; Paris (France)
Autorité de surveillance, GNSS-Galileo	2004 ; Prague (République tchèque)
Centre de traduction des organes de l'Union européenne	1994 ; Luxembourg (Grand-Duché de Luxembourg)
Centre européen de prévention et de contrôle des maladies	2004 ; Stockholm (Suède)
Centre européen pour le développement de la formation professionnelle	1975 ; Thessalonique (Grèce)
Fondation européenne pour l'amélioration des conditions de vie et de travail	1975 ; Dublin (Irlande)
Fondation européenne pour la formation	1990 ; Turin (Italie)
Institut pour l'égalité entre les hommes et les femmes	2006 ; Vilnius (Lituanie)
Observatoire européen des drogues et toxicomanies	1993 ; Lisbonne (Portugal)
Office communautaire des variétés végétales	1994 ; Angers (France)
Office de l'Union européenne pour la propriété intellectuelle	1993 ; Alicante (Espagne)
Agence européenne de défense	2004 ; Bruxelles (Belgique)
Centre satellitaire de l'Union	2001 ; Madrid (Espagne)
Institut d'études de sécurité de l'Union	2001 ; Paris (France)
Collège européen de police	2000 ; Hampshire (Royaume-Uni)
Office européen de police (Europol)	1995 ; La Haye (Pays-Bas)
Organe européen pour le renforcement de la coopération judiciaire (Eurojust)	2002 ; La Haye (Pays-Bas)

171. Agences exécutives. Enfin, il existe des « agences exécutives », prenant la forme d'agences créées par un règlement européen de 2003, pour une durée déterminée et avec l'objectif exclusif de gérer un ou plusieurs programmes européens : Agence exécutive « Éducation, audiovisuel et culture » ; Agence exécutive pour la santé publique ; Agence exécutive pour l'énergie, la compétitivité et l'innovation ; Agence exécutive du Conseil européen de la recherche ; Agence exécutive pour la recherche.

172. Nécessaire contrôle des agences et suites à donner. Le développement quelque peu anarchique des agences européennes et les risques qu'elles peuvent présenter (pouvoir des experts se substituant au pouvoir des politiques, extrême spécialisation des tâches, absence de contrôle démocratique...) ont conduit le Parlement européen à réclamer plus de cohérence dans leur création et de contrôle sur leur fonctionnement dès 1993.

Après une communication présentée en 2002, la Commission a proposé en 2005 l'adoption d'un accord interinstitutionnel pour un meilleur encadrement de ces agences[154] ; elle a toutefois retiré son projet en 2009 en raison d'un accueil négatif du Conseil. De son côté, le Parlement européen a adopté une résolution, le 21 octobre 2008[155], dans laquelle il rappelait l'importance d'une évaluation régulière des agences, mettant notamment l'accent sur le rapport coûts-bénéfices qu'elles présentent.

Au-delà des évaluations effectuées dorénavant périodiquement – notamment par la Cour des comptes européenne, avec un rapport remarqué, déjà cité, sur les conflits d'intérêts au sein de certaines de ces agences[156] –, l'enjeu en termes d'efficacité réside essentiellement dans les suites à donner aux constatations effectuées par ce biais[157]...

SECTION 2

LES ORGANES NON PERSONNALISÉS

173. Comités consultatifs, organes non personnalisés. À la différence des organes précédemment étudiés, les comités consultatifs ne disposent pas d'une personnalité morale propre, quand bien même l'un d'entre eux (le Comité des régions) pourrait – sous conditions – saisir la Cour de justice.

---

154. Pour un encadrement des agences européennes de régulation, COM(05) 59 final (*JOUE*, C 123, 21 mai 2005).

155. Résolution *Sur une stratégie en faveur de la future mise en œuvre des aspects institutionnels des agences de régulation*, 21 octobre 2008 (*JOUE*, C 15, 21 janvier 2010).

156. Voy. Rapport de la Cour des comptes européenne, *La gestion des conflits d'intérêts dans une sélection des agences de l'Union européenne*, Rapp. n° 15/2012, Luxembourg.

157. Voy. L. Clément-Wilz, « Le contrôle des agences de l'Union européenne », in *Mélanges J. Molinier*, Paris, LGDJ, 2015, pp. 127-141.

Ces comités à fonction consultative – ils sont susceptibles d'être saisis par les institutions principales afin de formuler un avis sur un acte européen en cours d'élaboration – ont vocation à représenter à l'échelon de l'Union des intérêts légitimes : ceux de la « société civile » pour le Comité économique et social (§ 1) et ceux des collectivités locales pour le Comité des régions (§ 2).

§ 1. Le Comité économique et social européen (CESE)

174. Création et vocation du CESE. Le Comité économique et social européen (CESE) a été établi dès l'origine par les deux Traités de Rome (CEE et CEEA) afin de permettre aux divers acteurs de la vie économique et sociale d'être représentés à l'échelle européenne. Régi par les articles 301 à 304 TFUE, il est « constitué de représentants des différentes composantes à caractère économique et social de la société civile organisée […] » et dans la liste non exhaustive qui suit cet énoncé, les consommateurs qui n'étaient pas mentionnés jusqu'au Traité de Nice sont dorénavant présents ; cette précision a bien entendu vocation à élargir la représentativité du Comité[158].

175. Composition du CESE. Siégeant à Bruxelles, le CESE est composé de 326 membres, répartis en trois groupes (employeurs, salariés et activités diverses) ; la répartition officielle actuelle est la suivante :

État	Représentants	État	Représentants
Allemagne	24	Autriche	12
		Bulgarie	12
France	24	Slovaquie	9
Italie	24	Danemark	9
Espagne	21	Finlande	9
Pologne	21	Irlande	9
Roumanie	15	Lituanie	9
Pays-Bas	12	Croatie	9
Belgique	12	Lettonie	7
Grèce	12	Slovénie	7
Portugal	12	Estonie	6
Tchéquie	12	Chypre	5
Hongrie	12	Luxembourg	5
Suède	12	Malte	5

---

158. Voy. C. GUICHET, *Le Comité économique et social européen. Une organisation capable de s'imposer dans la gouvernance européenne ?*, Paris, L'Harmattan, 2013.

S'agissant du mode de désignation des membres du CESE, chaque État adresse au Conseil des ministres la liste des candidats qu'il propose, et ce dernier les désigne à l'unanimité pour cinq ans, renouvelables, après consultation de la Commission européenne.

176. Fonctionnement du CESE. Le Comité désigne son président et son bureau pour une durée de deux ans et demi : de début 2013 à mi-2015, il s'agissait d'un Français, M. Henri Malosse ; depuis avril 2021, il s'agit d'une Autrichienne, Mme Christa Schweng. Les autres aspects essentiels du fonctionnement du CESE ont été améliorés par le Traité de Maastricht : le règlement intérieur de l'institution est désormais adopté par le Comité lui-même et non plus par le Conseil ; les membres du CESE peuvent bénéficier d'indemnités fixées par le Conseil (alors que jusque-là leur fonction était bénévole) et exercent leurs fonctions « en toute indépendance » ; le Comité peut se réunir de sa propre initiative, alors qu'avant seuls le Conseil et la Commission pouvaient demander sa convocation ; enfin, le délai imparti au Comité lorsque son avis est sollicité ne peut être inférieur à un mois (au lieu de 10 jours avant Maastricht).

177. Rôle du CESE. Le Comité élabore des avis à l'intention du Conseil des ministres, du Parlement européen et de la Commission ; ces avis ne lient cependant pas les institutions.

Originellement, la saisine du Comité était strictement facultative ; à partir de l'Acte unique, la saisine du CESE est devenue obligatoire pour certaines questions. Ces hypothèses ont été multipliées par les Traités de Maastricht et d'Amsterdam et concernent aujourd'hui, notamment la politique agricole, les transports, la politique sociale, la formation professionnelle, l'éducation, la santé publique, la protection des consommateurs ou encore l'emploi. Le Traité de Lisbonne y a ajouté le sport, l'espace et la politique énergétique. En revanche, aucune disposition afférente à l'Union économique et monétaire ne permet l'intervention du Comité.

Outre ces cas de consultation obligatoire, la Commission et le Conseil peuvent demander l'avis du Comité dès lors qu'ils le jugent opportun (saisine facultative) ; enfin, de sa propre initiative, le Comité peut formuler un avis, comme il l'a fait début 2019 pour appeler à une réforme globale de l'Organisation mondiale du commerce (OMC).

178. Influence limitée du CESE. Chaque année, le CESE tient une petite dizaine de sessions plénières au cours desquelles il adopte des avis au titre des politiques communes (environ 150 chaque année). Parmi les priorités politiques récentes, il faut souligner les avis importants du Comité dans le domaine de la politique énergétique de l'Union, du développement durable, de la crise financière ou encore en matière migratoire. En outre, le Comité a intensifié ses efforts de rationalisation de ses méthodes de travail en introduisant une catégorisation des avis par priorité politique. Signalons par ailleurs que, ces dernières années, deux protocoles de coopération ont été signés par le Comité, l'un avec la Commission européenne, l'autre avec le Comité des régions ; par ailleurs, les futures présidences de l'Union sollicitent de plus en plus souvent le Comité dans le cadre de leurs priorités politiques respectives.

Malgré ces efforts, l'influence du CESE dans le processus décisionnel européen apparaît encore réduite.

§ 2. Le Comité des régions

179. Création et vocation du Comité des régions. Le Comité des régions (CdR) est de création récente puisqu'il a été mis en place par le Traité de Maastricht, à la demande de l'Allemagne et malgré les réticences de pays unitaires comme le Royaume-Uni et la France. Régi par les articles 305 à 307 TFUE, il a vocation à assurer la représentation des collectivités infra-étatiques au niveau européen et à les associer plus étroitement à l'élaboration des politiques de l'Union[159]. Son organisation, son fonctionnement et ses attributions sont calqués sur ceux du Conseil économique et social. Fin 2019, le Grec Apostolos Tzitzikostas a succédé au Belge Karl-Heinz Lambertz à la tête du Comité.

180. Composition du Comité des régions. Le statut du Comité des régions est identique à celui du CESE : même nombre de membres (326), même répartition par État, même mode de désignation. Malgré son appellation, le Comité représente l'ensemble des collectivités locales ; il appartient donc à chaque État membre de déterminer quelles collectivités siègeront au Comité. Ainsi, le Gouvernement français a-t-il opté, en tenant compte de paramètres tant politiques que démographiques, pour une délégation composée de 12 représentants des régions, six représentants des départe- ments et six représentants des communes. Jusqu'au Traité d'Amsterdam, le Comité des régions devait soumettre son règlement intérieur au Conseil pour approbation ; dorénavant, il l'adopte seul.

181. Rôle du Comité des régions. S'agissant des attributions du Comité des régions, elles prennent d'abord la forme d'une consultation obligatoire à l'initiative du Conseil et de la Commission dans les différents cas prévus aux traités. Il en est ainsi des actes intéressant l'éducation, la culture, la santé publique, les réseaux transeuropéens, la cohésion économique et sociale, les missions des fonds structurels et, depuis le Traité d'Amsterdam, des pro- positions relatives à l'emploi, aux questions sociales, à l'environnement, au fonds social, à la formation professionnelle et à la politique des transports.

Le Comité des régions est également consulté – mais cette fois de manière facultative – chaque fois que le Conseil, la Commission et le Parlement européens l'estiment nécessaire.

Enfin, le Comité peut rendre des avis de sa propre initiative.

---

159. L. GUILLOUD, « Le Comité des régions, un organe paradoxal de l'Union européenne », *RMCUE*, n° 532, 2009, pp. 582 et s.

182. Influence et nouveaux droits du Comité des régions. Chaque année, le Comité des régions tient cinq sessions plénières, au cours desquelles il définit sa politique générale et adopte environ 70 à 80 avis ; instance jeune au regard de l'histoire de l'intégration européenne, le Comité des régions a déjà trouvé sa place au sein du système institutionnel de l'Union, considérant qu'il incarne « l'Europe des régions ».

Avec le Traité de Lisbonne, le Comité des régions a obtenu deux nouveaux droits : d'abord, il peut saisir la Cour de justice en cas de violation du principe de subsidiarité s'agissant d'un texte pour lequel il est obligatoirement consulté (art. 8 du Protocole sur l'application des principes de subsidiarité et de proportionnalité)[160] ; ensuite, il peut saisir la Cour de justice pour défendre ses prérogatives (art. 263 TFUE)[161].

183 à 185. *Réservés.*

---

160. Article 8 du Protocole sur l'application des principes de subsidiarité et de proportionnalité.
161. Voy. art. 263 TFUE.

TITRE II

Les sources du droit de l'Union

186. Définition d'un ordre juridique. L'Union européenne a vocation à adopter des règles s'imposant aux États membres et à leurs ressortissants et dont la violation est sanctionnée à travers des mécanismes juridictionnels auxquels participent les juridictions européennes mais également nationales. Ces règles ont progressivement contribué à l'émergence d'un véritable « ordre juridique », c'est-à-dire un ensemble organisé et structuré de normes juridiques possédant ses propres sources, doté d'organes et de procédures aptes à les émettre, à les interpréter ainsi qu'à en faire constater et sanctionner, le cas échéant, les violations.

187. Émergence de l'ordre juridique communautaire puis de l'Union européenne[162]. Dès les premières années de fonctionnement des Communautés européennes, la Cour de justice a eu l'occasion d'affirmer l'originalité du droit issu de la construction européenne. En 1963, dans son célèbre arrêt *Van Gend en Loos*[163], elle affirmait que la Communauté européenne « constitu(ait) un nouvel ordre juridique de droit international » ; moins d'un an plus tard, dans son arrêt *Costa c/ ENEL*[164], elle déclarait que le droit communautaire était « un ordre juridique propre, intégré au système juridique des États membres ».

Par cette seconde formule, le juge du Kirchberg souhaitait souligner l'autonomie de l'ordre européen à la fois par rapport à l'ordre juridique international mais également par rapport aux ordres juridiques nationaux, avec une précision complémentaire relative à la portée de l'ordre juridique communautaire.

Au début des années 1990, la Cour y a ajouté la référence aux notions de « Communauté de droit » et de « charte constitutionnelle », comme dans son avis n° 1/91 du 14 décembre 1991 : « [...] le Traité CE, bien que conclu sous la forme d'un accord international, n'en constitue pas moins la charte constitutionnelle d'une Communauté de droit [...] »[165] ; et en 2010, prenant acte de la révision de Lisbonne, elle devait affirmer que les nouveaux traités constituaient désormais une « Union de droit »[166].

188. Système normatif original. Quelle que soit la formule utilisée, il est clair que l'intégration européenne a donné naissance à une typologie précise de sources constituant un système original (chapitre 1), notamment en raison des effets du droit de l'Union dans l'ordre juridique des États membres (chapitre 2).

---

162. Voy. J.-V. Louis, *L'ordre juridique de l'Union européenne*, Bruxelles, Bruylant, 2005 et J. Rideau, « Ordre juridique de l'Union », *JCl Europe*, fasc. 189, 2011.

163. CJCE, 5 février 1963, *Van Gend en Loos*, aff. 26/62, *Rec.*, p. 3 : comm. *Les grands arrêts du droit de l'Union européenne* (dir. C. Boutayeb), Paris, LGDJ/Lextenso, 2014, pp. 42-51.

164. CJCE, 15 juillet 1964, *Costa c/ ENEL*, aff. 6/64, *Rec.*, p. 1141 : comm. *Les grands arrêts du droit de l'Union européenne*, *op. cit.*, pp. 75-87.

165. Avis 1/91, 14 décembre 1991, *Rec.*, p. I-6079.

166. Cour, 29 juin 2010, *Dominguez*, aff. C-550/09, *Rec.*, p. I-6209. Plus largement, voy. A. Bailleux, E. Bernard, S. Jacquot et Q. Landenne (dir.), *Les récits judiciaires de l'Europe. Dynamiques et conflits*, Bruxelles, Bruylant, 2021.

Chapitre I

La typologie des sources du droit de l'Union européenne

189. Absence de liste officielle des sources du droit de l'Union. À la différence du droit international public dont les sources essentielles sont énumérées à l'article 38 du Statut de la Cour internationale de justice (CIJ), les traités européens ne comportent aucune disposition procédant à une typologie du même genre. En conséquence, la liste des sources diverses du droit de l'Union a été élaborée à partir des indications fournies par les traités, mais également la pratique des institutions et des États membres et surtout d'une systématisation par la Cour de justice elle-même.

190. Diversité des classifications des sources du droit de l'Union. Parmi les divers critères susceptibles d'être retenus pour classer les différentes sources européennes – par exemple en fonction du caractère interne à l'Union ou externe à celle-ci des sources étudiées ou encore en distinguant les normes prévues par les textes et celles introduites par la pratique –, nous retiendrons le critère simple du caractère écrit ou non de ces sources.

À l'analyse, nous constaterons que si le droit de l'Union est un droit essentiellement écrit (section 1), il n'en réserve pas moins une place non négligeable à certaines catégories de sources non écrites (section 2).

SECTION 1

LES SOURCES ÉCRITES DU DROIT DE L'UNION EUROPÉENNE

191. Trilogie des sources écrites. Au sein des sources écrites, il convient de présenter successivement le droit originaire (§ 1), le droit dérivé (§ 2) et le droit conventionnel (§ 3)[167].

§ 1. Le droit originaire

192. Dimensions du droit originaire. Le droit originaire (ou primaire), qui constitue la base de l'ordre juridique de l'Union, peut être appréhendé sous deux aspects : du point de vue de son contenu d'abord (A) et du point de vue de sa valeur juridique ensuite (B).

A. Le contenu du droit originaire

193. Multiplicité des actes du droit originaire. Six catégories de sources constituent le droit originaire : il s'agit des traités proprement dits et des actes qui les complètent ou les modifient.

---

167. Voy. J. Rideau, « Ordre juridique de l'Union. Sources écrites », *JCl Europe*, fasc. 190, 2014.

194. Traités européens, constitutifs et modificatifs. Il y a d'abord, logiquement, les traités de base (ou constitutifs) : plus précisément et depuis que le Traité de Paris instituant la CECA a disparu en juillet 2002, il faut ranger sous cette appellation trois traités : le Traité de Rome du 25 mars 1957 instituant la Communauté européenne de l'énergie atomique (TCEEA ou Traité Euratom) ; l'autre Traité de Rome, du même jour, instituant la Communauté économique européenne (TCEE) devenue Communauté européenne (TCE) à partir de Maastricht, et renommé par le Traité de Lisbonne, « Traité sur le fonctionnement de l'Union européenne » (TFUE) ; enfin, le Traité sur l'Union européenne (TUE) signé à Maastricht le 7 février 1992 et entré en vigueur le 1er novembre 1993.

Il faut ajouter à ces traités constitutifs, les traités modificatifs : il s'agit de l'Acte unique européen de 1986, le Traité de Maastricht de 1992 (en ce qu'une partie de ses dispositions sont venues modifier le TCE), le Traité d'Amsterdam de 1997, le Traité de Nice de 2001 et le Traité de Lisbonne de 2007[168], ces trois derniers traités ayant modifié à la fois le TUE et le TCE (devenu aujourd'hui TFUE).

Formellement, il faut bien comprendre que les traités auxquels il est fait référence sont les traités de base incluant les modifications successives apportées par les traités modificatifs ; on parle de version « consolidée », comme on peut en parler pour une Constitution. Ainsi, lorsque l'on fait référence à la « Constitution de 1958 » aujourd'hui, c'est pour évoquer le texte de la Ve République mais tel que modifié à diverses reprises pour aboutir à sa version actuelle.

Par ailleurs, du fait de l'échec de la Constitution européenne qui devait permettre une fusion des traités européens existants, chacun des traités actuellement applicables (TCEEA, TFUE et TUE) conserve son autonomie juridique. L'article 1er du TUE affirme ainsi : « L'Union est fondée sur le présent Traité et sur le Traité sur le fonctionnement de l'Union européenne. Ces deux traités ont la même valeur juridique. L'Union se substitue et succède à la Communauté européenne. » La Cour a toujours veillé à faire respecter cette autonomie ; mais il est bien évident qu'au nom de « l'unité fonctionnelle » qui existe entre les différents traités, elle se réserve la possibilité d'interpréter leurs dispositions les unes par rapport aux autres sans pour autant que cette attitude soit systématique[169].

195. Protocoles. Les protocoles annexés aux traités de base ou modificatifs ont même valeur juridique que les traités eux-mêmes. En droit international général, cette règle est inscrite à l'article 2, § 1, de la Convention de Vienne de 1969 sur le droit des traités et, pour le droit de l'Union, à l'article 51 TUE qui précise : « Les protocoles et annexes des traités en font partie intégrante. » L'importance de ces protocoles ne doit pas être

---

168. Voy. *supra*, « Introduction générale ».
169. Voy. par exemple, CJCE, 27 octobre 2009, *Land Oberösterreich c/ Cez*, aff. C-115/08, *Rec.*, p. I-10265 : comm. M. MEISTER, *Europe*, n° 3, 2010.

sous-estimée : les Statuts de la BEI, de la Cour de justice ou plus tard de la BCE ont été établis par voie de protocoles. La Cour de justice et de nombreuses juridictions nationales (comme le Conseil constitutionnel en France, par exemple) ont confirmé que les dispositions des protocoles faisaient partie intégrante du droit originaire, avec une valeur juridique identique à celle des traités eux-mêmes. L'enjeu est juridiquement important puisque pas moins de 37 protocoles sont annexés au Traité de Lisbonne.

En revanche, les déclarations annexées aux traités – 65 pour le Traité de Lisbonne ! – n'ont aucun caractère normatif ; elles expriment seulement une position politique et permettent de cerner ce que les États ont entendu dire dans telle ou telle disposition du traité de référence.

196. Traités et actes institutionnels majeurs. Les traités et actes importants portant modification du système institutionnel européen font également partie du droit originaire : il s'agit d'abord de la Convention relative à certaines institutions communes (Assemblée parlementaire et Cour de justice) signée en même temps que les Traités de Rome (1958), ensuite du « Traité de fusion » de 1965 instaurant un Conseil et une Commission uniques, et enfin de l'Acte du 20 septembre 1976 portant élection des représentants à l'Assemblée parlementaire (aujourd'hui Parlement européen) au suffrage universel direct.

Il convient d'y ajouter les actes adoptés afin de modifier les traités, qu'il s'agisse de la révision ordinaire comme de la procédure simplifiée – toutes deux prévues à l'article 48 TUE – dès lors qu'elles requièrent une ratification des États membres[170]. Rappelons que la première révision du TFUE est intervenue en 2011 afin de modifier l'article 136 TFUE et de donner une base textuelle au Mécanisme européen de stabilité (MES)[171].

197. Actes à caractère budgétaire. Relèvent également du droit européen originaire plusieurs actes ou traités à caractère budgétaire : la décision du 21 avril 1970 relative aux ressources propres des Communautés (et les suivantes comme celle du 24 juin 1988), et les deux Traités budgétaires de Luxembourg (22 avril 1970) et Bruxelles (22 juillet 1975) modifiant les procédures budgétaires.

198. Charte des droits fondamentaux de l'Union. La Charte des droits fondamentaux de l'Union européenne (CDFUE) proclamée une première fois en 2000 (Sommet de Nice) puis à nouveau en 2007 (Sommet de Lisbonne) fait également partie du droit originaire puisque l'article 6, § 1, TUE précise qu'elle a « [...] même valeur juridique que les traités », bien que son texte ne fasse pas partie intégrante des traités contrairement à la solution retenue dans la défunte Constitution européenne[172].

---

170. Ce n'est pas le cas de la révision prévue à l'article 48, § 7, TUE et des « clauses-passerelles ».

171. S. Josso, « Réflexions sur la première révision du TFUE. Un nouvel accroc à la légitimité démocratique de l'Union », *RUE*, n° 562, 2012, pp. 584-590.

172. Voy. R. Tinière, « Charte des droits fondamentaux de l'Union européenne », *JCl Europe*, fasc. 160, 2017. Pour des précisions sur la Charte, voy. *infra*, pts 233-235.

199. Actes d'adhésion... et de retrait. Enfin, les traités et actes relatifs à l'adhésion des nouveaux États membres opèrent nécessairement des modifications des traités européens existants (notamment sur le plan institutionnel) et sont donc dotés de la même valeur juridique que ces derniers. Il faut rattacher à cette catégorie le Traité de Bruxelles de 1984 qui concerne le cas particulier du Groenland.

Il en est de même s'agissant, à l'inverse, de la sortie d'un État membre de l'Union : l'accord de retrait du Royaume-Uni de l'Union et de la CEEA de janvier 2020 est ainsi venu, sous bien des aspects, modifier les traités européens (traité CEEA, TUE et TFUE).

Le contenu du droit originaire ayant été identifié, il reste à évoquer maintenant la question de l'autorité de ces normes par rapport aux autres sources du droit de l'Union.

B. La valeur juridique du droit originaire

200. Indices de la supériorité du droit originaire sur les autres sources. Aucune disposition des traités européens n'énonce de manière explicite le principe de la supériorité du droit originaire sur les autres sources du droit de l'Union. Néanmoins, cette supériorité s'impose logiquement, sur la base de plusieurs indices convergents.

D'une part, les actes pris par les institutions européennes (le droit dérivé) ne peuvent être adoptés que dans la limite des attributions qui leur sont conférées par les traités ; d'autre part, le système juridictionnel européen prévoit une série de procédures destinées à sanctionner la violation par les institutions des dispositions du droit originaire : c'est le cas notamment des accords internationaux conclus par les institutions qui peuvent faire l'objet d'un contrôle préventif de compatibilité avec les dispositions des traités par la Cour de justice (avis prévus à l'article 218, § 11, TFUE)[173]. La prééminence hiérarchique du droit primaire sur l'ensemble des autres sources de l'ordre juridique européen est enfin garantie par l'existence de diverses procédures de révision qui sont plus lourdes que celles mises en œuvre pour l'adoption du droit dérivé de l'Union : l'objectif est d'interdire toute modification subreptice des traités par un acte ou une pratique des institutions européennes ou des États membres.

201. Place du droit originaire dans la hiérarchie des normes européennes. Les dispositions du droit originaire largement entendu se situent donc au sommet de la pyramide des normes européennes et jouent le même rôle qu'une Constitution dans un État. Le juge de l'Union a joué un rôle décisif dans la « constitutionnalisation » des traités, n'hésitant pas à affirmer dès 1986 que : « [...] La Communauté économique européenne est

---

173. Voy. *supra*, pts 136 à 137.

une Communauté de droit en ce que ni ses États membres ni ses institutions n'échappent au contrôle de la conformité de leurs actes à la charte constitutionnelle de base qu'est le traité »[174]. En d'autres termes, la Cour est passée d'une perception « internationaliste » des traités à une vision explicitement « constitutionnaliste » de ceux-ci.

§ 2. Le droit dérivé

202. Définition et contenu du droit dérivé. Le droit dérivé (ou secondaire) englobe l'ensemble des actes unilatéraux adoptés par les institutions de l'Union en application des traités ; il témoigne de l'existence d'un véritable pouvoir législatif en faveur de celles-ci.

Au sein de ce droit dérivé, il a fallu, pendant longtemps, distinguer les actes du pilier communautaire (actes communautaires) des actes des deux autres piliers de l'Union (actes de l'Union) ; chaque pilier avait sa propre typologie d'actes, ce qui n'était pas facile à saisir.

Le Traité de Lisbonne, en faisant disparaître la Communauté, a considérablement simplifié la compréhension du système normatif de l'Union, puisque aujourd'hui tous les actes de droit dérivé sont des actes de l'Union[175] ; mais cette simplification n'est pas tout à fait complète car, si les actes de la coopération judiciaire et pénale intègrent bien la nomenclature générale, ce n'est pas le cas du domaine de la PESC-PESD qui conserve des actes spécifiques[176].

En conséquence, nous présenterons d'abord les actes de droit dérivé valables pour tous les domaines de l'Union sauf la PESC-PESD – lesquels constituent l'écrasante majorité des textes adoptés chaque année au sein de l'Union – (A), et ensuite les actes spécifiques au domaine de la PESC-PESD (B).

A. Les actes européens hors PESC-PESD

203. Typologie des actes de droit dérivé. L'article 288, alinéa 1er, TFUE indique : « Pour exercer les compétences de l'Union, les institutions adoptent des règlements, des directives, des décisions, des recommandations et des avis. »

204. Exigences de forme et de fond applicables aux actes de droit dérivé. Avant de présenter plus précisément ces divers actes, rappelons quelques règles générales d'élaboration qui leur sont communes.

---

174. CJCE, 23 avril 1986, *Parti écologiste Les Verts*, aff. 294/83, *Rec.*, p. 339 : comm. *Les grands arrêts du droit de l'Union européenne* (dir. C. Boutayeb), *op. cit.*, pp. 435-440.
175. Sur les actes de l'Union, *RTDE*, 2015/1, pp. 7-93.
176. Voy. R. Kovar, « Actes juridiques unilatéraux de l'Union européenne », *Rép. eur. Dalloz*, 2017.

Des exigences juridiques à la fois de forme et de fond s'imposent en effet aux actes de droit européen dérivé.

S'agissant des règles de forme, le droit de l'Union prévoit notamment l'existence de visas et d'une motivation de ces actes, leur publicité préalable (par publication s'il s'agit d'un acte de portée générale et par notification s'il s'agit d'un acte de portée individuelle), une entrée en vigueur différée (en général, 20 jours après la publication), une absence de rétroactivité (sauf de manière exceptionnelle et si la confiance légitime des intéressés a été respectée), auxquelles il convient d'ajouter toutes sortes de principes issus d'un débat initié depuis une quinzaine d'années sur la qualité rédactionnelle (pour la législation nouvelle), la codification (pour la législation existante) ou encore la transparence de la législation européenne[177]. Dans cette logique, la Commission a adopté en 2013 un programme pour une réglementation affûtée et performante (REFIT) visant à rendre la législation de l'Union effectivement plus légère, plus simple et moins coûteuse ; puis en avril 2016, les acteurs du triangle institutionnel ont conclu l'accord « Mieux légiférer », prévoyant notamment des discussions annuelles sur les priorités législatives communes, des analyses d'impact plus complètes, un examen périodique de la législation existante ou encore la mise en place d'une base permettant de suivre en temps réel l'avancement d'un texte européen[178].

Sur le fond, le TFUE indique si, s'agissant du domaine dans lequel l'intervention européenne est envisagée, l'Union a bien compétence pour agir – seule (compétence exclusive), avec ses États membres (compétence partagée) ou avec l'appui de ceux-ci (compétence d'appui) – et dans quelles conditions[179]. La base juridique retenue pour fonder l'acte permettra en effet de savoir quel est le processus décisionnel qui lui est applicable (règles de vote au Conseil des ministres, procédure législative ordinaire ou spéciale, consultation ou non du Comité économique et social ou du Comité des régions, etc.) avec tous les enjeux en termes de rapports de force entre les institutions que cela recouvre nécessairement[180].

À partir de la liste de l'article 288 TFUE précité, les actes de l'Union (hors PESC-PESD) peuvent être présentés en deux catégories : les actes obligatoires (1) et les actes non obligatoires (2) ; de plus, la pratique a fait émerger les actes dits « hors nomenclature » (3).

---

177. Voy. S. Beslier et P. Lavaggi, « Les procédures de codification et de refonte en droit communautaire : une contribution à l'effort de simplification de l'environnement réglementaire », *RDUE*, 2006/2, pp. 313 et s.
178. *JOUE*, L 123, 12 mai 2016.
179. Voy. *supra*, pts 36 à 43.
180. Sur la base juridique, voy. *supra*, pt 95.

1. Les actes obligatoires

205. Généralités sur les actes de droit dérivé. Les actes européens obligatoires ont pour point commun de produire des effets juridiques et, par conséquent, de pouvoir être contrôlés par le juge européen ; il s'agit du règlement, de la directive et de la décision. Ils représentent quantitativement la source la plus importante du droit européen : chaque année, ce sont de l'ordre de 1 500 à 2 000 règlements, directives et décisions qui sont adoptés par les principales institutions (Conseil, Parlement européen, Commission et plus exceptionnellement la Banque centrale européenne) selon la procédure législative ordinaire (souvent) ou les procédures spéciales (plus ponctuellement).

a. Le règlement

206. Règlement européen. Le règlement européen est défini à l'article 288, alinéa 2, TFUE comme un acte à portée générale, obligatoire dans tous ses éléments et directement applicable dans tous les États membres ; chacune de ces caractéristiques mérite une explication.

En premier lieu, le règlement contient des prescriptions impersonnelles et abstraites dotées d'une valeur obligatoire pour tous. En cela, il se rapproche de la loi existant dans l'ordre juridique interne des États. À la différence de la décision individuelle qui vise un nombre limité et identifiable de destinataires, le règlement est applicable à des catégories envisagées abstraitement et dans leur ensemble (États ou particuliers), même si ces destinataires peuvent être, dans certains cas, peu nombreux.

En deuxième lieu, le règlement est obligatoire dans tous ses éléments ; à travers celui-ci, l'autorité européenne dispose d'un pouvoir normatif complet puisqu'elle peut non seulement prescrire le résultat à atteindre mais également imposer toutes les modalités d'application et d'exécution qu'elle juge opportunes. Concrètement, obligation est faite d'appliquer « le règlement, tout le règlement et rien que le règlement ». Autrement dit, il est interdit aux autorités nationales concernées d'appliquer le règlement de manière partielle ou sélective, ou de modifier les obligations qu'il comporte.

En troisième et dernier lieu, le règlement est directement applicable dans tout État membre[181], c'est-à-dire qu'il est automatiquement valide dans les ordres juridiques nationaux sans qu'aucune mesure interne de réception, de transformation ou même de publication ne soit nécessaire ; ces mesures sont même interdites, comme la Cour a eu l'occasion de le rappeler, notamment aux autorités italiennes à plusieurs reprises dans les années 1970. En outre, « en raison de sa nature même et de sa fonction

---

181. Voy. R. Kovar, « Le règlement est directement applicable dans tout État membre : certes mais encore ? », in *Mélanges J. Molinier*, Paris, LGDJ, 2012, pp. 355-372.

dans le système des sources de droit communautaire (européen), il produit des effets immédiats et est, comme tel, apte à confier aux particuliers des droits que les juridictions nationales ont l'obligation de protéger »[182] : on dit que le règlement dispose d'un effet direct. C'est d'ailleurs la seule catégorie d'acte qui se voit reconnaître explicitement le bénéfice de l'effet direct[183].

207. Recours au règlement. En pratique, le règlement représente l'instrument privilégié du « pouvoir législatif de l'Union », en ce qu'il matérialise juridiquement les situations de compétences transférées des États membres vers l'Union, autrement dit les situations dans lesquelles une réglementation européenne vient remplacer des réglementations nationales.

b. La directive

208. Caractéristiques de la directive. La directive européenne constitue une autre catégorie d'acte à valeur obligatoire[184].

Sur le plan juridique, la directive constitue un objet juridique original dans la mesure où elle renvoie à une méthode à deux niveaux : au niveau européen sont arrêtés la ligne politique et le modèle législatif ; ensuite, il appartient aux États membres de transposer ce modèle au niveau de leur ordre national. Plus précisément, l'article 288, alinéa 3, TFUE précise que « la directive lie tout État membre destinataire quant au résultat à atteindre, tout en laissant aux instances nationales la compétence quant à la forme et aux moyens ».

Après avoir précisé les caractéristiques de la directive, nous expliquerons les modalités de leur transposition en droit interne.

En principe, les directives sont, à la différence des règlements, des actes à caractère individuel qui ne lient que le ou les États membres destinataires. En pratique, cependant, de nombreuses directives sont adressées à tous les États membres. Dès lors, un rapprochement s'est opéré de facto entre la directive et le règlement, rapprochement avalisé par le juge communautaire.

Par ailleurs, la directive établit une obligation de résultat à la charge des États membres destinataires, mais leur laisse le choix des moyens pour les atteindre. Les décennies 1960 et 1970 ont cependant vu la Commission européenne proposer des directives de plus en plus précises et détaillées qui ne laissaient quasiment plus de liberté aux autorités nationales s'agissant de leur mise en œuvre. Contestée par de nombreux États, cette pratique a été abandonnée au cours des années 1980 au profit d'une

182. CJCE, 14 décembre 1971, *Politi*, aff. 43/71, *Rec.*, p. 1039 : comm. *Les grands arrêts du droit de l'Union européenne* (dir. C. BOUTAYEB), *op. cit.*, pp. 206-211.
183. Voy. *infra*, chapitre 2, section 2 « L'effet direct des différentes sources du droit de l'Union européenne ».
184. Voy. D. SIMON, « Directive », *Rép. eur. Dalloz*, 2018.

« nouvelle approche », inaugurée pour la réalisation du marché intérieur, favorisant l'adoption de « directives-cadres » (!) qui ne comportent que les dispositions essentielles et renvoient pour le reste aux principes d'équivalence et de reconnaissance mutuelle des législations nationales.

Enfin, la question s'est posée de savoir si la directive pouvait se voir reconnaître un effet direct malgré le silence de l'article 288 TFUE sur ce point. La Cour de justice a finalement admis que, dans certaines conditions, certaines dispositions de directives puissent créer des droits invocables en justice devant les tribunaux nationaux même si cet effet direct, cantonné à un effet vertical, demeure à la fois exceptionnel et limité[185].

209. Enjeu de la transposition de la directive. La directive européenne ne déploiera ses effets dans l'ordre juridique des États destinataires qu'à l'issue de l'opération de transposition réalisée par les autorités nationales sous le contrôle de la Commission européenne. Qu'entend-on par transposition ?

La transposition consiste dans l'adoption par les autorités nationales compétentes, dans un délai imparti par la directive elle-même (généralement 18 à 24 mois), des mesures nationales nécessaires à l'application dans l'ordre juridique interne des règles prévues par la directive. L'État devra non seulement adopter les règles indispensables à la réalisation des objectifs de la directive, mais également abroger ou modifier son droit national éventuellement incompatible avec les règles de la directive[186]. L'instrument juridique national utilisé doit être un acte à caractère contraignant, équivalant à celui qui aurait été pris en droit interne pour réaliser un objectif analogue (principe dit « d'équipollence »). Dans des hypothèses exceptionnelles, le recours à la loi pour transposer pourra être imposé aux États. En France, chaque année, environ deux tiers des directives sont transposées par décret, le tiers restant par la loi[187].

210. Caractère impératif du délai de transposition des directives. En outre, le respect du délai de transposition fixé par la directive est un impératif dont les États membres ne peuvent s'affranchir sous peine de remettre en cause le principe d'uniformité d'application des règles européennes. Les États membres doivent d'ailleurs transmettre régulièrement à la Commission des indications sur l'état du droit national dans le domaine considéré et sur les mesures prises en vue d'assurer la transposition de la directive. À partir du moment où le délai de transposition a expiré, une action en manquement contre l'État qui n'a pas ou qui a mal transposé la directive est possible. Pour autant, dès avant l'expiration de ce délai, la directive qui est entrée en vigueur s'applique et produit certains effets. C'est ainsi que le Conseil d'État, pourtant peu enclin à favoriser l'influence

---

185. *Ibid.*
186. Pour un rappel de la portée de l'obligation de transposition, voy. Cour, 19 décembre 2013, *Commission c/ Pologne*, aff. C-281/11, np : comm. D. Simon, *Europe*, n° 52, 2014.
187. Certaines mesures prévues par des directives de nature mineure peuvent être exceptionnellement transposées par la voie d'un arrêté.

du droit européen en droit français, a pu invalider des mesures réglementaires nationales « [...] de nature à compromettre sérieusement la réalisation du résultat prescrit par la directive »[188].

En pratique, il existe souvent des retards dans la transposition des directives de la part de certains États, notamment de la France.

Les autorités françaises ont par exemple transposé la directive ouvrant le marché de l'électricité et du gaz à la concurrence par une loi du 7 décembre 2006, avec près d'un an de retard par rapport à la date idéale et peu de temps avant l'application effective de son dispositif (1er juillet 2007) ; citons également la loi française de mai 2008 transposant la directive 1001/18/CE du 12 mars 2001 relative aux OGM, plus de cinq ans après la date requise et après un arrêt de manquement datant de juillet 2004 suivi d'une demande de prononcé d'astreintes formulée par la Commission européenne auprès de la Cour de justice. Le (triste) record demeure toutefois détenu par une directive de 1985 sur la responsabilité du fait des produits défectueux qui n'a été transposée en droit français qu'en 1998 et encore imparfaitement comme l'a constaté la Cour de justice en 2002 !

211. Pratique française en matière de transposition des directives. Malgré tout, la situation de la France en matière de transposition des directives s'est sensiblement améliorée ces dernières années, grâce essentiellement à une meilleure programmation de l'activité des services des ministères en charge des questions européennes ; « lanterne rouge » ou presque jusqu'en 2004, la France est aujourd'hui en milieu de peloton dans les statistiques rendues publiques chaque année par la Commission européenne dans son rapport sur l'application du droit de l'Union européenne[189]. Il convient d'ajouter que le débat ne se cantonne plus aujourd'hui aux délais de transposition mais porte sur la manière dont celle-ci est réalisée, certains observateurs n'hésitant pas à parler de « surtransposition »[190].

Signalons enfin que la mise en œuvre des directives, et plus largement du droit européen en général, s'impose à l'ensemble des autorités publiques de l'État, c'est-à-dire à l'administration centrale mais également aux autorités déconcentrées et décentralisées.

c. La décision

212. Caractéristiques de la décision européenne. Selon l'article 288, alinéa 4, TFUE : « La décision est obligatoire dans tous ses éléments. Lorsqu'elle désigne des destinataires, elle n'est obligatoire que pour ceux-ci. » Cette

---

188. C.E., 10 janvier 2001, *France Nature environnement, Rec. Lebon*, 2001, p. 1.
189. Voy. également : *Conseil d'État, Directives européennes : anticiper pour mieux transposer*, Paris, La documentation Française, 2015.
190. A. Thourot et J.-L. Warsmann, « Lutter contre la surtransposition des directives dans le droit français », *Rapp. Assemblée nationale* n° 532, 21 décembre 2017.

nouvelle formulation résultant du Traité de Lisbonne fait apparaître que la décision peut avoir un caractère général : cette hypothèse correspond à la pratique antérieure des décisions n'ayant pas de destinataires et comportant l'adoption d'un programme d'action ou financier.

Mais, classiquement, la décision européenne a un caractère individuel, correspondant à l'acte administratif individuel que l'on connaît dans les systèmes juridiques nationaux ; concrètement, elle permet l'application des dispositions du TFUE à des situations particulières, notamment en matière de concurrence.

Au contraire de la directive et à l'instar du règlement, la décision peut donc être très détaillée et prescrire les moyens d'atteindre le résultat imposé. Les destinataires des décisions européennes peuvent être, soit un ou plusieurs États membres (hypothèse des décisions de la Commission en matière d'aide publique, par exemple), soit une ou plusieurs personnes physiques ou morales (hypothèse des décisions de la Commission en matière d'ententes, d'abus de position dominante ou de concentration notamment).

S'agissant de l'effet direct des décisions, l'état de la jurisprudence impose de faire une distinction selon le destinataire de celles-ci : lorsqu'il s'agit d'une personne physique ou morale, la décision en cause dispose d'un effet direct intégral (à la fois vertical et horizontal) ; en revanche lorsque le (ou les) destinataire est un État, l'effet direct est seulement vertical.

Au sein du droit européen, il existe également des actes non obligatoires cette fois.

2. Les actes non obligatoires

213. Recommandations et avis. Les actes non obligatoires sont les recommandations et les avis.

Selon la formule de l'article 288, alinéa 5, TFUE, ces actes « ne lient pas ». Il s'agit donc de simples instruments d'orientation, dépourvus normalement de valeur obligatoire mais qui peuvent éventuellement produire des effets juridiques indirects, comme la Cour de justice l'a indiqué en affirmant que les juges nationaux étaient tenus de les prendre en considération dès lors qu'ils étaient de nature à éclairer l'interprétation d'autres dispositions nationales ou européennes[191].

Les recommandations permettent aux institutions d'inciter les États à suivre une ligne de conduite déterminée et jouent en pratique un rôle non négligeable dans le rapprochement des législations nationales ; par

---

191. Voy. CJCE, 13 décembre 1989, *Grimaldi*, aff. 322/88, *Rec.*, p. 4407.

ailleurs, l'article 292 TFUE créé par le Traité de Lisbonne semble indiquer que seules trois institutions ont vocation à adopter des recommandations : le Conseil des ministres, la Commission et la BCE.

Les avis quant à eux offrent la possibilité aux institutions d'exprimer une position sur une question ou un problème déterminé ; ils peuvent être adoptés par le Conseil des ministres et surtout par la Commission européenne[192].

Il faut ajouter aux catégories d'actes européens, précédemment étudiées et explicitement mentionnées par les traités, les actes hors nomenclature qui sont nés de la pratique institutionnelle ; ces derniers ne sont pas soumis aux règles de forme et de fond applicables aux premiers.

3. Les actes hors nomenclature

214. Sous-catégories d'actes hors nomenclature. Les actes hors nomenclature peuvent être scindés en deux sous-ensembles : les « actes atypiques » et les « actes innommés ».

L'essentiel des actes atypiques est constitué par les règlements relatifs à l'organisation et au fonctionnement des institutions. Ces règlements à vocation pourtant interne ne sont pas forcément tout à fait dépourvus de force contraignante comme la Cour de justice l'a confirmé il y a quelques années en annulant une directive du Conseil qui violait son règlement intérieur.

La catégorie des actes innommés rassemble toute une série d'instruments, comme les résolutions et les programmes d'actions adoptés par le Conseil, ou les communications élaborées par la Commission. Depuis plus d'une dizaine d'années maintenant, la Commission fait un usage important de ces communications afin de présenter une réflexion sur une question déterminée (livre vert) ou de formuler des propositions pour une législation future dans tel ou tel domaine (livre blanc) : parmi les nombreuses communications publiées ces dernières années par la Commission, mentionnons par exemple un livre vert destiné à engager un débat sur les progrès à réaliser sur le futur régime d'asile européen ou un livre blanc présentant une série de mesures visant à faciliter les poursuites transfrontières en matière de sécurité routière.

Enfin, les accords interinstitutionnels[193] font également partie des actes innommés : ce sont des déclarations communes à plusieurs institutions contenant des engagements réciproques de suivre une procédure qu'elles déterminent ou de respecter certains principes de fond ; ils sont particulièrement fréquents en matière budgétaire.

---

192. Il ne faut toutefois pas confondre ces avis avec ceux que la Cour rend dans le cadre de son activité consultative, voy. *supra*, pts 136 à 137.
193. Voy. A.-M. Tournepiche, *Les accords interinstitutionnels dans l'Union européenne*, Bruxelles, Bruylant, 2011 ; C. Blumann, « Accords institutionnels », *JCl Europe*, fasc. 193, 2019.

215. Nouvelles catégories d'actes de droit dérivé. En conclusion de ces développements sur les actes de droit dérivé de l'Union, hors PESC-PESD, il convient de rappeler la catégorisation posée par le Traité de Lisbonne ; celui-ci regroupe les actes précédemment présentés dans trois catégories d'actes[194].

Les actes législatifs (art. 289 TFUE) comprennent les règlements, directives et décisions qui sont adoptés selon une procédure législative, ordinaire ou spéciale ; les actes délégués nouvellement créés (art. 290 TFUE) sont des actes non législatifs adoptés par la Commission (sous forme de règlement, directive ou décision) en vertu d'un acte législatif qui précise les modalités de la délégation et les points sur lesquels l'acte délégué peut le compléter : historiquement, le premier acte délégué a été le règlement (UE) n° 438/2010 du 19 mai 2010 concernant les conditions de police sanitaire applicables aux animaux de compagnie circulant à des fins non commerciales dans l'espace européen[195] ; enfin, les actes d'exécution (art. 291 TFUE) sont pris sous forme de règlement soit par la Commission, soit plus exceptionnellement par le Conseil.

En pratique, il n'est cependant pas toujours évident de distinguer les actes délégués des actes d'exécution : la Cour de justice a eu l'occasion d'indiquer que les actes délégués viennent *compléter* des éléments non essentiels de l'acte législatif, alors que les actes d'exécution ont pour objet de *préciser* certains éléments non essentiels de l'acte législatif[196]...

Par ailleurs, s'agissant spécialement des actes relevant de la PESC-PESD, le Traité de Lisbonne procède à une simplification.

B.   Les actes spécifiques à la PESC-PESD

216. Spécificité maintenue de la PESC. En dépit d'une louable et incontestable volonté de simplification et de cohérence de l'Union résultant du Traité de Lisbonne, le domaine de la Politique étrangère et de sécurité commune (PESC, incluant la Politique européenne de sécurité et de défense, PESD) conserve sa spécificité en raison de son extrême sensibilité pour les États membres[197].

---

194. Voy. C. BLUMANN, « À la frontière de la fonction législative et de la fonction exécutive : les "nouveaux" actes délégués », in *Mélanges J.-P. Jacqué*, Paris, Dalloz, 2010, pp. 127-144, et dossier « Les actes de l'Union », *RTDE*, 2015/1, pp. 79-93.
195. *JOUE*, L 132, 29 mai 2010.
196. Cour, 18 mars 2014, *Commission c/ PE et Conseil*, aff. C-427/12, np : comm. V. MICHEL, *Europe*, n° 191, 2014, confirmé par Cour, 16 juillet 2015, *Commission c/ Conseil*, aff. C-88/14, np : comm. V. MICHEL, *Europe*, n° 357, 2015.
197. Voy. F. TERPAN, *La politique étrangère, de sécurité et de défense de l'Union européenne*, coll. Réflexe Europe, Paris, La documentation Française, 2010.

D'abord, sur un plan purement formel, cette spécificité se retrouve dans le fait que la PESC-PESD est la seule politique figurant dans le Traité sur l'Union européenne[198], alors que toutes les autres relèvent du Traité sur le fonctionnement de l'Union européenne.

Ensuite, sur un plan décisionnel, la PESC est caractérisée par le rôle décisif joué par les institutions intergouvernementales (Conseil européen et Conseil des ministres, la Commission et le Parlement étant marginalisés), la priorité donnée à l'unanimité par rapport à la majorité qualifiée et, enfin, le contrôle quasi inexistant sur les actes adoptés en cette matière (l'une des rares exceptions visant les mesures individuelles restrictives, comme le gel d'avoirs financiers).

Finalement, sur le plan normatif, le Traité de Lisbonne fait disparaître les « positions communes », les « stratégies communes » et autres « actions communes » de l'ex-deuxième pilier, au profit des « décisions PESC » et « décisions PESD », dont on sait seulement qu'elles ne constituent pas des actes de nature législative[199]. Les « décisions PESC » regroupent des actes de nature purement déclaratoire – voir la décision de 2011 sur le soutien à la plus large participation des États à la Cour pénale internationale – mais aussi opérationnelle (opération *Atalante* menée au large de la Somalie pour lutter contre la piraterie maritime) ou coercitive (mesure d'embargo contre un pays tiers, l'Iran ou la Syrie, mais surtout contre la Russie, avec des sanctions d'une ampleur sans précédent, une quinzaine de jours seulement après l'invasion de l'Ukraine[200]).

Les dernières sources écrites de l'Union européenne sont dites conventionnelles.

§ 3. Le droit conventionnel

217. Types d'accords internationaux. Le droit conventionnel comprend, d'une part, les accords conclus par l'Union européenne avec des États tiers (ou des organisations internationales) (A) et, d'autre part, les accords conclus par les États membres, entre eux ou avec des États tiers (B).

---

198. Voy. les art. 23 à 46 TUE.
199. Selon l'article 31, § 1er, TUE.
200. Décision PESC 2022/429 du Conseil du 15 mars 2022 (*JOUE*, L 87, 15 mars 2022).

A. Les accords conclus par l'Union européenne

218. Compétence internationale de l'Union. Plusieurs dispositions des traités européens prévoient la possibilité pour l'Union d'agir sur la scène internationale en concluant des accords avec des États ou des organisations internationales : c'est notamment le cas en matière de politique commerciale, d'association, d'environnement, d'entraide judiciaire, etc.

Ces accords sont aujourd'hui fort nombreux (selon les données du Service européen d'action extérieure, 1 232 accords ont été conclus par l'Union, dont 1 042 sont actuellement en vigueur : 814 bilatéraux et 228 multilatéraux), que l'on songe simplement aux accords de l'OMC (1994) en matière commerciale ou au Protocole de Kyoto (1997) – prolongé par l'Accord de Paris de décembre 2015 – en matière environnementale pour les accords multilatéraux, à l'accord d'association avec la Turquie (dont la première version date de 1962 !) ou à l'accord de libre-échange passé avec le Canada – le fameux *Ceta* comme *Comprehensive economic trade agreeement* – de 2016[201] pour des exemples de conventions bilatérales. Quant à l'accord de commerce et de coopération conclu entre l'Union et le Royaume-Uni le 20 décembre 2020 et applicable depuis le 1er janvier 2021, il constitue un accord d'association fondé sur l'article 217 TFUE.

219. Effets et place des accords internationaux. L'article 216, § 2, TFUE précise que ces accords conclus par l'Union « lient les institutions de l'Union et les États membres ». Cette formule implique que les accords internationaux conclus par l'Union s'insèrent dès leur conclusion dans l'ordre de l'Union et en constituent ainsi des sources à part entière[202].

Par ailleurs, conclus en application des traités européens, les accords internationaux sont subordonnés au droit européen originaire (leur validité peut d'ailleurs être vérifiée *a priori* mais également *a posteriori*), mais prévalent sur le droit dérivé de l'Union, les accords entre États membres et les accords conclus par ces derniers avec des pays tiers[203].

Signalons enfin que toutes ces règles valent également pour les accords mixtes, c'est-à-dire les accords conclus conjointement par l'Union et ses États membres avec des pays tiers : c'est le cas par exemple de la Convention de Cotonou liant, depuis juin 2000 (et jusqu'en 2020), l'Union et ses États à 70 pays d'Afrique, des Caraïbes et du Pacifique (pays ACP).

---

201. Voy le dossier spécial, « L'accord économique et commercial global euro-canadien », *RAE* 2017/2, pp. 197-260 ; C. DEBLOCK, J. LEBULLENGER et S. PAQUIN, *Un nouveau pont sur l'Atlantique. L'Accord économique et commercial global entre l'Union européenne et le Canada*, Québec, Presses de l'Université du Québec, 2015.

202. Voy. CJCE, 30 avril 1974, *Haegeman*, aff. 131/73, *Rec.*, p. 459, et J. RIDEAU, « Accords internationaux », *JCl Europe*, fasc. 192, 2021.

203. Voy. P.-Y. MONJAL, « La Cour de justice et les accords externes conclus par la Communauté européenne : une intégration contrôlée dans l'ordre juridique communautaire », in *Mélanges G. Isaac*, Toulouse, Presses de l'Université des sciences sociales de Toulouse, 2004, pp. 409 et s.

B. Les accords conclus par les États membres

220. Hypothèses d'accords conclus par les États membres. Deux hypothèses doivent être distinguées selon que les États membres concluent des accords avec des États tiers ou entre eux.

221. Accords conclus par les États membres avec des États tiers. Pour définir les règles applicables à ces accords, il importe de savoir s'ils ont été conclus antérieurement ou postérieurement à l'entrée en vigueur des traités européens.

En ce qui concerne les accords conclus entre États membres et États tiers avant l'entrée en vigueur du Traité CEE, leur sort est régi par l'article 351 TFUE : celui-ci prévoit que si ces accords antérieurement souscrits par les États ne sont pas remis en cause du fait de leur engagement européen, il appartient à ceux-ci de tout mettre en œuvre pour concilier ces deux types de conventions. Ces accords antérieurs sont opposables à l'Union ; cela signifie seulement que les institutions européennes ne doivent pas entraver l'exécution par un État membre des obligations qui pèsent sur lui au titre d'un accord antérieur. L'Union n'est pas pour autant, normalement, tenue en tant que telle de respecter ces conventions[204].

Les accords conclus entre les États membres et les États tiers après l'entrée en vigueur du Traité CEE sont également opposables à l'Union dès lors qu'ils sont compatibles avec ce dernier : les accords d'adhésion en constituent une parfaite illustration. En revanche, ils lui sont inopposables lorsqu'ils interviennent dans un secteur relevant de la compétence de l'Union puisque les États membres n'ont évidemment pas le droit de porter atteinte à leurs obligations européennes en contractant avec des pays tiers.

222. Accords conclus entre États membres. Ces accords ont vocation à régir des situations qui présentent des liens étroits avec les activités de l'Union mais dans lesquelles pourtant aucune compétence n'a été confiée aux institutions européennes. Là encore, il faut établir une distinction fondée sur un critère chronologique.

S'agissant des traités conclus entre États membres antérieurement à l'entrée en vigueur du Traité CEE, le principe est qu'ils sont inopposables à l'Union lorsqu'ils sont incompatibles avec ce dernier.

La catégorie des accords conclus entre États membres et postérieurs au 1er janvier 1958 rassemble des actes disparates dont la nature juridique est à la frontière du droit international et du droit européen, et que l'on qualifie parfois de sources « complémentaires »[205]. Ces « conventions

---

204. Sauf cas particulier, tout spécialement celui du GATT au regard duquel la Cour a estimé que la CEE avait succédé à ses États membres, voy. CJCE, 12 décembre 1972, *International Fruit*, aff. 21 à 24/72, *Rec.*, p. 1219 : comm. *Les grands arrêts du droit de l'Union européenne* (dir. C. Boutayeb), *op. cit.*, pp. 218-224.
205. Voy. M. Blanquet, *Droit général de l'Union européenne*, Paris, Sirey Université, 2018, pp. 420-424.

européennes » constituent ce qu'il est convenu d'appeler le « droit international privé de l'Union » : la protection des personnes et des droits individuels ; l'élimination de la double imposition à l'intérieur de l'Union ; la reconnaissance mutuelle des sociétés ; la simplification des formalités relatives à la reconnaissance et à l'exécution des décisions de justice. Il faut y ajouter les conventions liées à l'Union « multipiliers » ayant précédé Lisbonne[206].

Ce droit complémentaire peut être présumé subordonné au droit originaire ou du moins compatible avec lui. Ce droit est également soumis au droit dérivé dès lors qu'il intervient dans un domaine relevant d'une compétence concurrente de l'Union et de ses États membres.

À l'analyse, les sources écrites du droit de l'Union apparaissent multiples et parfois difficiles à définir, précisément sur le plan juridique. Elles traduisent en tout cas la vitalité du droit de l'Union qui doit également beaucoup aux sources non écrites.

SECTION 2

LES SOURCES NON ÉCRITES DU DROIT DE L'UNION EUROPÉENNE

223. Dualité des sources non écrites du droit de l'Union. Au sein des sources non écrites du droit de l'Union, l'on évoquera de manière classique la jurisprudence (§ 1) et les principes généraux du droit (§ 2), la coutume n'y ayant aucune place[207].

§ 1. La jurisprudence

224. Importance de la jurisprudence. Depuis les écrits de l'Autrichien Hans Kelsen au début du XXe siècle, on sait que toute œuvre d'interprétation d'une règle de droit est en même temps création de droit. Ainsi, plus que dans tout autre système juridique, le juge européen a participé à l'essor et à l'affermissement de l'ordre juridique des Communautés puis de l'Union européennes.

En effet, dès les premières années, la Cour de justice, loin de se cantonner à une interprétation purement littérale des dispositions des traités, a fait preuve d'audace en posant des principes essentiels (l'effet direct et la primauté tout particulièrement) qui représentent encore aujourd'hui le socle du droit de l'Union européenne. Au point que certains auteurs

---

206. *Ibid.*
207. Voy. J. Rideau, « Ordre juridique de l'Union. Sources non écrites », *JCl Europe*, fasc. 191, 2014.

n'ont pas hésité à affirmer que la Cour avait alors procédé à un véritable « coup d'État... de droit ! ». Par la suite, sa jurisprudence a acquis une « valeur normative », faisant des juges de Luxembourg, qui détiennent le monopole de l'interprétation du droit, un acteur décisif de la dynamique européenne.

Si, formellement, la jurisprudence n'est pas une source du droit de l'Union, matériellement, elle en est une et imprègne à ce titre l'ensemble du système normatif européen.

225. Illustrations de l'apport jurisprudentiel. Avec la consécration de compétences externes implicites en faveur des Communautés, la lente émergence de droits fondamentaux empruntés à la Convention européenne des droits de l'homme (CEDH) – bien avant la consécration de l'actuelle Charte des droits fondamentaux de l'Union européenne – ou encore la reconnaissance d'un droit de saisine de la Cour contre les actes du Parlement créateurs de droit (« légitimation passive »), puis en faveur du Parlement européen contre les actes du Conseil ou de la Commission (« légitimation active ») dans les années 1980 alors que les traités n'en disaient rien, la Cour a assuré l'adaptation constante du droit européen à l'évolution du processus d'intégration engagé par les États membres.

226. Méthodes d'interprétation du juge de l'Union. Le rôle créateur de droit de la Cour de justice – ce que certains qualifient parfois « d'activisme judiciaire » – s'explique, en grande partie, par l'utilisation combinée de deux méthodes d'interprétation visant à donner une portée maximale aux règles européennes[208]. La première méthode d'interprétation utilisée par la Cour est la méthode systémique ; elle consiste à envisager une disposition dans le cadre de ses rapports avec d'autres dispositions et en tenant compte de sa place et de sa fonction au sein de la réglementation d'une matière, voire même dans le cadre de l'ensemble du traité pertinent : ainsi, l'article 25 TCE (actuel article 30 TFUE) a-t-il été envisagé « [...] eu égard à l'économie du Traité en matière de droit de douane et de taxes d'effet équivalent ».

La Cour fait conjointement appel à la méthode téléologique (ou finaliste) qui lui permet d'examiner une disposition en fonction des objectifs et des finalités poursuivis par les traités.

En définitive, en privilégiant le recours à ces deux méthodes d'interprétation pour le droit primaire comme pour le droit dérivé, la Cour de justice s'attache à démontrer systématiquement la cohérence du système juridique européen, justifiant ainsi par avance l'efficacité qu'elle confère aux éléments qui le composent. Tel est le sens de la formule, désormais classique, utilisée par la Cour dès 1982, selon laquelle : « Chaque disposition

---

208. Voy. J. Mertens de Wilmars, « Réflexions sur les méthodes d'interprétation de la Cour de justice des Communautés européennes », *CDE*, 1986, pp. 6-20 ; K. Lenaerts et A. Guttierrez-Fons, *Les méthodes d'interprétation de la Cour de justice de l'Union européenne*, Bruxelles, Bruylant, 2020.

du droit communautaire (européen) doit être replacée dans son contexte et interprétée à la lumière de l'ensemble des dispositions de ce droit, de ses finalités et de l'état de son évolution, à la date à laquelle l'application de la disposition en cause doit être faite »[209].

227. Spécificité du projet européen. Au-delà des techniques d'interprétation utilisées, le juge n'oublie pas de souligner, quasi systématiquement et que ce soit de manière explicite ou implicite, l'originalité du projet européen afin de repousser toujours un peu plus la limite que constitue traditionnellement pour tout juge interétatique la souveraineté des États. Et la patience de certains États atteint ses limites lorsque l'on aborde la question des principes généraux du droit européen, avec le spectre d'un « gouvernement des juges »…

§ 2. Les principes généraux du droit européen

228. Définition des principes généraux du droit. Les principes généraux du droit peuvent être définis comme des normes supérieures, à caractère général, constituant une source non écrite du droit, qui sont énoncées par le juge dans le cadre de son pouvoir prétorien et dont il se réserve le droit de préciser ensuite au cas par cas le contenu exact. Comme les juges nationaux ou internationaux, le juge européen « découvre » régulièrement des principes généraux du droit[210].

Après avoir étudié l'origine des principes généraux du droit européen (A), nous analyserons leur autorité juridique (B).

A.   L'origine des principes généraux du droit européen

229. Sources d'inspiration des principes généraux du droit. La Cour et les tribunaux de l'Union piochent les principes qu'ils choisissent de consacrer, soit dans le droit international (1), soit dans le droit interne des États membres (2) soit enfin dans les « *fonds propres* » de l'Union (3).

1.   *L'origine internationale*

230. Juge de l'Union et principes internationaux. L'Union européenne étant un sujet du droit international, elle se doit de respecter le droit international et peut parallèlement se prévaloir de principes issus de ce droit.

---

209. CJCE, 6 octobre 1982, *Cilfit*, aff. C-283/81, *Rec.*, p. 3415.
210. Voy. J. MOLINIER, « Principes généraux », *Rép. eur. Dalloz*, 2011. Voy. « Les principes généraux du droit de l'Union européenne », *CDE*, 2016, n° 1.

La Cour de justice a notamment emprunté les principes suivants : le principe selon lequel un État ne peut refuser l'accès à son territoire à ses nationaux, le principe de territorialité, ou encore le célèbre principe *Pacta sunt servanda* qui signifie que les traités sont obligatoires pour les parties. Plus tard, la Cour a consacré le principe coutumier du changement de circonstances de nature à entraîner la suspension ou la caducité d'un traité[211].

La Cour a également abondamment puisé dans les divers textes internationaux relatifs à la protection des droits de l'homme, tels que le Pacte des Nations Unies sur les droits civils et politiques, les diverses Conventions de l'OIT et surtout la Convention européenne des droits de l'homme (CEDH) du 4 novembre 1950 à partir de l'arrêt *Nold*[212]. La Cour a en effet consacré de nombreux principes figurant dans ce dernier texte, parmi lesquels le principe d'égalité, la liberté de religion, la liberté d'expression et d'information, la liberté d'association et les droits syndicaux, le droit de propriété, le droit à la protection de la vie privée, le droit au juge, le principe du respect des droits de la défense...

La Cour n'accepte pas pour autant tous les principes issus du droit international : elle se réserve la possibilité d'écarter ceux qu'elle n'estimerait pas compatibles avec les caractéristiques propres de l'ordre juridique européen de manière à préserver la cohérence du système juridique de l'Union. Elle a notamment procédé ainsi à l'égard du principe d'exception d'inexécution : le système de l'Union, contrairement aux règles internationales applicables en droit des traités, ne saurait admettre que l'inexécution par un État membre de ses obligations européennes dispense les autres États de leurs propres obligations[213].

2. *L'origine nationale*

231. Juge de l'Union et principes nationaux. Le juge de l'Union s'est également largement inspiré du droit interne des États pour consacrer des principes à l'échelon de l'Union : citons par exemple les principes d'égalité devant la réglementation économique (qui n'est pas sans rappeler le principe d'égalité devant la loi) ou de continuité des structures juridiques (qui est l'équivalent européen du principe de continuité des services publics). Il est possible de mentionner également le « principe de précaution », inscrit d'abord en droit allemand et repris dans d'autres cadres nationaux (en droit français par exemple avec la loi Barnier du 2 février 1995) avant d'être consacré par le Tribunal en 2002 et 2003[214].

---

211. Voy. CJCE, 16 juin 1998, *Racke*, aff. C-162/96, *Rec.*, p. I-3655.

212. Voy. CJCE, 14 mai 1974, *Nold*, aff. 4/73, *Rec.*, p. 508 : comm. *Les grands arrêts du droit de l'Union européenne* (dir. C. Boutayeb), *op. cit.*, pp. 164-175.

213. Voy. CJCE, 2 juin 2005, *Commission c/ Luxembourg*, aff. C-266/03, *Rec.*, p. I-4805.

214. Voy. TPICE, 26 novembre 2002, *Artegodan*, aff. T-74/00, *Rec.*, p. II-4945 et 28 janvier 2003, *Laboratoires Servier*, aff. T-147/00, *Rec.*, p. II-85. Plus largement, voy. A. Donati, *Le principe de précaution en droit de l'Union européenne*, Bruxelles, Bruylant, 2021.

Là encore, la démarche du juge n'est pas purement mécanique puisqu'il ne retient que des principes strictement communs à l'ensemble des ordres juridiques nationaux et compatibles avec la structure et les objectifs de l'Union européenne.

On ajoutera à cette catégorie les principes visés par l'article 340, alinéa 2, TFUE qui dispose qu'en matière de responsabilité extracontractuelle, l'Union doit réparer, conformément aux principes généraux communs aux droits des États membres, les dommages causés par ses institutions ou par ses agents dans l'exercice de leurs fonctions[215].

3.   L'origine européenne

232. Juge de l'Union et « fonds propres » de l'Union. Enfin, la Cour a dégagé des principes généraux du droit européen à partir des « fonds propres » de l'Union, c'est-à-dire fondés sur les bases constitutionnelles, économiques et politiques de l'intégration européenne[216]. Il s'agit notamment des principes de sécurité juridique, d'équilibre institutionnel (en faveur du Parlement européen et justifiant la « légitimation active »), de libre circulation, de libre concurrence, de non-discrimination, etc. À l'inverse, la Cour a refusé le statut de principe général du droit européen au principe de cohésion économique et sociale.

En définitive, les principes généraux du droit européen sont multiples et s'ordonnent autour de différents thèmes parmi lesquels celui des droits fondamentaux est assurément le plus important, juridiquement comme politiquement.

233. Principes généraux du droit et droits fondamentaux. Pendant longtemps, la consécration des droits fondamentaux s'est effectuée *via* les principes généraux du droit ; sous la pression d'un certain nombre de juges constitutionnels (notamment allemands), le juge communautaire a régulièrement enrichi ce catalogue de principes non écrits – notamment, nous l'avons dit, en puisant dans la CEDH et la jurisprudence évolutive de la Cour chargée de faire appliquer cette convention –, mais cette démarche a fini par atteindre ses limites. De sorte qu'il a été décidé, lors du Sommet européen de Cologne de juin 2009, de confier l'écriture d'une charte des droits à une Convention spécialement mise en place à cet effet afin de rendre plus visibles pour les citoyens européens les droits existants, mais aussi de leur donner une expression plus adaptée à l'évolution de la société[217]. À l'issue d'un peu plus d'une année de travail, cette Convention a présenté la

---

215. Voy. J. Lotarski, *Droit du contentieux de l'Union européenne*, coll. Systèmes, Paris, LGDJ, 2014, pp. 175-185.

216. Selon l'expression de D. Simon, *Le système juridique communautaire*, Paris, PUF, 2001.

217. Voy. G. Braibant, *La Charte des droits fondamentaux de l'Union européenne. Témoignages et commentaires*, Paris, Seuil, 2001.

Charte des droits fondamentaux de l'Union européenne aux représentants des États membres en ouverture du Sommet de Nice[218] ; bien que sa valeur fût seulement politique, le Tribunal n'a pas hésité à s'y référer à plusieurs reprises, la Cour de justice se montrant elle beaucoup plus prudente[219].

234. Valeur juridique de la Charte. Comme cela a déjà été dit[220], cette Charte a accédé au rang de norme de droit primaire avec le Traité de Lisbonne puisque l'article 6, § 1, TUE actuel précise *in fine* qu'elle « [...] a la même valeur que les traités » ; cette même disposition comporte un paragraphe 3 affirmant que l'Union respecte « les droits fondamentaux tels qu'ils sont garantis par la Convention européenne de sauvegarde des droits de l'homme et des libertés fondamentales et tels qu'ils résultent des traditions constitutionnelles communes aux États membres en tant que principes généraux du droit »[221].

235. Interprétation de la Charte. Au filtre de cet instrument juridique, le juge de l'Union peut désormais contrôler le respect des droits fondamentaux par les actes de l'Union, d'une part, et par les actes des États membres dès lors qu'ils mettent en œuvre la législation de l'Union, d'autre part[222]. Dans deux affaires de 2013 rendues le même jour[223], la Cour de justice a d'ailleurs livré d'intéressants enseignements sur l'articulation des systèmes de protection des droits fondamentaux dans l'Union, notamment en retenant une acception large du champ d'application de la Charte, en affirmant que l'application de celle-ci n'était pas exclusive de celle des instruments pertinents de droit interne, et enfin en consacrant l'idée d'une certaine autonomie de la Charte par rapport à la CEDH[224]. Depuis lors, elle apporte régulièrement des précisions utiles : notamment quant au champ d'application de la Charte[225] et à la notion de mise en œuvre de celle-ci dans le champ du droit de l'Union[226].

Précisons enfin qu'avec le rejet de l'adhésion de l'Union à la CEDH (avis n° 2/13), la protection des droits fondamentaux en Europe restera duale, au moins formellement[227]...

---

218. L. Burgorgue-Larsen, « La Charte des droits fondamentaux de l'Union européenne expliquée aux citoyens européens », *RAE*, 2000, pp. 398-409.

219. Voy. CJCE, 9 octobre 2001, *Pays-Bas c/ Conseil*, aff. C-377/98, *Rec.*, p. I-7079.

220. Voy. *supra*, pt 198.

221. Voy. J. Ziller, « La constitutionnalisation de la Charte des droits fondamentaux et les traditions constitutionnelles communes aux États », in *Mélanges J. Molinier*, Paris, LGDJ, 2012, pp. 665-679.

222. Voy. F. Picod, C. Rizcallah et S. Van Drooghenbroeck (dir.), *La Charte des droits fondamentaux. Commentaire article par article*, 3e éd., Bruxelles, Bruylant, 2022.

223. Voy. Cour, 26 février 2013, *Melloni*, aff. C-399/11 et *Akerberg Fransson*, aff. C-617/10, np.

224. Voy. D. Ritleng, « De l'articulation des systèmes de protection des droits fondamentaux dans l'Union. Les enseignements des arrêts *Akerberg Fransson* et *Melloni* », *RTDE*, n° 2, 2013, pp. 267-292.

225. Cour, 5 février 2015, *Nisttahuz Poclava*, aff. C-117/14, np : comm. A. Rigaux, *Europe*, n° 135, 2015.

226. Cour, 6 mars 2014, *Crucinao Siragusa c/ Regione Sicilia*, aff. C-206/13, np : comm. F. Gazin, *Europe*, n° 190, 2014. Plus largement, voy. M. Safjan, D. Düsterhaus et A. Guérin, « La Charte des droits fondamentaux de l'Union européenne et les ordres juridiques nationaux, de la mise en œuvre à la balance », *RTDE* 2/2016, pp. 219-247.

227. Voy. R. Tinière et C. Vial (dir.), *La protection des droits fondamentaux dans l'Union européenne, entre évolution et permanence*, Bruxelles, Bruylant, 2015. P. Guilliaux, « CJUE et Cour EDH : « Pourquoi la guerre aurait-elle lieu ? » », *CDE* 2016, n° 3, pp. 839-879.

Il reste maintenant à connaître la valeur juridique des principes généraux de droit au regard des autres sources du droit de l'Union européenne pour apprécier leur véritable portée.

B. L'autorité juridique des principes généraux du droit européen

236. Place des principes généraux du droit dans la hiérarchie des normes européennes. Les principes généraux du droit font naturellement partie de la légalité de l'Union dont les juridictions européennes assurent le respect ; plus précisément, ils s'imposent à la fois aux institutions européennes lorsqu'elles élaborent et appliquent du droit dérivé et aux États membres dès lors qu'ils agissent dans le champ du droit de l'Union. Ces principes sont, selon les auteurs, au même niveau ou immédiatement inférieurs au droit européen originaire ; en tout état de cause, les principes généraux ont une valeur juridique supérieure au droit dérivé de l'Union et aux accords externes.

237. Situation actuelle de la hiérarchie des normes européennes. En définitive, l'actuelle pyramide des normes européennes peut être résumée par la présentation suivante : au sommet se trouve le droit originaire ; au même niveau, ou juste en dessous, viennent les principes généraux du droit dégagés par le juge ; les accords conclus par l'Union avec des États tiers ou des organisations internationales constituent le niveau inférieur ; enfin, le droit dérivé occupe la dernière strate de l'édifice[228].

Ce rappel schématique de la hiérarchie des normes européennes illustre, une fois encore, l'originalité du « bâti » de l'Union qui reste cependant sous divers aspects difficile à comprendre pour le simple citoyen européen et pas forcément adaptée à la nature et au volume de la production normative actuelle de l'Union. À cet égard, il est clair que les instruments juridiques de l'Union ont singulièrement évolué ces dernières années, au point de faire émerger des formes d'intervention nouvelles (méthode ouverte de coordination, technique de régulation, responsabilité sociale des entreprises…), induisant une véritable remise en cause de la méthode européenne au profit d'un droit globalement plus souple et plus respectueux des intérêts des parties prenantes[229].

238 et 239. *Réservés.*

---

228. Voy. P.-Y. Monjal, *Recherches sur la hiérarchie des normes communautaires*, Paris, LGDJ, 2000.
229. A. van Waeynenberge, *Nouveaux instruments juridiques de l'Union européenne. Évolution de la méthode communautaire*, Bruxelles, Larcier, 2015 ; B. Bertrand (dir.), *Les nouveaux modes de production du droit de l'Union européenne. La dialectique entre le droit institutionnel et le droit matériel*, Rennes, Presses universitaires de Rennes, 2018.

Chapitre II

Les effets du droit de l'Union européenne

240. Rapports généraux entre le droit de l'Union et les droits nationaux. « Instrument de l'intérêt commun des peuples et des États de la Communauté (Union), le droit issu des sources communautaires (européennes) n'est pas un droit étranger, ni même un droit extérieur : il est le droit propre de chacun des États membres, applicable sur son territoire tout autant que son droit national, avec cette qualité supplémentaire qu'il couronne la hiérarchie des textes normatifs de chacun d'entre eux[230]. » Cette formule du professeur Isaac synthétise de manière remarquable la problématique des rapports entre le droit européen et les droits nationaux. En effet, par sa nature même, le droit européen s'insère dans l'ordre juridique interne des États d'une façon originale lui permettant de disposer d'une effectivité maximale.

241. Principes de l'articulation entre le droit de l'Union et les droits nationaux. À partir de deux arrêts fondateurs du droit communautaire[231], trois grands principes commandent l'articulation du droit de l'Union et des droits nationaux, constituant autant de « clés de voûte » de leurs rapports.

Le premier principe est celui de l'applicabilité immédiate du droit européen (section 1) : il signifie que les règles de l'Union intègrent automatiquement l'ordre interne des États sans qu'il soit nécessaire de les reprendre dans des normes nationales.

Le deuxième principe est celui de l'effet direct du droit européen (section 2) : le droit de l'Union crée par lui-même des droits et des obligations dans le patrimoine juridique des particuliers.

Enfin, le troisième principe cardinal est celui de la primauté du droit européen sur le droit national (section 3), qui implique que l'on fasse prévaloir les dispositions européennes sur les règles nationales en cas de conflit.

SECTION 1

L'APPLICABILITÉ IMMÉDIATE DU DROIT DE L'UNION EUROPÉENNE

242. Aspects de l'applicabilité immédiate. La signification de l'applicabilité immédiate (ou directe) du droit européen ne peut être clairement comprise qu'à travers la présentation de sa définition d'abord (§ 1) et l'analyse de ses conséquences ensuite (§ 2).

---

230. G. Isaac et M. Blanquet, *Droit général de l'Union européenne*, Paris, Sirey Université, 2012, p. 367.
231. Voy. R. Lecourt, « Quel eût été le droit des Communautés sans les arrêts de 1963 et 1964 ? », in *Mélanges J. Boulouis*, Paris, Dalloz, 1991, pp. 359 et s.

§ 1. La définition de l'applicabilité immédiate

243. Situation en droit international. L'article 26 de la Convention de Vienne de 1969 sur le droit des traités oblige les États à respecter les traités qu'ils ont conclus, notamment par l'intermédiaire de leurs organes exécutifs, législatifs et juridictionnels. Mais le droit international ne règle pas les conditions dans lesquelles les traités intégreront l'ordre juridique interne des États ; c'est chaque État qui règle celles-ci en fonction de ses propres règles constitutionnelles. Deux conceptions des rapports entre droit interne et droit international ont inspiré les solutions juridiques retenues par les États.

La première thèse est la conception dualiste défendue par différents juristes, italiens et allemands notamment, au début du XXe siècle. Cette conception qui a longtemps prévalu considère que l'ordre juridique international et les ordres juridiques internes sont des systèmes indépendants, qui coexistent l'un à côté de l'autre : il y a donc une dualité de l'ordonnancement juridique. Dès lors, un traité international ne pourra produire ses effets dans l'ordre juridique interne de l'État que s'il a été « réceptionné » par une norme interne, autrement dit qu'il a été « nationalisé ». La norme internationale subit donc une transformation juridique et n'est appliquée qu'en qualité de règle de droit interne qu'elle est devenue, et non en tant que règle de droit international qu'elle était à l'origine.

La seconde conception est la théorie moniste qui, contrairement à la précédente, est fondée sur l'unité de l'ordonnancement juridique. La norme internationale s'applique ici immédiatement, en tant que telle, c'est-à-dire sans réception, ni transformation dans l'ordre interne des États parties au traité. C'est cette solution qui a été retenue par la France à l'article 55 de la Constitution de 1958 qui dispose que les traités et accords régulièrement ratifiés ou approuvés, ont, dès leur publication, une autorité supérieure à celle des lois, sous réserve de réciprocité.

Laquelle de ces deux conceptions a prévalu s'agissant non plus du droit international mais du droit communautaire, aujourd'hui droit de l'Union européenne ?

244. Consécration de la thèse moniste par la Cour. La Cour n'a pas voulu laisser aux États membres le choix des modalités d'articulation entre le droit communautaire et leurs propres règles. Dès 1964, dans son célèbre arrêt *Costa c/ ENEL*, elle a en effet consacré la thèse moniste et imposé son respect à l'ensemble des États membres[232].

245. Raisonnement de la Cour. Elle a considéré que cette conception était la seule qui pouvait être retenue au regard de la nature même des Communautés en déclarant « à la différence des traités internationaux

---

232. Voy. B. DE WITTE, « Retour à Costa », *RTDE*, 1984, pp. 425 et s. ; D. BLANC, « L'arrêt Costa appréhendé par la doctrine contemporaine », *RDUE*, 2017, pp. 121-137.

ordinaires, le Traité de la CEE a institué un ordre juridique propre intégré au système juridique des États membres lors de l'entrée en vigueur du Traité et qui s'impose à leurs juridictions ». Elle a poursuivi de la manière suivante : « En instituant une Communauté d'une durée illimitée, dotée d'attributions propres, de la personnalité, de la capacité juridique [...] et plus précisément de pouvoirs réels issus d'une limitation de compétences ou d'un transfert de compétences des États à la Communauté, ceux-ci ont limité, bien que dans des domaines restreints, leurs droits souverains et créé ainsi un corps de droit applicable à leurs ressortissants et à eux-mêmes »[233].

Dès lors, si les États sont libres de conserver leur approche dualiste au regard du droit international, ce raisonnement ne peut être retenu s'agissant des relations entre le droit communautaire et les droits nationaux ; la formule selon laquelle le droit communautaire « fait partie intégrante [...] de l'ordre juridique applicable sur le territoire de chacun des États membres » est claire à cet égard[234].

246. Applicabilité immédiate : un principe général. L'ensemble des sources de droit de l'Union européenne sont donc d'applicabilité immédiate : traités, principes généraux, accords externes et droit dérivé s'intègrent de plein droit en qualité de normes de droit de l'Union dans l'ordre juridique des États. Au-delà de son principe, l'application de cette règle n'a pas été facile à imposer aux pays de tradition dualiste comme le Royaume-Uni, le Danemark ou encore l'Italie ; ainsi, la Cour constitutionnelle italienne ne s'est définitivement ralliée à la position européenne qu'en 1973[235].

§ 2. Les conséquences de l'applicabilité immédiate

247. Conséquences dans l'ordre juridique national. La reconnaissance de l'applicabilité immédiate du droit de l'Union européenne dans l'ordre interne des États emporte concrètement deux conséquences.

La première conséquence réside dans le fait qu'aucune mesure nationale de réception n'est nécessaire pour l'application des règles européennes dans l'ordre juridique des États ; plus encore, de telles mesures sont rigoureusement interdites. Le juge européen a ainsi condamné la pratique italienne consistant à faire figurer dans des lois d'exécution des dispositions reproduisant plus ou moins textuellement les règlements européens à mettre en œuvre[236]. Seuls les actes nationaux de pure exécution du droit européen sont autorisés, comme les mesures de transposition pour les directives.

---

233. CJCE, 15 juillet 1964, *Costa c/ ENEL*, aff. 6/64, *Rec.*, p. 1141.
234. CJCE, 9 mars 1978, *Simmenthal*, aff. 106/77, *Rec.*, p. 629 : comm. *Les grands arrêts du droit de l'Union européenne* (dir. C. Boutayeb), *op. cit.*, pp. 354-359.
235. Cons. const. ital., 27 décembre 1973, *Frontini*.
236. Voy. CJCE, 10 octobre 1973, *Variola*, aff. 34/73, *Rec.*, p. 981.

La seconde conséquence prend la forme d'une obligation pour le juge national d'appliquer les règles de l'Union en tant que telles, même dans le cas où des mesures nationales de réception auraient été adoptées s'agissant des pays à tradition dualiste.

Non seulement le droit de l'Union s'applique de manière immédiate dans l'ordre juridique des États, mais il possède également une aptitude à y créer des droits et obligations dans le patrimoine juridique des particuliers : c'est ce que l'on appelle « l'effet direct ».

L'EFFET DIRECT DU DROIT DE L'UNION EUROPÉENNE

248. Définition de l'effet direct. Selon la définition de Robert Lecourt (président de la Cour de justice de 1967 à 1976), l'effet direct (*self-executing* pour les Anglo-Saxons) « c'est le droit pour toute personne de demander à son juge de lui appliquer les règles de droit communautaire, et c'est l'obligation pour le juge de faire usage de ces textes quelle que soit la législation du pays dont il relève »[237]. En définitive reconnaître l'effet direct n'est rien d'autre que garantir le statut juridique du citoyen au sein du système européen...

Après avoir étudié le principe de l'effet direct (§ 1), nous envisagerons la question de l'effet direct des différentes sources européennes (§ 2)[238].

§ 1. Le principe de l'effet direct

249. Aspects de l'effet direct. Une fois la notion d'effet direct définie (A), il conviendra d'étudier les critères de cet effet direct (B).

A. La définition de l'effet direct

250. Situation en droit international. En toute logique, les traités internationaux ont pour destinataires directs les États et non leurs ressortissants. En conséquence, ils ne peuvent pas, normalement, se voir reconnaître un effet direct, c'est-à-dire créer des droits et obligations dans le patrimoine juridique des particuliers. Toutefois, dans son avis du 3 mars 1928 sur

---

237. R. Lecourt, *L'Europe des juges*, Bruxelles, Bruylant, 1976, p. 248.
238. Voy. L.-J. Constantinesco, *L'applicabilité directe dans le droit de la CEE*, Bruxelles, Bruylant, 2006 ; R. Mehdi, « Ordre juridique de l'Union européenne. Effet direct », *JCl Europe*, fasc. 195, 2018.

la compétence des tribunaux de Dantzig, la Cour permanente de justice internationale (CPJI, ancêtre de l'actuelle Cour internationale de justice – CIJ) a admis qu'un traité puisse produire un effet direct dès lors que telle était précisément l'intention des parties.

En pratique, ce n'est donc qu'exceptionnellement que les traités internationaux disposent d'un effet direct, la règle générale étant qu'ils n'en aient pas.

251. Situation en droit de l'Union. La situation est inverse pour le droit de l'Union européenne : ce qui était l'exception pour les traités internationaux tend à devenir la règle. La Cour de justice considère en effet qu'il existe, dans le système des traités européens, une présomption en faveur de l'effet direct.

252. Consécration de l'effet direct par la Cour. Dans son arrêt *Van Gend en Loos* de 1963, consultée à propos de l'introduction de nouveaux droits de douane, autrement dit d'une question intéressant essentiellement les États, la Cour rompt avec la solution traditionnelle du droit international en reconnaissant un effet direct aux traités communautaires ; cette « révolution politico-judiciaire »[239] mérite des précisions.

253. Raisonnement de la Cour. La Cour s'appuie sur la spécificité de l'ordre juridique communautaire : selon elle, la finalité d'intégration du projet communautaire postule l'effet direct. Elle affirme ainsi : « L'objectif du Traité CEE [...] est d'instaurer un marché commun dont le fonctionnement concerne directement les justiciables de la Communauté. » Elle poursuit en précisant que « la Communauté constitue un nouvel ordre juridique [...] dont les sujets sont non seulement les États mais leurs ressortissants. » Enfin, elle conclut par le principe suivant : « Le droit communautaire, indépendant de la législation des États membres, de même qu'il crée des charges dans le chef des particuliers, est aussi destiné à engendrer des droits qui entrent dans leur patrimoine juridique »[240].

La Cour reconnaît là au droit communautaire un effet direct de principe, celui-ci ayant vocation à compléter le patrimoine juridique des particuliers et le juge national ayant l'obligation de garantir les droits dont ces derniers bénéficient au titre du droit communautaire. Le principe posé, il restait toutefois à connaître les critères de cet effet direct.

---

239. Selon l'expression d'A. VAUCHEZ, *L'Union par le droit. L'invention d'un programme institutionnel pour l'Europe*, Paris, Presses de Sciences Po, 2013, pp. 181-223.
240. CJCE, 5 février 1963, *Van Gend en Loos*, aff. 26/62, *Rec.*, p. 1.

B. Les critères de l'effet direct

254. Critères dégagés par le juge de l'Union. Bien que l'ensemble du droit de l'Union (hors PESC) puisse potentiellement se voir reconnaître un effet direct, encore faut-il que la règle européenne en cause remplisse un certain nombre de conditions techniques lui permettant d'engendrer des droits et obligations au profit des justiciables et d'être appliquée par les juridictions nationales.

Le critère déterminant retenu par le juge européen afin d'accorder ou d'écarter l'effet direct d'une norme de droit européen est un critère matériel, tenant à la substance de la disposition examinée. Plus précisément, il s'agit de reconnaître l'effet direct aux dispositions « [...] qui apparaissent comme étant, du point de vue de leur contenu, inconditionnelles et suffisamment précises »[241].

L'élément décisif est clairement l'inconditionnalité qui signifie que l'application de la disposition en cause ne doit être subordonnée à aucune mesure ultérieure comportant un pouvoir discrétionnaire, soit des institutions européennes, soit des États membres, soit enfin des unes et des autres. En pratique, la Cour a fait prévaloir une conception large de l'inconditionnalité très favorable à la reconnaissance de l'effet direct des dispositions européennes.

En définitive, les critères d'inconditionnalité et de précision se réduisent à une exigence d'ordre fonctionnel : une règle européenne est d'effet direct pour autant que ses caractéristiques lui permettent d'être applicable sur le plan judiciaire[242].

Cependant, le principe de l'effet direct du droit européen n'a pas une portée générale : il ne vaut pas pour toutes les dispositions du droit de l'Union ; en outre, l'intensité de cet effet varie d'une norme européenne à l'autre, puisqu'il sera, selon les cas, complet ou limité.

§ 2. L'effet direct des différentes sources du droit de l'Union européenne

255. Diversité des situations selon les sources. Le bénéfice de l'effet direct n'est pas accordé par la Cour dans les mêmes conditions à toutes les sources du droit de l'Union.

Dès lors, il convient de préciser l'intensité de cet effet pour les dispositions du droit originaire (A), du droit dérivé (B) et du droit conventionnel (C).

---

241. Formule inaugurée par l'arrêt *Ratti* : CJCE, 5 avril 1979, *Ministère public c/ Ratti*, aff. 148/78, *Rec.*, p. 1629.
242. Voy. M. BLANQUET, *Droit général de l'Union européenne*, Paris, Sirey Université, 2018, p. 561.

A. L'effet direct du droit originaire

256. Diversité des situations selon les dispositions. Pour avoir un effet direct, on le rappelle, les dispositions des traités européens doivent être claires, inconditionnelles et juridiquement parfaites. Tel n'est pas le cas, loin s'en faut, de l'ensemble des dispositions du droit originaire selon la Cour de justice. L'analyse de sa jurisprudence permet de distinguer trois catégories de dispositions.

La première catégorie réunit les dispositions à effet direct complet (ou intégral) : celles-ci confèrent des droits que les particuliers peuvent invoquer non seulement à l'encontre des États membres (effet direct vertical), mais également à l'encontre d'autres particuliers (effet direct horizontal). Il en est notamment ainsi des articles 34 TFUE interdisant les restrictions quantitatives à l'importation et les mesures d'effet équivalent, 45 TFUE concernant la libre circulation des travailleurs et impliquant l'abolition de toute discrimination fondée sur la nationalité, 49 TFUE se rapportant à la liberté d'établissement, 101, alinéa 1er, et 102 TFUE interdisant les ententes et les abus de position dominante...

La deuxième catégorie rassemble les dispositions à effet direct limité, c'est-à-dire celles qui ne bénéficient que d'un effet direct vertical : il s'agit de dispositions contenant des interdictions, comme les articles 28 et 30 TFUE prohibant les droits de douane et taxes d'effet équivalent dans les échanges entre États membres ; cela vise également des dispositions prévoyant des obligations de faire, comme celle prévue à l'article 37 TFUE s'agissant de l'aménagement des monopoles à caractère commercial.

Enfin, la troisième catégorie regroupe les dispositions dépourvues de tout effet direct. Au sein d'une liste non négligeable, citons par exemple l'article 3 TUE qui fixe les objectifs de l'Union, ou encore les articles 107 et 108 TFUE en matière d'aides d'État dont la mise en œuvre réserve à la Commission européenne un pouvoir d'appréciation important. D'une manière générale, les articles des traités européens qui se voient refuser le bénéfice de l'effet direct sont des dispositions de nature institutionnelle ou qui laissent aux États membres ou aux institutions une marge d'appréciation qui fait écran entre la règle du traité et les particuliers.

B. L'effet direct du droit dérivé

257. Diversité des situations selon les actes. Au sein du droit européen dérivé, la question de l'effet direct se pose dans des termes différents selon que l'on évoque les règlements, les décisions ou les directives.

258. Règlements européens. S'agissant des règlements européens, leur effet direct n'a jamais été contesté : ce sont en effet les seuls actes de droit dérivé auxquels le Traité de Rome reconnaissait explicitement un effet direct (ou plutôt une « applicabilité directe » selon l'expression de l'ancien Traité CE) dans son article 249 TCE devenu 288 TFUE. C'est donc tout logiquement que la Cour a affirmé dans une formule désormais classique que le règlement, en raison de sa nature même et de sa fonction dans le système des sources communautaires (européennes), était « [...] comme tel, de nature à conférer aux particuliers des droits que les juridictions nationales ont l'obligation de protéger »[243] ; plus précisément, la portée générale du règlement lui confère un effet direct complet, à la fois vertical et horizontal.

259. Décisions européennes. En ce qui concerne l'effet direct des décisions, il faut distinguer selon le destinataire.

Si la décision est adressée à des particuliers (personnes privées ou morales) – par exemple en matière de concurrence –, elle crée bien évidemment des droits et des obligations au profit de ses destinataires mais également des tiers. Ainsi, une entreprise victime d'une entente conclue par des concurrents, malgré l'interdiction qui leur a été pourtant adressée sous forme de décision par la Commission européenne, pourra invoquer cette décision devant son juge national. Comme les règlements, les décisions adressées à des particuliers possèdent donc un effet direct complet.

Dans l'hypothèse où la décision est adressée à un ou plusieurs États membres – *a fortiori* si la décision a un caractère général[244] –, celle-ci disposera d'un effet direct mais seulement vertical permettant simplement aux justiciables de l'invoquer à l'encontre des États membres.

260. Directive européenne. La majeure partie de la doctrine a considéré pendant longtemps que la nature même de la directive, acte de législation indirecte, excluait la reconnaissance d'un quelconque effet direct à son profit. Dans son arrêt *Van Duyn*, la Cour de justice a pourtant réfuté cette approche ; elle a en effet estimé que la sanction de l'obligation de transposition des directives en droit national ne pouvait être utilement assurée par le seul jeu du recours en constatation de manquement – par une action de la Commission (ou théoriquement d'un État contre l'État fautif) – mais devait également être rendue effective grâce à la vigilance des particuliers[245].

L'effet direct des directives devant les juridictions nationales est donc principalement justifié par le souci de renforcer leur effet obligatoire à l'égard des États membres en permettant aux juridictions nationales de sanctionner la carence de l'État défaillant. En d'autres termes, l'effet direct ne pourra être invoqué que dans un contexte « pathologique », c'est-à-dire dans les hypothèses où un État membre aurait omis de prendre les mesures

---

243. CJCE, 14 décembre 1971, *Politi*, aff. 43/71, *Rec.*, p. 1039.
244. Voy. *supra*, pt 212.
245. Voy. CJCE, 4 décembre 1974, *Van Duyn*, aff. 41/74, *Rec.*, p. 1337 : comm. *Les grands arrêts du droit de l'Union européenne* (dir. C. Boutayeb), *op. cit.*, pp. 283-290.

d'exécution requises, adopté des mesures non conformes à une directive, ou même adopté des mesures conformes à la directive mais qui ne sont pas appliquées de manière à atteindre le résultat qu'elle vise[246].

La directive ne pouvant, par définition, créer d'obligations que pour les États destinataires, ses dispositions – dès lors qu'elles sont inconditionnelles et précises – ne pourront se voir reconnaître qu'un effet direct vertical permettant aux justiciables de les invoquer en vue de contraindre l'État à respecter ses obligations. La Cour entend toutefois l'effet vertical des directives de manière large puisque leurs dispositions sont opposables non seulement à l'État membre mais encore aux autorités décentralisées ou déconcentrées, aux entreprises publiques et même à l'État employeur[247].

C.   L'effet direct du droit conventionnel

261. Consécration de l'effet direct des accords internationaux. Dès les années 1970, à propos de la Convention de Yaoundé (ancêtre de l'actuelle Convention de Cotonou), la Cour de justice a admis que certaines dispositions contenues dans un accord conclu par la Communauté européenne avec des États tiers puissent se voir reconnaître un effet direct[248].

Mais contrairement aux autres sources du droit de l'Union, les juges de Luxembourg considèrent que les accords internationaux ne peuvent bénéficier d'une présomption d'effet direct dans la mesure où ils ont une origine conventionnelle, extérieure à l'ordre de l'Union. Ils leur appliquent donc le raisonnement suivant : « Une disposition d'un accord conclu par la Communauté (Union) avec des pays tiers doit être considérée comme étant d'application directe lorsque, eu égard à ses termes ainsi qu'à l'objet et à la nature de l'accord, elle comporte une obligation claire et précise, qui n'est subordonnée, dans son exécution ou dans ses effets, à l'intervention d'aucun acte ultérieur »[249].

Autrement dit, en pratique, la Cour vérifie que deux séries de conditions soient remplies : d'abord, l'accord doit présenter des caractères qui n'excluent pas sa capacité à produire un effet direct (« eu égard à ses termes ainsi qu'à l'objet et la nature de l'accord ») et ensuite les dispositions examinées doivent remplir les conditions classiques de l'effet direct (« elle comporte une obligation claire et précise, qui n'est subordonnée, dans son exécution ou dans ses effets, à l'intervention d'aucun acte ultérieur »).

---

246.   À propos de la directive 2008/50/CE sur la qualité de l'air, voy. Cour, 19 novembre 2014, *ClientEarth*, aff. C-404/13, np : comm. L. Driguez, *Europe*, n° 33, 2015.

247.   Voy. CJCE, 26 février 1986, *Marshall*, aff. 152/84, *Rec.*, p. 723.

248.   Voy. L. Grard, « L'invocabilité communautaire du droit international », in *Mélanges P. Manin*, Paris, A. Pedone, 2010, pp. 657 et s.

249.   CJCE, 30 septembre 1987, *Demirel*, aff. C-12/86, *Rec.*, p. 3719.

262. Refus de l'effet direct des normes de l'OMC. En vertu de cette logique, la Cour a admis, au cas par cas, l'effet direct de dispositions figurant dans des accords de libre-échange, de coopération, d'association et même dans des décisions prises par les organes institués par ces accords. En revanche, elle a toujours refusé d'accorder un effet direct aux dispositions des accords de l'Organisation mondiale du commerce (OMC) comme aux verdicts prononcés à l'OMC[250].

263. Dissociation de l'effet direct et de l'invocabilité. Si l'effet direct reconnu à une norme de l'Union permet au juge national, saisi en ce sens, d'aller jusqu'à substituer cette norme européenne à la norme nationale contraire (ce que l'on appelle « l'invocabilité de substitution »), il n'en demeure pas moins qu'une norme dépourvue d'effet direct aura une « invocabilité minimale » autorisant les juridictions nationales : à écarter la norme nationale contraire (invocabilité d'exclusion), à interpréter le droit national pertinent à la lumière du droit européen (invocabilité d'interprétation conforme), et enfin à condamner l'État à réparer les dommages découlant de la violation des obligations qui lui incombent en vertu du droit européen (invocabilité de réparation).

En d'autres termes, il y a donc une dissociation entre l'effet direct (correspondant à ce que l'on pourrait appeler « une invocabilité maximale ») et l'invocabilité (dans ses différentes formes) qui découle, elle, du principe de primauté[251].

264. Attitude du juge administratif français. Pour conclure sur l'effet direct, mentionnons l'attitude du juge administratif français qui se trouve dorénavant sur « la même ligne » que le juge de l'Union s'agissant de l'effet direct des directives.

Jusqu'en 2009 pourtant, le Conseil d'État refusait qu'un particulier se prévale directement d'une directive à l'encontre d'un acte administratif individuel[252]. Selon lui, les directives avaient bien un effet juridique mais indirect, médiatisé à travers les mesures d'exécution ; en conséquence, en l'absence de mesures d'exécution, le particulier n'avait pas les moyens d'invoquer la directive à son profit, si ce n'est par la voie de l'exception.

Le 30 octobre 2009, avec son arrêt *Mme Perreux*, le juge du Palais-Royal a abandonné sa jurisprudence *Cohn-Bendit* – refusant l'invocabilité de substitution en faveur d'une directive non transposée – en affirmant : « Tout justiciable peut se prévaloir, à l'appui d'un recours dirigé contre un acte administratif non réglementaire, des dispositions précises et inconditionnelles d'une directive, lorsque l'État n'a pas pris, dans les délais impartis par celle-ci, les mesures de transposition nécessaires »[253].

---

250. Voy. CJCE, 23 novembre 1999, *Portugal c/ Conseil*, aff. C-149/96, *Rec.*, p. I-8395. Pour une confirmation récente : Trib., 19 septembre 2019, *Zhejiang India Pipeline Industry c/ Commission*, aff. T-228/17, np : comm. V. Michel, *Europe*, n° 410, 2019.

251. Voy. M. Blanquet, *Droit général de l'Union européenne, op. cit.*, pp. 580-589.

252. C.E., 22 décembre 1978, *Cohn-Bendit* : comm. G. Isaac, *CDE*, 1979, pp. 275 et s.

253. C.E., Ass., 30 octobre 2009, *Mme Perreux*, req. n° 298348 : comm. R. Kovar, *Europe*, étude n° 1, 2010.

Ce rapprochement entre le juge français et le juge de l'Union se dessine également, bien qu'incomplètement, s'agissant cette fois du principe de primauté, lequel permet d'assurer à la fois l'efficacité et l'uniformité d'application du droit de l'Union européenne.

SECTION 3

LA PRIMAUTÉ DU DROIT DE L'UNION EUROPÉENNE

265. Enjeu général de la primauté. Dès lors que le droit européen s'insère directement dans l'ordre juridique interne des États membres, il est susceptible d'y entrer en conflit avec des normes nationales. Dans son célèbre arrêt *Costa c/ ENEL* précité, la Cour de justice a posé le principe de la primauté du droit communautaire selon lequel celui-ci l'emporte sur toutes les normes de droit national contraires, quel que soit leur rang. Le juge national a donc l'obligation d'écarter la norme nationale contraire au profit de la norme européenne.

L'étude du principe de primauté (§ 1) permettra de comprendre les difficultés d'application dudit principe dans l'ordre juridique des États membres, tout particulièrement en France (§ 2).

§ 1. Le principe de primauté du droit de l'Union européenne

266. Absence de clause relative à la primauté. À la différence des Constitutions fédérales qui précisent que le droit fédéral l'emporte sur le droit des États fédérés, les traités européens ne comportent aucune clause générale de supériorité du droit de l'Union sur le droit interne. Dans le silence des traités, c'est au juge européen qu'est revenue la tâche d'organiser les rapports hiérarchiques entre ces deux niveaux de normes[254].

Précisons ici que le Traité de Lisbonne s'est contenté d'une déclaration rappelant l'existence de la jurisprudence en la matière[255], alors que la défunte Constitution européenne comportait un article spécifique au principe de primauté dans sa première partie[256].

Après avoir défini le principe de primauté du droit de l'Union (A), nous en préciserons ses conséquences (B).

---

254. J. Molinier, « Primauté du droit de l'Union européenne », *Rép. eur. Dalloz*, 2013 ; R. Mehdi, « Ordre juridique de l'Union européenne – Primauté, », *JCl Europe*, fasc. 196, 2022.
255. Déclaration n° 17 relative à la primauté, annexée au Traité de Lisbonne.
256. L'article I-6 était ainsi rédigé : « La Constitution et le droit adopté par les institutions de l'Union dans l'exercice des compétences qui lui sont attribuées ont la primauté sur le droit des États membres. »

A. La définition du principe de primauté

267. Consécration du principe de primauté. Dans l'arrêt *Costa c/ ENEL*, la Cour a très clairement condamné l'application du système dualiste italien au droit communautaire. Cette affaire est exemplaire à un double titre : en premier lieu, elle posait la question des rapports entre le droit communautaire et la loi nationale, « expression de la volonté générale » ; en second lieu, la Cour constitutionnelle italienne venait de se prononcer sur ce conflit en faisant prévaloir la loi italienne.

C'est dans ce contexte que la Cour a consacré la primauté du droit communautaire sur la base d'un raisonnement ternaire.

268. Raisonnement de la Cour. La Cour a commencé par lier le principe de primauté au principe d'intégration en affirmant : « Cette intégration au droit de chaque pays membre de dispositions qui proviennent de source communautaire, et plus généralement les termes et l'esprit du traité, ont pour corollaire l'impossibilité pour les États de faire prévaloir, contre un ordre juridique accepté par eux sur une base de réciprocité, une mesure unilatérale ultérieure qui ne saurait ainsi lui être opposable. »

Elle a poursuivi en ajoutant : « [...] Le transfert opéré par les États, de leur ordre juridique interne au profit de l'ordre juridique communautaire, des droits et obligations correspondant aux dispositions du traité entraîne [...] une limitation définitive de leurs droits souverains, contre laquelle ne saurait prévaloir un acte unilatéral ultérieur incompatible avec la notion de Communauté. »

Elle a ensuite rappelé que l'uniformité d'application du droit communautaire devait être effective en déclarant : « [...] La force exécutive du droit communautaire ne saurait [...] varier d'un État à l'autre à la faveur des législations internes ultérieures, sans mettre en péril la réalisation des buts du traité visés à l'article 5-2, ni provoquer une discrimination interdite par l'article 7. »

Au terme d'une démonstration décidément très riche, la Cour conclut finalement par la formule synthétique suivante : « Issu d'une source autonome, le droit né du traité ne pourrait donc, en raison de sa nature spécifique originale (!), se voir judiciairement opposer un texte interne quel qu'il soit, sans perdre son caractère communautaire et sans que soit mise en cause la base juridique de la Communauté elle-même. »

269. Primauté, principe existentiel du droit de l'Union. Le principe de primauté – qui est, on l'aura compris, un principe « existentiel » de la Communauté et aujourd'hui de l'Union – vaut pour l'ensemble du droit européen (hors PESC) à valeur obligatoire : traités européens bien entendu, mais également actes de droit dérivé, principes généraux du droit et accords externes. Il s'applique à l'égard de l'ensemble des normes d'origine nationale, qu'elles soient de nature juridictionnelle, administrative, législative et même constitutionnelle, comme la Cour l'a clairement affirmé dès 1970 en déclarant que « [...] les principes d'une structure constitutionnelle nationale ne sauraient affecter la validité d'un acte de la Communauté et son effet sur le territoire d'un État membre »[257]. Au début des années 2000, les juges de Luxembourg ont confirmé cette position en faisant prévaloir la directive de 1976 sur l'égalité professionnelle entre hommes et femmes au détriment de la Loi fondamentale allemande qui interdisait aux femmes l'accès à tout emploi militaire comportant l'utilisation d'armes à feu[258].

En conséquence, il n'est pas exagéré d'affirmer que, pour la Cour, la primauté du droit de l'Union se conçoit naturellement de manière générale et absolue.

Examinons maintenant les conséquences de l'affirmation du principe de primauté du droit de l'Union pour le juge national auquel incombe la charge de mettre en œuvre cette primauté.

B.   Les conséquences du principe de primauté

270. Primauté et valeur des normes nationales. Ces conséquences ont été principalement posées par la Cour de justice dans son arrêt *Simmenthal* de 1978[259].

À cette occasion, la Cour a précisé que les règles communautaires d'effet direct devaient être appliquées dès leur entrée en vigueur et pendant toute la période où elles restaient en vigueur « en tant qu'elles font partie intégrante, avec rang de priorité, de l'ordre juridique applicable sur le territoire de chacun des États membres ». Elle en déduit que « tout juge national [...] a l'obligation d'appliquer intégralement le droit communautaire et de protéger les droits que celui-ci confère aux particuliers, en laissant inappliquée toute disposition éventuellement contraire de la loi nationale, que celle-ci soit antérieure ou postérieure à la règle communautaire ».

Elle est même allée plus loin en affirmant : d'une part, que s'agissant de la norme nationale antérieure incompatible celle-ci était « inapplicable de plein droit » (effet dit « abrogatoire ») ; d'autre part, que pour ce qui concerne la norme nationale postérieure incompatible, la primauté du droit communautaire avait pour effet « d'empêcher la formation valable de nouveaux actes législatifs nationaux dans la mesure où ils seraient incompatibles avec des normes communautaires » (effet dit « bloquant »).

---

257. CJCE, 17 décembre 1970, *Internationale Handelgesellschaft*, aff. 11/70, *Rec.*, p. 1135 : comm. *Les grands arrêts du droit de l'Union européenne* (dir. C. BOUTAYEB), *op. cit.*, pp. 164-175.
258. CJCE, 11 janvier 2000, *Tanja Kreil*, aff. C-285/98, *Rec.*, p. I-95.
259. CJCE, 9 mars 1978, *Simmenthal*, aff. 106/77, *Rec.*, p. 609.

271. Primauté et effets induits. Au début des années 1990, la Cour devait franchir une étape supplémentaire sur le terrain de la bonne application des normes communautaires dans l'ordre juridique interne des États en posant « le principe selon lequel les États membres sont obligés de réparer les dommages causés aux particuliers par les violations du droit communautaire qui leur sont imputables », y compris quand le dommage trouve sa source dans une action ou une inaction du législateur national[260].

Par la suite – et plus spécialement au cours de ces quinze dernières années –, le juge européen s'est évertué à préciser les autres obligations à la charge du juge national et des organes de l'État au titre des contraintes découlant de la primauté du droit de l'Union : celles-ci ont pris des formes variées comme récemment le fait que la répartition des compétences entre un organe spécialisé créé par la loi et les juridictions de droit commun ne puisse pas faire obstacle à la faculté pour l'organe spécialisé d'écarter les dispositions nationales incompatibles avec le droit de l'Union.

En dépit de cette jurisprudence très claire de la Cour de justice relativement à la primauté du droit communautaire puis de l'Union européenne[261], les juridictions des États membres ont parfois fait preuve de réticence pour mettre en œuvre ce principe ; c'est le cas notamment en France.

§ 2. L'application du principe de primauté du droit de l'Union européenne en France

272. Jurisprudence sur les rapports entre le droit de l'Union et les normes françaises. Si la primauté du droit communautaire sur les actes administratifs n'a jamais réellement posé de problème[262], la jurisprudence relative aux rapports entre le droit de l'Union et la Constitution (A), d'une part, et entre le droit de l'Union et la loi (B), d'autre part, s'est révélée à la fois complexe et évolutive.

---

260. CJCE, 19 novembre 1991, *Francovich et Bonifaci*, aff. C-6 et 9/90, *Rec.*, p. 5357 : comm. *Les grands arrêts du droit de l'Union européenne* (dir. C. BOUTAYEB), *op. cit.*, pp. 546-553.

261. Voy. Cour, gr. ch., 4 décembre 2018, *Minister for Justice and Equality*, aff. C-378/17 : comm. D. SIMON, *Europe*, n° 65, 2019. Et sur le point de savoir si des juridictions nationales sont habilitées, voire tenues, de prononcer des contraintes par corps à l'encontre d'autorités locales condamnées de manière répétitive pour non-respect de la valeur limite en dioxyde de carbone prévue par la directive 2008/50/CE, voy. Cour, gr. ch., 19 décembre 2019, *Deutsche Umwelthilfe*, aff. C-752/18 : comm. A. RIGAUX, *Europe*, n° 43, 2020.

262. Voy. pour des précisions, M. BLANQUET, *Droit général de l'Union européenne, op. cit.*, p. 488.

A. Le droit de l'Union européenne et la Constitution

273. Immunité de « l'acquis communautaire ». Les constituants de la
Ve République ont instauré un mécanisme de contrôle de la constitutionnalité des engagements internationaux à l'article 54 de la Constitution
de 1958 : cette disposition prévoit qu'un tel contrôle pourra être effectué
par le Conseil constitutionnel à titre préventif et que si, à l'issue de cet
examen, un engagement international s'avère contraire à la Constitution,
la ratification de celui-ci ne pourra intervenir qu'après une révision de la
Constitution. Ce système n'a pu toutefois s'appliquer de manière rétroactive aux Traités de Paris et Rome ratifiés et entrés en vigueur sous l'empire
de la Constitution de 1946 – laquelle ne comportait aucune clause du
genre de l'actuel article 54 – comme l'a confirmé le Conseil constitutionnel en 1970.

En revanche, les traités modificatifs adoptés depuis 1958 ont pu être
soumis à l'examen du Conseil. C'est plus particulièrement à l'occasion de ses
décisions relatives au Traité de Maastricht en 1992, au Traité d'Amsterdam
en 1997, à la Constitution européenne et plus récemment au Traité de
Lisbonne que le juge constitutionnel a précisé les conditions de la constitutionnalité de l'engagement européen.

274. Limites constitutionnelles à l'intégration européenne. À chaque fois,
bien qu'ayant estimé qu'il existait, dans le traité que la France s'apprê-
tait à ratifier, des clauses qui portaient atteinte « aux conditions essentielles d'exercice de la souveraineté nationale » et imposaient donc de
réviser la Constitution, il a confirmé parallèlement la constitutionnalité
des transferts de compétences consentis par la France aux Communautés
et à l'Union européennes dans les nouveaux domaines en cause. Par la
loi constitutionnelle du 25 juin 1992, un titre spécifiquement consacré
à la participation française aux Communautés et à l'Union a été créé
(titre XV, art. 88-1 à 88-7) ; il a été modifié au coup par coup, en 1999
(Amsterdam), en 2005 (Constitution européenne) et dernièrement en 2008
(Traité de Lisbonne)[263]. Il en a résulté une véritable « européanisation » de
la Constitution de 1958[264].

275. Conseil constitutionnel et droit dérivé de l'Union. S'agissant des actes
de droit européen dérivé, le Conseil constitutionnel considère qu'ils ne
peuvent être soumis à son examen au titre de l'article 54 dans la mesure
où ils ne nécessitent pas une ratification ou une approbation : le droit
européen dérivé échappe donc normalement à tout contrôle de constitutionnalité. Toutefois, le juge constitutionnel s'autorise à vérifier qu'une loi
de transposition qui reprend les termes exacts d'une directive ne contredit

---

263. Loi constitutionnelle n° 2008-103, 4 février 2008, *JORF*, 5 février 2008, p. 2202.
264. M. Frangi, « La Constitution du 4 octobre 1958 et l'Europe : vers une VIe République innom-
mée ? », in *Mélanges P. Soldatos*, Bruxelles, Bruylant, 2012, pp. 279-290 ; H. Gaudin (dir.), *La Constitution
européenne de la France*, Paris, Dalloz, 2017.

pas des dispositions expresses de la Constitution[265], ni « les règles et principes inhérents à l'identité constitutionnelle de la France, sauf à ce que la Constitution y ait consenti »[266].

276. Primauté et juridictions ordinaires. Alors que, on l'a vu, le Conseil constitutionnel règle les rapports entre le droit européen et la Constitution moins en termes de hiérarchie que de compatibilité[267], le Conseil d'État et la Cour de cassation ont choisi pour leur part une position plus tranchée.

Dans un arrêt *Sarran* rendu en 1998, le Conseil d'État a affirmé que la suprématie conférée par l'article 55 de la Constitution « [...] ne s'applique pas, dans l'ordre interne, aux dispositions de nature constitutionnelle »[268]. Par son arrêt *Fraisse* du 2 juin 2000, la Cour de cassation a adopté une position identique et repris mot pour mot la formule utilisée par le juge administratif[269]. La majorité des commentateurs en ont déduit la primauté de la Constitution sur les traités, ce que le Conseil d'État a confirmé plus clairement, et cette fois à propos du droit communautaire et non plus international, dans deux arrêts de 2001[270] et 2003[271].

Cette position du juge administratif est en contradiction avec celle du juge européen ; pour certains auteurs, elle pourrait conduire ce dernier, le cas échéant, à poursuivre la France pour manquement judiciaire (au principe de primauté)...

B. Le droit de l'Union européenne et la loi

277. Article 55 de la Constitution et droit de l'Union. Dans la mesure où l'article 55 de la Constitution de 1958 dispose que « les traités ou accords régulièrement ratifiés ou approuvés ont, dès leur publication, une autorité supérieure à celle des lois, sous réserve, pour chaque accord ou traité, de son application par l'autre partie », les rapports entre le droit communautaire puis de l'Union et la loi semblaient simples à régler.

278. Incompétence du juge constitutionnel. Mais le Conseil constitutionnel s'est toujours déclaré incompétent pour apprécier la conformité d'une loi à un traité depuis sa décision *IVG* du 15 janvier 1975. En refusant de se faire le gardien de l'article 55, il a laissé le champ libre aux juridictions ordinaires, judiciaires et administratives, qui ont adopté des jurisprudences divergentes.

---

265. Décision n° 2004-96 (DC), 10 juin 2004 : comm. B. Genevois, *RFDA*, 2003/4, pp. 651 et s.
266. Décision n° 2006-540, 27 juillet 2006 : comm. F. Chaltiel, *RMCUE*, n° 504, pp. 61 et s.
267. P. Manin, « Le Conseil constitutionnel français et le droit de l'Union européenne : prudence et pragmatisme », in *Mélanges P. Soldatos*, Bruxelles, Bruylant, 2012, pp. 347-358.
268. Voy. C.E., 30 octobre 1998, *Sarran* : comm. D. Simon, *Europe*, étude n° 3, 1999, pp. 4 et s.
269. Cass. (ass. plén.), 2 juin 2000, *Mlle Fraisse* : comm. D. Simon et A. Rigaux, *Europe*, étude n° 7, 2000, pp. 3 et s.
270. C.E., 3 décembre 2001, *SNIP* : comm. F. Chaltiel, *RMCUE*, n° 462, 2002, pp. 595 et s.
271. C.E., 30 juillet 2003, *Association Avenir de la langue française* : comm. P. Cassia et E. Saunier, *Europe*, n° 30, 2004.

279. Position du juge judiciaire. Pendant longtemps, le juge judiciaire se contentait de faire prévaloir le traité international sur la seule loi antérieure ; cette dernière était en effet considérée comme abrogée du fait de la ratification du traité. En revanche, face à une loi postérieure, il appliquait la « doctrine *Matter* » (du nom du procureur général qui l'avait posée) qui pouvait se résumer ainsi : si le juge ne pouvait résoudre le conflit entre les deux types de normes en conciliant les dispositions en cause par voie d'interprétation, il devait faire prévaloir la loi sur le traité dans la mesure où il ne pouvait « connaître d'autre volonté que celle de la loi ».

Ce raisonnement devait être finalement abandonné par la Cour de cassation dans un arrêt du 24 mai 1975, *Société Jacques Vabre*. Dans cette affaire, en se fondant à la fois sur l'article 55 de la Constitution et sur la spécificité du droit communautaire, la Haute Juridiction judiciaire a accepté de faire prévaloir une disposition du Traité de Rome sur un article du Code des douanes bien que ce dernier ait été postérieur.

Depuis cet arrêt, la supériorité du droit européen sur les lois nationales, antérieures et postérieures, a été confirmée à plusieurs reprises par le juge judiciaire.

280. Position du juge administratif. S'agissant du *juge administratif*, le problème s'est posé une nouvelle fois à propos des rapports entre traité et loi postérieure, la loi antérieure étant réputée abrogée par les dispositions contraires du traité.

En 1968, le Conseil d'État refusa de faire prévaloir un règlement communautaire sur une ordonnance postérieure ayant acquis une valeur législative[272]. Celui-ci fit valoir qu'il était soumis à la loi et, qu'en acceptant de contrôler la conformité d'une loi à un traité, il procéderait à un contrôle de constitutionnalité de la loi, lequel relèverait de la compétence exclusive du Conseil constitutionnel. Cette position discutable sur le plan juridique – dans la mesure notamment où elle privait de tout effet l'article 55 de la Constitution – était difficilement tenable après la décision *IVG* de 1975 du Conseil constitutionnel et l'affirmation des jurisprudences *Jacques Vabre* de la Cour de cassation et *Simmenthal* de la Cour de justice.

Il a pourtant fallu attendre 1989 pour voir le Conseil d'État abandonner sa politique de « protectionnisme juridique » à l'occasion de son arrêt *Nicolo*, dans lequel il acceptait pour la première fois de faire prévaloir le Traité de Rome sur une loi nationale postérieure[273]. Par la suite, la Haute Juridiction administrative devait étendre sa jurisprudence *Nicolo* aux règlements

---

272. C.E., 1er mars 1968, *Syndicat général des fabricants de semoules de France, Rec. Lebon*, p. 149.
273. C.E., 20 octobre 1989, *Nicolo, Rec. Lebon*, p. 190 : comm., *RTDE*, 1989, pp. 771 et s., et F. Picod et B. Plessix, *Le juge, la loi et l'Europe. Les trente ans de l'arrêt* Nicolo, Bruxelles, Bruylant, 2022.

communautaires[274] puis aux directives communautaires[275] ; en 1997, le Tribunal administratif de Caen a admis pour sa part la primauté d'un principe général de droit communautaire (principe de proportionnalité) sur une loi française.

281. Convergence des positions des juges constitutionnel et administratif. Appelé à se prononcer sur la constitutionnalité d'un décret transposant une directive, le Conseil d'État a repris dans son arrêt *Arcelor*[276] le raisonnement dégagé par le Conseil constitutionnel en 2004 et 2006 s'agissant de l'obligation constitutionnelle de transposition des directives, ainsi que le critère de « l'identité constitutionnelle nationale ».

À l'occasion de l'examen du décret transposant la directive sur les marchés de quotas d'émission de gaz à effet de serre au regard de certains principes constitutionnels, le Conseil d'État affirme que le juge doit rechercher si les principes constitutionnels dont la méconnaissance est invoquée ont un équivalent dans l'ordre de l'Union.

Dans l'affirmative, soutenir que le décret est contraire à la Constitution revient à soutenir que la directive (que le décret ne fait que transposer) est contraire au droit primaire de l'Union : si les critiques visant la directive ne sont pas de nature à remettre en cause sa validité, le juge les écartera lui-même ; si la difficulté est sérieuse, le juge national devra renvoyer à la Cour de justice qui a le monopole de l'interprétation du droit de l'Union et, si cette dernière déclare la directive contraire au droit primaire, le juge national devra en tirer les conséquences en annulant le décret transposant cette directive illégale.

Dans la négative, puisque le principe constitutionnel invoqué est spécifique à la Constitution française, il appartiendra seulement au juge administratif d'examiner – comme il le fait habituellement – si le décret est conforme à ce principe et, s'il ne l'est pas, d'annuler le décret pour inconstitutionnalité.

En l'espèce, le principe constitutionnel d'égalité avait un équivalent en droit de l'Union et, comme il y avait une difficulté sérieuse, le Conseil d'État a saisi la Cour de justice par voie préjudicielle. Celle-ci lui ayant répondu en décembre 2008 que la directive était valable[277], les juges du Palais-Royal ont finalement conclu que le décret contesté ne méconnaissait pas le principe constitutionnel en cause[278].

282. Primauté et identité constitutionnelle des États. Finalement, le débat sur la confrontation du droit de l'Union et du droit national, longtemps restreint à l'enjeu de la hiérarchie normative pure, se déplace depuis une

---

274. Voy. C.E., 24 septembre 1990, *Boisdet, Rec. Lebon*, p. 250.
275. Voy. C.E., 28 février 1992, *Rothmans, Rec. Lebon*, p. 80.
276. C.E., 8 février 2007, *Arcelor Atlantique et Lorraine*, req. n° 287110.
277. Voy. CJCE, 16 décembre 2000, *Arcelor*, aff. C-127/07, *Rec.*, p. I-9895.
278. Voy. C.E., 3 juin 2009, *Société Arcelor*, req. n° 287110.

dizaine d'années maintenant sur le terrain de l'office respectif des juges de l'Union et des juges nationaux[279] avec en perspective l'impératif de protection des droits fondamentaux[280].

Par ailleurs, il convient de souligner la consécration, à l'échelle européenne cette fois, de « l'identité constitutionnelle des États membres » mentionnée à l'article 4, § 2, TUE[281] : inscrit dans les traités européens à partir de Maastricht, ce principe a été enrichi et précisé par Lisbonne qui en fait dorénavant un instrument de limitation opposable aux compétences de l'Union en garantissant aux États le respect de leurs structures fondamentales et fonctions essentielles[282].

Au carrefour de l'intégration européenne et de la légitime protection de la spécificité nationale, un tel principe était forcément promis à un bel avenir ; ainsi, dans sa décision du 15 octobre 2021, le Conseil constitutionnel a proclamé pour la première fois l'existence d'un « principe inhérent à l'identité constitutionnelle de la France » – lui permettant d'exercer un contrôle de conformité à la Constitution d'une disposition législative transposant les obligations précises et inconditionnelles d'une directive –, pour finalement écarter le moyen avancé par la requérante[283]...

283. Approche étonnante de la Cour dans l'arrêt *Poplawski*. Un arrêt de 2019, rendu sur conclusions contraires de l'avocat général, n'a pas manqué de surprendre les observateurs avertis du contentieux de l'Union.

Interrogée par voie préjudicielle par une juridiction néerlandaise à propos de la mise en œuvre des décisions-cadres relatives au mandat d'arrêt européen, la Cour a en effet développé un raisonnement qui intrigue et mérite dès lors d'être partiellement repris[284].

---

279. Pour une synthèse, voy. « La primauté du droit de l'Union européenne : intégration et valorisation du principe. 50 ans après l'arrêt de la CJCE *Costa c/ Enel* », *Europe*, suppl. au n° 7, 2014.

280. Voy. J.-B. PERRIER, « Europe(s) *versus* Constitution : la hiérarchie des normes et la protection des droits fondamentaux en matière pénale », *Europe*, étude n° 8, 2014, D. RITLENG, « Le principe de primauté du droit de l'Union : quelle réalité ? », *RDUE*, 2015, n° 593, pp. 630-637, et H. GAUDIN (dir.), *Réseau de normes, réseau de juridictions. Le nouveau paradigme des droits fondamentaux entre primauté et clause la plus protectrice*, Paris, Mare & Martin, 2021.

281. Art. 4, § 2, TUE : « L'Union respecte l'égalité des États membres devant les traités ainsi que leur identité nationale, inhérente à leurs structures fondamentales politiques et constitutionnelles, y compris en ce qui concerne l'autonomie politique et régionale. Elle respecte les fonctions essentielles de l'État, notamment celles qui ont pour objet d'assurer son intégrité territoriale, de maintenir l'ordre public, et de sauvegarder la sécurité nationale. En particulier, la sécurité nationale reste de la seule responsabilité de chaque État membre ».

282. Voy. L. BURGORGUE-LARSEN (dir.), *L'identité constitutionnelle saisie par les juges en Europe*, Paris, A. Pedone, 2011, et F.-X. MILLET, *L'Union européenne et l'identité constitutionnelle des États membres*, coll. Bibliothèque constitutionnelle et de science politique, Paris, LGDJ, 2013.

283. Cons. const., 15 octobre 2021, *Société Air France*, n° 2021-940 QPC : comm. H. LABAYLE, *Europe*, étude n° 6, 2021.

284. Cour, gr. ch., 24 juin 2019, *D.-A. Poplawski*, aff. C-573/17 : A. RIGAUX et D. SIMON, *Europe*, étude n° 7, 2019.

Elle affirme d'abord de manière classique (point 58 de l'arrêt) : « C'est également en vertu du principe de primauté que, à défaut de pouvoir procéder à une interprétation de la règlementation nationale conforme aux exigences du droit de l'Union, le juge national chargé d'appliquer, dans le cadre de sa compétence, les dispositions du droit de l'Union a l'obligation d'assurer le plein effet de celles-ci en laissant au besoin inappliquée, de sa propre autorité, toute disposition contraire de la législation nationale, même postérieure, sans qu'il ait à demander ou à attendre l'élimination préalable de celle-ci par voie législative ou par tout autre procédé constitutionnel ». Mais elle poursuit en indiquant (points 59 à 61 de l'arrêt) : « Cela étant, il convient encore de tenir compte des autres caractéristiques essentielles du droit de l'Union, et plus particulièrement de la reconnaissance de l'effet direct à une partie seulement de ce droit. Le principe de primauté du droit de l'Union ne saurait dès lors aboutir à remettre en cause la distinction essentielle qui existe entre les dispositions du droit de l'Union disposant d'un effet direct et celles qui en sont dépourvues, ni partant à instaurer un régime unique d'application de l'ensemble des dispositions du droit de l'Union par les juridictions nationales », et conclut que « l'obligation pour une juridiction nationale de laisser inappliquée une disposition de son droit interne, contraire à une disposition du droit de l'Union, si elle découle de la primauté reconnue à cette dernière disposition, est néanmoins conditionnée par l'effet direct de ladite disposition dans le litige dont cette juridiction est saisie. Partant, une juridiction nationale n'est pas tenue, sur le seul fondement du droit de l'Union, de laisser inappliquée une disposition du droit de l'Union si cette dernière disposition est dépourvue d'effet direct » (point 68 de l'arrêt)… En conséquence, puisque les décisions-cadres adoptées sur le fondement de l'ancien troisième pilier sont privées d'effet direct, un juge national n'est pas tenu d'écarter une disposition nationale pourtant contraire à une décision-cadre, mais seulement contraint d'interpréter le droit interne conformément à la décision-cadre en cause.

Outre le fait qu'une telle position n'éclaire pas plus le juge de renvoi, elle conduit naturellement les juristes à s'interroger sur sa portée réelle : est-elle limitée à l'affaire en cause – au nom de la spécificité de la matière pénale – ou traduit-elle une nouvelle approche de la primauté représentant rien moins qu'un « ébranlement général dans la mise en œuvre de la primauté » ?

284. Décisions nationales récentes sur la primauté. On ne saurait conclure sur la primauté du droit de l'Union sans mentionner l'arrêt *French Data* du Conseil d'État, dans lequel il refuse d'écarter celle-ci – au motif que les institutions auraient statué *ultra vires* –, sans pour autant appliquer intégralement le droit de l'Union au nom d'objectifs supérieurs (protection de la sécurité nationale, lutte contre le terrorisme) consacrés par la Constitution française[285]…

---

285. C.E., 21 avril 2021, « *French Data* », n° 393099 : comm. D. Simon, *Europe*, étude n° 3, 2021.

Cette tendance récente des juridictions suprêmes nationales à « canaliser » le principe de primauté pourrait transformer le fameux « dialogue des juges » – expression souvent utilisée pour vanter la coopération harmonieuse du juge national et du juge de l'Union – développé depuis plus de vingt ans maintenant en un « dialogue tendu », voire un véritable « dialogue de sourds », lorsque le principe de primauté dans son essence même est écarté par un juge constitutionnel – polonais en l'occurrence – remettant plus largement en cause les valeurs de l'Union[286].

285 à 289. *Réservés.*

---

286. Voy., plus largement, C. GRUDLER, « De la consécration à la violation des valeurs communes de l'Union européenne : une identité européenne entre idéaux et fractures », *Europe*, étude n° 4, 2021.

PARTIE II

Le marché européen

290. Notion initiale de marché commun. Après avoir étudié dans quelles conditions les Communautés puis l'Union européennes fonctionnent et donc élaborent des règles, il convient d'étudier le contenu de certaines d'entre elles, qui ont, d'abord et essentiellement, un objectif économique.

Dès 1957, en effet, l'objectif du Traité de Rome – reposant sur les principes d'une économie de marché – était de réaliser un « marché commun », c'est-à-dire un espace au sein duquel les activités économiques pourraient se développer librement entre les pays participants du fait de la disparition des entraves aux échanges. La réalisation de ce marché commun devait être accompagnée par le développement de quatre politiques – politique des transports, politique agricole, politique commerciale et politique de concurrence – et conduire à terme à la fusion des marchés nationaux dans un seul marché assurant la libre circulation des différents facteurs de production : marchandises, personnes, services et capitaux.

291. Notion de marché intérieur. À partir de la fin des années 1980, cette expression de « marché commun » devait progressivement laisser la place à celle de « marché intérieur » (ou unique) ; pour autant, il n'y avait pas de volonté de rupture avec la période antérieure mais au contraire une logique de continuité afin de poursuivre l'œuvre d'intégration économique entreprise et la relancer politiquement[287]. Par souci de clarification, le Traité de Lisbonne a toutefois prévu que les mots « marché commun » qui subsistaient ici ou là soient systématiquement remplacés par ceux de « marché intérieur ».

Pour autant, le « marché intérieur », malgré ses acquis considérables, n'est pas aujourd'hui complètement achevé : il doit encore être à la fois protégé et complété dans une logique de *continuum* politico-juridique[288]. Ainsi, qu'il s'agisse de faire son bilan vingt ans après[289], d'envisager son adaptation au nouvel environnement numérique[290] ou enfin de préciser sa place dans la future nouvelle Europe[291], le marché intérieur constitue le cœur de « l'Europe du quotidien ».

Par ailleurs, il convient de rappeler que si le marché intérieur rassemble aujourd'hui 27 États, il en a compté 28 jusqu'au 31 décembre 2020 puisque les Britanniques sont restés au sein de celui-ci pendant la période de transition post-*Brexit*.

---

287.   Voy. Livre blanc sur l'achèvement du marché intérieur, COM(85) 310 final, 14 juin 1985.

288.   Voy. C. Boutayeb, « La transformation conceptuelle du marché intérieur », *RDUE*, 2018, n° 616, pp. 130-139.

289.   Communication « L'Acte pour le marché unique II. Ensemble pour une nouvelle croissance », 3 octobre 2012, COM(2012) 573 final ; voy. également, V. Michel (dir.), *1992-2012 : 20 ans de marché intérieur. Le marché intérieur entre réalité et utopie*, Bruxelles, Bruylant, 2014.

290.   Communication : « La nouvelle stratégie pour un marché unique numérique », 6 mai 2015, COM(2015)192 et commentaire d'A.-L. Sibony, « Projets législatifs pour le marché unique numérique », *RTDE* 2016, pp. 169-175.

291.   Livre blanc sur l'avenir de l'Europe, COM(2017) 2025, 1er mars 2017. Voy. également la communication « Le marché unique : le meilleur atout de l'Europe dans un monde en mutation » (COM(2018) 722 final, 22 novembre 2018).

292. Régime actuel du marché intérieur. En outre, si ce marché intérieur est fondé sur les quatre libertés de circulation fondamentales précédemment évoquées, son bon fonctionnement requiert également des règles de concurrence, qu'il s'agisse de celles relatives aux entreprises (art. 101 et 102 TFUE) comme de celles visant les États (art. 107 TFUE) ; mais ces dernières ne font pas partie au sens strict de ce qu'il est convenu d'appeler le « droit du marché intérieur »[292]. D'ailleurs, les fonctions de la libre circulation d'un côté et de la libre concurrence de l'autre ne sont pas identiques : alors que la première constitue une finalité du projet européen, la seconde n'en est qu'un instrument.

Ajoutons enfin que, sur le terrain des compétences, le marché intérieur fait désormais partie de la catégorie des compétences partagées, à l'exception de l'union douanière et des règles de concurrence nécessaires au bon fonctionnement de ce marché intérieur qui relèvent, quant à elles, de la compétence exclusive de l'Union.

293. Annonce des développements. En conséquence, la présentation du marché européen s'appuiera sur les deux piliers que constituent, d'une part, la libre circulation (titre 1) et, d'autre part, la libre concurrence (titre 2).

---

292. N. DE GROVE-VALDEYRON, *Droit du marché intérieur européen*, coll. Systèmes, Paris, LGDJ, 2017.

TITRE I

La libre circulation

294. Définition actuelle du marché intérieur. La partie III du TFUE qui est consacrée aux « politiques et actions internes de l'Union » s'ouvre sur le marché intérieur qui est ainsi défini à l'article 26, § 2, TFUE : « Le marché intérieur comporte un espace sans frontières intérieures dans lequel la libre circulation des marchandises, des personnes, des services et des capitaux est assurée selon les dispositions des traités. »

295. Dimensions de la libre circulation dans l'Union. Au sein de ce marché intérieur, le premier volet se rapporte à la libre circulation des marchandises (art. 28 à 37 TFUE) ; plus loin dans le traité, les autres facteurs de production sont envisagés de manière successive (art. 45 à 66 TFUE).

Au-delà de ces dispositions de droit primaire, un important droit dérivé a été adopté par les institutions européennes afin de mettre en œuvre les principes posés ; en outre, le juge européen a apporté une contribution décisive à l'effectivité du droit de la libre circulation, d'une part, en définissant toute une série de concepts essentiels et, d'autre part, en assurant la cohérence entre les divers aspects de cette libre circulation.

296. Plan retenu. Dans la mesure où la libre circulation des capitaux ne sera pas envisagée ci-dessous[293], nous nous en tiendrons à l'étude des autres dimensions de la libre circulation selon un ordre qui correspond pour l'essentiel aux priorités qui se sont succédé historiquement dans le champ du droit communautaire et européen :

– la libre circulation des marchandises d'abord (chapitre 1) ;

– la liberté professionnelle ensuite (chapitre 2) ; et

– la liberté de circulation et de séjour enfin (chapitre 3).

---

293. Voy. O. Blin, « Capitaux », *Rép. eur. Dalloz*, 2016.

Chapitre I

La libre circulation des marchandises[294]

---

294. Voy. F. Picod, « Libre circulation des marchandises », *JCl Europe*, fasc. 530, 2019.

297. Dimensions de la libre circulation des marchandises. Schématiquement, la libre circulation des marchandises comprend un cadre, l'union douanière (section 1), au sein duquel se déploie l'ensemble des règles imposant l'élimination des entraves aux échanges des marchandises (section 2).

SECTION 1

L'UNION DOUANIÈRE

298. Aspects de l'union douanière européenne. Précisons successivement la notion (§ 1), le champ d'application (§ 2) et enfin les conséquences (§ 3) de cette union douanière européenne.

§ 1. La notion d'union douanière

299. Définition de l'union douanière. On appelle union douanière[295] un espace géographique regroupant plusieurs États qui s'engagent, d'une part, à faire disparaître les droits de douane et plus généralement tous les obstacles aux échanges de marchandises entre eux (aspect interne) et, d'autre part, à adopter vis-à-vis de l'extérieur un tarif douanier commun (aspect externe).

Cette définition – empruntée à l'Accord général sur les tarifs douaniers et le commerce (art. XXIV, § 8, du GATT du 30 octobre 1947) – se retrouve à l'article 28, § 1, TFUE qui précise que l'union douanière comporte « [...] l'interdiction, entre les États membres, des droits de douane et de toutes les taxes d'effet équivalent à l'importation et à l'exportation ainsi que l'adoption d'un tarif douanier commun dans leurs relations avec les pays tiers ».

300. Distinction entre l'union douanière et la zone de libre-échange. L'union douanière constitue donc une intégration régionale plus ambitieuse, plus poussée que la « zone de libre-échange » qui ne comporte, elle, que l'aspect interne : en d'autres termes, les pays participant à une zone de libre-échange se contentent de faire disparaître les obstacles aux échanges entre eux mais conservent leur autonomie douanière vis-à-vis des États tiers. C'est le cas de groupements tels que l'Association européenne de libre-échange (AELE) mise en place dans les années 1960 pour concurrencer la CEE – laquelle ne regroupe plus aujourd'hui que la Norvège, l'Islande, le Liechtenstein et la Suisse – ou l'Accord de libre-échange nord-américain (ALENA) regroupant les États-Unis d'Amérique, le Canada et le Mexique depuis le début des années 1990.

---

295. Voy. P. Kearney, « Quarante ans d'union douanière », *RMCUE*, n° 522, 2008, pp. 581 et s.

La libre circulation des marchandises

301. Union douanière et politique commerciale commune. L'adoption d'un tarif douanier commun aux États participant à l'union douanière dans leurs relations tarifaires avec l'extérieur conduit logiquement et plus largement à la définition d'une politique commerciale commune à l'égard de ces pays tiers ; ce n'est d'ailleurs pas un hasard si une telle politique a été prévue dès 1957 par le Traité de Rome (à l'article 113 TCEE).

Devenue une compétence propre à la Communauté économique européenne[296], elle constitue désormais l'une des compétences exclusives de l'Union au titre de l'actuel article 207 TFUE, permettant notamment à l'entité européenne de participer à des organisations économiques internationales (notamment à l'Organisation mondiale du commerce, l'OMC) et de conclure de nombreux accords de libre-échange, comme par exemple avec la Corée du Sud (engagement conclu en 2009 et applicable depuis 2011) ou plus récemment avec le Canada (le fameux *Ceta*, conclu en octobre 2016 et applicable à titre provisoire depuis septembre 2017).

§ 2. Le champ d'application de l'union douanière

302. Double dimension du champ de l'union douanière. Le champ d'application de l'union douanière présente une double dimension, matérielle et géographique.

A. La dimension matérielle

303. Définition de la marchandise. Rappelons ici que, selon l'article 28, § 1, TFUE, l'Union européenne est fondée sur une union douanière qui « [...] s'étend à l'ensemble des échanges de marchandises ». Dès lors, qu'entend-on juridiquement par « marchandise » ?

La notion de « marchandise » n'a jamais été définie dans les traités européens, de sorte que c'est à la Cour qu'est revenue la tâche de préciser la signification juridique de ce terme ; c'est ce qu'elle a fait dans un arrêt de décembre 1968 en précisant qu'il s'agissait de « [...] tous produits appréciables en argent et susceptibles de former comme tels l'objet de transactions commerciales[297]. » C'est donc une définition large qui a été retenue par la Cour, l'élément décisif étant l'existence d'une valeur vénale du produit, quelle que soit sa nature (matérielle ou immatérielle), son degré de sophistication, sa valeur marchande ou sa destination... Une telle approche permet d'inclure les biens de consommation courante (produits

---

296. Voy. avis 1/75, 11 novembre 1975, *Rec.*, p. 1355.
297. CJCE, 10 décembre 1968, *Commission c/ Italie*, aff. 7/68, *Rec.*, p. 617.

agricoles et industriels), mais également des produits plus originaux comme les œuvres d'art (en cause dans l'arrêt de 1968), l'électricité, les déchets ou les animaux sauvages[298].

Les marchandises telles que définies ci-dessus sont soumises aux règles de la libre circulation des marchandises, à moins que celles-ci ne constituent un accessoire nécessaire à une autre liberté (des services ou des personnes).

Enfin, signalons que les armes, bien que remplissant ce critère, font l'objet d'un régime spécifique prévu à l'article 346, § 1, b), TFUE[299].

304. Origine des marchandises. Quelle peut être maintenant l'origine géographique desdites marchandises ?

Selon l'article 28, § 2, TFUE, il s'agit « [...] des produits qui sont originaires des États membres ainsi que des produits en provenance des pays tiers et qui se trouvent en libre pratique dans les États membres ».

Les produits visés sont donc susceptibles d'avoir, soit une origine européenne – ils proviennent d'un ou plusieurs États de l'Union –, soit non européenne, mais ils sont qualifiés de produits « en libre pratique » dans la mesure où, bien que provenant de pays tiers, les formalités d'importation les concernant ont été régulièrement accomplies et les droits de douane exigibles légalement acquittés[300]. En franchissant régulièrement la frontière de l'union douanière européenne, ces marchandises étrangères acquièrent la qualité de marchandise européenne et peuvent donc circuler sans contraintes au sein du marché de l'Union.

Dès lors, on aura saisi l'enjeu qui s'attache à la détermination de la qualité de marchandise « européenne » puisque celle-ci ne se verra pas soumise à une taxe quelconque, contrairement à la marchandise non européenne qui sera imposée lors de son entrée sur le marché européen. Les « règles d'origine » ont vocation à préciser la provenance d'un produit à partir de critères déterminés afin d'éviter la fraude et les détournements de trafic ; c'est le critère de « l'ouvraison substantielle et économiquement justifiée » qui a été retenu dans le nouveau Code des douanes de l'Union – applicable depuis le 1er mai 2016 –, ceci afin d'éviter qu'un simple assemblage en Europe de pièces non européennes ne confère au produit fini la qualité de « marchandise européenne », comme dans les années 1980 avec les « usines tournevis » japonaises...

---

298. Voy. CJCE, 10 septembre 2009, *Commission c/ Belgique*, aff. C-100/08, *Rec.*, p. I-140.

299. L'acquisition, la détention et la circulation transfrontalière des armes à feu sont régies par une directive dont le texte initial remonte à 1991 et dont la dernière version date de 2017 (directive 2017/853 du 17 mai 2017, *JOUE*, L 137, 24 mai 2017).

300. Voy. art. 29 TFUE.

B. La dimension géographique

305. Particularités du périmètre terrestre de l'union douanière. Le périmètre de l'union douanière européenne est également défini dans le Code des douanes de l'Union ; il mérite deux précisions permettant de souligner sa particularité.

306. Non-coïncidence entre les territoires terrestres de l'union douanière et de l'Union. La première précision est relative au fait que le territoire de l'union douanière ne correspond pas à la simple addition des territoires nationaux des États membres et ceci sous deux aspects.

D'abord, certains territoires, bien que soumis à la souveraineté de l'un des États de l'Union, ne font pourtant pas partie de l'union douanière : pour la France, c'est le cas des collectivités d'outre-mer (Saint-Pierre et Miquelon, Wallis-et-Futuna, Saint-Barthélemy et Saint Martin, la Nouvelle Calédonie (collectivité *sui generis*), la Polynésie, les Terres australes et antarctiques françaises) à la différence des départements et régions d'outre-mer (Guadeloupe, Guyane, Martinique, Mayotte et la Réunion) qui font, eux, partie de l'union douanière ; pour l'Espagne, il s'agit des enclaves de Ceuta et de Melilla au Maroc ; pour le Danemark, des îles Féroé ; etc. Ces territoires exclus de l'union douanière bénéficient toutefois d'un régime spécial d'association prévu par les articles 198 à 203 TFUE.

Ensuite – et à l'inverse –, certains territoires n'appartenant pas à l'Union européenne font pourtant partie de l'union douanière : il s'agit de la principauté de Monaco (depuis la Convention franco-monégasque de 1953), de la République de San Marin (depuis une convention de 1992 entre San Marin et la Communauté européenne), et enfin de la principauté d'Andorre (depuis une convention de 1991) pour laquelle l'union douanière est cependant limitée à certains produits industriels. Ajoutons que depuis le 1er janvier 1996, la Turquie constitue une union douanière avec l'Union européenne.

307. Autres dimensions du périmètre de l'union douanière. La seconde précision utile se rapporte aux dimensions autres que terrestres de l'union douanière : font en effet partie de l'union douanière, car relevant du champ de la souveraineté des États membres, la mer territoriale (extension maritime du territoire terrestre de l'État jusqu'à 12 milles marins) – mais pas le plateau continental – ainsi que l'espace aérien de ceux-ci.

§ 3. Les conséquences de la réalisation de l'union douanière

308. Conséquences immédiates. La réalisation de l'union douanière a été effective le 1er juillet 1968 entre les six États fondateurs, soit 18 mois avant l'échéance officiellement prévue (le 1er janvier 1970). Il faut donc considérer qu'à partir de cette date, tous les droits de douane et taxes d'effet équivalant à ces droits de douane[301] à l'entrée et à la sortie des marchandises devaient avoir disparu entre les États ; en outre, le tarif douanier commun – correspondant à une moyenne arithmétique des tarifs douaniers nationaux antérieurs – était instauré[302]. Pour en revenir à l'aspect interne, la réalisation de cette union dépassait le strict domaine douanier pour englober toutes les réglementations commerciales restrictives comme devait le rappeler la Cour de justice, dans son arrêt *Fonds social des diamantaires* en affirmant que « [...] toute entrave quelconque, pécuniaire, administrative ou autre (devait) être écartée afin de réaliser l'unité de marché entre les États membres »[303].

Il reste que les comportements déviants des États au regard de ces catégories d'obstacles normalement interdits n'ont toujours pas complètement disparu comme nous le constaterons en détails plus loin.

309. Conséquences différées. Si les obstacles aux échanges de marchandises avaient théoriquement disparu pour les échanges intracommunautaires à partir de 1968, il n'en reste pas moins que les douanes nationales continuaient de fonctionner, non pour appliquer des taxes mais pour procéder à des contrôles de nature technique et/ou sanitaire.

Par la suite et afin de faciliter les formalités administratives, un document administratif unique (DAU) avait été créé. S'il a été supprimé le 1er janvier 1993 en même temps que les frontières internes de l'Union, il subsiste toutefois dans trois types de situations : les rapports entre les États membres et les pays tiers ; les relations entre les États membres et les territoires exclus de l'union douanière, notamment les Collectivités d'Outre-mer françaises précédemment mentionnées ; enfin, dans les relations entre les États membres et les territoires qui, tout en faisant partie de l'union douanière, disposent d'un régime de TVA particulier, comme les régions d'Outre-mer françaises ou les îles Canaries.

L'Union européenne reposant sur une union douanière, laquelle constituant le cadre de la libre circulation des marchandises, il convient maintenant de s'intéresser au régime juridique de cette liberté visant les biens : le Traité de Rome avait en effet posé comme principe l'interdiction des pratiques étatiques entravant les échanges.

---

301. Voy. *infra*, pts 312 à 321.
302. Règlement (CEE) n° 950/68, 28 juin 1968 (*JOCE*, L 172, 22 juillet 1968).
303. CJCE, 13 décembre 1973, *Fonds social des diamantaires*, aff. 2 et 3/69, *Rec.*, p. 211 : comm. *Les grands arrêts du droit de l'Union européenne* (dir. C. Boutayeb), *op. cit.*, pp. 239-244.

LE RÉGIME JURIDIQUE DE LA LIBRE CIRCULATION DES MARCHANDISES

310. Double approche du régime de la libre circulation. Sur le plan technique, l'effectivité de la libre circulation des marchandises est assurée par deux approches qui, en pratique, se combinent[304].

La première approche correspond à la technique de l'harmonisation qui autorise les institutions européennes à adopter des règles induisant un rapprochement des législations nationales, notamment sur le terrain des normes techniques – applicables à certains produits (jouets, appareils électriques, matériaux de construction, etc.) –, celui des droits de propriété intellectuelle et industrielle (marques, brevets, dessins et modèles) ou encore de la fiscalité indirecte (TVA). La réduction, voire la suppression, des disparités les plus importantes entre les législations nationales sur de tels aspects est en effet de nature à faciliter les échanges économiques entre les pays européens.

La seconde approche prend la forme de ce qu'il est convenu d'appeler « l'intégration négative » puisque les règles en cause interdisent certaines pratiques émanant des États membres afin d'assurer effectivement la libre circulation des marchandises sur le territoire de l'Union. Seule cette seconde approche nous retiendra dans la mesure où elle est la plus riche et la plus intéressante juridiquement parlant : plus précisément, il est interdit aux États d'adopter des réglementations instaurant des entraves de nature pécuniaire (§ 1) comme des entraves de nature non pécuniaire (§ 2).

§ 1. L'interdiction des entraves pécuniaires

311. Double interdiction posée par le Traité de Rome. Ces entraves pécuniaires interdites peuvent prendre deux formes différentes : d'abord, il peut s'agir de droits de douane ou de taxes ayant un effet équivalant à ces droits de douane (TEE) ; ensuite, bien que les États disposent encore aujourd'hui d'une réserve de compétence fiscale, ils ne peuvent instituer des impositions intérieures que si celles-ci n'ont pas un effet discriminatoire et/ou protecteur.

En conséquence, nous envisagerons successivement : l'interdiction des taxes d'effet équivalent (A) et l'interdiction des impositions intérieures discriminatoires ou protectrices (B).

---

304. Voy. N. DE GROVE-VALDEYRON, *Droit du marché intérieur européen, op. cit.*, et C. BLUMANN (dir.), *Introduction au marché intérieur. Libre circulation des marchandises*, comm. J. MÉGRET, Bruxelles, Éditions de l'ULB, 2015.

A. L'interdiction de toutes les taxes d'effet équivalent

312. Droits de douane et taxes d'effet équivalant à des droits de douane. L'article 30 TFUE dispose que « les droits de douane à l'importation et à l'exportation ou taxes d'effet équivalent sont interdits entre les États membres. Cette interdiction s'applique également aux droits de douane à caractère fiscal. »

Si les droits de douane, prévus par les nomenclatures nationales avant 1968 et qui devaient avoir disparu après, étaient facilement décelables, les taxes d'effet équivalant à ces droits de douane (TEE) se sont avérées plus difficiles à cerner, d'autant plus que le Traité de Rome n'en donnait pas de définition. Le juge a apporté une contribution décisive tant sur le plan de la notion (1) que des limites à celle-ci (2).

1. La notion de TEE

313. Définition de la TEE donnée par la Cour. Après avoir raisonné par analogie avec les droits de douane en affirmant que les TEE étaient des « [...] mesures qui, présentées sous d'autres appellations ou introduites par le biais d'autres procédés, aboutiraient aux mêmes résultats discriminatoires ou protecteurs que les droits de douane »[305], la Cour en a donné une définition plus précise quelques années plus tard dans les termes suivants[306] : « Une charge pécuniaire, fût-elle minime, unilatéralement imposée, quelles que soient son appellation et sa technique, et frappant les marchandises nationales (exportations) ou étrangères (importations) en raison du fait qu'elles franchissent la frontière, lorsqu'elle n'est pas un droit de douane proprement dit, constitue une TEE, alors même qu'elle ne serait pas perçue au profit de l'État, qu'elle n'exercerait aucun effet discriminatoire ou protecteur, et que le produit imposé ne se trouverait pas en concurrence avec une production nationale. »

314. Critères de définition de la TEE. À partir de cette définition, trois éléments décisifs apparaissent clairement : l'origine, le fait générateur et enfin l'objet de la taxe.

315. Origine de la taxe. La taxe d'effet équivalent a d'abord une origine « étatique », au sens de « publique », c'est-à-dire émanant d'une autorité contrôlée directement ou indirectement par les pouvoirs publics : les autorités centrales bien sûr mais également les autorités locales (déconcentrées comme décentralisées) et même des organismes privés exerçant des prérogatives de puissance publique (organismes professionnels finançant des opérations d'intérêt général et pratiquant des taxes parafiscales).

---

305. CJCE, 14 décembre 1962, *Commission c/ Luxembourg et Belgique*, aff. 2 et 3/82, *Rec.*, p. 813.
306. CJCE, 1er juillet 1969, *Commission c/ Italie*, aff. 24/68, *Rec.*, p. 193.

Sont en revanche exclues les charges nationales résultant de la législation européenne elle-même, notamment à l'occasion de contrôles sanitaires ou de qualité sur les produits agricoles[307].

316. Fait générateur de la taxe. Le fait générateur correspond au franchissement de la frontière, même si depuis le 1er janvier 1993, les frontières physiques internes à l'Union n'existent plus au sein de l'Union. En outre, ces taxes d'effet équivalent sont interdites dans les rapports intra-européens, mais également dans les rapports avec les pays tiers du fait de la mise en place du tarif douanier commun ; enfin, la Cour a eu l'occasion d'assimiler les frontières régionales ou locales à des frontières nationales classiques. Les illustrations sur ce dernier point ne manquent pas.

317. Frontière régionale ou locale. Ainsi, dans une affaire mettant en cause « l'octroi de mer » – impôt datant de l'époque monarchique, spécifique aux départements d'Outre-mer et frappant les produits métropolitains comme européens (mais pas les marchandises locales) –, la Cour a pu considérer qu'il s'agissait d'une taxe d'effet équivalent dont le fait générateur était la frontière locale en cause[308]. Au nom du soutien particulier aux régions ultrapériphériques, le dispositif a toutefois pu être accepté par une décision du Conseil de l'Union adoptée en 2004[309] et prorogée fin 2014[310].

La Cour a suivi le même type de raisonnement s'agissant cette fois d'une taxe appliquée à des marbres extraits dans les carrières de la ville de Carrare, dès lors qu'ils sortaient du territoire communal : peu importait qu'ils fussent destinés à rester en Italie ou à être exportés[311].

318. Objet de la taxe. Cet élément, le prélèvement pécuniaire, est le troisième et dernier élément de définition de la TEE ; il nécessite deux précisions.

En premier lieu, il faut bien comprendre que la taxe est illégale quel que soit son montant puisque la Cour évoquait dans l'arrêt de 1969 qui lui a permis de dégager la notion de TEE « une charge pécuniaire, fût-elle minime » ; il n'y a donc pas ici de consécration de la règle « *de minimis* » (selon la formule *De minimis non curat praetor*) contrairement au droit des ententes[312]. Le juge considère en effet que les TEE doivent être interdites

---

307. Voy. CJCE, 30 mai 2002, *Stratmann GmbH*, aff. C-284/00, *Rec.*, p. I-4611.
308. Voy. CJCE, 16 juillet 1992, *Legros*, aff. C-163/90, *Rec.*, p. I-4658 et CJCE, 9 août 1994, *Lancry*, aff. C-363/93, *Rec.*, p. I-3960.
309. Voy. D. Simon, « Le nouvel octroi de mer : serpent de mer apprivoisé ou laboratoire de l'ultrapériphéricité ? », *Europe*, chron. n° 7, 2004.
310. Cons. UE, déc. 940/2014/UE, 17 décembre 2014 relative au régime de l'octroi de mer dans les régions ultrapériphériques françaises (*JOUE*, L 367, 23 décembre 2014).
311. Voy. CJCE, 9 septembre 2004, *Carbonati*, aff. C-72/03, *Rec.*, p. I-8027. Pour un exemple plus récent de TEE à l'exportation (taxe frappant l'exportation de l'électricité produite sur le territoire de la Slovaquie), voy. Cour, 6 décembre 2018, *FENS*, aff. C-305/17 : comm. A. Rigaux, *Europe*, n° 75, 2019.
312. Voy. *infra*, pt 475.

en fonction de leur objet, plus qu'en fonction de leurs effets : en raison de leur seule existence, ces taxes constituent un frein à la libre circulation des marchandises dans l'espace européen.

En second lieu, ces taxes connaissent une interdiction absolue : aucune dérogation n'est autorisée quel que soit le motif invoqué par les États. C'est là une source importante de contentieux avec, à chaque fois, le même résultat négatif pour les États en cause.

Ainsi, dans l'affaire *Fonds social des diamantaires* précitée[313], les autorités belges avaient tenté de faire valoir que la taxe en cause (sur les diamants bruts importés en Belgique) était destinée à financer un organisme de protection sociale des ouvriers diamantaires ; dans l'affaire *Carbonati*[314], la taxe communale avait été présentée comme justifiée par le financement de l'entretien du réseau routier communal abîmé par le va-et-vient des camions transportant le marbre...

319. Exemples de comportements classiques constituant des TEE. La rigueur des critères posés par la Cour permet à celle-ci de condamner de nombreux comportements étatiques, parmi lesquels deux séries d'exemples sont devenues classiques.

Ont ainsi été qualifiées de taxes d'effet équivalent et comme étant interdites toutes sortes de taxes nécessaires à l'établissement de données statistiques ou économiques, malgré leur caractère apparemment neutre. Plus précisément, ces pratiques ne seront autorisées que si les frais correspondants ne sont pas assumés par les opérateurs économiques mais par les services compétents de l'État considéré, ce qui n'était pas le cas notamment dans l'affaire *Politi* où la société italienne du même nom s'était vu imposer le paiement d'une telle taxe lors de l'importation de sa viande de porc en Belgique[315].

Dans la même logique, les charges engendrées par les contrôles techniques, sanitaires, vétérinaires ou autres, sont interdites dès lors que ces contrôles s'effectuent selon « des critères propres aux États » et que ce sont les opérateurs économiques qui en assument le coût, quand bien même le dispositif concernerait à la fois les produits nationaux et importés[316]. La seule exception possible correspond à un contrôle imposé par le droit de l'Union lui-même, auquel cas le financement s'y rapportant sera partagé entre l'Union et le (ou les) États membres concernés.

---

313. Voy. *supra*, note 303.
314. Voy. *supra*, note 311.
315. Voy. CJCE, 14 décembre 1971, *Politi*, aff. 43/71, *Rec.*, p. 1039.
316. Voy. CJCE, 14 décembre 1972, *Marimex*, aff. 29/72, *Rec.*, p. 1309.

2. La limite de la notion : la redevance pour service rendu

320. Consécration jurisprudentielle de la redevance pour service rendu. Pour échapper à l'interdiction précitée, les États tentent de plus en plus d'invoquer l'idée d'un service rendu aux opérateurs économiques, lequel justifierait une contrepartie financière. Fréquemment invoquées, ces « taxes (ou plutôt redevances) pour service rendu » ont été consacrées par le juge européen de manière tout à fait exceptionnelle et à des conditions très strictes ; précisons toutefois ici que cette catégorie de redevances ne doit pas être considérée comme une exception au principe d'interdiction absolue des taxes d'effet équivalent, mais seulement comme une limite puisque la redevance en cause ne constitue justement pas une TEE.

C'est dans son arrêt *SIOT* de 1983 que la Cour a reconnu l'existence de cette catégorie de redevances et précisé les conditions de leur validité : était en cause un prélèvement constituant la contrepartie de l'utilisation des eaux et des installations du port italien de Trieste pour débarquer du pétrole réexpédié vers l'Allemagne et l'Autriche[317].

321. Condition d'existence de la redevance pour service rendu. La Cour a admis que cette taxe portuaire était licite, car elle correspondait à un service rendu et remplissait cumulativement les quatre conditions suivantes.

En premier lieu, le service était un véritable service, en ce sens qu'il représentait une prestation positive à travers l'utilisation des installations portuaires pour débarquer le pétrole.

En deuxième lieu, le service procurait un avantage individuel à l'opérateur économique concerné : *a contrario*, tout service rendu à caractère général constitue une TEE.

En troisième lieu, le service était facultatif, laissant donc le choix aux opérateurs économiques d'y recourir ou non.

En quatrième et dernier lieu, le montant de la taxe était proportionné au service rendu : toute redevance établie forfaitairement ou *ad valorem* est par nature irrégulière[318].

Nous allons nous intéresser maintenant à la seconde catégorie d'entraves pécuniaires à la libre circulation des marchandises : les impositions intérieures.

---

317. CJCE, 16 mars 1983, *Société italienne pour l'oléoduc transalpin (SIOT)*, aff. 266/81, *Rec.*, p. 731.
318. CJCE, 11 juillet 1989, *Ford Espana*, aff. 170/88, *Rec.*, p. 2305.

B. L'interdiction de certaines impositions intérieures

322. Licéité de principe des impositions intérieures et justification. Encore aujourd'hui, l'essentiel de la compétence en matière fiscale appartient aux États ; c'est pourquoi, dès lors qu'une législation imposera dans les mêmes conditions un produit importé et un produit national similaire, elle sera considérée comme neutre fiscalement et donc autorisée en vertu de l'article 110 TFUE. Cette réalité permet de comprendre que les impositions intérieures sont normalement licites, sauf si elles sont discriminatoires et/ ou protectrices.

Plus précisément, l'article 110 TFUE dispose : « Aucun État ne frappe directement ou indirectement les produits des autres États membres d'impositions intérieures, de quelque nature qu'elles soient, supérieures à celles qui frappent directement ou indirectement les produits nationaux similaires. En outre, aucun État membre ne frappe les produits des autres États membres d'impositions intérieures de nature à protéger indirectement d'autres productions. »

Cette disposition vise donc simplement à garantir une parfaite neutralité fiscale entre les produits nationaux et les produits importés similaires ; deux aspects méritent l'attention : le domaine de l'interdiction (1) et les conditions de l'interdiction (2).

1. Le domaine de l'interdiction

323. Distinction entre impositions intérieures et TEE. L'imposition intérieure et la TEE présentent formellement deux différences juridiques.

D'abord, l'imposition intérieure se caractérise par son appartenance à un régime fiscal plus global alors que la TEE se distingue par sa spécialité, par son caractère « isolé ». Ensuite, les impositions et les TEE se distinguent par le fait que les impositions s'appliquent indistinctement aux produits nationaux et importés alors que la TEE s'applique aux seuls produits importés (ou plus exceptionnellement exportés) en raison du franchissement de la frontière. Mais, en pratique, les choses sont plus compliquées car les TEE – comme les impositions – ne sont plus perçues aux frontières mais à l'intérieur des États : il en résulte un rapprochement entre les deux notions dont la frontière se « brouille ».

Très tôt en tout cas, la question s'est posée de savoir si une même taxe pouvait être qualifiée à la fois de TEE et d'imposition intérieure ou si, au contraire, ces deux qualifications étaient alternatives. La Cour a opté très tôt pour la qualification alternative[319] et est restée sur cette position ; même

---

319. CJCE, 6 juin 1966, *Lütticke*, aff. 57/65, *Rec.*, p. 293.

s'il lui arrive exceptionnellement de ne pas pouvoir trancher, comme dans cette affaire visant une taxe grecque sur les photocopieurs où elle conclut : « Cette taxe [...] ne fait pas nécessairement partie d'un régime de taxations intérieures relevant de l'article 90 du traité. Elle pourrait constituer un droit de douane ou une TEE au sens de l'article 25 du traité. Il suffit cependant de constater, ainsi que l'a indiqué M. l'Avocat général dans ses conclusions, que, en imposant une taxe supplémentaire uniquement sur les produits importés, la taxe de régulation est intrinsèquement discriminatoire et contraire, soit à l'article 90 (aujourd'hui article 110 TFUE), soit à l'article 25 (aujourd'hui article 30 TFUE) du traité ! »[320].

324. Critère subsidiaire de distinction. Dans des cas limites, la Cour peut même s'intéresser à l'affectation du produit de la taxe afin d'opter pour plutôt qu'une autre ; c'est le cas lorsque la taxe frappe à la fois les produits nationaux et importés mais que le produit de celle-ci permet le soutien ou l'encouragement des productions locales. La Cour distingue alors deux hypothèses : si la totalité du produit de la taxe profite aux produits nationaux, il s'agit d'une TEE ; si une partie seulement du produit de la taxe profite aux produits nationaux, on se trouve face à une imposition intérieure mais discriminatoire... donc illégale (jurisprudence *Capolongo*)[321].

325. Enjeu de la similarité. L'appréciation de la similarité des produits nationaux et importés est décisive puisque l'imposition intérieure frappe de la même manière les produits nationaux et les produits importés « similaires » (art. 110, al. 1er, *in fine*, TFUE). En la matière, la Cour de justice a développé une interprétation souple, en utilisant un critère d'analogie, de comparabilité dans l'utilisation des produits dès lors qu'ils ne seraient pas strictement identiques. Plus précisément, les produits similaires sont des produits qui présentent pour les consommateurs des propriétés analogues ou répondent aux mêmes besoins[322].

326. Illustrations de la similarité. Ainsi, selon la Cour, il y a une différence – donc pas de similarité – entre le whisky et les liqueurs, et une taxation différenciée est donc possible ; en revanche, le whisky et les eaux-de-vie sont similaires, car aucun critère objectif ne permet de les dissocier, et doivent donc être imposés dans les mêmes conditions. De même, les vins mousseux fabriqués en cuve et ceux fermentés en bouteille ou les cigarettes blondes et les cigarettes brunes sont similaires[323].

---

320. CJCE, 3 février 2000, *Charalampos Dounias*, aff. C-228/98, *Rec.*, p. I-577, pt 50. Voy. à propos d'un droit levé auprès des importateurs d'effluents d'élevage, Cour, 2 octobre 2014, *Orgacom*, aff. C-254/13, np : comm. S. Cazet, *Europe*, n° 530, 2014.

321. CJCE, 19 juin 1973, *Capolongo*, aff. 77/72, *Rec.*, p. 611. Pour une application relativement à une taxe néerlandaise sur le transport des crevettes à bord des bateaux nationaux affectée au financement d'installations nationales de tamisage et de décorticage, voy. Cour, 8 juin 2006, *Koonstra*, aff. C-517/04, *Rec.*, p. I-5015 : comm. D. Simon, *Europe*, n° 237, 2006.

322. Voy. CJCE, 27 février 1980, *Commission c/ République française*, aff. 168/78, *Rec.*, p. 347.

323. Voy. CJCE, 7 février 2002, *Commission c/ France*, aff. C-302/00, *Rec.*, p. I-2055.

2. Les conditions de l'interdiction

327. Caractère discriminatoire et/ou protecteur. Dans toute une série d'arrêts rendus dans les années 1980 à propos de la perception des droits d'accise sur les alcools dans divers États, la Cour a eu l'occasion de préciser les conditions d'interdiction des impositions. Celles-ci sont présumées licites mais à deux conditions : elles ne doivent être ni discriminatoires, ni protectrices, ni a fortiori les deux à la fois.

328. Caractère discriminatoire. S'agissant du caractère discriminatoire (art. 110, al. 1er, TFUE), il faut comprendre que le produit importé ne doit pas être imposé plus lourdement que les produits nationaux similaires.

Cela interdit bien entendu une différence de taux d'imposition en défaveur des produits importés – la différence d'imposition au détriment des produits nationaux est techniquement admise : c'est ce que l'on appelle la « discrimination à rebours » –, mais également du point de vue de l'assiette ou des modalités de perception de la taxe : une imposition avec un montant identique mais avec un système de paiement différencié – sur la base d'une déclaration trimestrielle pour les producteurs nationaux et à l'occasion de chaque opération pour les importateurs – a pu ainsi être considérée comme discriminatoire.

À titre d'exemple, la taxation environnementale roumaine frappant les véhicules automobiles lors de la première immatriculation sur le territoire national a donné lieu ces dernières années à une véritable « saga jurisprudentielle »[324]...

Mais, en pratique, il n'existe parfois pas de production nationale – ou une production faible, peu significative – rendant la comparaison entre les produits importés et les produits nationaux en pratique impossible : dans ce cas-là, le second alinéa de l'article 110 TFUE joue alors un rôle complémentaire du premier.

329. Caractère protecteur. En ce qui concerne le caractère protecteur, interdiction est faite aux États de frapper des produits d'autres États d'impositions intérieures « de nature à protéger indirectement d'autres productions ». L'effet discriminatoire évoqué au premier alinéa s'accompagne nécessairement d'un effet protecteur ; pour autant, le second alinéa n'est pas redondant : il permet de vérifier l'existence d'un effet protecteur à l'égard de produits non similaires – puisqu'il n'y a pas de production nationale ou qu'elle est marginale – mais se trouvant avec le produit d'importation « dans un rapport de concurrence même partielle, indirecte ou potentielle », a pu dire la Cour.

---

324. Voy. Cour, 14 avril 2015, *Manea*, aff. C-76/14, np : comm. A. RIGAUX, *Europe*, n° 226, 2015.

Une telle situation laisse une marge d'appréciation non négligeable à la Cour, comme l'illustre l'affaire *Coopérativa Frutta* de 1987[325]. Était en cause en l'espèce une taxe italienne sur les bananes alors que ce pays en produisait 120 tonnes par an et en importait 120 000 ; la Cour ne s'est pas arrêtée au seul caractère non discriminatoire de la taxe en question, mais a cherché à vérifier si l'existence de cette taxe ne pouvait pas servir à protéger d'autres fruits de table se trouvant dans un rapport de concurrence avec les bananes – comme le raisin notamment – et pour lesquels la production italienne était bien placée ; constatant le caractère protecteur de ladite taxe, la Cour a conclu à son illégalité.

Dans l'affaire de la « super-vignette française » – une vignette supplémentaire à la vignette classique en vigueur à l'époque s'appliquait à tous les véhicules de plus de 16 chevaux fiscaux –, la France se défendait en affirmant qu'il n'y avait pas de discrimination entre les véhicules nationaux et importés puisque le critère retenu était celui de la puissance fiscale... tout en oubliant de préciser qu'elle ne produisait pas de voitures de plus de 16 chevaux fiscaux ! Bien que non discriminatoire, la taxe a été considérée par la Cour comme protectrice pour les véhicules français : l'objectif poursuivi était manifestement de dissuader l'acheteur d'acquérir un véhicule puissant, de marque allemande notamment[326]...

330. Synthèse sur les conditions de licéité des impositions intérieures. En définitive, la situation est la suivante : s'agissant de produits similaires, toute différence de charge est normalement illicite en vertu du principe de non-discrimination inscrit au premier alinéa de l'article 110 TFUE (sauf hypothèse largement théorique de la « discrimination à rebours ») ; s'agissant en revanche de produits non similaires mais concurrents, une différence de charge fiscale est admissible dès lors qu'elle n'est pas excessive et ne sert pas à protéger d'autres productions nationales (selon la mention du second alinéa de l'article 110 TFUE). Concrètement, la Cour a ainsi estimé que la bière et les vins « premiers prix » se trouvant dans un rapport de concurrence en Belgique, une différence de taxation de six points en faveur de la première par rapport aux seconds était acceptable dans la mesure où le prix de ces derniers était quatre fois supérieur à celui de la première[327].

C. Le remboursement des taxes et impositions illégales

331. Principe du remboursement. Si malgré les interdictions posées par le TFUE un État a créé une taxe d'effet équivalent ou une imposition intérieure discriminatoire et/ou protectrice, il pourra être condamné à

---

325. Voy. CJCE, 7 mai 1987, *Cooperativa Frutta*, aff. 193/85, *Rec.*, p. 2085.
326. Voy. CJCE, 9 mai 1985, *Humblot*, aff. 112/84, *Rec.*, p. 136.
327. Voy. CJCE, 9 juillet 1987, *Commission c/ Belgique*, aff. 356/85, *Rec.*, p. 3299.

rembourser les sommes indûment perçues aux opérateurs économiques lésés[328] ; pour la Cour, il s'agit là de la seule sanction réellement efficace[329].

332. Modalités du remboursement. La demande de restitution sera présentée à l'administration puis, en cas de refus de celle-ci, à la juridiction compétente. Le Tribunal national devant lequel a été porté le litige condamnera l'administration à rembourser l'opérateur économique qui en a fait la demande, non seulement des sommes versées postérieurement à l'arrêt de la Cour mais également pour celles qui l'ont été antérieurement, dès l'institution de la taxe.

Le juge national a un rôle important pour apprécier le montant de la restitution puisqu'il pourra : soit minorer le remboursement, si l'entreprise a incorporé la taxe en question dans ses prix et l'a ainsi répercutée sur les acheteurs ; soit majorer celui-ci, si l'opérateur a subi un préjudice particulier du fait de l'incidence de la taxe litigieuse sur le volume de ses affaires, par exemple en subissant une diminution de ses importations.

333. Procédure de remboursement. Quant à la procédure, elle relève également de la compétence nationale (au nom du principe de « l'autonomie procédurale et institutionnelle des États ») et pourra donc varier d'un État à l'autre (forme des recours, délais, etc.) sous réserve du respect de deux principes :

– d'abord, que dans chaque État membre, ses diverses modalités ne soient pas moins favorables que celles concernant des recours similaires de nature interne ;

– et ensuite, que leur aménagement ne rende pas, en pratique, impossible l'exercice des droits que les justiciables tirent de l'effet direct de la disposition communautaire en cause. En d'autres termes, le législateur national ne pourra pas, légalement, neutraliser les effets de l'arrêt de la Cour de manière à rendre en pratique impossibles les possibilités d'action en justice des opérateurs économiques intéressés, comme la France l'avait fait suite à sa condamnation dans l'affaire de la « super-vignette » précitée[330].

Toutefois, le juge a admis qu'un délai d'action soit posé dès lors qu'il est raisonnable : ainsi en est-il par exemple de la règle française de la déchéance quadriennale.

Outre l'élimination des entraves pécuniaires à la libre circulation des marchandises, le Traité de Rome posait également dès le départ le principe d'interdiction des entraves non pécuniaires, c'est-à-dire des entraves de nature technique.

---

328. Voy. *RUE*, n° 571, 2013, dossier spécial, pp. 474-509. Pour une affaire récente, voy. Cour, 1er mars 2018, *Petrotel-Lukoil et Georgescu*, aff. C-76/17 : comm. A. Rigaux, *Europe*, n° 174, 2018.
329. CJCE, 27 mars 1980, *Denkavit-Italiana*, aff. 61/79, *Rec.*, p. 1205.
330. Voy. CJCE, 29 juin 1988, *Deville*, aff. 240/87, *Rec.*, p. 3524.

§ 2. L'interdiction des entraves non pécuniaires

334. Mention des mesures d'effet équivalent dans le TFUE. Par entraves non pécuniaires à la libre circulation des marchandises, il faut entendre, d'une part, les restrictions quantitatives (correspondant pour l'essentiel à des quotas ou des contingents) et, d'autre part, les mesures d'effet équivalant à des restrictions quantitatives (MEE) qui sont interdites à l'importation (art. 34 TFUE) comme à l'exportation (art. 35 TFUE).

Leur élimination donne lieu à un riche contentieux, car elles ont été et demeurent assez largement utilisées par les États qui ont compris qu'elles étaient moins voyantes que les entraves de nature tarifaire ; par ailleurs, si le principe de leur élimination a été posé dès 1957, certaines dérogations sont admises pour des motifs légitimes.

En conséquence, il conviendra de préciser d'abord la notion de MEE (A) avant d'envisager les dérogations qui sont admises au principe d'interdiction de telles pratiques (B).

A. La notion de mesure d'effet équivalent

335. Aspects de la notion. Pour préciser cette notion, nous commencerons par la définition de la mesure d'effet équivalent (1) puis nous en présenterons les critères (2).

1. *La définition de la mesure d'effet équivalent*

336. Tentative de définition par la Commission. La première définition des MEE a été posée par la Commission européenne dans une directive du 22 décembre 1969 ayant pour objet l'élimination des mesures à l'importation. Selon la Commission européenne, les mesures d'effet équivalent correspondent à « [...] des dispositions législatives, réglementaires et administratives, des pratiques administratives ainsi que tous actes émanant d'une autorité publique (y compris les incitations) » et ces mesures sont d'effet équivalent à des restrictions quantitatives quand il s'agit de mesures « [...] autres que celles indistinctement applicables aux produits nationaux et aux produits importés, qui font obstacle à des importations qui pourraient avoir lieu en leur absence, y compris celles qui rendent les importations plus difficiles ou plus onéreuses que l'écoulement de la production nationale » mais aussi « des mesures régissant la commercialisation des produits et portant notamment sur la forme, la dimension, le poids, la composition, la prestation, l'identification, le conditionnement, applicables indistinctement aux produits nationaux et aux produits importés dont les effets restrictifs sur la libre circulation des marchandises dépassent le cadre des effets propres d'une réglementation de commerce » !

Une telle définition n'étant pas – chacun en conviendra – praticable, la Cour s'est également intéressée à ce concept de « mesure d'effet équivalent ».

337. Définition posée par la Cour. La Cour a heureusement donné une définition plus synthétique que celle de la Commission.

C'est dans son arrêt *Dassonville* de 1974 que la Cour de justice – conduite à examiner une réglementation belge imposant qu'une pièce officielle attestant du droit à l'appellation d'origine d'un produit (en l'occurrence « whisky écossais ») soit fournie par l'importateur même si le produit n'était pas importé directement du pays producteur – va poser sa formule de référence dans les termes suivants : constitue une MEE « toute réglementation commerciale des États membres susceptible d'entraver, directement ou indirectement, actuellement ou potentiellement, le commerce intracommunautaire »[331].

À partir de cette formule, intéressons-nous aux critères de la mesure d'effet équivalent.

2. Les critères de la mesure d'effet équivalent

338. Réunion de trois éléments. Trois éléments doivent être réunis pour qu'une pratique nationale constitue une MEE : il faut une réglementation étatique, ayant un objet commercial et restreignant le commerce intra-européen. Précisons successivement ces aspects.

339. Notion de réglementation étatique. La mesure résulte d'abord d'une réglementation étatique, chacun des deux termes de l'expression étant interprété extensivement par le juge.

Par réglementation, il faut entendre les actes du législatif (législation), ceux de l'exécutif (réglementation), mais également de simples pratiques administratives dès lors qu'elles seraient constantes, voire des pratiques nationales informelles comme les campagnes publicitaires en faveur de la promotion des produits nationaux, alors même que celles-ci sont entreprises par des organismes privés, l'État se bornant à y apporter un soutien moral et financier. Si cette dernière hypothèse – correspondant à l'affaire dite « *Buy Irish* »[332] – demeure isolée, elle n'est pas inintéressante à mentionner au regard du débat récent sur la défense de la qualité des produits français et la mise en avant de la mention « Fabriqué en France »...

---

331. CJCE, 11 juillet 1974, *Dassonville*, aff. 8/74, *Rec.*, p. 837 : comm. *Les grands arrêts du droit de l'Union européenne* (dir. C. Boutayeb), *op. cit.*, pp. 276-282. Plus largement, voy. D. Simon, « Restrictions quantitatives et mesures d'effet équivalent », *Rép. eur. Dalloz*, 2019.
332. Voy. CJCE, 24 novembre 1982, *Commission c/ Irlande*, aff. 249/81, *Rec.*, p. 4005.

Le juge de l'Union entend également de manière souple la condition relative à l'origine étatique de la réglementation en cause : comme pour les taxes d'effet équivalent, il envisage l'État très largement de manière à englober les autorités centrales, locales, les établissements publics ou les collectivités publiques et même les organismes mixtes ou exclusivement privés dès lors qu'ils possèdent des prérogatives de puissance publique : ainsi en a-t-il été de l'interdiction adressée à ses membres par la Chambre professionnelle des pharmaciens en Allemagne de faire de la publicité pour des produits parapharmaceutiques en dehors de leur officine[333].

340. Cas limites. En définitive, seuls les comportements purement privés échappent au champ d'application des mesures d'effet équivalent, et encore ! En effet, la Cour a eu l'occasion de considérer que des mesures émanant d'opérateurs privés peuvent être qualifiées de MEE dès lors que les autorités publiques auraient manqué à leur obligation de diligence dans la surveillance du comportement de leurs ressortissants en laissant ceux-ci mettre en place des entraves à la libre circulation des marchandises.

Cette hypothèse renvoie plus précisément à l'épisode de « la guerre de la fraise » au cours de laquelle les agriculteurs français avaient bloqué des transporteurs dont la cargaison de fruits et légumes provenait d'autres États européens, et notamment d'Espagne[334] ; dans son arrêt, la Cour a pris soin de souligner que les comportements en cause n'étaient pas imputables aux autorités françaises mais que celles-ci, en n'ayant pas tout mis en œuvre pour empêcher leur survenance, avaient manqué à leur obligation de coopération loyale[335].

341. Approche extensive de l'objet de la mesure. La réglementation nationale litigieuse doit ensuite avoir un objet commercial ; historiquement, il convient de distinguer deux étapes s'agissant de l'appréciation du juge relativement à cet aspect.

Dans un premier temps, l'objet commercial a été conçu de manière très large, englobant les mesures se rapportant à la mise sur le marché, comme celles relatives à la présentation du produit – la Cour a pu ainsi estimer que le fait, pour la Belgique, d'imposer la vente au détail de la margarine dans des paquets cubiques rendait plus difficile et plus onéreuse la commercialisation sur son territoire de margarine en provenance des autres États –, à son prix, à la publicité s'y rapportant, etc.

---

333. Voy. CJCE, 15 décembre 1993, *Hünermund*, aff. 292/92, *Rec.*, p. I-6887.

334. CJCE, 9 décembre 1997, *Commission soutenue par l'Espagne et le RU c/ France*, aff. C-265/95, *Rec.*, p. I-6959.

335. Suite à cette affaire, l'Europe a d'ailleurs adopté le règlement (CE) n° 2679/98 du 7 décembre 1998 (*JOCE*, L 337, 1er décembre 1998) créant une procédure « d'alerte rapide » pour lutter contre les entraves causant une perturbation grave de la libre circulation des marchandises et entraînant des dommages sérieux aux particuliers : A. Mattera, « Un instrument d'intervention rapide pour sauvegarder l'unicité du marché intérieur : le règlement n° 2679/98 », *RMUE*, 1999/2, pp. 9 et s.

Mais pour la Cour, la nature commerciale de la réglementation en cause permettait également d'appréhender des pratiques se situant en amont du processus commercial, notamment relatives aux normes de composition ou de production d'un produit. À cet égard, l'affaire la plus connue est sans contestation possible celle du « Cassis de Dijon »[336] dans laquelle était en cause une législation allemande réservant la qualification « liqueur de fruits » aux seules boissons alcoolisées de plus de 32 degrés ; dès lors, les liqueurs françaises (et notamment le Cassis de Dijon) qui faisaient entre 15 et 25 degrés ne pouvaient pas être vendues sur le territoire allemand sous cette appellation. La Cour a estimé en l'espèce qu'une telle réglementation constituait une mesure d'effet équivalent, bien que le Gouvernement allemand ait invoqué l'absence d'harmonisation des législations pour sa défense. À cette occasion, la Cour devait poser le principe selon lequel : « Tout produit légalement fabriqué et commercialisé dans un État membre conformément à la réglementation et aux procédés de fabrication loyaux et traditionnels de ce pays doit être admis sur le territoire de tout autre État membre » (principe de reconnaissance mutuelle).

342. Approche plus restrictive de l'objet de la mesure. Dans un second temps, la Cour a porté un coup d'arrêt à cette approche très extensive avec son arrêt *Keck et Mithouard* de 1993[337].

En l'espèce, deux responsables d'hypermarchés de la région de Strasbourg étaient pénalement poursuivis pour violation de la loi française de 1963 relative à la vente à perte ; ils se défendaient en affirmant que cette loi interdisant la revente à perte constituait une MEE au sens de l'article 28 TCE de l'époque et était donc illégale au regard du droit communautaire. Le Tribunal correctionnel français saisi de l'affaire au fond a posé plusieurs questions préjudicielles à la Cour de justice sur la revente à perte et le principe de la libre circulation des marchandises car tous les États membres n'interdisaient pas (et n'interdisent toujours pas) la vente à perte.

La Cour de justice a finalement refusé de qualifier la réglementation française de mesure d'effet équivalent en distinguant les réglementations qui sont relatives aux *conditions* de vente (composition, procédés de fabrication, etc.) et qui relèvent du champ des mesures d'effet équivalent, des réglementations qui limitent ou interdisent certaines *modalités* de vente – en l'occurrence ici la vente à perte – qui échappent à l'incrimination dès lors « [...] qu'elles affectent de la même manière la commercialisation des produits nationaux et ceux des autres États membres ». Plus tard, les

---

336.   CJCE, 20 février 1979, *Rewe Zentrale (Cassis de Dijon)*, aff. 120/78, *Rec.*, p. 649 : comm. *Les grands arrêts du droit de l'Union européenne* (dir. C. Boutayeb), *op. cit.*, pp. 375-387. Voy., également, A. Albors-Llorens, C. Bernard et B. Leucht (dir.), *Cassis de Dijon. 40 Years on*, Oxford, Hart Publishing, 2021.
337.   CJCE, 24 novembre 1993, *Keck et Mithouard*, aff. 267 et 268/91, *Rec.*, p. I-6097 : comm. *Les grands arrêts du droit de l'Union européenne* (dir. C. Boutayeb), *op. cit.*, pp. 583-590.

circonstances de temps ou de lieu de vente des marchandises aux consommateurs – notamment la vente de médicaments par Internet[338] ou la vente par démarchage de bijoux[339] – ont également été qualifiées de réglementations relatives aux modalités de vente.

343. Difficultés d'application de la distinction conditions/modalités de vente. Cette subtile distinction a cependant soulevé des difficultés d'application à diverses reprises, notamment en ce qui concerne la publicité pour les produits, tantôt considérée comme une condition de vente – constituant donc une mesure d'effet équivalent – quand la publicité figurait directement sur le produit, tantôt comme une modalité de vente quand la publicité était extérieure au produit ; des réglementations concernant la vente de produits alimentaires ont pu également recevoir une qualification juridique *a priori* étonnante[340]... Au point que certains observateurs ont pu parler de véritable *keckophonie*[341] !

344. Abandon de la distinction ? Au-delà du critère de l'objet commercial de la réglementation – et donc du caractère opératoire ou non de la distinction dégagée par l'arrêt *Keck et Mithouard* –, les dernières années font apparaître la volonté de la Cour de mettre dorénavant l'accent sur le critère de l'accès au marché comme critère central de l'appréciation de l'entrave[342] : cela apparaît clairement dans deux affaires réglées en 2009, celle des « remorques italiennes », d'une part[343], et celle des « véhicules nautiques suédois », d'autre part[344]. Ce critère s'appliquerait donc à tous les types de réglementations, qu'il s'agisse d'exigences liées aux caractéristiques d'un produit, de modalités de vente ou de modalités d'utilisation...

345. Effet anticirculatoire. Justement, c'est – enfin – parce « qu'elle est susceptible d'entraver le commerce intracommunautaire » que la mesure en cause peut être qualifiée de mesure d'effet équivalent ; plusieurs précisions peuvent être ici formulées.

La première se rapporte au fait qu'une réglementation applicable au commerce avec les États tiers n'est pas visée par les dispositions relatives aux mesures d'effet équivalent pour autant que celles-ci relèvent de l'aspect externe du marché intérieur, autrement dit de la politique commerciale commune envisagée à l'article 207 TFUE.

---

338. Voy. CJCE, 11 décembre 2003, *Deutscher Apotheker*, aff. 332/01, *Rec.*, p. I-7915.
339. CJCE, 23 février 2006, *Punkt*, aff. 441/04, *Rec.*, p. I-2093 : comm. A. Rigaux, *Europe*, n° 109, 2006.
340. Voy. CJCE, 13 janvier 2000, *Schutzwerband*, aff. C-254/98, *Rec.*, p. I-151 : comm. N. de Grove-Valdeyron, *RMCUE*, 2000, pp. 461 et s. ; CJCE, 18 septembre 2003, *Moraletto*, aff. 416/00, *Rec.*, p. I-9343 : comm. A. Rigaux, *Europe*, chron. n° 10, 2003.
341. Voy. A. Rigaux, chron. préc.
342. En ce sens, voy. N. de Grove-Valdeyron, *Droit du marché intérieur européen, op. cit.*, pp. 59-61 et plus largement, L. Azoulai (dir.), *L'entrave dans le droit du marché intérieur*, Bruxelles, Bruylant, 2011.
343. Voy. CJCE, 10 février 2009, *Commission c/ Italie*, aff. 110/05, *Rec.*, p. I-519.
344. CJCE, 4 juin 2009, *Percy Mickelsson et Roos*, aff. 142/05, *Rec.*, p. I-4273. Dans le même sens, voy. également : Cour, 23 décembre 2015, *The Scotch Whisky Association*, aff. C-333/14, np : comm. A. Rigaux, *Europe*, n° 50, 2016.

La deuxième remarque concerne les réglementations qui n'ont d'influence que sur le commerce interne des États et que l'on qualifie classiquement de « situations purement internes » ; dès lors qu'une réglementation nationale, même restrictive, n'a pas d'effet sur les courants d'échanges intra-européens, la logique serait qu'elle échappe à l'emprise du droit de l'Union et donc à la qualification de MEE. Cela étant, la Cour a réduit à une portion congrue ces « situations purement internes » ces dernières années, en se fondant sur l'effet entravant « potentiel » pour le commerce intra-européen de la mesure en cause[345] ; concrètement, seule sera écartée la réglementation ayant un effet restrictif manifestement aléatoire ou hypothétique.

La troisième et dernière précision utile vise les mesures d'effet équivalent à l'exportation. En effet, si les mesures nationales restrictives à l'importation sont les plus nombreuses, les mesures à l'exportation peuvent exister. Pendant longtemps leur appréciation a été étroite – en d'autres termes exigeante par rapport à l'approche extensive des mesures à l'importation – parce qu'elles n'ont qu'exceptionnellement un caractère restrictif[346] ; depuis un arrêt de 2008[347], la Cour a procédé à une harmonisation bienvenue du régime des mesures à l'importation et à l'exportation afin d'assurer la fluidité des échanges, quel que soit leur sens.

Si une réglementation nationale constitue une mesure d'effet équivalent, elle est normalement interdite par le droit de l'Union ; cette interdiction est toutefois relative puisque la réglementation en question pourra être finalement autorisée dès lors qu'elle sera justifiée par un intérêt légitime.

B. Les dérogations à l'interdiction des mesures d'effet équivalent

346. Double aspect des dérogations aux MEE. Envisageons d'abord la nature de ces dérogations (1) puis le régime juridique de celles-ci (2).

1. *La nature des dérogations*

347. Dérogations textuelles et jurisprudentielles. Les dérogations au principe d'interdiction des mesures d'effet équivalent résultent soit du TFUE, soit de la jurisprudence des juridictions de l'Union.

---

345. Voy. CJCE, 7 mai 1997, *Pistre*, aff. C-321 à 324/94, *Rec.*, p. I-2343 et CJCE, 5 décembre 2000, *Guimont*, aff. 448/98, *Rec.*, p. I-10663.
346. Voy. CJCE, 8 novembre 1979, *Groenveld*, aff. 15/79, *Rec.*, p. 3409.
347. Voy. CJCE, 16 décembre 2008, *Gysbrechts et Santurel Inter*, aff. C-205/07, *Rec.*, p. I-9947.

348. Dérogations textuelles des articles 36 et 114 TFUE. Les dérogations prévues dans le TFUE figurent respectivement aux articles 36 et 114.

Dans son premier paragraphe, l'article 36 TFUE dresse une liste de six motifs non économiques susceptibles de permettre aux États de déroger au principe d'interdiction des mesures d'effet équivalent ; ils se ramènent tous à l'idée d'un ordre public largement entendu.

349. Moralité publique. S'agissant de la moralité publique, la Cour a posé très tôt le principe selon lequel il appartient à chaque État de déterminer, « selon sa propre échelle de valeurs », le niveau de ses exigences de moralité publique : dès lors, un État peut par exemple s'opposer à l'importation sur son territoire d'articles ou de films à caractère pornographique, mais à la condition qu'il ne tolère pas parallèlement sur son territoire la fabrication et la commercialisation de tels articles[348].

Dans le même ordre d'idée, la Cour a admis que les autorités allemandes exercent leur propre contrôle – au nom de la protection des mineurs – sur les dessins animés japonais entrant sur leur territoire, quand bien même ceux-ci avaient déjà été contrôlés dans le pays de l'Union à partir duquel ils avaient été importés mais avec des exigences moindres[349].

350. Ordre public. Le motif de protection de l'ordre public est plus souvent utilisé dans le champ de la libre circulation des personnes et des services que dans celui de la libre circulation des marchandises ; parmi les quelques arrêts sur cette question, signalons cependant l'affaire *Thompson* dans laquelle la Cour a considéré qu'un État, le Royaume-Uni en l'occurrence, pouvait interdire l'exportation de sa monnaie qui n'avait plus cours légal car il y avait là une « mise en cause des intérêts essentiels de l'État »[350].

351. Sécurité publique. Le motif de protection de la sécurité publique a été retenu à quelques reprises, notamment pour justifier l'obligation faite aux distributeurs de produits pétroliers de s'approvisionner en partie auprès des raffineries installées dans le pays d'importation afin de limiter la dépendance de l'État en cause vis-à-vis de l'extérieur[351]. Sur le principe, la sécurité publique peut également justifier des restrictions au transit, voire une interdiction pure et simple de transit, sur un territoire national, de produits dangereux (comme des produits radioactifs notamment).

352. Santé publique. La santé publique représente le motif le plus souvent invoqué par les États, qui n'hésitent pas à y recourir pour tenter de justifier la mise en place de contrôles sanitaires, vétérinaires, alimentaires ou autres. Cette notion de « santé publique » est entendue

---

348. Voy. CJCE, 14 décembre 1979, *Henn & Darby*, aff. 34/79, *Rec.*, p. 3795.
349. Voy. CJCE, 14 février 2008, *Dynamic Medien*, aff. C-244/06, *Rec.*, p. I-505 : comm. A. Rigaux, *Europe*, n° 118, 2008.
350. Voy. CJCE, 23 novembre 1978, *Thompson*, aff. 7/78, *Rec.*, p. 2247.
351. Voy. CJCE, 10 juillet 1984, *Campus Oil*, aff. 72/83, *Rec.*, p. 2727.

largement puisqu'elle englobe la protection de la santé et de la vie des personnes et des animaux, d'une part, et la préservation des végétaux, d'autre part.

353. Santé des personnes. S'agissant de la santé des personnes, de telles mesures sont nombreuses.

La protection de la santé peut ainsi justifier que les États réglementent la composition, l'emballage ou l'usage de certains produits et qu'ils interdisent ou limitent certaines substances : ainsi, une législation interdisant la présence d'antibiotiques – à des fins de conservation – dans la fabrication de certains fromages, ou telle autre imposant un emballage pour les friandises proposées dans des distributeurs automatiques alors que certains États de l'Union n'avaient pas cette même exigence[352].

Certaines réglementations nationales peuvent également réserver à bon droit l'exercice de certaines prestations à une catégorie déterminée de professionnels : ainsi en est-il d'une législation réservant aux opticiens-lunetiers la vente des lentilles de contact, ou d'une autre conférant un monopole de vente de médicaments aux pharmaciens en raison de leur capacité à conseiller les patients[353]. Dans ces deux derniers cas notamment, le développement du commerce par voie électronique renouvelle cependant juridiquement et techniquement la question[354], comme en témoigne le débat suscité par l'autorisation de la vente en ligne de certains médicaments en France depuis le 1er mars 2013.

Plus récemment, la réglementation française interdisant la commercialisation du cannabidiol (CBD) légalement produit dans un autre État membre en raison du fait qu'il est extrait de la plante de cannabis « sativa » dans son intégralité, et non de ses seules fibres et graines, constitue une mesure d'effet équivalent, mais peut être justifiée au regard de l'exigence de santé publique dès lors que les conditions de fond classiques sont remplies, spécialement le principe de proportionnalité[355].

354. Santé des animaux. La protection de la santé vise également celle des animaux.

Classiquement, cet objectif vise des mesures de police sanitaire, notamment celles ayant comme objectif d'éviter la propagation de maladies animales ou d'épargner aux animaux des souffrances inutiles. Signalons cependant une affaire originale dans laquelle une réglementation danoise

---

352. Voy. CJCE, 24 novembre 2005, *Schwarz*, aff. C-366/04, *Rec.*, p. I-10139 : comm. A. Rigaux, *Europe*, n° 9, 2006.

353. Voy. CJCE, 19 mai 2009, *Saarlandes*, aff. C-171 et 172/07, *Rec.*, p. I-4171 : comm. *Les grands arrêts du droit de l'Union européenne* (dir. C. Boutayeb), *op. cit.*, pp. 890-895.

354. Voy. CJCE, 2 décembre 2010, *Ker-Optika*, aff. C-108/09, *Rec.*, p. I-2213 : comm. A. Rigaux, *Europe*, n° 51, 2011.

355. Voy. Cour, 19 novembre 2020, *BS, CA*, aff. C-663/18 : comm. A. Rigaux, *Europe*, n° 17, 2021.

a été validée par la Cour au nom du respect de la biodiversité, dans la mesure où elle avait pour but de protéger une espèce très particulière d'abeilles se trouvant sur l'île de Laeso[356].

355. Trésors nationaux. La protection des trésors nationaux est également mentionnée à l'article 36 TFUE. Ce sont plus précisément les trésors « [...] ayant une valeur artistique, historique ou archéologique ».

C'est à chaque État qu'il appartient, d'une part, de définir et d'énumérer les biens culturels ayant la qualité de trésors nationaux, d'autre part, de fixer les modalités de contrôle de leur éventuelle exportation. En France, le régime juridique applicable à de tels biens résulte d'une loi de 1992 – modifiée de manière marginale en juillet 2000 – laquelle considère notamment comme trésors nationaux les biens appartenant aux collections publiques, les biens classés monuments historiques, les archives publiques, les biens présentant un intérêt majeur pour le patrimoine national du point de vue de l'histoire, de l'art ou de l'archéologie. En conséquence, un bien culturel français ne pourra être exporté qu'accompagné d'un certificat du ministère de la Culture attestant qu'il ne constitue pas un trésor national. Les biens qualifiés de « trésors nationaux » par la législation française, quant à eux, ne pourront être exportés que temporairement – pour une exposition à l'étranger par exemple – et avec une autorisation du ministre de la Culture.

356. Protection de la propriété industrielle et commerciale. La liste des motifs légitimes mentionnés à l'article 36 TFUE pouvant fonder une restriction technique à la libre circulation des marchandises se clôt avec la protection de la propriété industrielle et commerciale[357].

Cette notion s'avère en fait très large puisqu'elle inclut les droits d'une personne sur une invention, une marque ou un modèle, la propriété littéraire et artistique ainsi que les droits d'obtention végétale, à savoir la découverte et la protection de nouvelles variétés végétales. En définitive, l'ensemble des propriétés intellectuelles sont visées, lesquelles posent un problème par rapport au principe de la libre circulation des marchandises dans la mesure où les législations nationales en la matière reconnaissent à leurs titulaires des droits exclusifs sur leurs inventions, droits qui ne sont cependant opposables qu'à l'intérieur de l'État qui les a reconnus ; il en résulte donc un cloisonnement du marché.

Pour concilier la protection de la propriété industrielle et commerciale avec la libre circulation, la Cour de justice a élaboré une jurisprudence subtile reposant notamment sur la distinction entre l'existence et l'exercice des droits de propriété : seule l'existence des droits d'exclusivité rentre dans le champ de la dérogation – ainsi le titulaire d'un brevet peut être valablement autorisé par la législation nationale à empêcher un tiers de vendre ou d'importer

---

356. Voy. CJCE, 3 décembre 1998, *Bluhme*, aff. C-67/97, *Rec.*, p. I-8033.
357. Pour des précisions, voy. N. DE GROVE-VALDEYRON, *Droit du marché intérieur européen, op. cit.*, pp. 73-78.

sans son consentement des produits couverts par le brevet – ; en revanche, l'exercice des droits ne relève pas du champ de la dérogation et une loi nationale ne pourra valablement restreindre la conclusion d'un contrat de licence de brevet, lequel sera soumis aux règles européennes de concurrence.

Le juge européen a également consacré le principe de l'épuisement des droits qui peut être résumé de la manière suivante : le droit exclusif d'utilisation n'est plus invocable après la première mise en circulation du produit dans un État de l'Union réalisée par le titulaire du droit ou avec son consentement[358] ; le produit pourra alors être librement commercialisé ou importé par un tiers dans un autre État membre[359].

Plus spécifiquement en droit des marques – domaine dans lequel la juris-prudence est abondante –, le juge de l'Union s'efforce de concilier la protec-tion des droits du titulaire de la marque, d'un côté, et celle des consommateurs qui doivent pouvoir être assurés de la véracité de la marque, de l'autre[360].

357. Dérogations de l'article 114 TFUE. Outre les dérogations de l'actuel article 36 TFUE prévues dès 1957, il existe, depuis l'Acte unique européen de 1986, trois clauses de sauvegarde permettant aux États membres d'échapper à des mesures d'harmonisation en invoquant des motifs légitimes : elles figurent toutes à l'actuel article 114 TFUE[361]. Politiquement, elles constituent la contrepartie de l'acceptation par les États d'une procédure facilitée pour procéder à l'harmonisation de toute une série de domaines à la fin des années 1980 afin de réaliser le marché intérieur au plus tard le 31 décembre 1992.

Le paragraphe 4 permet d'abord à un État de s'opposer à l'harmo-nisation en maintenant une législation plus protectrice justifiée par l'un des motifs de l'article 36 TFUE précédemment étudié, la protection de l'environnement ou encore la protection du milieu de travail.

Le paragraphe 5 permet, quant à lui, à un État d'adopter – et non de maintenir comme précédemment – une législation dérogeant à la mesure d'harmonisation pour des raisons liées à l'environnement et à la protection du milieu de travail seulement.

Enfin, le paragraphe 10 de l'article 114 TFUE prévoit que la directive pourra comporter elle-même une clause de sauvegarde, comme c'est le cas par exemple de l'article 23 de la directive de 2001 sur les organismes génétiquement modifiés[362].

---

358. Voy. CJCE, 9 juillet 89, *Pharmon*, aff. 19/84, *Rec.*, p. 2281.
359. Voy. CJCE, 31 octobre 1974, *Centrafarm*, aff. 15 et 16/74, *Rec.*, p. 1147.
360. En ce sens, A.-M. Oliva, *Leçons de droit matériel de l'Union européenne*, coll. Leçons de droit, Paris, Ellipses, 2013, p. 58.
361. Voy. C. Blumann (dir.), *Introduction au marché intérieur. Libre circulation des marchandises*, coll. Commentaire J. Mégret, Bruxelles, Éditions de l'ULB, 2015, pp. 362-377.
362. Directive 2001/18/CE, 12 mai 2001, relative à la dissémination volontaire d'organismes génétique-ment modifiés dans l'environnement (*JOCE*, L 106, 17 avril 2001, p. 1) modifiée en ce qui concerne la liste des motifs permettant aux États d'interdire ou de restreindre les OGM par la directive 2015/412 du 11 mars 2015 (*JOUE*, L 68, 13 mars 2015).

En toute hypothèse, la mise en œuvre de ces clauses se fait sous le contrôle étroit de la Commission européenne, à laquelle la mesure dérogatoire devra être notifiée par l'État, pour un examen de fond et de forme ; en cas de divergence de vue avec l'État invoquant la clause de sauvegarde, l'affaire se terminera devant le juge européen de la Cour de justice qui pourra, comme en 2010 et 2011, s'agissant de la Pologne et de la France en matière d'OGM, conclure à un recours abusif à celle-ci. Quant à l'Allemagne, qui s'était opposée à la directive « jouets » de 2009 en considérant que les valeurs limites pour le plomb, le baryum, l'antimoine, l'arsenic et le mercure prévues par sa législation étaient plus protectrices que celles prévues par le texte européen, elle a été finalement déboutée par la Cour pour n'avoir pas été capable de démontrer clairement l'existence de ces avantages sur le terrain sanitaire[363].

358. Dérogations jurisprudentielles. À côté des dérogations textuelles, il existe depuis 1979 des dérogations jurisprudentielles plus connues sous l'appellation d'« exigences impératives d'intérêt général ».

C'est dans l'arrêt *Cassis de Dijon* précité[364] que la Cour de justice a admis pour la première fois que la libre circulation des marchandises pouvait être remise en cause par des « exigences impératives d'intérêt général tenant notamment à l'efficacité des contrôles fiscaux, à la protection de la santé publique, à la loyauté des transactions commerciales et à la défense des consommateurs », même si elle en écartera l'application dans l'affaire en question.

359. Exemples d'exigences impératives d'intérêt général. Par la suite, la notion « d'exigence impérative » a été appliquée à de nouveaux domaines, parmi lesquels notamment la protection de l'environnement – permettant de justifier une réglementation imposant l'obligation de commercialiser des boissons dans des emballages recyclables –, la défense du cinéma d'auteur[365], la protection des travailleurs, celle des consommateurs, le pluralisme de la presse[366], la protection de la sécurité routière, la lutte contre la criminalité[367], etc.

Au total, plus d'une quinzaine d'exigences impératives différentes ont pu être recensées dans la jurisprudence de la Cour depuis maintenant plus de trente ans, lesquelles appartiennent à une liste ouverte contrairement à celles de l'article 36 TFUE : ainsi, la Cour a récemment considéré comme compatibles avec la libre circulation des marchandises, les réglementations

---

363. Cour, 9 juillet 2015, *Allemagne c/ Conseil*, aff. C-36014 P, np : comm. A. RIGAUX, *Europe*, n° 369, 2015.

364. Voy. *supra*, pt 341.

365. Voy. CJCE, 15 juillet 1985, *Cinéthèque*, aff. 60 et 61/85, *Rec.*, p. 2605 : comm. *Les grands arrêts du droit de l'Union européenne* (dir. C. BOUTAYEB), *op. cit.*, pp. 421-434.

366. CJCE, 26 juin 1997, *Familiapress*, aff. C-368/95, *Rec.*, p. I-3689 : comm. *Les grands arrêts du droit de l'Union européenne* (dir. C. BOUTAYEB), *op. cit.*, pp. 647-652.

367. Voy. CJCE, 10 avril 2008, *Commission c/ Portugal*, aff. C-265/06, *Rec.*, p. I-2245.

suédoise et flamande d'aide à la production nationale d'électricité à partir d'énergies renouvelables, en justifiant sa position par la promotion de telles sources d'énergie qui contribuent à la réduction des émissions de gaz à effet de serre, cause des changements climatiques[368].

Par ailleurs, sur un plan strictement technique, il convient d'indiquer que les exigences impératives constituent des mesures considérées comme licites par la Cour contrairement aux dérogations de l'article 36 TFUE qui sont des atteintes indiscutables mais finalement tolérées à la libre circulation des marchandises. Cette réalité induit théoriquement un contrôle différencié de la part du juge de l'Union : la qualification d'exigence impérative s'effectue en même temps que l'examen de la mesure nationale au regard de la notion de mesure d'effet équivalent, alors que s'agissant des raisons de l'article 36, celles-ci sont susceptibles d'être retenues après le constat de l'illicéité de la réglementation en cause.

Enfin, les exigences impératives ne sont normalement acceptables qu'en raison de leur caractère indistinctement applicable aux produits nationaux et importés, alors que les motifs de l'article 36 TFUE peuvent servir à justifier une réglementation distinctement applicable, c'est-à-dire aux seuls produits importés.

En pratique, il apparaît cependant que ces différences techniques entre les exigences impératives et les motifs de l'article 36 TFUE ont été largement gommées par le juge lui-même pour des raisons évidentes de pragmatisme et d'efficacité.

360. Émergence d'exigences impératives d'intérêt général de nature nouvelle. Par ailleurs, il est intéressant de noter l'émergence récente de dérogations fondées sur des principes supérieurs tels le principe de précaution et le respect des droits fondamentaux.

361. Principe de précaution. Le principe de précaution a été consacré en tant que principe général de droit communautaire par le Tribunal de première instance des Communautés européennes (aujourd'hui Tribunal de l'Union) à partir de 2002[369].

Il a trouvé un terrain d'élection en matière de santé publique – plus spécialement de sécurité alimentaire – à partir de l'affaire de la « vache folle »[370] à l'occasion de laquelle le juge communautaire a affirmé « que lorsque des incertitudes scientifiques subsistent quant à l'existence d'un risque pour la santé humaine, les institutions communautaires peuvent prendre les mesures de protection sans attendre que la réalité et la gravité de ces allégations soient pleinement démontrées ». Les mesures de

---

368. Cour, 1er juillet 2014, *Alands Vindkraft*, aff. C-573/12, np, et 11 décembre 2014, *Essent Belgium*, aff. C-204 à 208/12, np : comm. M. Lopez Escudeiro, *RAE*, 2014/3, pp. 593-602.
369. Voy. TPICE, 26 novembre 2002, *Artegodan*, aff. T-74/00, *Rec.*, p. II-4945 et TPICE, 28 janvier 2003, Laboratoires Servier, aff. T-147/00, np.
370. Voy. CJCE, 5 mai 1998, *Royaume-Uni c/ Commission*, aff. C-180/96, *Rec.*, p. I-2265.

protection évoquées – émanant des États membres mais aussi possiblement des institutions européennes[371] – peuvent venir restreindre les échanges et entraver, au moins provisoirement, la libre circulation des marchandises. Les conditions précises du recours à ce principe sont contrôlées par le juge de l'Union selon le schéma suivant : détermination de la réalité du risque, contrôle des mesures adoptées par l'État et enfin évaluation de la proportionnalité entre l'atteinte du marché et l'objectif poursuivi. Ces dernières années, ce principe a notamment pu être invoqué par plusieurs États pour contester la commercialisation de denrées alimentaires enrichies en substances nutritives ou comportant des ingrédients nouveaux[372].

362. Respect des droits fondamentaux. L'enjeu de la conciliation entre la libre circulation des marchandises et le nécessaire respect des droits fondamentaux s'est posé dans l'affaire *Schmidberger* de 2003.

Les autorités de la région du Tyrol avaient décidé de fermer à la circulation une partie de l'autoroute du Brenner pour quelques heures afin de permettre le déroulement d'une manifestation de défenseurs de l'environnement. Après avoir considéré que ce blocage constituait une entrave à la libre circulation des marchandises, la Cour a estimé que la protection des droits en cause – plus précisément le respect des droits fondamentaux que constituent les libertés d'expression et de réunion – était de nature à justifier une atteinte à la liberté fondamentale que constitue la libre circulation des marchandises et que, par ailleurs, la fermeture temporaire et limitée géographiquement de l'autoroute conférait un caractère proportionné à la mesure en cause[373].

Quelle que soit l'origine des dérogations, leur régime juridique est identique.

2. Le régime juridique des dérogations

363. Conditions cumulatives à satisfaire. Au-delà de l'invocation d'un motif légitime – c'est-à-dire non économique et issu de l'article 36 TFUE ou de la catégorie des exigences impératives – la réglementation nationale restrictive en cause devra répondre à un régime juridique strict reposant sur quatre conditions, certaines directement issues du traité, d'autres dégagées de manière pragmatique par le juge lui-même[374].

---

371. Voy. par exemple, Trib., 9 septembre 2011, *France c/ Commission*, aff. T-257/07, *Rec.*, p. II-5827 : comm. S. ROSET, *Europe*, n° 415, 2011.
372. Voy. Cour, 28 janvier 2010, *Commission c/ France*, aff. C-333/08, *Rec.*, p. I-757 : comm. A. RIGAUX, *Europe*, n° 108, 2010. Plus récemment, voy. Cour, 19 janvier 2017, *Queisser Pharma*, aff. C-282/15 : comm. A. RIGAUX, *Europe*, n° 107, 2017.
373. Voy. CJCE, 22 juin 2003, *Schmidberger*, aff. 112/00, *Rec.*, p. I-5659.
374. Pour aller plus loin, voy. C. BLUMANN (dir.), *Introduction au marché intérieur. Libre circulation des marchandises, op. cit.*, pp. 377-404.

364. Absence de discrimination arbitraire. Il faut d'abord que la mesure ne constitue pas une « discrimination arbitraire », en vertu de la dernière phrase de l'article 36 TFUE : la discrimination sera considérée comme « arbitraire » lorsque la législation nationale pénalisera essentiellement soit directement, soit indirectement, les produits importés sans justification objective. C'était notamment le cas dans une affaire – datant du tout début des années 1980 – visant une législation française prévoyant un régime de publicité différencié des alcools, selon qu'ils étaient à base de vin (pour l'essentiel la production nationale) ou à base de grain (pour l'essentiel la production étrangère).

365. Absence de restriction déguisée au commerce. Il faut ensuite que la réglementation nationale en cause ne constitue pas « une restriction déguisée au commerce entre États membres » (dernière phrase toujours de l'article 36 TFUE). La « restriction déguisée » s'apparente à un détournement de pouvoir dans la mesure où c'est l'intention protectionniste du législateur qui est ici prise en compte.

L'illustration classique de cette condition est celle de l'affaire dite des « dindes de Noël », dans laquelle une législation sanitaire britannique, qui imposait des contrôles systématiques à l'entrée de volailles étrangères pour des raisons soi-disant sanitaires, avait été en fait adoptée sous la pression des syndicats professionnels du secteur, inquiets de la concurrence étrangère au moment des fêtes de fin d'année[375].

366. Absence d'harmonisation complète. Le juge a ajouté aux conditions précédentes l'existence d'une harmonisation européenne incomplète dans le domaine visé par la mesure restrictive : en effet, si l'harmonisation européenne est complète, les États ne peuvent plus recourir à l'article 36 TFUE ou aux exigences impératives, mais ils peuvent recourir aux clauses de sauvegarde prévues à l'article 114 TFUE précité.

367. Respect du principe de proportionnalité. Enfin, la mesure nationale en cause doit respecter le principe de proportionnalité ; cela signifie que, pour être admise, une réglementation attentatoire à la libre circulation des marchandises ne doit pas excéder ce qui est strictement nécessaire pour atteindre le but poursuivi : en d'autres termes, il doit y avoir une adéquation entre la mesure prise et l'objectif officiellement poursuivi[376].

Ainsi, dans la fameuse affaire de « la loi allemande sur la pureté de la bière »[377], les autorités allemandes soutenaient que leur législation interdisant l'utilisation d'additifs avait pour principal objectif la protection

---

375. Voy. CJCE, 15 juillet 1982, *Commission c/ Royaume-Uni*, aff. 40/82, *Rec.*, p. 2793.
376. Voy. M. Rifat Tinc, « Le contrôle de proportionnalité des mesures restrictives aux échanges », *RDUE*, 2010/4, pp. 791 et s. Pour un exemple de restrictions à l'importation de médicaments génériques en Pologne considérées comme justifiées par le motif de protection de la santé publique mais jugées disproportionnées après examen, voy. Cour, 3 juillet 2019, *Delfarma*, aff. C-387/18 : comm. S. Roset, *Europe*, n° 321, 2019.
377. Voy. CJCE, 12 mars 1987, *Commission c/ Allemagne*, aff. 178/84, *Rec.*, p. 1262.

de la santé publique. Mais la Cour constata que l'Allemagne acceptait parallèlement la présence d'additifs dans la fabrication d'un grand nombre de produits alimentaires : dès lors la mesure paraissait constituer une « restriction déguisée » ; en outre, elle estima qu'elle aurait pu prendre des mesures moins entravantes que l'interdiction pure et simple des bières contenant des additifs, par exemple en imposant un étiquetage afin d'informer le consommateur. La législation en cause fut donc considérée comme disproportionnée.

L'appréciation de la proportionnalité par le juge, toujours quelque peu subjective, peut parfois se révéler franchement discutable, comme dans l'affaire de « l'embargo français contre les viandes britanniques », lors de la seconde phase de la crise de la « vache folle »[378] : la Cour a estimé que ces mesures d'embargo étaient justifiées pour des raisons tenant à la protection de la santé des personnes mais disproportionnées dans le sens où des mesures moins restrictives – de traçabilité notamment – auraient pu avoir la même efficacité...

Enfin, dans certaines affaires, le juge européen ne prend même pas la peine d'identifier les mesures moins restrictives mais tout aussi efficaces – que celles en cause – qui auraient pu être retenues, comme dans un contentieux récent visant la Pologne qui subordonnait l'immatriculation des véhicules automobiles (neufs ou précédemment immatriculés dans d'autres États membres) dont le dispositif de direction était situé à droite à son déplacement vers le côté gauche[379]...

368. Synthèse sur les multiples formes des mesures d'effet équivalent et l'attitude du juge européen. Pour synthétiser ces développements relatifs aux entraves non pécuniaires aux échanges de marchandises, on soulignera l'imagination sans limite des États membres, laquelle induit une véritable « liste à la Prévert » quand il s'agit d'effectuer un inventaire de celles-ci : formalités administratives de toutes sortes (autorisation, caution...), contrôles injustifiés (sanitaires, vétérinaires ou techniques), normes techniques de fabrication, normes de mise sur le marché – comme la dénomination, le marquage, le conditionnement, l'étiquetage –, modalités de vente (à travers des techniques particulières de vente, publicité ou encore réglementations en matière de prix)[380]...

Face à cette réalité juridique protéiforme, le juge européen s'est adapté, faisant évoluer à la fois son approche dans la qualification des mesures (avec notamment, l'essor des « modalités de vente » – également qualifiées de « méthodes de commercialisation » – et plus récemment l'accent mis sur le critère de l'entrave au marché) comme dans l'examen des

---

378. Voy. CJCE, 13 décembre 2001, *Commission c/ France*, aff. C-1/00, *Rec.*, p. I-9989.
379. Voy. Cour, 20 mars 2014, *Commission c/ Pologne*, aff. C-639/11, np : comm. F. Picod, *Jurisprudence de la CJUE 2014. Décisions et commentaires*, Bruxelles, Bruylant, 2015, pp. 216-224.
380. Voy. C. Blumann (dir.), *Introduction au marché intérieur. Libre circulation des marchandises*, *op. cit.*, pp. 295-320.

motifs légitimes et des conditions de fond (avec, par exemple l'apparition dans le cadre du contrôle de proportionnalité, d'une exigence de « cohérence » de la législation nationale en cause) susceptibles de justifier des entorses à la liberté des échanges, laquelle constitue un principe du droit de l'Union mais également un droit fondamental pour les citoyens européens.

369. Propos conclusifs sur la libre circulation des marchandises. Pour conclure, il convient de rappeler que les contentieux en matière de marchandises se présentent au juge européen par deux voies de droit complémentaires : de manière directe à travers le recours en manquement dont dispose la Commission européenne en qualité de « gardienne des traités », et de manière indirecte par le renvoi préjudiciel émanant de juridictions nationales confrontées à une difficulté d'interprétation du droit de l'Union qui conditionne la résolution du litige interne qui leur est soumis.

Par ailleurs, deux mécanismes complémentaires à la logique d'interdiction des pratiques étatiques précédemment décrites participent de l'effectivité de la libre circulation des marchandises : d'une part, une logique d'information et de contrôle concrétisée par plusieurs règlements instaurant un dialogue entre les autorités nationales et les opérateurs économiques, entre les États membres eux-mêmes, et enfin entre les États membres et la Commission européenne[381] ; d'autre part, l'existence du réseau informel *Solvit*, mis en place par la Commission européenne en 2002, et permettant aux citoyens et aux opérateurs économiques qui s'estiment victimes d'une mauvaise application du marché intérieur par les autorités publiques d'un État membre de formuler une plainte afin d'obtenir une résolution gratuite, rapide et concrète au problème qu'ils rencontrent[382].

370. Situation du Royaume-Uni suite au *Brexit*. S'agissant du mouvement des marchandises entre les 27 et le Royaume-Uni – le cas particulier de l'Irlande du Nord étant envisagé dans le point suivant –, il convient de donner les précisions suivantes relativement au régime juridique qui s'applique depuis le 1ᵉʳ janvier 2021.

Depuis lors, des contrôles sont réalisés aux frontières pour les marchandises britanniques exportées vers les 27 et inversement. Même si ces contrôles ne sont pas systématiques, les formalités sont plus lourdes qu'auparavant puisqu'une déclaration de douane doit être fournie afin de calculer les droits de douane et taxes exigibles et de s'assurer de l'origine (britannique ou européenne) du produit concerné. Enfin, des contrôles sanitaires, phytosanitaires et vétérinaires ont été rétablis. Toutes ces contraintes ont eu mécaniquement pour conséquence de compliquer sérieusement les échanges et d'augmenter les coûts d'importation et d'exportation.

---

381. Voy. notamment règlement (CE) n° 2679/98, 7 décembre 1998 (*JOCE*, L 337, 12 décembre 1998) et règlement (UE) n° 764/2008, 9 juillet 2008 (*JOUE*, L 218, 13 août 2008).
382. Voy. A. Rigaux, « Les virtualités du réseau Solvit », *Europe*, fiche pratique, décembre 2012.

371. Cas particulier de l'Irlande. Rappelons qu'avec le *Brexit*, l'Irlande du Nord est sortie également de l'Union, alors que l'Irlande du Sud (la « République d'Irlande »), elle, est restée dans celle-ci et donc dans le marché intérieur. Afin d'éviter le rétablissement d'une frontière physique sur le territoire irlandais et de raviver les tensions – difficilement réglées par les accords du « Vendredi Saint » de 1998 – entre le nord et le sud de l'île, un protocole sur l'Irlande et l'Irlande du Nord a été annexé à l'accord de retrait. Il prévoit que l'Irlande du Nord reste alignée sur un ensemble limité de règles relatives au marché intérieur (notamment les règles sanitaires et en matière de TVA), bien que celle-ci continue d'appartenir au territoire douanier du Royaume-Uni ; sur le plan douanier, il dispose également que le Code des douanes européen continue de s'appliquer aux produits qui rentreront sur son territoire et qui « risqueraient », par la suite, d'être introduits sur le marché européen. Une sorte de frontière est donc instaurée en mer d'Irlande (entre l'Irlande du Nord et le Royaume-Uni) sur certains produits ; cette solution – qui avait pourtant été catégoriquement écartée par la Première Ministre Theresa May et le Parti unioniste nord-irlandais – a été acceptée car les Européens ont concédé un droit de regard à l'Assemblée d'Irlande du Nord, laquelle se prononcera sur le dispositif une fois tous les quatre ans après la période de transition – soit à partir du 1er janvier 2025 – et pourra réclamer le cas échéant l'abrogation de celui-ci qui devra alors intervenir dans les deux années qui suivent sa décision. Très rapidement, l'application du protocole relatif à l'Irlande a été une source de tensions entre le gouvernement de M. Boris Johnson et les 27, le Premier Ministre britannique remettant en cause plusieurs aspects du régime qui vient d'être sommairement décrit[383].

372 à 375. *Réservés.*

---

383. Voy. A. ANTOINE, « La première année de l'ère post-*Brexit* sous le signe des paradoxes », *Europe*, étude n° 4, 2022, pp. 5 et s.

Chapitre II

La liberté professionnelle

376. Enjeu de la liberté professionnelle. En complément de la libre circulation des marchandises et des capitaux, le Traité de Rome a posé le principe de la libre circulation des personnes et des services que celles-ci peuvent effectuer ; cette liberté a été conçue comme un facteur de mobilité professionnelle des agents économiques.

Pendant longtemps, cette liberté professionnelle induisait donc le bénéfice de la liberté de circulation et de séjour pour l'agent économique concerné : cette réalité justifie que l'on ait choisi d'étudier celle-là avant celle-ci, même si depuis plus d'une vingtaine d'années maintenant, la liberté de circulation et de séjour n'est plus liée à l'exercice de l'activité professionnelle mais est devenue un attribut de la citoyenneté européenne. Il s'agit alors de la liberté des personnes au sens strict du terme, envisagée dans le chapitre suivant.

Ce que l'on appelle la liberté professionnelle recouvre les droits liés à l'exercice d'une activité professionnelle ; plus précisément, il s'agira de savoir dans quelles conditions les personnes physiques ou morales pourront accéder à un emploi dans un État de l'Union et l'exercer à titre de salarié (section 1) ou de non-salarié (section 2).

SECTION 1

LA LIBERTÉ PROFESSIONNELLE DES SALARIÉS

377. Dimensions de la liberté des salariés. Le principe de cette liberté est posé à l'article 45, § 3, TFUE qui précise que le travailleur salarié d'un État a le droit « [...] de répondre à des emplois effectivement offerts, de se déplacer à cet effet sur le territoire des autres États membres, de séjourner dans un des États membres afin d'y exercer un emploi dans les mêmes conditions que les nationaux, et de demeurer, dans des conditions qui feront l'objet de règlements établis par la Commission, sur le territoire d'un État membre après y avoir occupé un emploi ».

Les modalités d'application ont été fixées par plusieurs textes, notamment un règlement n° 1612/68 du 15 octobre 1968 relatif à la libre circulation des travailleurs dans la Communauté modifié par la directive 2004/38 du 29 avril 2004 (qui envisage également la liberté de circulation et de séjour)[384].

À l'analyse, cette liberté professionnelle comporte deux aspects : le droit d'accéder à une activité salariée d'abord (§ 1) et le droit de l'exercer sur le territoire d'un autre État membre ensuite (§ 2).

---

384. *JOUE*, L 58, 30 avril 2004 et rectification, *JOUE*, L 229, 29 juin 2004.

§ 1. Le droit d'accès à une activité salariée

378. Dimensions de l'accès à l'emploi salarié dans l'Union. Après avoir constaté que la non-discrimination constitue, sans surprise, le principe cardinal du régime de l'accès à l'activité salariée, nous verrons que le juge a également joué un rôle non négligeable dans l'effectivité de ce libre accès.

379. Principe de non-discrimination. En premier lieu s'applique donc ici le principe de non-discrimination qui signifie que toutes les discriminations fondées sur la nationalité doivent être abolies par les États afin de permettre aux non-nationaux de postuler aux emplois disponibles dans les mêmes conditions que les nationaux.

Sont interdits à ce titre le recours à des procédures particulières de recrutement ou la soumission à des critères médicaux ou professionnels discriminatoires pour les non-nationaux, le fait de réserver certaines embauches aux nationaux comme la France l'avait pourtant prévu jusqu'au milieu des années 1970 dans son Code du travail maritime[385]. En revanche, des conditions de connaissance linguistique pourront être exigées à une double condition, que la Cour a posée à l'occasion d'une affaire se rapportant au recrutement d'un professeur d'art dans un établissement public d'Irlande dont il était exigé qu'il maitrisât le gaélique[386] : la langue nationale doit être indispensable à l'exercice de l'emploi à pourvoir, d'une part, et les connaissances exigées ne doivent pas être excessives, d'autre part. De même, un test de connaissance professionnelle pourra être imposé, s'il a été annoncé dans l'offre d'emploi et en l'absence d'équivalence européenne des diplômes pour la profession considérée.

Outre l'interdiction des discriminations à raison de la nationalité visée dès le Traité de Rome, l'abolition des différences de traitement fondées sur la race, les convictions religieuses, l'âge, le handicap ou encore l'orientation sexuelle du demandeur d'emploi a également été consacrée par diverses directives afin de donner plein effet à ce principe de l'égalité d'accès à l'emploi.

380. Passage de la discrimination à l'entrave. En deuxième lieu, il faut savoir que même en l'absence de discrimination entre les nationaux et les non-nationaux, la Cour de justice – depuis ses arrêts *Kraus* de 1993[387] et *Bosman* de 1995[388] – n'hésite pas à condamner toute entrave au libre accès à un emploi dans un autre État. Dans cette dernière affaire connue – et pas seulement des amateurs de ballon rond –, les règles de l'UEFA

---

385. CJCE, 4 avril 1974, *Commission c/ France*, aff. 167/73, *Rec.*, p. 359 : comm. *Les grands arrêts du droit de l'Union européenne* (dir. C. Boutayeb), *op. cit.*, pp. 245-250.
386. CJCE, 28 novembre 1989, *Groener*, aff. 379/87, *Rec.*, p. 3967.
387. CJCE, 31 mars 1993, *Kraus*, aff. C-1992, *Rec.*, p. I-1663 : comm. *Les grands arrêts du droit de l'Union européenne* (dir. C. Boutayeb), *op. cit.*, pp. 568-572.
388. CJCE, 18 décembre 1995, *Bosman*, aff. C-415/93, *Rec.*, p. I-4921 : comm. *Les grands arrêts du droit de l'Union européenne* (dir. C. Boutayeb), *op. cit.*, pp. 621-628.

applicables aux quotas de joueurs non nationaux dans les clubs européens, d'une part, et aux transferts de joueurs européens entre clubs, d'autre part, ont été invalidées par la Cour de justice au regard du principe de la libre circulation des travailleurs.

Alors que les premières étaient par nature discriminatoires, les secondes s'appliquaient pourtant dans les mêmes conditions aux clubs d'une seule fédération ou appartenant à des fédérations différentes et qu'elle que fût la nationalité du joueur : à cet égard, le paiement d'une indemnité par le club acheteur lors de l'acquisition du joueur a été considéré par le juge comme rendant plus difficile aux joueurs professionnels l'accès au club d'un autre État membre. En définitive, les modalités de transfert en vigueur à l'époque, en ce qu'elles étaient de nature à dissuader la circulation des footballeurs professionnels en Europe, entravaient objectivement la liberté des salariés concernés ; et la nature particulière de l'activité sportive (reconnue par ailleurs sous certains aspects) ne pouvait justifier de telles restrictions. Au-delà de l'aspect strictement juridique de cette affaire – ayant opposé « le pot de terre » (un bon joueur de football) contre le « pot de fer » (la puissante UEFA, organisme privé de droit suisse, réglementant le football professionnel en Europe) – qui consacre de manière emblématique le passage d'une approche cantonnée jusque-là à la discrimination à une approche désormais plus réaliste centrée sur l'existence de toute entrave – directe ou indirecte, même non discriminatoire – à l'accès à l'emploi salarié, chacun connaît les conséquences économiques que cet arrêt a eues sur le sport professionnel en Europe[389]...

381. Exception à la liberté des salariés. En troisième et dernier lieu, précisons qu'il existe encore une limite au libre accès aux emplois salariés, s'agissant des emplois qui relèvent de « l'administration publique », en vertu de l'article 45, § 4, TFUE.

L'interprétation de cette notion « d'administration publique » est essentielle car elle concerne potentiellement de très nombreux emplois en Europe ; en conséquence, la Cour a logiquement interprété restrictivement cette notion dans son arrêt de principe *Commission c/ Belgique* de 1980[390]. À l'occasion de cette affaire, le juge de Luxembourg a, d'une part, refusé que la notion soit laissée à la libre détermination des États et, d'autre part, écarté l'interprétation institutionnelle au profit d'une interprétation fonctionnelle. Plus précisément sont des emplois de l'administration publique « les emplois qui comportent une participation, directe

389. Voy. F. Buy et J.-C. Roda, « Les 20 ans de l'arrêt *Bosman* », *JCP*, 2015, 1441, pp. 2428-2431. Dans un tout autre secteur – celui de l'enseignement universitaire –, la Cour a pu considérer qu'en dépit de l'invocation d'un objectif de politique salariale prétendant valoriser l'expérience acquise, la réglementation – pourtant non discriminatoire – qui ne prend en compte l'expérience universitaire antérieure qu'à concurrence de quatre années viole l'article 45, § 1er, TFUE car elle est de nature à dissuader les candidatures externes : Cour, 10 octobre 2019, *Adelheid Krah c/ Universität Wien*, aff. C-703/17 : comm. A. Rigaux, *Europe*, n° 488, 2019.
390. CJCE, 17 décembre 1980, *Commission c/ Belgique*, aff. 149/79, *Rec.*, p. 3881.

ou indirecte, à l'exercice de la puissance publique et aux fonctions qui ont pour objet la sauvegarde des intérêts généraux de l'État ou des autres collectivités publiques ».

Il faut en déduire que tous les emplois de fonctionnaires nationaux ne relèvent pas forcément de l'administration publique au sens européen du terme ; tout dépendra de la nature de l'emploi en cause.

382. Contenu explicité de la notion d'administration publique. Cette conception restrictive dégagée par la Cour a été reprise par la Commission européenne, dans une communication du 5 janvier 1988, qui a livré les précisions suivantes aux États membres : sont des emplois de l'administration publique les emplois des forces armées, des forces de l'ordre, de la magistrature, de l'administration fiscale, de la diplomatie et tous les emplois « se rapportant à des activités centrées sur l'élaboration des actes juridiques, la mise en exécution de ces actes, le contrôle de leur application et la tutelle des organismes dépendants » ; en revanche ne constituent pas des emplois de l'administration publique au sens européen de l'expression les secteurs de la recherche civile, des services publics commerciaux (transports, radio-télévision, poste, énergie, etc.), de l'enseignement public et des services de santé.

Par une autre communication, du 11 mars 2002 celle-là, la Commission a jugé utile d'indiquer que les postes qui consistent à effectuer des tâches administratives, de consultations techniques ou d'entretien – en résumé des emplois subalternes – dans l'armée, les forces de l'ordre, l'administration fiscale et la diplomatie ne relevaient pas de « l'administration publique » ; il y a donc incontestablement un resserrement de la notion autour des seuls emplois touchant véritablement « au cœur » de la puissance publique.

383. Contraintes sur les États membres. Ces contraintes européennes ont concrètement conduit certains États membres à modifier leur législation relative à la fonction publique, notamment la France à partir de 1991 et plus récemment en 2005 puis 2010[391].

Signalons à propos de cette notion « d'emplois dans l'administration publique » une divergence qui était apparue entre le juge français et le juge de l'Union en 2003.

Dans un arrêt du 4 juin 2003, la Cour de cassation avait estimé que le capitaine et l'officier – capitaine en second – de la marine marchande occupaient de tels emplois, dans la mesure où le droit français leur accordait des prérogatives de puissance publique à bord (en matière d'état civil et de maintien de l'ordre) : de tels emplois étaient donc réservés à des Français.

Dans deux arrêts du 30 septembre 2003, la Cour de justice devait estimer à l'inverse que les législations espagnole et allemande – identiques à la législation française – ne pouvaient être justifiées par l'article 45, § 4, TFUE

---

391. Avec la loi n° 2005-843, 26 juillet 2005 (*JORF*, 27 juillet 2005, p. 12183) et le décret n° 2010-311, 22 mars 2010.

car l'exercice des prérogatives de puissance publique en faveur du capitaine ou du second du navire ne représentait pas une activité habituelle et significative au regard de l'ensemble des fonctions assumées par ces personnels.

La France ayant maintenu une telle législation, elle fut – comme attendu – condamnée pour manquement quelques années plus tard[392].

De même, le poste de président d'une autorité portuaire ne peut être réservé aux nationaux car les fonctions y afférentes présentent avant tout un caractère technique et de gestion économique, les prérogatives de puissance publique ne constituant quant à elles qu'une part marginale de l'activité du titulaire du poste[393].

Passons maintenant à l'examen de l'exercice de l'activité salariée telle qu'elle est organisée par le droit de l'Union.

§ 2. Le droit d'exercice de l'activité salariée

384. Aspects du droit d'exercice. S'agissant de l'exercice de l'activité salariée, l'article 45, § 2, TFUE précise que la non-discrimination joue également « […] en ce qui concerne l'emploi, la rémunération et les autres conditions de travail ».

En ce qui concerne l'emploi, les aspects se rapportant à la stabilité de celui-ci et aux perspectives de promotion doivent être identiques pour les nationaux et les non-nationaux ; en matière de rémunération, l'enjeu essentiel réside dans la prise en compte, pour le calcul de l'ancienneté, de tous les services antérieurement effectués par l'agent, y compris dans un ou plusieurs autres États de l'Union, et le cas échéant de la période de service militaire ; enfin, la mention de l'égalité de traitement s'agissant des autres conditions de travail doit être comprise comme visant le licenciement, la formation professionnelle, les avantages sociaux et fiscaux, l'exercice du droit syndical, etc.

En matière de régime de sécurité sociale, le droit de l'Union s'efforce par ailleurs de coordonner les législations des États, qui demeurent encore aujourd'hui assez disparates[394] ; en revanche, au sein d'un même État, il ne doit pas y avoir de différence de traitement entre un travailleur national et un travailleur non national qui se trouveraient dans la même situation. Pour autant, les différences entre les régimes de sécurité sociale au sein de l'Union ne garantissent pas à ceux qui exercent leur droit à circulation une totale neutralité du déplacement du point de vue des droits à allocations familiales, comme un couple de Français avec quatre enfants à charge a pu le constater récemment[395].

---

392. CJCE, 11 mars 2008, *Commission c/ France*, aff. C-89/07, *Rec.*, p. I-45.
393. Voy. Cour, 10 septembre 2014, *Haralambidis*, aff. C-270/13, np : comm. E. DANIEL, *Europe*, n° 449, 2014.
394. Le régime actuel relève à la fois des règlements (CE) n° 883/2004 et n° 987/2009 ; fin 2016 la Commission européenne a proposé une refonte de ce dispositif afin de mettre en place « un système modernisé de coordination de la sécurité sociale qui réponde à la réalité sociale et économique des États membres ».
395. Cour, 12 mai 2021, *CAF*, aff. C-27/21 : comm. L. DRIGUEZ, *Europe*, n° 254, 2021.

Au-delà de ce principe d'ouverture, il ne faut pas oublier cependant que les conditions d'accès à l'emploi sont en pratique déterminantes, notamment les exigences de possession de diplômes nationaux : d'où l'importance concrète des directives de reconnaissance mutuelle des formations que nous examinerons plus loin.

Après l'étude de la liberté professionnelle des salariés, envisageons celle des non-salariés.

SECTION 2

LA LIBERTÉ PROFESSIONNELLE DES NON-SALARIÉS

385. Dimensions de la liberté professionnelle des non-salariés. Pour mieux cerner cette liberté, nous présenterons les droits qui s'y rattachent d'abord (§ 1), les modalités de mise en œuvre de ces droits ensuite (§ 2) et les restrictions qui demeurent encore aujourd'hui enfin (§ 3).

§ 1. Les droits liés à la liberté professionnelle des non-salariés

386. Droits reconnus aux non-salariés. La liberté des non-salariés recouvre deux droits différents (mais qui peuvent éventuellement se combiner) : le droit d'établissement, d'une part, (A) et la libre prestation de services, d'autre part (B).

A. Le droit d'établissement

387. Définition du droit d'établissement. Ce droit d'établissement est visé aux articles 49 à 55 TFUE[396].

Selon l'article 49, alinéa 1er, TFUE, « dans le cadre des dispositions ci-après, les restrictions à la liberté d'établissement des ressortissants d'un État membre dans le territoire d'un autre État membre sont interdites », et l'alinéa 2 précise que cette liberté « comporte l'accès aux activités non salariées et leur exercice, ainsi que la constitution et la gestion d'entreprises, et notamment de sociétés [...] dans les conditions prévues par la législation du pays d'accueil pour ses propres ressortissants [...] ».

---

396. Voy. D. BERLIN, « Droit d'établissement », *JCl Europe*, fasc. 710, 2021.

Ainsi, la liberté d'établissement implique l'installation dans le pays d'accueil pour y exercer une activité non salariée, donc la création d'une entreprise : plus précisément, c'est le droit de créer et de gérer une entreprise industrielle, artisanale, commerciale, libérale ou agricole, qu'elle soit individuelle ou sous forme sociétaire, dans un autre État que celui dont l'entrepreneur a la nationalité ou dans lequel l'entreprise a son siège social.

Techniquement, l'établissement peut s'effectuer de deux manières : à titre principal ou à titre secondaire.

388. Établissement à titre principal. L'établissement à titre principal correspond à la création ou au transfert dans un État membre du siège principal de l'activité professionnelle. Le bénéfice du droit de l'Union est acquis dès lors que le créateur de l'entreprise a la nationalité d'un État de l'Union (personne physique, critère de nationalité) ou que la société est constituée selon la législation d'un État de l'Union et a son siège statutaire dans ce même État (personne morale, critère de rattachement).

S'agissant des personnes morales, il faut savoir qu'encore aujourd'hui une société est créée en vertu d'un ordre juridique national et n'a donc d'existence qu'à travers la législation nationale qui en détermine la constitution et le fonctionnement. À cet égard, deux systèmes coexistent dans l'espace européen : il y a les pays dits « de siège » – parmi lesquels figure la France – qui exigent que le siège statutaire et le siège réel soient situés dans le même État membre ; et il y a les pays dits « d'incorporation » – comme le Royaume-Uni et les Pays-Bas notamment – qui considèrent qu'il peut y avoir une dissociation entre le siège réel (lieu de situation de l'administration centrale) et le siège statutaire, ceux-ci pouvant dès lors être situés dans des États membres différents.

Tenant compte de cette disparité, le Traité CEE avait prévu la conclusion de conventions entre les États membres en matière de transfert de siège dans son article 293, abrogé par le Traité de Lisbonne ; une seule convention de ce genre (la Convention de Bruxelles du 29 février 1968) a été conclue... et n'est jamais entrée en vigueur.

En conséquence, dès les années 1980, le juge de Luxembourg a pu affirmer qu'en l'état du droit communautaire les dispositions relatives au droit d'établissement ne conféraient pas à une société de droit national, constituée en conformité de la législation d'un État membre et y ayant son siège social, la possibilité de transférer son siège de direction dans un autre État membre tout en gardant sa qualité de société du pays d'origine. Cette formule ne signifiait pas que les sociétés ne pouvaient pas transférer leur lieu de résidence mais seulement que des restrictions pouvaient leur être imposées à cette occasion : c'est donc à bon droit que le Royaume-Uni avait pu soumettre à autorisation le transfert de siège et prévoir sa réalisation seulement après acquittement des dettes fiscales par la société *Daily Mail*[397].

---

397. CJCE, 27 septembre 1988, *Daily Mail*, aff. 81/87, *Rec.*, p. 5505 : comm. *Les grands arrêts du droit de l'Union européenne* (dir. C. Boutayeb), *op. cit.*, pp. 486-491.

On l'aura compris, la position ainsi dégagée par la Cour de justice ne reposait pas sur le droit communautaire lui-même mais plutôt sur son état d'inachèvement en matière de transfert de siège des sociétés, cette situation conduisant par défaut à valider les solutions retenues par les États membres eux-mêmes quand bien même leurs modalités (notamment fiscales) s'avéraient objectivement entravantes.

Cette logique devait être confirmée mais également affinée par divers arrêts ultérieurs, notamment les arrêts *Centros*[398], *Cartesio*[399], *National Grid Indus*[400] et *Vale*[401], dont les apports peuvent être synthétisés de la manière suivante : le déplacement de l'activité et de la direction d'une société, sans changement de loi applicable, continue d'échapper au droit d'établissement tel que prévu par le droit de l'Union et donc à relever des droits nationaux, lesquels pourront librement prévoir les modalités d'un tel transfert ; en revanche, le transfert de siège avec changement de loi applicable constitue une modalité du droit d'établissement prévu par le droit de l'Union et l'État d'origine ne pourra y faire obstacle, sauf exigence impérieuse. La Cour avait également précisé dans *Cartesio*, qu'un État adepte du critère du siège réel ne pouvait pas s'opposer à une transformation en société d'un État membre accompagnée d'une rupture de tout rattachement à l'ordre juridique d'origine. Avec l'arrêt *Poldub* de 2017[402], la Cour ajoute que l'État membre d'origine ne peut pas plus empêcher une société ressortissante de se transformer en une société d'un autre État membre – transformation dite « transfrontalière » – en y transférant uniquement son siège statutaire, quand bien même elle n'aurait pas d'activité effective dans le pays d'accueil ; dès lors, la liberté du choix du critère de rattachement par les États membres ressemble de plus en plus à une liberté en « trompe-l'œil »...[403]

389. Statut de société européenne. Il y a eu toutefois des efforts pour harmoniser le droit des sociétés à l'échelon européen, lesquels ont finalement abouti à la création de la « société européenne » à l'issue de trente années de discussions. Le règlement (CE) n° 2157/2001 et la directive 2001/86 du Conseil du 8 octobre 2001[404] – entrés en vigueur le 8 octobre

---

398. CJCE, 9 mars 1999, *Centros*, aff. C-212/97, *Rec.*, p. I-1459.

399. CJCE, 16 décembre 2008, *Cartesio*, aff. C-210/06, *Rec.*, p. I-5497.

400. Cour, 29 octobre 2011, *National Grid Indus*, aff. 371/10, *Rec.*, p. I-12273 : comm. L. IDOT, *Europe*, n° 25, 2012 et R. KOVAR, *Dalloz*, n° 12, 2012, pp. 784-790.

401. Cour, 12 juillet 2012, *VALE Epitési*, aff. C-378/10 : comm. A.-L. SIBONY, *RTDE*, 2013/2, pp. 181-187.

402. Cour, 25 octobre 2017, *Polbud*, aff. C-106/16, np : comm. D. SIMON, *Europe*, n° 462, 2017.

403. I. M. BARSAN, « Que reste-t-il du critère du siège social réel après l'arrêt Polbud », *Europe*, étude n° 1, 2018, pp. 6-13, spéc. p. 7. Plus largement, voy. B. LECOURT, « Droit des sociétés de l'Union européenne », *Rép. eur. Dalloz*, 2021.

404. *JOUE*, L 294, 10 novembre 2001, p. 1. Dans la même logique, la Commission européenne a proposé en juin 2008 la mise en place d'un statut de « société privée européenne » dédiée aux PME... S'agissant des sociétés de capitaux (et non de personnes), la directive 2019/2121 du 27 novembre 2019 est venue harmoniser en grande partie les règles applicables à la transformation, la fusion et la scission transfrontalière (*JOUE*, L 321, 12 décembre 2019, p. 1).

2004 et transposés en droit français en 2005 – permettent aux groupes de sociétés intéressés par ce statut européen (proche de la société anonyme française) de réduire leurs coûts de fonctionnement administratif et d'être plus compétitifs à l'échelon européen[405] : le succès de ce dispositif a été relatif – essentiellement en raison de l'absence d'un régime fiscal propre – puisqu'on dénombrait fin 2018 seulement 3 100 SE, parmi lesquelles les groupes *Allianz, Porsche, Pierre et Vacances* ou encore *BASF*.

En raison des difficultés fiscales et sociétaires évoquées, les personnes morales utilisent cependant majoritairement la technique de l'établissement à titre secondaire.

390. Établissement à titre secondaire. L'établissement à titre secondaire correspond à la création d'une agence, d'une succursale, d'une filiale ou d'un bureau par un ressortissant européen ou une société qui est déjà établie dans un autre État européen à titre principal. Il permet à un professionnel de disposer de plusieurs centres d'activité au sein de l'Union, par exemple, plusieurs cabinets pour un avocat ou un médecin ; sur le principe, la création d'établissements à titre secondaire dans l'Union est libre, sauf à caractériser la fraude.

391. Hypothèse de la fraude au droit d'établissement. S'agissant justement de l'hypothèse de la fraude au droit d'établissement à titre secondaire, signalons l'affaire *Cadbury Schweppes* de 2006[406]. Ce géant britannique de l'agroalimentaire avait décidé la création de filiales en Irlande – plus précisément installées dans la banlieue de Dublin – afin que certaines activités de recherche du groupe puissent bénéficier d'un régime fiscal plus favorable que celui en vigueur au Royaume-Uni, dont le fisc devait plaider la fraude au droit d'établissement en l'espèce. Dans sa décision, le juge européen rappelle que s'installer dans un pays à fiscalité avantageuse est légitime pour une entreprise, sauf s'il est prouvé que cette installation est purement fictive, c'est-à-dire que la filiale n'est qu'une « boîte aux lettres » ou une « société écran » ; dans la mesure où *Cadbury Schweppes* avait une véritable activité en Irlande – matérialisée notamment par des bureaux loués et aménagés, ainsi qu'un personnel significatif y travaillant au quotidien –, l'argumentaire du fisc britannique a été rejeté.

Dans la même logique, la question s'est récemment posée de savoir si le fait pour un ressortissant européen de se déplacer dans un autre État membre de l'Union aux seules fins d'y obtenir le diplôme et le titre d'avocat avant de solliciter son inscription au barreau de son État d'origine était constitutif d'un abus de droit : la Cour a répondu que le fait de choisir l'État membre dans lequel le régime est le plus

---

405. Voy. F. Dekeuwer-Defossez et A. Cotiga (dir.), *La société européenne. Droit et limites aux stratégies internationales de développement des entreprises*, Bruxelles, Bruylant, 2013.
406. CJCE, 12 septembre 2006, *Cadbury Schweppes*, aff. 196/04, *Rec.*, p. I-7995 : comm. F. Mariatte, *Europe,* n° 314, 2006.

favorable pour obtenir une qualification professionnelle ne constitue pas un usage abusif du droit d'établissement[407]. D'aucuns se désespéreront de ce *forum shopping* universitaire et professionnel opéré grâce aux règles consacrées par le droit de l'Union en matière de liberté d'établissement...

Pour résumer, la liberté d'établissement vise donc une activité non salariée exercée à titre permanent sur le territoire d'un autre État membre ; selon l'arrêt *Gebhard*[408], il s'agit « de participer de façon stable et continue à la vie économique d'un État membre autre que son État d'origine et d'en tirer profit ».

Ce caractère de permanence est essentiel puisqu'il permet de différencier l'établissement de la simple prestation de services.

B.   La libre prestation de services

392. Définition de la libre prestation de services. Visée par les articles 56 à 62 du TFUE, la libre prestation de services s'entend comme étant une activité réalisée dans un autre État de l'Union à titre temporaire ou occasionnel[409] ; plusieurs précisions doivent être ici formulées.

De manière générale, le droit de l'Union considère – classiquement – qu'une prestation de services correspond à une activité fournie contre rémunération par un acteur économique.

Plus originale est la notion de « service » selon le droit de l'Union, puisqu'il s'agit d'une définition par défaut (ou résiduelle) dans la mesure où l'article 57 TFUE précise que doivent être considérées comme services les prestations « [...] qui ne sont pas régies par les dispositions relatives à la libre circulation des marchandises, des capitaux et des personnes ». Au sein d'une même entreprise, on devra par exemple distinguer les activités qui relèvent des services de celles qui relèvent des marchandises : ainsi, s'agissant de l'activité audiovisuelle, la Cour a considéré que la production d'émissions télévisées constituait une activité de services alors que les films commercialisés sous forme de cassettes vidéo (à l'époque) étaient des marchandises[410]. L'enjeu est important, rappelons-le, puisque le juge estime que l'application des régimes juridiques applicables aux marchandises, personnes, services et capitaux est alternative.

---

407.   Cour, 17 juillet 2014, *Angelo Alberto Torresi et Pierfrancesco Torresi*, aff. C-58 et 59/13, np : comm. D. Simon, *Europe*, n° 391, 2014.

408.   CJCE, 30 novembre 1995, *Gebhard*, aff. C-55/44, *Rec.*, p. I-4165.

409.   Pour une interprétation récente de la notion de « prestation temporaire et occasionnelle », voy. Cour, 2 septembre 2021, *Institut des experts en Automobiles*, aff. C-502/20 : comm. J. Tribout, *Europe*, n° 379, 2021.

410.   CJCE, 30 avril 1974, *Sacchi*, aff. 155/73, *Rec.*, p. 409 : comm. *Les grands arrêts du droit de l'Union européenne* (dir. C. Boutayeb), *op. cit.*, pp. 251-257.

393. Formes de la libre prestation de services. On le répète, la libre prestation de services consiste pour le prestataire à se livrer sur le territoire d'un autre État européen que celui où il est établi à une activité de fourniture de services de façon temporaire ou occasionnelle, ou même régulière mais sans implantation permanente ; elle peut revêtir des formes diverses.

C'est d'abord le prestataire lui-même qui peut se déplacer, par exemple un avocat allant plaider pour un client dans un autre État que celui où il est établi ; dans ce cas, la frontière entre l'établissement et la libre prestation de services sera parfois difficile à tracer, notamment lorsqu'il existe une certaine infrastructure dans le pays d'accueil[411].

C'est ensuite le bénéficiaire de la prestation qui peut se déplacer : imaginons les cas d'un patient ressortissant européen qui se rend dans un autre État pour y recevoir des soins ou y subir une opération, ou simplement d'un touriste se rendant dans un autre État qui sera considéré comme potentiellement destinataire de services.

Le troisième cas de figure correspond à l'hypothèse où c'est la prestation elle-même qui franchira la frontière, comme une émission de télévision réalisée dans un État et diffusée dans un État voisin ou une offre de services financiers effectuée par voie électronique.

Enfin, bien que beaucoup plus rare, le prestataire et le destinataire peuvent se déplacer ensemble dans un autre État de l'Union où sera effectuée la prestation : ce sera par exemple le cas d'un guide indépendant français accompagnant un groupe de touristes allemands lors d'un voyage en Grèce.

394. Enjeu de la distinction établissement/libre prestation de services. Le point commun entre l'établissement et la libre prestation de services est bien entendu de faciliter le développement des activités non salariées dans un autre État de l'Union. Mais sur le plan juridique, il est important de les distinguer car le régime juridique n'est pas le même : en effet, les personnes établies sur le territoire d'un État seront intégralement soumises à la législation de cet État d'accueil, alors que les opérateurs qui ne sont que prestataires de services sur le territoire de cet État ne seront que partiellement soumis à la législation de celui-ci.

C'est pourquoi les États chercheront souvent à appliquer le régime de la liberté d'établissement à des prestataires, afin de mieux contrôler leurs activités en leur imposant leur propre législation ; en sens inverse, certaines personnes établies revendiqueront le bénéfice de la libre prestation de services afin d'échapper aux règles plus rigoureuses – notamment sociales – de l'État d'accueil.

395. Directive Bolkenstein. Ce rappel permet de mieux comprendre l'intensité des débats développés il y a une dizaine d'années à propos de la directive relative aux services dans le marché intérieur dite « directive

---

411. Voy. arrêt *Gebhard*, préc.

Bolkenstein »[412]. Celle-ci avait été proposée par la Commission en janvier 2004 afin de lever les principaux obstacles qui demeuraient sur le marché des services en Europe. Ce qui a suscité le débat – y compris dans les opinions publiques – c'est le fameux principe du pays d'origine pour les prestations de services, c'est-à-dire la soumission partielle du prestataire à la législation de son pays d'origine, notamment sur le plan social (durée et coût du travail notamment) ; le risque de « *dumping* social » avait été largement dénoncé et incarné par l'image du fameux « plombier polonais ». La version définitive du texte n'y fait plus référence et renforce le contrôle susceptible d'être effectué par le pays d'accueil sur les conditions sociales du prestataire tout en rationalisant le dispositif existant et en codifiant les principaux apports de la jurisprudence[413].

Plus largement, ce débat posait le problème de l'hétérogénéité de l'Union élargie puisque la question s'était développée à cause de la disparité des législations sociales au sein de l'Union entre anciens et nouveaux États membres.

Cet enjeu reste vivace s'agissant des travailleurs détachés opérant dans le cadre d'une prestation de services[414] ; plus précisément, il a souvent été question ces dernières années des éléments de rémunération qui s'intègrent ou non au salaire minimum qui leur est applicable[415]. Par ailleurs, dans l'intérêt de cette catégorie particulière de travailleurs, la Cour a pu récemment valider une réglementation nationale – la réglementation autrichienne – particulièrement sévère à l'égard d'entreprises ayant manqué à leurs obligations en matière de rémunération des travailleurs détachés[416].

Nous allons nous intéresser maintenant aux conditions dans lesquelles cette liberté professionnelle a été mise en œuvre.

---

412. Voy. « La directive du 12 décembre 2006 relative aux services dans le marché intérieur », *Europe*, n° 7, 2006.

413. Pour des précisions, voy. P. Van Cleynenbreugel, *Droit matériel de l'Union européennne. Libertés de circulation et marché intérieur*, Larcier, Bruxelles, 2017, pp. 242-253. Pour une première interprétation de la directive, voy. Cour, 5 avril 2011, *Société fiduciaire nationale d'expertise comptable*, aff. C-119/09, *Rec.*, p. I-2551 : comm. V. Michel, *Europe*, n° 219, 2011 ; pour une interprétation plus récente, voy. Cour, gr. ch., 30 janvier 2018, *X*, aff. C-360/15 et C-31/16 : comm. S. Roset, *Europe*, n° 110, 2018.

414. Le régime applicable est dorénavant fondé sur la directive 2018/957/UE du 28 juin 2018 (*JOUE*, L 173, 9 juillet 2018) qui modifie significativement la directive 96/71 accusée de favoriser le « *dumping* social ». En matière de lutte contre le travail illégal et le détachement irrégulier de travailleurs justement, la Cour a pu affirmer que tout dispositif national antifraude doit être, classiquement, à la fois justifié et surtout proportionné à l'objectif poursuivi : Cour, gr. ch., 13 novembre 2018, *Cepelnik*, aff. C-33/17 : comm. L. Driguez, *Europe*, n° 25, 2018.

415. P. Rodière, « Les arrêts *Viking* et *Laval*, le droit de grève et le droit de négociation collective », *RTDE*, 2008, pp. 47 et s. ; Cour, 7 novembre 2013, *Isbir*, aff. C-522/12 : comm. A.-L. Mosbrucker, *Europe*, n° 24, 2014 ; Cour, 12 février 2015, *Sähköalojenanimattilitto*, np : comm. L. Driguez, *Europe*, n° 160, 2015.

416. Voy. Cour, 10 février 2022, *Bekirschauttmannschaft HartbergFürstenfeld*, aff. C-219/20 : comm. F. Gazin, *Europe*, n° 110, 2022.

§ 2. La mise en œuvre de la liberté professionnelle des non-salariés

396. Rôle de la jurisprudence et du droit dérivé. Comme souvent, la juris-prudence a joué un rôle majeur dans la mise en œuvre effective de la liberté d'établissement et de la libre prestation de services. En outre, le droit dérivé (sous forme de directives) a procédé à une harmonisation des diplômes et des qualifications professionnelles, intéressant essentiellement les activités indépendantes : en conséquence, nous étudierons successive-ment le rôle du juge dans l'effectivité des droits garantis (A) et la recon-naissance mutuelle des formations (B).

A. L'effectivité des droits garantie par le juge

397. Double apport de la jurisprudence. Cet apport a été décisif sous deux aspects : par la reconnaissance de l'effet direct des dispositions du traité, d'une part, et par l'élimination des entraves de toutes natures, d'autre part.

398. Reconnaissance de l'effet direct. S'agissant de la reconnaissance de l'effet direct, dans ses arrêts *Reyners* pour le droit d'établissement[417] et *Van Binsbergen* pour la libre prestation de services[418], la Cour de justice a affirmé, à chaque fois à propos des avocats, que les articles 43 et 49 du TCE (aujourd'hui 49 et 56 TFUE) étaient dotés d'un effet direct. En consé-quence de quoi, toutes les restrictions injustifiées existant en ces matières devaient disparaître au sein de l'Europe, les particuliers pouvant invoquer directement devant leur juge national ces dispositions afin de contraindre les pouvoirs publics récalcitrants à le faire.

Une effectivité maximale était ainsi conférée aux deux libertés concernées.

399. Passage de la discrimination à l'entrave. En ce qui concerne l'élimi-nation des entraves à l'établissement et à la libre prestation de services, s'applique ici la même logique que celle précédemment décrite à propos des activités salariées, celle fondée sur le principe de non-discrimination.

Ainsi, la Cour a pu souligner que l'article 49 TCE (aujourd'hui 56 TFUE) impliquait non seulement l'élimination de toute discrimination à l'encontre du prestataire en raison de sa nationalité, mais également la suppression de toute entrave, même indistinctement applicable, de nature à gêner ou à rendre moins attrayantes les activités du prestataire établi dans un autre État membre[419].

---

417. CJCE, 21 juin 1974, *Reyners*, aff. 2/74, *Rec.*, p. 631.
418. CJCE, 3 décembre 1974, *Van Binsbergen*, aff. 33/74, *Rec.*, p. 1299 : comm. *Les grands arrêts du droit de l'Union européenne* (dir. C. Boutayeb), *op. cit.*, pp. 259-268.
419. Voy. CJCE, 25 juillet 1991, *Säger*, aff. C-76/90, *Rec.*, p. 4221.

Par exemple, alors qu'un avocat allemand s'était vu refuser l'inscription au barreau de Paris au seul motif qu'il entendait maintenir un cabinet dans un autre État européen alors que le règlement intérieur du barreau de Paris prévoyait qu'un avocat (français ou non) ne pouvait avoir qu'un seul cabinet dans le ressort de la juridiction dont il relevait, la Cour a logiquement considéré qu'une telle exigence revenait à nier purement et simplement le droit à l'établissement secondaire prévu par le traité[420].

Ce rôle important du juge européen a été complété par un mouvement d'harmonisation des formations réalisé par voie de directives.

B.   La reconnaissance mutuelle des formations

400. Principe d'harmonisation des qualifications posé par le TFUE. Le droit de l'Union reconnaît le droit pour chaque État d'édicter des conditions relatives à la qualification professionnelle. Toutefois, s'agissant des activités indépendantes, l'article 53, § 1, TFUE – pour le droit d'établissement, auquel renvoie l'article 62 TFUE pour les services – dispose que « [...] afin de faciliter l'accès aux activités non salariées et leur exercice, le Conseil arrête des directives visant à la reconnaissance mutuelle des diplômes » ; en outre et de manière complémentaire, le paragraphe suivant prévoit l'adoption de directives visant à la coordination des législations nationales concernant l'accès à ces professions et leur exercice.

401. Catégories de directives d'harmonisation. En vertu de ces dispositions, deux catégories de directives ont été adoptées : les premières sont sectorielles et réalisent une harmonisation par profession ; les secondes reposent sur un système horizontal de reconnaissance des diplômes couvrant les autres professions réglementées, c'est-à-dire celles dont l'accès et/ou l'exercice sont soumis à l'obtention d'un diplôme[421].

402. Directives sectorielles. Les directives sectorielles ont d'abord concerné les professions de santé, notamment, les médecins, les dentistes, les vétérinaires ou encore les pharmaciens à partir de 1975. La démarche retenue a consisté dans l'adoption, pour chaque profession, de deux directives : l'une relative à la formation comportant des normes minimales (durée de la formation, spécialisation, etc.) et l'autre posant le principe de la reconnaissance automatique des diplômes sanctionnant cette formation. Le ressortissant européen titulaire d'un diplôme reconnu peut dès lors s'établir dans un autre État ; il doit cependant se soumettre aux procédures d'admission qui s'imposent aux nationaux, par exemple

---

420. CJCE, 12 juillet 1984, *Klopp*, aff. 107/83, *Rec.*, p. 2971.
421. « L'Union européenne et les professions réglementées », *RAE*, 2017/3, pp. 405-477. Pour une « cartographie » intéressante des professions règlementées, voy. http://ec.europa.eu/internal.market/qualifications/regprof/index.cfm?action=map.

l'inscription à un ordre. Il peut aussi, sans formalités, fournir des prestations de services, à condition de respecter les règles déontologiques de l'État d'accueil.

Plus tard, des directives ont visé les architectes – mais seulement sous l'angle du droit d'établissement – et les avocats.

S'agissant de ces derniers, ils ont fait l'objet de deux directives adoptées à 20 ans d'intervalle ! La première directive – la directive 77/249 du 22 mars 1977 – se rapporte à la seule prestation de services, c'est-à-dire l'hypothèse d'un avocat allant défendre un client dans un autre État que celui où il est installé, sans être tenu d'y avoir sa résidence, ni d'être inscrit à un ordre professionnel ; en outre, les États membres peuvent prévoir que l'avocat non national réalise sa prestation « de concert » avec un confrère national lorsqu'il s'agit de plaider devant les juridictions du pays d'accueil[422]. La seconde directive – la directive 98/5 du 16 février 1998 – sur le droit d'établissement prévoit que l'avocat puisse exercer dans un autre État sous son titre d'origine et soit soumis à la double déontologie ; en outre, il obtiendra automatiquement, après trois années de pratique dans l'État d'accueil, « l'intégration » dans la profession (afin d'utiliser le titre national en vigueur : *Barrister* en Grande-Bretagne, *Abogado* en Espagne, *Rechtsanwalt* en Allemagne...) sans épreuve, ni stage[423].

En l'absence de directives sectorielles, les difficultés étaient et demeurent réelles ; la jurisprudence a donc posé le principe selon lequel les autorités nationales ont l'obligation d'examiner de manière objective le degré de correspondance entre la formation exigée dans l'État et celle obtenue dans un autre État de l'Union. Ainsi, dans l'affaire *Vlassopoulou*[424], une juriste diplômée en Grèce et travaillant depuis plusieurs années en Allemagne s'était vu refuser l'accès à la profession d'avocat en Allemagne ; la Cour a affirmé que les autorités nationales ne devaient pas s'arrêter à l'absence de diplôme national requis, mais devaient procéder à une comparaison objective entre la formation complétée par l'expérience du candidat et le niveau effectivement exigé selon les règles nationales de l'État d'accueil...

403. Directives horizontales. Conscientes de ces difficultés, les institutions européennes se sont engagées à partir de la fin des années 1980 dans une démarche plus globale visant la mise en place d'un système général de reconnaissance des diplômes, à travers les directives de 1988 (« bac + 3 ») et 1992 (« études courtes, bac + 1 »), et du 7 juin 1999 se rapportant aux professions du commerce, de l'artisanat et des services (remplaçant les 35 directives sectorielles existantes). Cependant, à la différence des directives précédentes, ces directives générales prévoient une reconnaissance mutuelle qui n'est pas automatique : plus précisément, si l'État d'accueil

---

422. Voy. Cour, 10 mars 2021, *An Bord Pleanala*, aff. C-739/19 : comm. P. Bruyas, *Europe*, n° 160, 2021.
423. Pour des précisions, voy. J. Pertek, « Avocats », *Rép. eur. Dalloz*, 2020.
424. CJCE, 7 mai 1991, *Vlassopoulou*, aff. 340/89, *Rec.*, p. I-2357.

estime que les formations reçues ne sont pas comparables, il peut imposer un stage ou une épreuve d'aptitude (comme c'était le cas en France pour les avocats jusqu'à la directive de 1998 précitée).

Plus tard, la directive 2005/36 du 7 octobre 2005[425] est venue remplacer l'ensemble des directives ayant institué les systèmes sectoriels – sauf celui visant les avocats –, les directives relatives au système général et la directive de 1999 relative au commerce, à l'artisanat et aux services ; elle couvrait plus de 800 professions réglementées[426]. Son objectif était notamment de rationaliser un dispositif devenu particulièrement complexe et d'offrir de nouvelles possibilités de prestations de services pour les professions n'ayant pas fait l'objet d'une reconnaissance sectorielle ; pour autant, diverses lacunes rapidement mises au jour (déficit d'information, longueur des procédures...) ont conduit à l'adoption d'un nouveau texte, la directive 2013/55 du 20 novembre 2013, entrée en vigueur le 17 janvier 2014[427]. D'une manière générale, celle-ci renforce les obligations des États membres en matière d'échange d'informations relatives à l'autorisation d'exercer pour certains professionnels ; elle introduit également la possibilité d'une carte professionnelle européenne[428], facilitant la mobilité temporaire et la reconnaissance au titre du système de reconnaissance automatique – cette carte, correspondant à un certificat électronique, est disponible à ce jour pour les infirmiers, les pharmaciens, les kinésithérapeutes-physiothérapeutes, les agents immobiliers et les guides de haute montagne – ; enfin, elle prévoit une promotion accrue des mécanismes de développement professionnel continu, ainsi qu'une reconnaissance des stages professionnels effectués dans un autre État membre que celui dans lequel le diplômé formalise sa demande d'accès à une profession réglementée.

Le principe de la liberté en matière d'activités indépendantes au niveau européen n'est pas absolu ; en effet, il existe encore des hypothèses dans lesquelles les États vont pouvoir imposer des restrictions à cette liberté.

---

425. *JOUE*, L 255, 30 septembre 2005.
426. Voy. J. Pertek, « Reconnaissance des diplômes organisés par des directives », *JCl Europe*, fasc. 720, 2014. Pour une application de cette directive à une Finlandaise ayant partiellement acquis sa formation au Royaume-Uni et retournant dans son pays d'origine pour y exercer son activité de médecin, voy. Cour, 3 mars 2022, *Sosiaala – ja terveysalan lupa – ja valvontavirast*, aff. C-634/20 : comm. A. Rigaux, *Europe*, n° 159, 2022 ; et pour son application dans l'hypothèse d'accès partiel à l'activité de chirurgien-dentiste en France, voy. Cour, 21 février 2021, *Les chirugiens-dentistes de France et autres*, aff. C-940/19 : comm. A. Rigaux, *Europe*, n° 126, 2021.
427. *JOUE*, L 354, 28 décembre 2013.
428. La procédure de délivrance de la carte a nécessité l'adoption d'un règlement d'exécution (règl. (UE) 2015/983 du 24 juin 2015 : *JOUE*, L 159, 25 juin 2015).

§ 3. Les restrictions à la liberté professionnelle des non-salariés

404. Nature duale des dérogations. Classiquement, nous distinguerons les restrictions prévues explicitement par le TFUE (A) des restrictions dégagées par la jurisprudence (B).

A.   Les restrictions prévues par le TFUE

405. Triptyque classique. La première série de restrictions correspond à l'hypothèse classique des raisons d'ordre public, de sécurité publique et de santé publique : cette mention figure à l'article 45, § 3, TFUE (à propos des travailleurs en général) et à l'article 52, § 1 (s'agissant des restrictions à la liberté d'établissement).

Dans la mesure où ces motifs ne sont pas spécifiques aux travailleurs indépendants, ils seront plutôt envisagés dans le chapitre suivant relatif aux personnes. Mentionnons toutefois une affaire originale relative aux « *Laserdromes* » (ou *Laserquest*) en Allemagne, dans laquelle – au nom de l'ordre public et plus précisément de la protection de la dignité humaine – l'interdiction d'exploiter des établissements proposant des « jeux de guerre », consistant pour les participants à se tirer dessus avec des systèmes à visée laser, a été validée par la Cour[429]. Plus classique en revanche est la question de savoir si l'interdiction de vente des médicaments – soumis à prescription médicale mais qui ne sont pas à la charge du système national de santé est une entrave à la liberté d'établissement susceptible d'être justifiée par la protection de la santé – par des non pharmaciens conçue comme comprenant et garantissant le niveau de clientèle et de revenus des pharmaciens : la Cour a répondu positivement en s'intéressant à la situation des parapharmacies au regard du monopole italien des pharmaciens[430].

406. Emplois de l'autorité publique. Le second cas de figure correspond aux emplois liés à « [...] l'exercice de l'autorité publique », visés à l'article 51 TFUE en matière d'établissement et à l'article 62 TFUE s'agissant de la libre prestation de services ; l'approche du juge en la matière est particulièrement stricte.

En fait, selon la formule de l'arrêt *Reyners* de 1974 (précité à propos du droit d'établissement des avocats)[431], « l'exclusion est limitée à celle des activités qui, prises en elles-mêmes, constituent une participation directe

---

429.   CJCE, 14 octobre 2004, *Omega*, aff. 36/02 : *Rec.*, p. I-9609 : comm. I. Streho, *RAE*, 2003-2004/4, pp. 681-685.
430.   Voy. Cour, 5 décembre 2013, *Allessandra Venturini*, aff. C-159 à 161/12 : comm. V. Michel, *Europe*, n° 70, 2014.
431.   CJCE, 21 juin 1974, *Reyners*, aff. 2/74, *Rec.*, p. 631.

et spécifique à l'exercice de l'autorité publique ». Sont plus précisément concernés les « officiers ministériels », c'est-à-dire les notaires, huissiers, greffiers pour leurs seules activités relevant de « l'exercice de l'autorité publique ». Ainsi, il ne peut y avoir d'interdiction d'accès à la profession de notaire pour les non-nationaux, comme l'avaient pourtant prévue divers États de l'Union, notamment la France, condamnés finalement en mai 2011 : en effet selon la Cour, les activités auxiliaires ou préparatoires à l'action des autorités publiques, celles qui, tout en étant liées à l'action des autorités publiques, laissent intacts les pouvoirs d'appréciation et de décision de ces autorités publiques, et enfin les activités qui n'emportent pas l'exercice d'un pouvoir de décision, de contrainte ou de coercition, ne constituent pas des activités participant directement et spécifiquement à l'exercice de l'autorité publique au sens de l'article 51, § 1, TFUE[432].

De même, les activités de commissaire agréé auprès des assurances en Belgique[433] ou de sécurité, dès lors que les entreprises et le personnel ne sont pas investis d'un pouvoir de contrainte, ne relèvent pas de l'exercice de l'autorité publique et doivent donc être accessibles à tout opérateur de l'Union[434].

À l'inverse, il est possible à un État d'imposer l'intermédiation d'un praticien de l'art dentaire pour exercer la profession de prothésiste dentaire à Malte, au nom de la protection de la santé publique[435].

B. Les restrictions dégagées par la jurisprudence

407. Situations possibles. La Cour a eu l'occasion de distinguer deux types de situations, d'inégale importance pratique, dans lesquelles les États pouvaient être fondés à déroger aux libertés d'établissement et de prestation de services.

408. Fraude à la loi. En premier lieu, la Cour a voulu éviter le cas de la « fraude à la loi », autrement dit que la libre circulation soit utilisée pour contourner les règles nationales lorsque celles-ci sont justifiées par l'intérêt général.

Plus précisément, un prestataire sera considéré comme utilisant abusivement la libre prestation de services quand il aura une activité entièrement tournée vers un État tout en étant établi dans un autre État afin

---

432. Cour, 24 mai 2011, *Commission c/ France*, aff. C-50/08, *Rec.*, p. I-4195, comm. C. GUILLARD, *RAE*, 2011/2, pp. 451-473 ; pour une confirmation : Cour, 10 septembre 2015, *Commission c/ Lettonie*, aff. C-151/14, np : comm. V. MICHEL, *Europe*, n° 429, 2015 et Cour, 1er février 2017, *Commission c/ Hongrie*, aff. C-392/15, np : comm. V. MICHEL, *Europe*, n° 144, 2017.
433. CJCE, 13 juillet 1993, *Thijssen*, aff C-42/92, *Rec.*, p. I-4047.
434. CJCE, 9 mars 2000, *Commission c/ Belgique*, aff. C-355/98, *Rec.*, p. I-4048.
435. Cour, 21 septembre 2017, *Malta Dental Technologists Association et Reynaud*, aff. C-125/16, np : comm. S. CAZET, *Europe*, n° 407, 2017.

de se soustraire à des règles professionnelles d'intérêt général ; dans un tel cas, les autorités nationales seront fondées à prendre des dispositions pour éviter l'utilisation abusive de cette liberté de prestation de services. Ainsi, les Pays-Bas ont pu interdire aux organismes nationaux de radiodiffusion et de télévision d'aider à la création de sociétés à l'étranger – au Luxembourg plus précisément – dans le but que celles-ci effectuent des prestations de services à destination des Pays-Bas tout en étant soustraites aux obligations de la législation néerlandaise relative au contenu pluraliste et non commercial des programmes[436].

409. Exigences impérieuses. En second lieu, la Cour a admis des « exigences impérieuses » dans le cadre d'une transposition de sa jurisprudence *Cassis de Dijon* en matière de liberté d'établissement et de prestation de services.

Ainsi, au nom de la protection des consommateurs (contre les excès de publicité), la Cour a accepté qu'un État interdise la publicité pour certains produits et limite la fréquence des messages publicitaires ; dans le même ordre d'idée, la Cour a pu valider des réglementations nationales restreignant cette fois l'exploitation des jeux de hasard au nom de la protection des consommateurs que l'État entend garantir[437] : à cet égard apparaît ces dernières années une position tolérante du juge européen à l'égard des États en raison « [...] du caractère particulier de la réglementation (en cause) qui fait partie des domaines dans lesquels des divergences considérables d'ordre moral, religieux et culturel existent entre les États membres » en fonction de leur propre échelle de valeurs[438].

D'autres motifs, comme la protection des travailleurs, l'efficacité des contrôles fiscaux, la lutte contre la fraude, la bonne administration de la justice, mais aussi « la protection du respect dû à la mémoire des défunts », ont pu être également invoqués par les États et qualifiés d'exigences impérieuses par le juge... sans pour autant que les réglementations nationales restrictives en cause soient systématiquement validées[439].

410. Dossier des jeux d'argent et paris en ligne. S'agissant toujours des restrictions à la liberté professionnelle des non-salariés, il convient d'évoquer brièvement le dossier des jeux d'argent, en ligne cette fois – les paris hippiques, sportifs et le poker – réservés en France jusqu'en 2010 respectivement au PMU, à la Française des jeux et aux casinos malgré les critiques de sociétés comme Bwin, Betclic, Zeturf ou Unibet. Les autorités

---

436. CJCE, 3 février 1993, *Véronica*, aff. C-148/91, *Rec.*, p. I-487.

437. Voy. par exemple, pour le Portugal, CJCE, 11 septembre 2003, *Anomar*, aff. 6/01, *Rec.*, p. I-8621.

438. Voy. Cour, 18 février 2015, *Stanley International Betting et Stanleybet Malta*, aff. C-463/13, np.

439. Ainsi, le monopole des notaires pour l'adoption d'actes authentiques en Autriche a été validé au nom d'une bonne administration de la justice (voy. Cour, 9 mars 2017, *Piringer*, aff. C-342/15 np : comm. V. Michel, *Europe*, n° 182, 2017), alors que la réglementation de la ville de Padoue réservant à la commune la conservation des urnes funéraires, au nom de la nécessité de veiller au respect de la mémoire des défunts, n'a pas été acceptée par la Cour (voy. Cour, 14 novembre 2018, *Memoria et Antonia Dall'Antonia*, aff. C-342/17 : comm. A. Rigaux, *Europe*, n° 21, 2019).

françaises avançaient notamment comme justifications à ces monopoles la protection des consommateurs, la lutte contre le blanchiment de l'argent sale ou encore le financement du sport amateur et de la filière hippique.

De son côté et depuis le milieu des années 2000, la Commission demandait à la France d'ouvrir ce secteur à la concurrence ou de justifier plus précisément ces restrictions à la libre prestation de services[440].

En 2010, la France devait finalement consentir à une « ouverture maîtrisée » du secteur des jeux d'argent en ligne par sa loi n° 2010-476 du 12 mai 2010[441] – pour une première application lors de la Coupe du monde de football en Afrique du Sud en juin-juillet 2010 ; au nom de la spécificité des jeux d'argent en ligne rappelée dès l'article 1er du texte (« Les jeux d'argent et de hasard ne sont, ni un commerce ordinaire, ni un service ordinaire ; dans le respect du principe de subsidiarité, ils font l'objet d'un encadrement strict au regard des enjeux d'ordre public, de sécurité publique et de protection de la santé et des mineurs »), le dispositif français prévoit notamment une procédure d'agrément (et, le cas échéant, de retrait d'agrément) des opérateurs intervenant dans ce secteur sur la base d'un cahier des charges précis, la mise en place d'une Autorité de régulation des jeux en ligne (ARJEL devenue récemment ANJ, Autorité nationale des jeux), ou encore des mesures se rapportant à la lutte contre l'addiction aux jeux (au-delà de la formule connue du grand public selon laquelle « L'excès de jeu crée l'isolement, la dépendance et l'endettement », il existe notamment un numéro vert, des actions de sensibilisation, la promotion d'un « jeu responsable » – avec le site « évalujeu » afin d'éviter de basculer dans une pratique à risque – et l'interdiction de jeu pour les mineurs).

Après une hausse significative dans les trois années qui ont suivi la libéralisation, le montant global des mises a atteint un palier puis est reparti significativement à la hausse avant d'être sérieusement ralenti en 2020 du fait de la pandémie ayant entraîné l'arrêt de nombreuses compétitions sportives ; il est cependant raisonnable de penser que la Coupe du monde de football fin 2022 au Qatar entraînera une hausse substantielle des mises. Selon l'Autorité nationale des jeux, deux défis à court terme doivent être prioritairement relevés : la protection des joueurs, d'une part, et la lutte contre les sites illégaux, d'autre part.

411. Situation des professionnels non européens. En conclusion, il est utile de préciser que des ressortissants non européens pourront être bénéficiaires de la liberté professionnelle, telle que prévue par le droit de l'Union, dans trois situations.

---

440. CJCE, 6 novembre 2003, *Gambelli*, aff. C-243/01, *Rec.*, p. I-13031, confirmé par CJCE, 6 mars 2007, *Placanica*, aff. 338/04, *Rec.*, p. I-1891. Voy. cependant CJCE, 8 septembre 2009, *Santa Casa de Misericordia*, aff. C-42/07, *Rec.*, p. I-763.
441. *JORF*, 13 mai 2010, p. 8881.

Il en sera ainsi pour les citoyens d'un État tiers lié à l'Union par un accord d'association qui sera interprété dans le sens d'une égalité de traitement entre les citoyens de l'Union et les ressortissants non européens, comme le montre clairement la jurisprudence récente concernant les ressortissants turcs[442].

Cela concerne également les ressortissants non européens présents légalement sur le territoire de l'Union parce qu'ils travaillent pour une entreprise européenne : à cet égard, la directive 2009/50 du 25 mai 2009 facilite l'entrée de personnes présentant un contrat de travail valide ou une offre ferme d'emploi pour au moins un an, correspondant à un poste hautement qualifié, entendu comme un emploi dont le salaire annuel brut est au moins égal à 1,5 fois le salaire annuel moyen brut de l'État considéré[443].

Enfin, le ressortissant non européen pourra appartenir à la famille d'un ressortissant européen et au titre du regroupement familial être présent sur le territoire de l'Union ; cela nous amène naturellement à la libre circulation des personnes, envisagée cette fois sans lien avec l'activité professionnelle.

412. Liberté professionnelle et *Brexit*. Sur le plan professionnel, la solution du *statu quo* s'est imposée : rien n'a changé pour les Britanniques installés en Europe et les Européens installés au Royaume-Uni depuis la réalisation effective du *Brexit*, avec notamment un droit d'accès à l'emploi et à son exercice, le droit à l'égalité de traitement en ce qui concerne l'emploi et les autres conditions de travail (spécialement en matière de rémunération), ou encore le droit aux mêmes avantages sociaux, fiscaux, de formation... que ceux accordés aux nationaux. Les droits découlant des périodes d'affiliation à un régime de sécurité sociale ont également été protégés par l'accord de retrait.

En revanche, la logique de reconnaissance mutuelle des diplômes telle que consacrée en Europe n'est plus valable depuis le 1er janvier 2021, avec un impact évident sur les doubles-diplômes mis en place depuis une quinzaine d'années maintenant entre les universités européennes et britanniques. Rien n'empêche cependant les deux parties de préciser à l'avenir les nouvelles règles en la matière dans un accord dédié.

413 à 417. *Réservés*.

---

442. Voy. CJCE, 17 septembre 2009, *Sahin*, aff. C-24/06, *Rec.*, p. I-8465.
443. Voy. *infra*, pt 447.

Chapitre III

La liberté de circulation et de séjour

418. Approche initiale du Traité de Rome et évolution. Nous l'avons vu, dans sa version initiale, le Traité de Rome n'envisageait les personnes que sous un angle économique ; par la suite, lorsque certaines politiques nouvelles émergeront, elles seront d'ailleurs d'abord conçues en relation avec les objectifs commerciaux de l'intégration européenne : ainsi, la protection du consommateur avait pour objectif initial de favoriser la consommation, la protection du travailleur, la main-d'œuvre, etc.

Mais progressivement, à mesure que la construction européenne s'approfondira, l'individu prendra le pas sur l'acteur économique, consacrant la vision des pères fondateurs qui plaçaient l'homme au centre du dispositif, notamment Jean Monnet qui affirmait : « Nous ne coalisons pas des États, nous unissons des hommes. »

419. Tournant de Maastricht. Le tournant intervient avec le Traité de Maastricht de 1992 qui constitue un saut qualitatif important à deux égards : d'une part, il consacre l'ouverture progressive de la construction européenne à des préoccupations qui ne sont pas économiques en officialisant ou en renforçant toute une série de politiques comme celles de la santé, de l'éducation, de l'environnement ou des consommateurs ; d'autre part, il développe de nouvelles dimensions pour l'Europe des personnes avec notamment l'instauration d'une coopération en matière de justice et d'affaires intérieures (troisième pilier de l'Union jusqu'au Traité de Lisbonne) et la création d'une citoyenneté européenne, qui s'ajoute à la nationalité de chaque ressortissant d'État membre.

420. Citoyenneté européenne et conséquences. La citoyenneté européenne créée par le Traité sur l'Union européenne n'est pas purement symbolique, puisqu'elle comporte de nombreux droits : la liberté professionnelle précédemment étudiée, la liberté de circulation et de séjour sur le territoire des États membres ; des droits politiques aussi, notamment le droit de pétition devant le Parlement européen, le droit de saisir le Médiateur européen et surtout le droit de vote et d'éligibilité aux élections municipales et européennes dans l'État de résidence ; enfin le bénéfice de la protection des autorités diplomatiques et consulaires dans tout État tiers dans lequel l'État, dont est ressortissante la personne, n'est pas représenté.

Ainsi se dessine progressivement un véritable statut du citoyen européen[444], d'autant plus depuis la proclamation de la Charte des droits fondamentaux de 2000 et sa promotion par le Traité de Lisbonne ; depuis lors, la teneur de la citoyenneté européenne s'est significativement enrichie, avec par exemple dernièrement l'obligation faite à un État membre de

---

444. Cour, 2 mars 2010, *Rottman*, aff. C-135/09, *Rec.*, p. I-1449 : comm. J. HEYMANNN, *Europe*, étude n° 7, 2010. Récemment, la Cour a même considéré que la pratique du sport amateur et la possibilité de participer à des compétitions dans l'État membre d'accueil constituaient un droit inhérent à la qualité de citoyen européen : Cour, 13 juin 2019, *Topfit et Biffi*, aff. C-22/18 : comm. A. RIGAUX, *Europe*, n° 315, 2019.

délivrer un document d'identité à un enfant mineur dont l'acte de naissance désigne comme ses mères deux ressortissantes européennes, quand bien même l'État en question ne reconnaît pas les familles homoparentales[445].

421. Article 21 TFUE. L'actuel article 21, § 1, TFUE dispose : « Tout citoyen de l'Union a le droit de circuler et de séjourner librement sur le territoire des États membres, sous réserve des limitations et conditions prévues par les traités et par les dispositions prises pour son application. »

Après avoir initialement refusé un effet direct à l'article 21, § 1, TFUE, la Cour a estimé que, malgré les restrictions qu'elle prévoit, cette disposition devait être considérée comme conférant directement à tout citoyen de l'Union le droit de circuler et de séjourner librement sur le territoire des États membres[446].

422. Bénéficiaires de la liberté de circulation et séjour. C'est l'occasion de préciser que ce sont par principe les personnes ayant la nationalité d'un État de l'Union qui bénéficient de ces libertés ; il faut cependant y ajouter les ressortissants non européens se trouvant dans l'une des trois situations précitées : bénéficiaires d'un accord international conclu entre leur pays et l'Union ; membres de la famille d'un ressortissant européen ; enfin, employés d'une entreprise européenne.

423. Annonce des développements. À travers l'étude des bénéficiaires de cette liberté de circulation et de séjour d'une part (section 1) et des droits garantis d'autre part (section 2), nous saisirons l'approche extensive qui a été progressivement consacrée en droit de l'Union afin de promouvoir « l'Europe des citoyens » ; toutefois, il demeure encore certaines restrictions à cette liberté, justifiées par des motifs légitimes déjà rencontrés dans d'autres volets du marché intérieur (section 3).

SECTION 1
LES BÉNÉFICIAIRES DE LA LIBERTÉ DE CIRCULATION ET DE SÉJOUR

424. Extension régulière des bénéficiaires. Réservée originellement au seul travailleur communautaire (§ 1), la liberté de circulation et de séjour s'est progressivement étendue à d'autres catégories de personnes (§ 2).

---

445. Voy. Cour, 14 décembre 2021, *V.M.A c/ Stolichna obstina*, aff. C-490/20 : comm. A. RIGAUX, *Europe*, n° 40, 2022.
446. CJCE, 17 septembre 2002, *Baumbast*, aff. 413/99, *Rec.*, p. I-7091 : comm. *Les grands arrêts du droit de l'Union européenne* (dir. C. BOUTAYEB), *op. cit.*, pp. 704-720.

§ 1. Le bénéficiaire initial : le travailleur européen

425. Notion de travailleur européen. Depuis 1957, la liberté de circulation et de séjour est reconnue au « travailleur communautaire » (puis européen), c'est-à-dire une personne qui exerce effectivement une activité économique ; cette formule impose quelques précisions.

D'abord, l'activité « effective » s'entend d'une activité, même à temps partiel, dès lors qu'elle n'est pas marginale ou accessoire : ainsi, un professeur de musique donnant une douzaine d'heures de cours par semaine, bien qu'il soit aidé financièrement par sa famille à titre complémentaire, exerce bien une telle activité[447].

En outre, l'activité peut être seulement potentielle, ce qui permet d'inclure les personnes à la recherche d'un emploi : la Cour a eu l'occasion de préciser à cet égard que l'intéressé devait disposer d'un « délai raisonnable » – normalement de six mois – pour tenter d'obtenir son emploi et pouvait séjourner plus longtemps s'il prouvait qu'il continuait à chercher un emploi et avait des chances réelles d'être engagé[448].

Par ailleurs, le mode d'exercice de l'activité importe peu : le travailleur est au sens propre celui qui exerce une activité salariée, c'est-à-dire qui opère sous la direction d'une autre personne et reçoit une rémunération en contrepartie ; mais, au sens du droit de l'Union, il s'agit aussi du travailleur indépendant.

Ce qui est essentiel c'est que l'activité exercée soit économique : en d'autres termes, elle doit s'effectuer contre rémunération. Là encore l'approche du juge de l'Union est extensive, puisque ont été considérées comme telles une activité effectuée au sein d'une communauté religieuse qui, en retour, subvenait aux besoins matériels de ses membres[449], ou encore la participation d'un athlète de haut niveau (amateur) à des compétitions dans la mesure où il y était le support de prestations publicitaires[450].

En définitive, la notion de « travailleur » a été interprétée extensivement par la Cour à mesure que la place de l'individu dans le projet européen se renforçait : dans cette logique, la Cour a par exemple récemment estimé que la femme qui cesse de travailler ou de rechercher un emploi en raison de contraintes physiques liées à sa grossesse et aux suites de son accouchement, conserve la qualité de « travailleur », pourvu qu'elle reprenne ensuite une activité dans une période de temps « raisonnable »[451].

---

447. CJCE, 3 juin 1986, *Kempf*, aff. 139/85, *Rec.*, p. 1035.
448. CJCE, 26 février 1991, *Antonissen*, aff. C-292/89, *Rec.*, p. I-745.
449. CJCE, 5 octobre 1988, *Steyman*, aff. 196/87, *Rec.*, p. 6159.
450. CJCE, 11 avril 2000, *Deliège*, aff. C-51/96 et 191/97, *Rec.*, p. I-2549.
451. Voy. Cour, 19 juin 2014, *Jessy Saint Prix c/ Secretary of State of Work and Pensions*, aff. C-507/12 : comm. A. Rigaux, *Europe*, n° 327, 2014.

De plus, ce cercle de bénéficiaires initiaux s'est progressivement élargi à d'autres catégories de personnes consacrant le principe selon lequel la liberté de circulation et de séjour devait être « déconnectée » de l'activité professionnelle.

§ 2. La généralisation des bénéficiaires

426. Autres bénéficiaires. Il s'agit des membres de la famille du travailleur européen (A), d'une part, et des personnes non actives et de leur famille (B), d'autre part.

A. Les membres de la famille du travailleur européen

427. Notion de membres de la famille. Cette extension s'avérait nécessaire pour donner un « effet utile » au principe de la liberté de circulation et de séjour ; les travailleurs européens ont donc droit au regroupement familial et à l'intégration de leur famille dans le pays d'accueil.

Plus précisément, il s'agissait, selon le règlement (CEE) n° 1612/68 du Conseil du 15 octobre 1968 sur la libre circulation des travailleurs au sein de la Communauté[452] et la directive 73/148 du 21 mai 1973 relative à la suppression des restrictions au déplacement et au séjour des ressortissants des États membres à l'intérieur de la Communauté en matière d'établissement et de prestation de services[453], du conjoint, des descendants de moins de 21 ans ou à charge[454], des ascendants du travailleur ou de son conjoint qui étaient à charge.

Ces textes ont été abrogés par la directive 2004/38 du 29 avril 2004 relative au droit des citoyens de l'Union et des membres de leurs familles de circuler et de séjourner librement sur le territoire des États membres[455], laquelle vise dans son article 2 le conjoint[456] mais également le « partenaire » dûment enregistré, si pour l'État d'accueil ce partenariat est équivalent à un mariage ; les descendants et ascendants demeurent admis dans les mêmes conditions qu'antérieurement. Enfin, pour les autres membres de la famille, les États s'engagent seulement à « favoriser » leur admission, tout spécialement les personnes dont le citoyen européen, pour des raisons

---

452. *JOCE*, L 257, 19 octobre 1968.
453. *JOCE*, L 172, 28 juin 1973.
454. Sur la notion de « descendant à charge », voy. Cour, 16 janvier 2014, *Flora May Reyes c/ Migrationsverket*, aff. C-423/12 : comm. A RIGAUX, *Europe*, n° 115, 2014.
455. *JOUE*, L 58, 30 avril 2004 ; voy. A. ILIOPOULOU, « Le nouveau droit de séjour des citoyens de l'Union et de leur famille : la directive 2004/38/CE », *RDUE*, 2004, pp. 523 et s. Plus complètement, voy. A. ILIOPOULOU-PENOT (dir.), *Directive 2004/38 relative au droit de séjour des citoyens de l'Union européenne et de leur famille*, Bruxelles, Bruylant, 2020.
456. Y compris le conjoint de même sexe : Cour, 5 juin 2018, *Relu Adrian Coman*, aff. C-673/16, np.

de santé graves, devrait impérativement assurer la prise en charge ; fin 2012, la Cour a pour la première fois interprété la notion de « membre de la famille » autre que le conjoint, l'ascendant ou le descendant direct, en laissant finalement une marge d'appréciation significative aux États[457].

B. Les personnes non actives et les membres de leur famille

428. Personnes non actives visées. L'extension de la liberté de circulation et de séjour aux personnes non actives résulte de trois directives du Conseil du 28 juin 1990, adoptées donc avant l'instauration de la citoyenneté européenne par le Traité de Maastricht de 1992.

La directive 90/365 était relative au droit de séjour des travailleurs (salariés ou non) qui avaient cessé leur activité, autrement dit les retraités : ils peuvent s'établir avec leur famille sur le territoire de n'importe quel État de l'Union quand bien même ils n'auraient jamais circulé durant leur activité professionnelle.

La directive 90/366 était relative au séjour des étudiants, autres que ceux bénéficiant du droit de séjour à un autre titre, par exemple parce qu'ils exerçaient une activité économique. Annulée par la Cour pour défaut de base légale pertinente, elle a été remplacée par la directive 93/96 du 29 octobre 1993 qui prévoyait notamment un droit de séjour limité à la durée de la formation poursuivie.

Enfin, la directive 90/364 était relative au droit de séjour des ressortissants des États qui ne bénéficiaient pas de ce droit en vertu d'autres dispositions européennes (sorte de « directive-balai »).

La directive 2004/38 précitée abroge ces trois textes tout en les reprenant en substance, notamment s'agissant de la double condition posée pour ces « inactifs » : des « ressources suffisantes » – qu'elles soient personnelles ou familiales – pour éviter qu'elles ne deviennent, durant leur séjour, une charge pour l'assistance sociale de l'État d'accueil (la crise du financement des systèmes de protection sociale des États n'arrangeant rien) ; une assurance-maladie couvrant l'ensemble des risques dans le pays d'accueil.

À cet égard, signalons que la Cour a pu affirmer, il y a maintenant quelques années, que le bénéfice du droit de séjour était conditionné par des ressources financières suffisantes et qu'à défaut de pouvoir justifier de telles ressources, il ne saurait être admis qu'un citoyen de l'Union puisse invoquer le principe de non-discrimination en vue de bénéficier de

---

457. Voy. Cour, 5 septembre 2012, *Rahman*, aff. C-83/11 : comm. *Les grands arrêts du droit de l'Union européenne* (dir. C. Boutayeb), *op. cit.*, pp. 991-1005.

prestations sociales dans un État membre d'accueil, lorsque ces prestations sont le seul moyen de financement de son séjour[458]. Cette affaire, largement médiatisée, a parfois été présentée comme la volonté du juge européen de lutter contre le « tourisme social » au sein de l'Union ; « [...] tourisme, si l'on veut, mais à condition d'ajouter que ce prétendu "tourisme" est celui de la pauvreté ou du dénuement »[459]...

En tout cas, il apparaît clairement que les États membres ne veulent pas d'une généralisation du droit de séjour, à la différence de la liberté de déplacement ; si cette situation peut aujourd'hui apparaître quelque peu choquante pour certains, elle s'appuie juridiquement sur la fin de la formule de l'article 21, § 1, TFUE selon laquelle la liberté de circulation et de séjour ne s'exerce « que sous réserve des limitations et conditions prévues par le présent traité et par les dispositions prises pour son application ».

429. Membres de la famille de la personne non active. S'agissant maintenant des membres de la famille des personnes non actives, c'est toujours l'effet utile du droit communautaire qui a présidé à cette extension du droit de circulation et de séjour à leur profit : l'extension concerne cette fois le conjoint ou « le partenaire » de la personne non active, leurs descendants à charge, ainsi que les ascendants de la personne non active et ceux de son conjoint ou de son partenaire qui sont à charge. Signalons que, pour les étudiants, l'extension est limitée au conjoint et aux descendants à charge, excluant donc les ascendants même à charge.

Intéressons-nous maintenant aux droits garantis au titre de cette liberté de circulation et de séjour.

SECTION 2

LES DROITS GARANTIS

430. Contenu des droits garantis. Le contenu des droits que confère la liberté de circulation et de séjour n'a cessé de s'enrichir ; cette tendance ne fait que traduire le passage d'un droit à finalité économique à un droit fondamental de la personne qui comprend aujourd'hui la liberté de déplacement (§ 1), le droit de séjour (§ 2), ainsi que le droit à des conditions de vie normales (§ 3).

---

458. Voy. Cour, 11 novembre 2014, *Dano*, aff. C-333/13, np : comm. F. Gazin, *Europe*, n° 6, 2015. Pour une confirmation, dans des conditions légèrement différentes toutefois, voy. Cour, 15 septembre 2015, *Alimanovic*, aff. C-67/14, np : comm. D. Simon, *Europe*, n° 405, 2015.
459. P. Rodière, « Quel droit de circulation en Europe pour les personnes inactives et démunies ? », *JDE*, 2015, n° 218, pp. 146-151.

§ 1. La liberté de déplacement

431. Droit de sortie et droit d'entrée. Cette liberté de déplacement (ou de circulation) comprend deux éléments : le droit de sortie d'un État et le droit d'entrée sur le territoire d'un autre État.

S'agissant du droit de sortie, le règlement de 1968 et la directive de 1973 précités imposaient aux États membres de délivrer à leurs ressortissants une carte d'identité et/ou un passeport, et interdisaient tout visa de sortie ou d'une obligation équivalente, à l'instar de ce qui est prévu dans le Protocole n° 4 de la CEDH.

Pour ce qui concerne maintenant le droit d'entrée sur le territoire d'un autre État, il convient de noter qu'avant même le Traité sur l'Union européenne, les ressortissants communautaires connaissaient un statut dérogatoire au droit commun de la condition des étrangers, la Cour de justice ayant affirmé dans son arrêt *Royer* que « [...] le droit des ressortissants d'un État membre d'entrer sur le territoire d'un autre État membre constitu(ait) un droit directement conféré par le traité »[460]. La conséquence en était que « ce droit était acquis indépendamment de la délivrance d'un titre de séjour par l'autorité compétente d'un État membre, ce qui ne voulait pas dire pour autant que les autorités de police de l'État d'accueil étaient dépourvues de tout pouvoir ; les textes de 1968 et 1973 prévoyaient ainsi que l'entrée se fasse sur simple présentation d'une carte d'identité ou d'un passeport, la possession de ce titre pouvant être contrôlée et sa non-présentation assortie de sanctions qui ne devaient cependant pas être plus lourdes que celles prévues pour les nationaux. La Cour a même récemment précisé qu'un État ne devait pas prévoir une sanction objectivement disproportionnée en cas de non-présentation d'un document d'identité à ses frontières... pour l'un de ses ressortissants[461] !

432. Cadre juridique actuel de la libre circulation. Ce régime du droit de déplacement, repris par la directive 2004/38, s'inscrit dans le cadre du « Code frontières Schengen ».

Le règlement (CE) n° 562/2006 du 15 mars 2006[462] achève la « communautarisation » du système Schengen développé à partir de 1985 entre cinq États membres en marge des traités communautaires et progressivement « rapatrié » en leur sein[463].

En ce qui concerne le passage aux frontières internes de l'Union des ressortissants européens, le principe est donc l'absence de contrôles, ceux-ci ne pouvant être réintroduits qu'en cas de menace grave pour l'ordre public

---

460. CJCE, 8 avril 1976, *Royer*, aff. 48/75, *Rec.*, p. 497.

461. Voy. Cour, 6 octobre 2021, *A*, aff. C-35/20 : comm. P. Bruyas, *Europe*, n° 437, 2021.

462. *JOUE*, L 105, 13 avril 2006. La dernière version du Code résulte du règlement 2016/399 du 9 mars 2016 (*JOUE*, L 77, 23 mars 2016).

463. Voy. F. Gazin, « Accords de Schengen », *Rép. eur. Dalloz*, 2020.

(dans un contexte de lutte contre le terrorisme – comme il y a quelques années – ou contre une pandémie, type Covid-19, comme début 2020) ou en cas de fortes pressions migratoires, comme l'Europe en a connu en 2015 avec l'entrée d'un million de migrants et réfugiés sur l'année. Cette réintroduction des contrôles systématiques aux frontières est cependant limitée à six mois, la prorogation de ce délai étant possible jusqu'à une période totale – incluant les six mois initiaux – de deux ans. S'agissant de la pandémie de la Covid-19, la Cour de justice s'est récemment intéressée à plusieurs dispositifs nationaux qui tendaient à pérenniser ce rétablissement des contrôles aux frontières : s'appuyant sur le caractère nécessairement exceptionnel de tels contrôles, elle a fait prévaloir la liberté de circulation des citoyens sur le maintien de la sécurité de l'espace Schengen, au grand dam de certains gouvernements[464].

Pour le passage aux frontières extérieures de l'Union, le contrôle se fera sous la forme d'une « vérification minimale », c'est-à-dire un « examen simple et rapide » de l'identité de la personne sur présentation des documents de voyage, alors que les ressortissants non européens feront l'objet, eux, d'un contrôle approfondi ; ces modalités relèvent plus largement de « l'espace de liberté, de sécurité et de justice » tel que refondu par le Traité de Lisbonne[465].

Il y a toutefois une différence entre le fait d'accéder au territoire d'un autre État et le fait d'y séjourner pour une durée plus ou moins importante.

§ 2. Le droit de séjour

433. Séjour de moins de trois mois. Ce droit de séjour a été reconnu par le règlement de 1968 et la directive de 1973 aux ressortissants européens et étendu aux personnes non actives par les directives de 1990 ; il figure dorénavant aux articles 6 à 15 de la directive 2004/38 et comporte toujours la distinction entre séjour de moins de trois mois et de plus de trois mois.

Quand le séjour est inférieur à trois mois, le régime applicable est celui du droit d'entrée, autrement dit il suffit d'être en possession d'une carte d'identité ou d'un passeport ; la seule obligation éventuellement imposée par l'État d'accueil peut être de signaler sa présence aux autorités nationales. Et il est bien évident que la directive 2004/38 ne saurait être interprétée comme permettant à un citoyen européen de renouveler son droit de séjour de trois mois en se contentant de quitter physiquement le territoire de l'État d'accueil pour y revenir immédiatement : à cet égard, le juge national sera seul compétent pour vérifier qu'il a bien été mis fin au séjour de manière réelle et effective avant un éventuel retour[466].

464. Cour, gr. ch., 26 avril 2022, *Landespolizeidirektion Steiemark*, aff. jtes C-368/20 et 369/20 : comm. F. Gazin, *Europe*, n° 193, 2022.
465. Voy. le dossier spécial « L'Europe, terre d'accueil ou forteresse lézardée ? », *Europe*, n° 3, 2016.
466. Voy. Cour, gr. ch., 22 juin 2021, *Staatssecretaris van justitie en Veilligheid*, aff. C-719/19 : comm. F. Gazin, *Europe*, n° 276, 2021.

434. Séjour de plus de trois mois. Quand le séjour est supérieur à trois mois, c'est le régime du droit de séjour proprement dit qui s'applique et qui devait, jusqu'à 2004, être constaté par la délivrance d'une carte de séjour spécifique aux ressortissants européens, dont l'attribution était de droit, la validité d'au moins cinq ans et le renouvellement automatique sauf motif d'ordre public.

Avec la directive 2004/38, cette carte de séjour a disparu pour les ressortissants européens mais elle demeure pour les membres de la famille non européens du ressortissant européen ; l'État d'accueil peut demander au ressortissant européen et aux membres de sa famille de se faire enregistrer auprès des autorités compétentes ; en outre, rappelons ici les deux conditions précédemment évoquées pour les inactifs : ressources suffisantes et protection sociale. Enfin, tout citoyen de l'Union (et membres de sa famille) acquiert un droit de séjour permanent dans l'État d'accueil après y avoir résidé légalement et de manière continue pendant cinq ans – sans autres conditions d'activité, de ressource ou de couverture-maladie –, qui se trouve matérialisé par une attestation de séjour permanent.

§ 3. Le droit à des conditions de vie normales

435. Contenu des droits annexes et conditionnalité. Le droit dérivé a précisé un certain nombre de droits « annexes », qui apparaissent comme des corollaires des deux droits précédents : il faut comprendre par là que, sans eux, la liberté de déplacement et de séjour demeurerait largement théorique. Relèvent de cette catégorie de droits annexes le droit à un logement décent, le droit d'accéder à un emploi – dans les conditions étudiées dans le chapitre précédent –, le droit pour les enfants de poursuivre des études ou une formation, le droit aux mêmes avantages fiscaux ou sociaux que les nationaux[467]. Plus largement, « […] le statut de citoyen de l'Union a vocation à être le statut fondamental des ressortissants des États membres permettant à ceux parmi ces derniers qui se trouvent dans la même situation d'obtenir, indépendamment de leur nationalité et sans préjudice des restrictions expressément prévues à cet égard, le même traitement juridique »[468].

L'égalité de traitement n'empêche toutefois pas un État d'imposer un certain degré d'intégration du ressortissant non national dans l'État d'accueil – à travers une durée de séjour minimale notamment –, sous réserve bien entendu de proportionnalité[469] : à l'analyse de la jurisprudence récente, il apparaît plus précisément que la Cour fait ici la distinction

---

467. Voy. à propos d'une allocation d'éducation, CJCE, 12 mai 1998, *Martinez Sala*, aff. 85/96, *Rec.*, p. I-2691.
468. CJCE, 20 septembre 2001, *Grzelczyk*, aff. C-184/99, *Rec.*, p. I-6193 : comm. *Les grands arrêts du droit de l'Union européenne* (dir. C. Boutayeb), *op. cit.*, pp. 689-703.
469. Voy. CJCE, 15 mars 2005, *Bidar*, aff. C-209/03, *Rec.*, p. I-2119.

entre les citoyens qui ont le statut de travailleurs et les citoyens inactifs pour lesquels la condition d'intégration tend à se généraliser, comme le confirme l'arrêt *Dano* précité[470].

436. Apport de la directive 2004/38 en matière d'exceptions aux libertés de circulation et de séjour. La directive 2004/38 précitée simplifie largement, nous l'avons vu, le régime antérieur – fondé sur neuf directives et deux règlements – et surtout facilite l'exercice des droits au titre de la liberté de circulation et de séjour ; elle encadre également plus précisément qu'auparavant les exceptions liées à l'ordre public, la sécurité publique ou la santé publique, notamment en codifiant des exigences dégagées par le juge communautaire au cours du temps.

SECTION 3

LES RESTRICTIONS À LA LIBERTÉ DE CIRCULATION ET DE SÉJOUR

437. Dispositions de référence. Les articles 45, § 3, TFUE à propos de la libre circulation (accès et séjour), 52, § 1, TFUE concernant la liberté d'établissement et 62 TFUE relatif à la libre prestation de services (par renvoi à la disposition précédente) font référence aux raisons d'ordre public, de sécurité publique et de santé publique pour justifier des limitations à l'exercice de ces diverses libertés pour les non-nationaux ; ces motifs jouent donc au regard de l'ensemble des aspects de la libre circulation des personnes.

438. Encadrement par le droit de l'Union. Bien entendu, le recours à de tels motifs a été strictement encadré par le droit de l'Union ; les dispositions originaires ont notamment été prolongées par la directive 64/221 du Conseil du 25 février 1964 pour la « coordination des mesures spéciales aux étrangers en matière de déplacement et de séjour justifiées par des raisons d'ordre public, sécurité publique et santé publique » qui a constitué pendant longtemps « [...] une charte de protection que le droit européen offr(ait) contre les abus des pouvoirs de police des États »[471]. Ce cadre juridique est désormais repris et enrichi par la directive 2004/38/CE du 29 avril 2004.

Étudions successivement les motifs des restrictions (§ 1) puis le régime juridique de celles-ci (§ 2).

---

470. En ce sens, voy. S. Robin-Olivier, « Le citoyen de l'Union entre intégration et mobilité », *RAE*, 2013/4, pp. 667 et s.
471. L. Dubouis et C. Blumann, *Droit matériel de l'Union européenne* coll. Monchrestien, Paris, LGDJ, 2019, p. 87.

§ 1. Les motifs des restrictions

439. Liste des restrictions. Deux brèves précisions s'imposent : d'abord, ces justifications (ordre public, sécurité publique et santé publique) constituent une liste limitative à l'instar de celle de l'article 36 TFUE s'agissant des dérogations au principe d'interdiction des restrictions quantitatives dans le champ de la libre circulation des marchandises ; ensuite, les motifs en question ne peuvent pas être invoqués à des fins économiques, par exemple pour protéger l'emploi des travailleurs nationaux.

440. Motif de santé publique. S'agissant spécialement du motif de la « santé publique », la directive de 1964 donnait une liste de maladies ou pratiques seules susceptibles de justifier une interdiction d'entrée sur le territoire : maladies contagieuses (tuberculose ou syphilis notamment), toxicomanie, certaines formes de maladies mentales ; en revanche, le sida n'a jamais appartenu à cette liste. La directive de 2004 remplace cette liste par une clause générale précisant que les maladies invocables sont celles qui sont potentiellement endémiques telles que définies par les textes de l'OMS (Organisation mondiale de la santé) et les maladies infectieuses contagieuses qui font l'objet de mesures particulières au profit des nationaux dans le pays considéré.

§ 2. Le régime juridique des restrictions

441. Conditions de forme et de fond. Si les motifs en question – notamment l'ordre public – ne font pas l'objet d'une définition européenne unique – ce qui explique l'existence d'exigences variables d'un État à l'autre – la portée de ces notions « [...] ne saurait être déterminée unilatéralement par chacun des États membres sans contrôle des institutions européennes »[472]. Plus précisément, le droit communautaire puis de l'Union a posé diverses garanties de forme (A) et de fond (B) en faveur des ressortissants européens (et membres de leur famille) visés par ces mesures restrictives.

A. Les garanties de forme

442. Pluralité de garanties de forme. Prévues par la directive de 1964 et renforcées par directive 2004/38, ces garanties mettent en œuvre plus largement le fameux principe du « respect des droits de la défense » comportant trois aspects essentiels.

---

472. CJCE, 4 décembre 1974, *Van Duyn*, aff. 41/74, *Rec.*, p. 1337.

Une obligation de motivation (par écrit) s'impose lors de la notification de la mesure à l'intéressé[473] sauf si la sûreté de l'État ne le permet pas ; cette motivation doit être suffisamment précise et détaillée pour permettre à l'intéressé de défendre ses intérêts de manière effective.

La mesure restrictive doit également prévoir un recours juridictionnel – conformément au principe général du droit à une protection juridictionnelle effective consacré par la Cour de justice –, avec indication de la juridiction compétente et du délai applicable ; les modalités de ce recours relèvent de la législation nationale.

Enfin, un délai minimal doit être octroyé à la personne concernée pour quitter le territoire de l'État – normalement un mois, sauf urgence dûment justifiée – car la personne, la plupart du temps, s'y trouve déjà du fait de la liberté de circulation et de la disparition des contrôles systématiques au sein de l'Union.

B.   Les garanties de fond

443. Contrôle strict de la Cour. La Cour s'estime compétente pour apprécier la validité des mesures nationales prises au titre de ces divers motifs. D'une manière générale, elle considère que ces notions doivent être interprétées de façon stricte, puisqu'il s'agit d'exceptions à la libre circulation ; mais en même temps, elle reconnaît logiquement une marge d'appréciation aux autorités nationales dans les situations de fait. Dans son arrêt *Bouchereau*, le juge européen a ainsi précisé que le recours à la notion d'ordre public s'avérait fondé seulement « en cas de menace réelle et suffisamment grave, affectant un intérêt fondamental de la société »[474]. En outre et plus précisément, deux principes connus doivent être ici aussi respectés.

444. Principe de non-discrimination. Dans l'affaire *Rutili* précitée, il a été logiquement jugé que, les activités syndicales étant autorisées en France, l'exercice de celles-ci par un ressortissant d'un autre État européen ne pouvait pas être invoqué comme constituant une menace à l'ordre public ! Dans un contexte tout à fait différent, un même raisonnement a été tenu – arrêt *Adoui et Cornuaille*[475] – à propos de deux Françaises menacées d'expulsion de Belgique car suspectées de se livrer à des activités de prostitution alors même que de telles activités n'étaient pas interdites en Belgique.

---

473.   CJCE, 28 octobre 1975, *Rutili*, aff. 36/75, *Rec.*, p. 1219 : comm. *Les grands arrêts du droit de l'Union européenne* (dir. C. Boutayeb), *op. cit.*, pp. 296-302.

474.   CJCE, 27 octobre 1977, *Bouchereau*, aff. 30/77, *Rec.*, p. 1999. Dans le même ordre d'idée, la Cour a récemment indiqué que l'État auteur d'une décision d'éloignement visant un individu ayant commis des crimes contre l'humanité devait tout de même procéder à une évaluation approfondie de la menace actuelle que faisait objectivement peser cette personne sur son ordre public : voy. Cour, gr. ch., 2 mai 2018, *K.*, aff. C-331/16 et C-366/16 : comm. F. Gazin, *Europe*, n° 258, 2018.

475.   Voy. CJCE, 18 mai 1982, *Adoui et Cornuaille*, aff. 115 et 116/81, *Rec.*, p. 1665.

445. Principe de proportionnalité. Le principe de proportionnalité doit être également respecté, à travers l'appréciation du rapport entre la réalité de la menace à l'ordre public invoquée et les mesures restrictives prises en conséquence. Il trouve une application toute particulière ici s'agissant des mesures de refus d'entrée sur le territoire ou d'expulsion, lesquelles causent une atteinte grave aux droits attachés à la citoyenneté européenne de la personne concernée.

De manière classique, la réserve d'ordre public ne peut fonder des restrictions aux libertés que dans des cas individuels : sont donc par principe interdites les mesures restrictives à caractère général. Plus précisément, les mesures d'ordre public doivent être fondées « exclusivement sur le comportement personnel de l'individu qui en fait l'objet » et le seul fait d'avoir été condamné sur le plan pénal antérieurement ne peut suffire à les motiver : ainsi l'interdiction à vie d'entrée sur le territoire grec adressée à une ressortissante italienne condamnée dans son pays pour détention de stupéfiants et qui a purgé sa peine est manifestement excessive[476]. A fortiori, l'omission d'une formalité administrative ou le défaut de possession de la carte de séjour ne sauraient justifier une mesure d'éloignement[477].

446. Renforcement des garanties de fond par la directive 2004/38. Après avoir indiqué que les membres de la famille du ressortissant européen bénéficient logiquement du même régime de garanties que le ressortissant européen lui-même[478], soulignons que la directive de 2004/38 a significativement durci les conditions dans lesquelles les États peuvent recourir à ces restrictions, en codifiant certaines exigences posées par la jurisprudence et en y ajoutant quelques conditions nouvelles[479].

Les articles 27 et 28 de la directive 2004/38 prévoient notamment que l'État prenne en considération la situation personnelle de l'intéressé, notamment son âge, sa situation familiale, économique ou encore son degré d'intégration dans le pays d'accueil ; de même, une décision d'éloignement ne pourra pas être prise à l'encontre d'un enfant mineur[480] ou d'une personne ayant séjourné pendant une période d'au moins 10 ans dans l'État d'accueil.

---

476. CJCE, 19 janvier 1999, *Donatella Calfa*, aff. C-348/96, *Rec.*, p. I-11. Dans le même sens mais s'agissant cette fois du refus d'octroi d'un statut de résident longue durée, voy. Cour, 3 septembre 2020, *Subdelegacion del Gobierno en Barcelona*, aff. C-503/19 et C-592/19 : comm. L. Driguez, *Europe*, n° 331, 2020.

477. Voy. CJCE, 17 février 2005, *Salah Oulane*, aff. C-215/03, *Rec.*, p. I-1215.

478. Voy. CJCE, 11 juillet 2002, *Carpenter*, aff. C-60/00, *Rec.*, p. I-1215.

479. Cela n'empêche toutefois pas une interprétation stricte de la directive par la Cour ; voy. s'agissant d'une confirmation par les autorités grecques d'une décision d'éloignement visant un ressortissant roumain : Cour, 14 septembre 2017, *Petrea*, aff. C-184/16, np : comm. D. Simon, *Europe*, n° 406, 2017.

480. Dans cette logique, la Cour a récemment affirmé que les mineurs non accompagnés (européens ou non) en séjour irrégulier devaient être considérés par l'État d'accueil comme des personnes vulnérables : Cour, 14 janvier 2021, *Statsecretaris van justifie en Velligheid*, aff. C-441/19 : comm. F. Gazin, *Europe*, n° 90, 2021.

447. Situation des ressortissants non européens. Tout au long de ces développements, nous nous sommes principalement intéressés à la situation des ressortissants européens ; il convient d'évoquer rapidement le sort des ressortissants des pays tiers dans l'Union européenne, étant précisé d'une part qu'ils sont plus nombreux aujourd'hui que les ressortissants européens se déplaçant d'un pays à l'autre de l'Union, et d'autre part qu'il y a nécessairement des interactions entre la condition des ressortissants des pays tiers et celle des Européens[481], conduisant le juge de l'Union à arbitrer des situations de plus en plus délicates[482].

Au-delà des situations – déjà mentionnées[483] – dans lesquelles les ressortissants des pays tiers pouvaient se voir accorder la liberté de circulation et de séjour « à titre accessoire », émerge depuis plus d'une dizaine d'années maintenant un statut du ressortissant non européen en situation légale dans l'Union.

Ce statut est pour l'essentiel matérialisé par trois directives, deux adoptées en 2003 et la dernière en 2009[484].

La directive 2003/109 du 25 novembre 2003[485] définit un statut de résident longue durée pour les personnes ayant résidé de manière légale et ininterrompue pendant cinq ans sur le territoire d'un État de l'Union ; ce statut, matérialisé par un permis de séjour de résident longue durée, offre deux séries d'avantages : d'une part, une égalité de traitement avec les nationaux en matière de droits économiques et sociaux – des restrictions peuvent en revanche exister en matière d'éducation, de formation ou de protection sociale – et, d'autre part, le bénéfice de la liberté de circulation et de séjour dans un autre État que celui de résidence. Ces dernières années, le juge s'est intéressé aux « conditions d'intégration », prévues à l'article 5, § 2, de la directive et organisées selon le droit de l'État d'accueil : plus précisément, les États membres peuvent imposer aux ressortissants non européens résidents longue durée un examen d'intégration civique sans pour autant que les modalités

---

481. Ce rapprochement va parfois jusqu'à un véritable alignement. Récemment la Cour a ainsi eu l'occasion de préciser qu'exclure du bénéfice d'une carte famille donnant accès à des réductions sur certains biens et services les ressortissants de pays tiers qui bénéficient en vertu de ces différents textes de l'accès à ces biens et services est contraire aux textes en cause. L'Italie devait donc changer sa législation relative à la carte famille, soit en la supprimant pour tous, soit en élargissant son bénéfice, notamment aux ressortissants de pays tiers résidents de longue durée et titulaires d'un permis unique (Cour, 28 octobre 2021, *ASGI et autres*, aff. C-462/20 : comm. L. Driguez, *Europe*, n° 442, 2021).
482. Voy. par exemple Cour, 8 mars 2011, *Ruiz Zambrano*, aff. C-34/09, *Rec.*, p. I-1177 : comm. *Les grands arrêts du droit de l'Union européenne* (dir. C. Boutayeb), *op. cit.*, pp. 920-931. Dans la même logique, voy. : Cour, 10 mai 2017, *Chavez-Vilchez*, aff. C-133/15, np : comm. A. Rigaux, *Europe*, n° 255, 2017. Plus globalement, voy. B. Morel, « Le long chemin du droit de séjour des ressortissants extracommunautaires membres de la famille d'un citoyen de l'Union (6 ans après l'arrêt *Zambrano*) », *RDUE*, 2018, n° 616, pp. 177-188.
483. Voy. *supra*, pt 411.
484. Pour des précisions, voy. L. Dubouis et C. Blumann, *Droit matériel de l'Union européenne*, *op. cit.*, pp. 92-95.
485. *JOUE*, L 16, 23 janvier 2004.

retenues (frais de dossier, délai déterminé pour présenter l'examen, éventuelle amende en cas d'échec) ne mettent en péril la réalisation des objectifs poursuivis par la directive, au risque de la priver de son effet utile[486]...

La directive 2003/86 du 22 septembre 2003[487] reconnaît pour sa part le bénéfice du regroupement familial au profit du résident longue durée, mais seulement en faveur du conjoint marié et des enfants mineurs, le sort des ascendants et du partenaire non marié étant laissé à l'appréciation des États ; les exigences en termes d'intégration dans le pays d'accueil valent également pour ces « regroupants » du résident longue durée[488].

Le troisième et dernier texte est la directive 2009/50 du 25 mai 2009[489] qui précise dans quelles conditions des ressortissants de pays tiers hautement qualifiés peuvent séjourner dans l'Union. Le demandeur doit présenter un contrat de travail valide ou une offre ferme d'emploi pour une durée d'au moins un an, après quoi il se verra délivrer une « carte bleue européenne », valable entre un et quatre ans, et qui fera office à la fois de permis de travail et de séjour. Dès lors, il aura le droit – ainsi que les membres de sa famille – de séjourner dans l'État en question et bénéficiera de l'égalité de traitement avec les nationaux en ce qui concerne les conditions de travail et la formation professionnelle, la protection sociale et l'accès au logement. Enfin, il pourra circuler – immédiatement – puis séjourner – après une période de 18 mois – dans un autre État de l'Union.

448. Enjeux récents du droit du marché intérieur. Si le « droit du marché intérieur européen » apparaît aujourd'hui riche et cohérent dans ses différentes dimensions – matérielle, personnelle et financière –, il le doit largement au juge européen qui a élaboré au cours du temps une véritable philosophie en la matière[490]. Cela étant, deux enjeux majeurs ont émergé récemment et focalisent logiquement l'attention des juges de Luxembourg, tels que régulièrement sollicités par leurs homologues nationaux.

Il y a d'abord l'affirmation de plus en plus évidente des droits de la personne sous l'angle du principe de non-discrimination tel que consacré dans ses différentes dimensions (on pense tout spécialement à l'enjeu des données personnelles[491]) par la Charte des droits fondamentaux de l'Union,

---

486. Voy. à propos du système néerlandais, Cour, 4 juin 2015, *P. et S.*, aff. C-579/13, np : comm. A. Rigaux, *Europe*, n° 308, 2015.
487. *JOUE*, L 251, 3 octobre 2003.
488. Voy. Cour, 9 juillet 2015, *K. et A.*, aff. C-153/14, np : comm. A. Rigaux, *Europe*, n° 365, 2015. Pour deux affaires encore plus récentes, voy. Cour, 7 novembre 2018, *C. et A.*, aff. C-257/17 ; Cour, 7 novembre 2018, *K.*, aff. C-484/17 : comm. V. Michel, *Europe*, n° 19, 2019.
489. *JOUE*, L 155, 18 juin 2009.
490. Voy. J.-S. Berge et G.-S. Giorgini (dir.), *Le sens des libertés économiques de circulation*, Bruylant, Bruxelles, 2020.
491. Voy. l'affaire *Safe Harbour* (Cour, 6 octobre 2015, *Maximilian Schrems c/ Data Protection Commissioner*, aff. C-362/14 : comm. B. Haftel, *Dalloz*, 2016, n° 2, pp. 111-115, et D. Simon, *Europe*, n° 468, 2015), confirmée par Cour, 16 juillet 2020, *Data Protection Commissioner c/ Facebook Ireland, Maximilian Schrems*, aff. C-311/18 : comm. D. Simon, *Europe*, étude n° 8, 2020.

de plus en plus invoquée – pas toujours à bon escient d'ailleurs ! – par les requérants. Il y a ensuite l'importance croissante des considérations éthiques, sociales, environnementales et autres pour les citoyens européens, laquelle rend de plus en plus délicat l'équilibre à trouver entre les différents aspects de la libre circulation et la protection d'intérêts légitimes ; la tâche est d'autant plus difficile lorsqu'interfèrent, de manière plus ou moins évidente, des considérations économiques comme le financement des systèmes de protection sociale ou le revenu des pharmaciens[492]...

449. Libre circulation et *Brexit*. La question des droits des citoyens a constitué un véritable « fil conducteur » des longues et tortueuses négociations entre les 27 et le Royaume-Uni ayant finalement abouti à l'accord de retrait de janvier 2020.

Il faut dire que l'enjeu est de taille puisque plus de 3 millions d'Européens résident actuellement au Royaume-Uni, alors que plus d'1 million de Britanniques résident sur le territoire de l'un des 27 États membres.

C'est donc sans surprise que les dispositions de la partie 2 de l'accord de retrait consacrées aux droits et titres de séjour sont à la fois les plus nombreuses (11 articles) et les plus détaillées ; sur le fond, c'est la continuité qui domine avec comme régime de référence celui consacré par la directive 2004/38[493].

À l'expiration de la période de transition, les citoyens concernés ont continué à résider, travailler ou étudier au Royaume-Uni/en Europe, mais ils devaient solliciter, en vertu de l'accord de retrait, un nouveau statut de résident dans l'État d'accueil, selon un régime dit « constitutif » (avec une procédure de demande) ou simplement « déclaratif » (ne comportant pas de démarche particulière).

En outre, après avoir séjourné régulièrement pendant cinq ans dans l'État d'accueil – avant comme après l'expiration de la période de transition –, les citoyens peuvent demander le statut de « résident permanent » qui offre davantage de protection.

Enfin, les membres de la famille du citoyen (époux/épouse, enfants, parents, et même grands-parents) pourront le rejoindre ultérieurement s'ils ne vivaient pas encore avec lui dans l'État d'accueil ; de même, les enfants nés ou adoptés disposent de ce même droit.

Terminons en précisant que l'un des protocoles annexés à l'accord de retrait se rapporte aux personnes (11 000 civils chypriotes) qui vivent et travaillent au sein de deux bases britanniques installées sur le territoire de Chypre et pour lesquelles les parties à l'accord s'engagent à garantir la continuité d'application du droit de l'Union.

450 à 454. *Réservés.*

---

492. Voy. arrêt *Allessandra Venturini*, préc., note 430.
493. *Dictionnaire permanent. Droit européen des affaires*, Bull. 375-1, février 2020, spéc. pp. 7-10.

TITRE II

La libre concurrence

455. Construction européenne et politique de la concurrence. La seconde grande liberté consacrée dans le cadre du marché européen est la libre concurrence. Le droit européen de la concurrence peut être défini comme le corps de règles visant à éviter, et le cas échéant à sanctionner, les pratiques susceptibles de fausser le libre jeu de la concurrence. Et si ces règles apparaissent aujourd'hui comme un pan naturel du droit des affaires, cela n'était pas vrai dans le contexte des années 1950 encore largement marqué par l'interventionnisme étatique ; de sorte que les articles 85 et 86 du Traité de Rome de 1957 (aujourd'hui articles 101 et 102 TFUE) présentaient une nature novatrice au regard du contenu des politiques économiques des États membres fondateurs.

Ces règles de concurrence occupent une place fondamentale en droit de l'Union sous différents aspects.

D'abord en ce qu'elles viennent naturellement compléter la libre circulation précédemment étudiée : en effet, il ne servirait à rien d'éliminer les entraves aux échanges d'origine étatique si on laissait parallèlement les opérateurs économiques recloisonner les marchés nationaux. L'importance du droit de la concurrence applicable au marché européen est telle qu'il constitue depuis maintenant une vingtaine d'années une discipline à part entière au sein du droit général de l'Union européenne[494].

Ensuite, parce qu'elles régulent les mécanismes du marché sur lesquels l'Europe est fondée ; d'inspiration libérale, la construction européenne repose sur l'idée que ces règles servent à préserver ou à rendre effective la concurrence entre les opérateurs économiques, au sens non pas d'une concurrence « pure et parfaite », comme disent les économistes, mais d'une « concurrence praticable » (*workable competition*). Pour autant, l'application des règles de concurrence n'apparaît pas toujours parfaite et l'Europe est régulièrement critiquée pour son approche excessivement formaliste en droit de la concurrence ; ces dernières années, il lui est notamment reproché d'entraver la constitution d'entreprises européennes de taille mondiale, d'être inadaptée aux nouveaux enjeux du numérique ou encore d'imposer aux entreprises européennes des contraintes plus importantes que celles que connaissent leurs rivaux mondiaux[495].

Enfin, dans la mesure où elles mettent en lumière le rôle décisif joué par les institutions européennes : le Conseil ou la Commission, lorsqu'il s'agit d'adopter des textes d'exécution ; la Commission seule s'agissant de la gestion quotidienne de la politique de concurrence ; enfin, le Tribunal et la Cour de justice en cas de contestation à travers soit le contentieux

---

494. Voy. N. Petit, *Droit européen de la concurrence*, coll. Domat, Paris, Montchrestien, 2020 ; L. Vogel, *Droit européen de la concurrence*, Londres, LawLex, 2015 ; P. Nihoul et C. Verdure, *Droit européen de la concurrence*, 3ᵉ éd., Bruxelles, Larcier, 2018.
495. Voy. P. Anato et C. Le Grip, « Le droit européen face à l'enjeu de la mondialisation », *Rapp. Assemblée nationale*, n° 2451, 27 novembre 2019.

de la légalité (recours en annulation), soit le contentieux de pleine juridiction (à travers le contrôle opéré sur les sanctions financières prononcées à l'encontre des entreprises).

456. Actualité de la politique de concurrence de l'Union. Les médias se font ainsi régulièrement l'écho de dossiers importants économiquement, que l'on songe à l'importante amende – 1,7 milliard d'euros – fin 2013 appliquée à plusieurs banques (dont la *Société Générale* et la *Deutsche Bank*) convaincues d'avoir participé à une entente sur des produits dérivés de certains taux d'intérêt, de *Google* visée par trois amendes pour abus de position dominante (en matière de comparaison de prix en ligne, de recherche *via* Android et enfin de publicités contextuelles) pour un montant supérieur à 8 milliards d'euros – actuellement contestées devant le Tribunal de l'Union –, des enquêtes ouvertes ces dernières années dans les secteurs sensibles de l'énergie, de la téléphonie mobile, des services bancaires et tout récemment dans celui de la publicité en ligne avec une suspicion d'entente entre *Google* et *Meta* (maison mère de *Facebook*). Justement, la nécessaire régulation du secteur du numérique a nourri les réflexions et conduit la commissaire européenne en charge « de la concurrence et du numérique » à proposer fin 2020 deux textes finalement adoptés en avril 2022 : le premier vise les marchés numériques (*DMA* dans le jargon pour *Digital Markets Act*) et le second les services numériques (*DSA* pour cette fois *Digital Services Act*)[496].

L'Europe s'est ainsi dotée d'un arsenal législatif sans équivalent, qui a d'ailleurs suscité la curiosité d'autres régulateurs dans le monde, notamment aux États-Unis d'Amérique…

457. Contenu de la politique de concurrence de l'Union. Ces divers exemples offrent un aperçu – incomplet – de la richesse de la politique de concurrence européenne actuelle. S'agissant des règles visant les entreprises, elles s'articulent autour de deux enjeux : l'interdiction des pratiques anticoncurrentielles (ententes et abus de position dominante) d'une part et le contrôle des opérations de concentration d'autre part[497] ; pour ce qui concerne le comportement des États eux-mêmes, le droit de l'Union comporte un dispositif d'interdiction d'aides ainsi qu'une obligation d'aménagement des monopoles nationaux[498].

458. Annonce des développements. Pour s'en tenir aux seules pratiques anticoncurrentielles, et comprendre comment fonctionne le filtre du droit de l'Union à leur égard, nous aborderons les conditions de fond (chapitre 1) et les conditions de forme (procédure) (chapitre 2).

---

496. Pour une présentation synthétique, voy. L. IDOT, *Europe*, alerte n° 9, 2022.
497. Voy. S. PERUZZETTO et C. GRYNFOGEL, « Concentration », *Rép. eur. Dalloz*, 2020.
498. Voy. M. KARPENSCHIF, *Manuel de droit européen des aides d'État*, 4e éd., Bruxelles, Bruylant, 2021.

Chapitre I

Les règles de fond applicables aux pratiques anticoncurrentielles

459. Traité de Rome et pratiques anticoncurrentielles. Le Traité de Rome de 1957 envisageait deux types de pratiques émanant des entreprises et susceptibles d'affecter la libre concurrence, qui ont en commun un objectif et certaines modalités tout en ayant parallèlement leurs spécificités : les ententes régies actuellement par l'article 101 TFUE, d'une part, et l'abus de position dominante, envisagé à l'article 102 TFUE, d'autre part.

Il s'agit de deux comportements différents dans la démarche qu'ils recouvrent : si l'entente correspond à un comportement collectif conduisant à une convergence de comportement entre les opérateurs impliqués, l'abus est un comportement unilatéral ayant pour conséquence la domination de son auteur sur le secteur économique en cause. Pour autant, les deux pratiques auront pour effet de nuire à la concurrence ; dès lors, les articles 85 et 86 TCEE partageaient le même objet que la Cour avait très tôt souligné en affirmant : « Sur des plans différents, les articles 85 et 86 tendent au même objet, à savoir le maintien d'une concurrence effective sur le marché commun »[499]. D'ailleurs, les deux dispositions de référence comportent les mêmes exemples de pratiques constituant autant de comportements condamnables.

Par ailleurs, ces articles étant manifestement complémentaires, rien n'interdit qu'ils s'appliquent à une même affaire, comme par exemple celle d'une entreprise en position dominante participant à une entente[500].

Enfin, leurs régimes juridiques ne sont pas identiques en ce que le principe d'interdiction des ententes peut connaître des tempéraments alors que celui de l'abus de position dominante n'en connaît pas, en tout cas officiellement, car nous verrons plus loin que l'affirmation peut être quelque peu nuancée[501].

460. Annonce des développements. Les ententes (section 1) comme les abus de position dominante (section 2) sont étroitement contrôlés par les autorités européennes et nationales de concurrence en raison de leur nocivité.

---

499. CJCE, 2 février 1973, *Continental Can*, aff. 6/72, *Rec.*, p. 215 : comm. *Les grands arrêts du droit de l'Union européenne* (dir. C. Boutayeb), *op. cit.*, pp. 225-234.
500. Voy. CJCE, 13 février 1979, *Hoffmann-La Roche*, aff. 85/76, *Rec.*, p. 461.
501. Voy. D. Bosco, « Abus de position dominante », *Rép. eur. Dalloz*, 2019.

LES ENTENTES ENTRE ENTREPRISES

461. Architecture de l'article 101 TFUE. Cette catégorie de comportements[502] est visée à l'article 101 TFUE, qui pose le principe de l'interdiction de telles pratiques et en donne des exemples (§ 1), puis admet des dérogations (§ 2) : il s'agit donc d'une logique d'interdiction relative.

§ 1. Le principe d'interdiction des ententes

462. Article 101 TFUE et conditions de l'interdiction. Selon l'article 101, § 1, TFUE, « sont incompatibles avec le marché intérieur et interdisent tout accord entre entreprises toutes décisions d'association d'entreprises et toutes pratiques concertées, qui sont susceptibles d'affecter le commerce entre États membres et qui ont pour objet ou pour effet d'empêcher, de restreindre ou de fausser le jeu de la concurrence à l'intérieur du marché intérieur […] » ; suit une liste indicative d'accords constituant des ententes (accord sur les prix, les débouchés, etc.).

Pour être interdite, une entente – terme qui ne figure pas à l'article 101 TFUE – doit donc remplir les trois conditions suivantes : être issue d'une concertation d'entreprises, avoir pour objet ou effet de fausser la concurrence et enfin affecter le commerce intra-européen.

A. La concertation d'entreprises

463. Définition européenne de l'entreprise. Pour qu'il y ait entente, il faut en premier lieu une concertation d'entreprises : les termes « entreprise » et « concertation » méritent des précisions[503].

En droit de l'Union, la notion d'entreprise ne correspond pas nécessairement à un sujet juridique tel qu'on le connaît en droit interne ; elle est conçue comme un opérateur économique bénéficiant d'une réelle autonomie de gestion. Plus précisément la Cour de justice a pu affirmer : « […] La notion d'entreprise comprend toute unité exerçant une activité économique, indépendamment du statut juridique de cette entité et de son mode de financement »[504].

---

502. Voy. J.-B. Blaise, « Ententes », *Rép. eur. Dalloz*, 2016.
503. Voy. C. Prieto, « Ententes : concours de volontés », *JCl Europe*, fasc. 1405, 2017.
504. Voy. CJCE, 23 avril 1991, *Höfner*, aff. C-41/90, *Rec.*, p. I-1991 : comm. *Les grands arrêts du droit de l'Union européenne* (dir. C. Boutayeb), *op. cit.*, pp. 526-531.

464. Définition de l'activité économique. L'activité économique s'entend comme une activité de production ou de commercialisation de biens ou services, mais également comme une activité libérale, sportive, ou culturelle professionnelle. Ce qui est essentiel, c'est la recherche d'un but lucratif : dans l'affaire *Höfner* précitée, la Cour a considéré que l'office public allemand de placement des travailleurs relevait de la sphère économique dans la mesure où il y avait une rémunération en contrepartie de la prestation qu'il effectuait ; à l'inverse, la tenue d'un registre de commerce et la mise à disposition des données obtenues, prévues par la loi en Autriche, ne correspondent pas à une activité économique justifiant l'applicabilité des règles de concurrence[505].

465. Indifférence du statut juridique. Par ailleurs, le statut juridique de l'entité est indifférent : il peut s'agir d'une personne physique – à l'exclusion des travailleurs salariés – comme un artiste exploitant ses textes par exemple, ou d'une personne morale (un syndicat, une association – comme l'UEFA en football –, une société, une coopérative, etc.). La nature privée ou publique de l'entreprise est également indifférente : l'établissement public Aéroports de Paris (ADP) a ainsi été qualifié, à la fin des années 1980, d'entreprise au sens du droit communautaire lorsqu'il n'organisait pas le trafic aérien ; en revanche, lorsqu'il mettait en œuvre des prérogatives de puissance publique pour exercer sa mission d'intérêt général, il était soumis au régime spécifique des entreprises gérant un « service d'intérêt économique général »[506]. Un ordre professionnel peut également être qualifié d'entreprise[507].

466. Autonomie suffisante. L'entité doit également disposer d'un minimum d'autonomie : en effet, de jurisprudence constante, il ne peut exister d'ententes entre entreprises dépendantes les unes des autres car elles n'ont pas de liberté en termes de stratégie commerciale, d'une part, et de comportement sur le marché, d'autre part[508] ; il s'agira alors d'un simple accord intragroupe.

Se pose essentiellement ici la question de l'éventuelle imputabilité du comportement d'une filiale à sa société mère ; au-delà de la logique générale que la Cour a dégagée il y a quelques années dans l'affaire *Akzo Nobel*, elle se livrera souvent à une appréciation *in concreto* afin de déterminer l'autonomie réelle dont dispose l'entreprise impliquée dans l'entente[509].

---

505. Cour, 12 juillet 2012, *Compass-Datenbank*, aff. C-138/11 : comm. L. IDOT, *Europe*, n° 394, 2012.
506. Voy. J.-V. LOUIS et S. RODRIGUES, *Les services d'intérêt économique général et l'Union européenne*, Bruxelles, Bruylant, 2006.
507. Voy. *infra*, note 511.
508. Voy. CJCE, 25 novembre 1971, *Béguelin*, aff. 22/71, *Rec.*, p. 940 : comm. *Les grands arrêts du droit de l'Union européenne* (dir. C. BOUTAYEB), *op. cit.*, pp. 185-197.
509. CJCE, 10 septembre 2009, *Akzo Nobel*, aff. C-97/08 P, *Rec.*, p. I-8237 : comm. L. IDOT, *Europe*, n° 427, 2009. Il y a une présomption d'imputabilité, à confirmer avec une double condition à remplir : le fait que la société mère soit en mesure d'exercer une influence déterminante sur sa filiale d'une part, et que celle-ci l'ait effectivement exercée d'autre part.

467. Formes de la concertation. La « concertation » existe dès lors qu'il y a la volonté de plusieurs entreprises d'agir ensemble pour restreindre la concurrence ; celle-ci prendra l'une des trois formes suivantes.

Ce peut être d'abord sous la forme d'un accord, formalisé par un contrat ou non ; la Commission est parfois allée loin, comme dans une affaire concernant « la quinine » – substance permettant de combattre le paludisme – qui avait fait l'objet de *gentlemen's agreements* entre les entreprises participantes[510].

Il peut également s'agir d'une décision unilatérale d'une association d'entreprises, notamment d'une fédération – en 2003, une concertation avait été organisée entre les fédérations locales françaises, sur ordre de la fédération nationale, pour la fixation de prix *minima* dans le secteur de la viande bovine – ou d'un ordre professionnel, comme récemment celui des experts-comptables portugais qui avait adopté un règlement portant sur un système de formation professionnelle obligatoire en privilégiant la forme dispensée par ses soins et en imposant des conditions discriminatoires aux autres opérateurs[511]. De même, il a pu être considéré que le règlement adopté par la Fédération internationale de football (FIFA) pour régir l'activité d'agent de joueurs, dans la mesure où il avait été adopté par la FIFA de sa propre initiative – et non en vertu de pouvoirs qui lui auraient été délégués par des autorités publiques dans le cadre d'une mission d'intérêt général se rapportant à l'activité sportive – et présentait une nature contraignante pour les fédérations affiliées, les clubs, les agents de joueurs et les joueurs, traduisait la volonté de la FIFA de coordonner le comportement de ses membres et constituait bel et bien une décision d'association d'entreprises au sens de l'article 101, § 1, TFUE[512].

Enfin, la concertation peut prendre la forme d'une pratique concertée, c'est-à-dire d'une action de coordination (non formalisée) sciemment conduite par des entreprises, à travers l'adoption de comportements parallèles, comportements qui n'auraient pas cours dans le cadre du fonctionnement normal du marché. Historiquement, la première pratique concertée dénoncée par la Commission et confirmée par la Cour de justice est celle des « matières colorantes », dans laquelle les grands producteurs européens du secteur ont été sanctionnés pour avoir pris l'habitude d'annoncer à l'avance les hausses des prix qu'ils entendaient pratiquer ; ils étaient immédiatement imités par leurs concurrents, ce qui avait pour conséquence de paralyser toute concurrence par les prix[513].

---

510. Voy. déc. 69/240 CEE du 16 juillet 1969 (*JOCE*, L 192, 5 août 1969).
511. Voy. Cour, 28 février 2013, *Ordem dos Tenicos Officiais de Contas*, aff. C-1/12 : comm. L. Idot, *Europe*, n° 175, 2013.
512. Voy. TPICE, 26 janvier 2005, *Laurent Piau*, aff. T-193/02, *Rec.*, p. II-209.
513. Voy. CJCE, 14 juillet 1972, *ICI c/ Commission*, aff. 48/69, *Rec.*, p. 619 : comm. *Les grands arrêts du droit de l'Union européenne* (dir. C. Boutayeb), *op. cit.*, pp. 212-216.

À l'analyse de l'abondante jurisprudence disponible en la matière depuis cette affaire, il apparaît que la Commission (ou l'autorité nationale compétente) devra plus précisément apporter la preuve de la réunion des quatre éléments suivants : des contacts entre concurrents à partir de preuves directes ou indirectes ; une collusion intellectuelle ayant pour objectif de substituer à la concurrence une logique coopérative ; un comportement coordonné sur le marché ; un lien de causalité entre l'accord de volonté et le comportement effectif sur le marché qui peut être présumé[514].

468. Preuve de la concertation. Spécialement dans l'hypothèse de la pratique concertée, la difficulté réside dans la preuve de la concertation, puisque la participation à une entente est une activité par nature clandestine, donc non soumise à des règles formelles ; le juge européen réclame pourtant des preuves « précises » et « concordantes » afin d'établir la réalité de cette concertation.

Au regard des difficultés à recueillir des éléments probants – qu'il s'agisse de documents (notamment internes) de tenue de réunions ou de témoignages –, la Commission s'est donc engagée au tout début des années 2000 dans une politique dite de « clémence » pratiquée depuis longtemps en droit *antitrust* américain : concrètement, elle promet un allégement des sanctions – voire une immunité – en faveur de l'entreprise partie à une entente qui acceptera de la dénoncer et de lui fournir des éléments décisifs pour la constitution du dossier « à charge ». La première application de ce dispositif, aujourd'hui fréquemment utilisé, a permis le démantèlement en 2001 d'un cartel dans le secteur des vitamines ; la politique de clémence existe aussi en droit français depuis 2001 avec une première application en 2006 à une entente sur les prix dans le secteur des portes en bois.

B.   La restriction de concurrence

469. Aspects de la restriction de concurrence. Pour qu'il y ait entente, il faut également que l'entente ait pour objet ou pour effet d'empêcher, de restreindre ou de fausser la concurrence sur un marché : c'est ce que l'on appelle plus simplement « la restriction de concurrence »[515]. Deux séries de remarques peuvent être formulées sur ce point.

470. Liste de comportements. L'article 101, § 1, TFUE comporte une liste de comportements ayant un effet restrictif sur la concurrence, parmi lesquels, notamment, les ententes sur les prix, la limitation de la production ou la répartition des marchés ; cette liste n'a toutefois qu'une nature exemplative et non limitative.

---

514. Voy. N. Petit, *Droit européen de la concurrence, op. cit.*, pp. 279-289.
515. Voy. C. Prieto, « Ententes : restriction de concurrence », *JCl Europe*, fasc. 1410, 2017.

Au-delà des exemples fournis, on distingue les ententes horizontales qui réunissent des entreprises qui se situent au même stade de production ou de distribution et qui veulent limiter leur concurrence mutuelle, des ententes verticales qui permettent à des entreprises situées à des stades différents du processus de production (producteur et distributeurs par exemple) de coopérer pour limiter la concurrence avec les tiers.

Il convient de mentionner également le cas particulier de la distribution sélective – permettant à un fabricant de n'autoriser la commercialisation de ses produits que par des revendeurs agréés par lui et de refuser d'approvisionner les autres – qui, bien que limitant la concurrence, est admise – au titre des exemptions[516] – car elle induit des services spécifiques à la clientèle, notamment l'assurance de qualité du produit et d'un approvisionnement continu.

S'agissant toujours de la restriction de concurrence, il est classique de différencier les ententes restrictives « par objet » et les ententes restrictives « par effet » ; alors que les premières – classiquement les accords de prix, de répartition des marchés ou de limitation des débouchés – correspondent à des pratiques dont on peut présumer avec un degré suffisant de vraisemblance qu'elles auront des effets restrictifs sur la concurrence, les secondes, bien que n'étant pas objectivement attentatoires à la concurrence, pourront cependant occasionner des dégâts concurrentiels sur le marché : ce peut être le cas d'accords de recherche et développement ayant pour effet de faire converger les prix des entreprises participantes. Cette distinction n'a pas qu'une portée intellectuelle, elle emporte des conséquences juridiques : alors que les ententes restrictives par objet sont présumées illicites, l'illicéité des ententes restrictives par effet devra être démontrée[517].

Précisons enfin que l'atteinte à la concurrence doit être suffisamment « sensible » : en d'autres termes, elle doit présenter un certain niveau de gravité au regard du fonctionnement normal de la concurrence et du marché.

471. Marché pertinent. L'enjeu suivant correspond à la délimitation du marché pertinent ; il doit être défini dans une double dimension.

La délimitation sera d'abord géographique : il s'agira de définir précisément le territoire sur lequel interviennent les entreprises concernées et où les conditions de concurrence sont suffisamment homogènes. Selon les cas, il pourra s'agir de l'ensemble du marché de l'Union, du territoire de quelques États membres, du territoire d'un seul État voire – plus rarement – d'une portion d'un seul État[518].

---

516. Voy. *infra*, pts 476-478.
517. Pour un rappel récent des critères d'identification de la restriction par objet, voy. Cour, 18 novembre 2021, *Visma Entreprise SIA*, aff. C-306/20 : comm. L. Idot, *Europe*, n° 18, 2022.
518. Voy. CJCE, 3 novembre 2006, *Asnef-Equifax*, aff. C-238/05, *Rec.*, p. I-1125.

La délimitation sera également matérielle puisqu'il conviendra de prendre en compte tous les produits ou services que le consommateur considère comme interchangeables, en raison de leurs caractéristiques, de leur prix et de l'usage auquel ils sont destinés.

La définition de ce double périmètre sert de base à l'évaluation effectuée par la Commission comme cela ressort de sa communication sur la définition du marché en cause aux fins du droit communautaire de la concurrence[519].

À l'analyse, la Commission a plutôt tendance à retenir une définition étroite du marché pertinent ; à partir de ces éléments, la Commission va étudier l'affectation concrète de l'accord en cause sur la libre concurrence mais aussi son impact sur le commerce intra-européen.

C. L'affectation du commerce intra-européen

472. Différentes hypothèses d'affectation du marché intra-européen. Pour qu'il y ait entente, il faut enfin que l'accord affecte ou soit susceptible d'affecter le commerce entre États membres[520] ; ce n'est que si l'accord en cause peut exercer une influence directe ou indirecte, actuelle ou même potentielle, sur les courants d'échanges (de produits, mais potentiellement aussi de services, voire de capitaux) entre États que l'entente sera en effet soumise à l'application du droit de l'Union. Il est possible de distinguer trois hypothèses.

Le commerce intra-européen sera *ipso facto* affecté dès lors que les entreprises participant à l'entente appartiennent à des États membres différents ; il en ira de même d'un accord portant sur la fixation des prix comme cela ressort de l'affaire des « matières colorantes » précitée.

Le commerce intra-européen sera également affecté lorsque les entreprises parties à l'entente appartiendront au même État membre : les autorités européennes estiment en effet que dans un tel cas cette concertation rend plus difficile l'entrée sur le marché en cause des entreprises relevant des autres États membres, procédant ainsi à un cloisonnement national.

Le commerce intra-européen sera enfin affecté dans l'hypothèse où le comportement répréhensible émane d'entreprises établies en dehors de l'Union européenne à condition que leur comportement ait des effets sur le marché de l'Union. Cette « théorie des effets » a été consacrée pour la première fois dans l'affaire *Pâte de bois*[521] impliquant des entreprises américaines et canadiennes qui s'étaient entendues sur le prix de la pâte de bois, lequel avait des conséquences sur la fabrication du papier exporté vers la Communauté européenne. Il y a donc une application territoriale du droit de l'Union, sans lien nécessaire avec la nationalité des entreprises impliquées.

---

519. Communication, 9 décembre 1997 (*JOCE*, C 372/3, 9 décembre 1997).
520. Voy. communication de la Commission, 26 avril 2004 (*JOUE*, C 101, 27 avril 2004).
521. Voy. CJCE, 27 septembre 1988, *Pâte de bois*, aff. 89/85, *Rec.*, p. 5193.

473. Nullité de l'entente et sanctions. Si le comportement en cause remplit ces trois conditions – une concertation entre entreprises, un effet restrictif sur la concurrence et une affectation du marché intra-européen –, l'article 101, § 2, TFUE prévoit que l'entente est « [...] nulle de plein droit » ; la conséquence la plus directe de cette nullité tient au fait que les accords visés sont rétroactivement anéantis *erga omnes*[522].

La Commission pourra prononcer une injonction de mettre fin à l'entente ainsi qu'une amende pouvant atteindre 10 % du chiffre d'affaires annuel de chacune des entreprises concernées.

Avec ses lignes directrices du 28 juin 2006, la Commission a significativement alourdi les amendes pour en adopter une grille plus réaliste – fondées sur des critères précis comme la durée et la gravité de l'infraction, l'éventuelle récidive – avec la volonté claire de dissuader les entreprises d'avoir recours à ce type de pratiques illicites ; par ailleurs, en octobre 2008, la Commission a officialisé un système de minoration de l'amende dans l'hypothèse où l'entreprise reconnaît son comportement « délictueux » ; enfin, rappelons l'application régulière des demandes de clémence depuis plus de vingt ans maintenant.

Cela étant, le principe d'interdiction des ententes n'est pas absolu ; il connaît des dérogations.

§ 2. Les dérogations au principe de l'interdiction des ententes

474. Catégories de dérogations. Il y a deux catégories de dérogations : les ententes exclues de l'interdiction (A) et surtout les ententes « rachetées » (ou exemptées) en vertu de l'article 101, § 3, TFUE (B).

A. Les ententes exclues de l'interdiction

475. Accords d'importance mineure et autres. Il y a d'abord diverses catégories de comportements qui constituent techniquement des ententes mais qui ne recevront pourtant pas cette qualification.

Il s'agit d'abord des accords d'importance mineure : depuis 1970, une communication de la Commission – modifiée régulièrement, dernièrement en 2014[523] – précise que les accords qui n'affectent que de manière négligeable le commerce entre États membres sont exclus de l'article 101, § 1, TFUE. Cette règle « *de minimis* » s'applique dans les situations où les

---

522. Voy. CJCE, 6 février 1973, *Brasserie de Haecht*, aff. C-48/72, *Rec.*, p. 77.
523. Communication, 25 juin 2014 (*JOCE*, C 391, 30 août 2014) : comm. L. Idot, *Europe*, n° 339, 2014.

produits ou services faisant l'objet de l'accord ne dépassent pas le seuil de 10 % de l'ensemble du marché de ces produits ou services dans l'Union pour les accords horizontaux ou mixtes, et le seuil de 15 % du marché pour les accords verticaux ; toutefois, cette règle ne s'applique pas à certains accords dont l'effet anticoncurrentiel est notoire, plus précisément les accords horizontaux de fixation de prix ou de répartition des marchés, ainsi que les accords verticaux imposant des prix de revente ou assurant une protection territoriale.

Il s'agit ensuite des accords conclus par les petites et moyennes entreprises – celles qui emploient moins de 250 salariés et disposent d'un chiffre d'affaires inférieur à 40 millions d'euros – dont les accords présentent une présomption de conformité à l'article 101, § 1, TFUE car ils ne présentent pas un intérêt européen suffisant pour justifier une intervention de la Commission.

Par ailleurs, il existe des ententes interdites qui peuvent être « rachetées » car elles sont finalement bénéfiques pour le consommateur européen et plus largement pour le marché ; c'est le système des exemptions.

B.   Les ententes exemptées

476. Domaines d'exemption. Les ententes rachetées ou exemptées[524] sont envisagées au paragraphe 3 de l'article 101 TFUE qui précise que les dispositions du paragraphe 1 peuvent être déclarées inapplicables à toute entente ou catégorie d'ententes sous certaines conditions, notamment le progrès économique.

On distingue l'exemption individuelle, accordée à une entente précise, de l'exemption par catégorie visant les ententes dans un secteur économique donné et matérialisée par des règlements d'exemption. Ces dernières poursuivent un double objectif : la recherche d'une sécurité juridique et une simplification de la procédure tant pour la Commission européenne que pour les opérateurs économiques eux-mêmes. La Commission a adopté de nombreux règlements d'exemption ces quinze dernières années, parmi lesquels ceux visant les accords verticaux – avec une dernière version applicable depuis le 1er juin 2022[525] –, les accords horizontaux, les accords relatifs au transfert de technologies, les accords en matière de distribution automobile, les accords en matière de recherche et développement[526] ou les accords de spécialisation[527].

Les ententes exemptées doivent satisfaire à plusieurs exigences.

---

524. Voy. C. Prieto, « Ententes : exemptions », *JCl Europe*, fasc. 1415, 2017.
525. Règlement (UE) n° 2022/720 (*JOUE*, L 134, 11 mai 2022) : comm. A.-S. Chone-Grimaldi et M. Thill-Tayara, *Europe*, étude n° 6, 2022. Plus largement, voy. C. Prieto, « Ententes : règlement d'exemption relatif aux restrictions verticales », *JCl Europe*, fasc. 1420, 2021.
526. Règlement (UE) n° 1217/2010 (*JOUE*, L 33, 18 décembre 2010).
527. Règlement (UE) n° 1218/2010 (*JOUE*, L 33, 18 décembre 2010).

477. Conditions d'exemption. Qu'il s'agisse d'exemptions individuelles ou par catégorie, les conditions de fond à remplir sont les mêmes, deux positives et deux négatives, lesquelles sont cumulatives.

Les deux conditions positives sont les suivantes.

L'entente doit d'abord contribuer à l'amélioration de la production ou de la distribution ou permettre un progrès technique ou économique : ce sera le cas d'un accord de spécialisation qui engendrera une économie des coûts, d'un accord de licence de brevet qui permettra d'améliorer la qualité d'un produit, ou d'un accord de distribution sélective (par exemple pour les produits cosmétiques ou les montres de luxe) qui permettra un approvisionnement régulier des clients et la garantie d'une marque réputée[528].

L'entente doit également réserver aux consommateurs une partie équitable du profit qui en résulte ; en d'autres termes, les consommateurs (incluant les utilisateurs industriels et les fournisseurs) doivent en retirer un avantage concret qu'il s'agisse d'une baisse de prix, d'une amélioration de la qualité du produit, d'un meilleur service après-vente ou encore d'une plus grande protection de l'environnement.

Il faut y ajouter deux autres conditions formulées de manière négative.

D'abord, l'entente ne doit pas imposer aux entreprises des restrictions qui ne seraient pas indispensables pour atteindre les objectifs : on retrouve ici le principe de proportionnalité. D'expérience, il apparaît que les autorités européennes sont particulièrement réservées, voire hostiles, aux restrictions se rapportant aux prix[529] et aux clauses de protection territoriale absolue[530].

Ensuite, l'entente ne doit pas donner la possibilité d'éliminer la concurrence pour une partie substantielle des produits en cause : en d'autres termes, il faut que demeure une dose minimale de concurrence sur le marché du produit ou service en cause. Cela signifie également que des entreprises qui ne sont pas parties à l'entente exemptée doivent pouvoir venir concurrencer les signataires afin qu'une concurrence effective puisse être garantie.

Ainsi, le Tribunal a récemment confirmé la validité d'un système de réparation sélective, émanant de divers fabricants de montres de luxe, justifiant le refus de fournir des pièces de rechange aux réparateurs indépendants ; la complexité des montres, la nécessité de lutter contre la

---

528. En matière de distribution sélective, l'arrêt de référence est l'arrêt *Metro* : Cour, 25 octobre 1977, *Metro I*, aff. 26/76, *Rec.*, p. 1875 : comm. *Les grands arrêts du droit de l'Union européenne (dir. C. Boutayeb), op. cit.*, pp. 317-332.

529. Voy. CJCE, 28 janvier 1986, *Pronuptia*, aff. 161/84, *Rec.*, p. 353.

530. Voy. CJCE, 13 juillet 1966, *Grundig*, aff. 56 et 58/66, *Rec.*, p. 429 : comm. *Les grands arrêts du droit de l'Union européenne* (dir. C. Boutayeb), *op. cit.*, pp. 95-110.

contrefaçon et la préservation de l'image de marque ont été avancées pour justifier le recours à ce système qui remplissait incontestablement les trois premières conditions de l'article 101, § 3, TFUE mais pas la dernière...[531]

Auparavant, dans l'affaire *Pierre Fabre,* les rapports entre la distribution sélective et l'interdiction de vente par Internet ont été étudiés au filtre des exemptions, par catégorie d'abord et à titre individuel ensuite, pour finalement conduire à une déclaration d'illégalité des clauses interdisant de manière absolue la vente par voie électronique des produits visés au contrat passé entre *Pierre Fabre* et ses revendeurs[532].

478. Procédure d'exemption. Il convient de souligner sur ce point l'importante réforme opérée par le règlement (CE) n° 1/2003, entré en vigueur le 1er mai 2004, sous deux aspects.

D'une part, alors que jusque-là le règlement (CEE) n° 17/62 accordait à la Commission européenne une compétence exclusive en matière d'exemption individuelle (après une notification préalable de l'entente), dorénavant, dans une logique de décentralisation, les autorités nationales de concurrence ainsi que les juridictions nationales sont compétentes pour apprécier l'application de l'article 101, § 3, ce qu'elles font d'ailleurs régulièrement.

D'autre part, le règlement (CE) n° 1/2003 supprime l'habilitation générale en faveur de la Commission permettant à celle-ci de prendre des règlements d'exemptions par catégorie ; par conséquent, celle-ci ne peut plus intervenir spontanément que dans le cadre des règlements déjà adoptés (par exemple pour retirer le bénéfice de l'exemption à certaines entreprises du secteur...) ; sinon, elle devra disposer d'une habilitation du Conseil au coup par coup.

La seconde catégorie de comportements anticoncurrentiels est constituée par les abus de position dominante qui, eux, ne connaissent pas officiellement de dérogation.

SECTION 2

L'ABUS DE POSITION DOMINANTE

479. Définition de l'abus par l'article 102 TFUE. L'article 102 TFUE sanctionne le comportement anticoncurrentiel unilatéral, autrement dit « l'abus de position dominante » dans les termes suivants[533] : « Est incompatible

---

531.   Trib., 23 octobre 2017, *CEAHR c/ Commission*, aff. T-712/14, np : comm. L. IDOT, *Europe*, n° 467, 2017.

532.   Cour, 13 octobre 2011, *Pierre Fabre Cosmétiques*, aff. C-439/09, *Rec.*, p. I-9419, et Cour d'appel de Paris, 31 janvier 2013, n° 23812 : comm. L. IDOT, *Europe*, n° 135, 2013.

533.   Voy. D. BOSCO, « Abus de position dominante », *Rép. eur. Dalloz*, 2015.

avec le marché intérieur et interdit, dans la mesure où le commerce entre États membres est susceptible d'en être affecté, le fait pour une ou plusieurs entreprises d'exploiter de façon abusive une position dominante sur le marché intérieur ou dans une partie substantielle de celui-ci. » Comme à l'article 101 TFUE suit une série d'exemples de comportements, constituant cette fois des abus de position dominante.

Plus précisément, trois conditions doivent donc être remplies au regard de l'article 102 TFUE : il faut une position dominante, un abus de position dominante – les économistes réunissant ces deux premiers éléments dans ce qu'ils appellent le « pouvoir de marché » – et enfin une affectation du commerce intra-européen.

§ 1. L'existence d'une position dominante[534]

480. Position dominante individuelle et collective. La position dominante peut être le fait d'une seule entreprise – c'est fréquent – ou de plusieurs entreprises, ce qui est plus rare[535].

Cette hypothèse de la position dominante collective est pourtant explicitement envisagée par l'article 102 TFUE qui mentionne « une ou plusieurs entreprises » ; sur cette question, la position des autorités européennes a sensiblement évolué.

Dans un premier temps, elles ont considéré qu'il ne pouvait y avoir de position dominante collective que si les entreprises impliquées appartenaient à un même groupe ; le fait qu'elles adoptent une stratégie coordonnée suivant les instructions de leur société mère était déterminant[536].

Dans un second temps, la Cour a admis que la position dominante collective ne soit pas forcément le fait d'entreprises d'un même groupe, mais le fait de deux entreprises juridiquement indépendantes l'une de l'autre mais « agissant comme une entité collective » caractérisée par « des facteurs de corrélation économique »[537].

481. Définition de la position dominante. La notion de position dominante a été définie par la Cour dans son arrêt *United Brands*[538] de la manière suivante : est en position dominante « l'entreprise qui a la possibilité d'avoir un comportement indépendant la mettant en mesure d'agir sans tenir compte de ses concurrents, de ses clients et en fin de compte des consommateurs ». Dans cette formule, deux aspects – qui se combinent

---

534. Voy. C. Prieto, « Abus de position dominante : position dominante », *JCl Europe*, fasc. 1435, 2018.
535. Voy. décision *Verre plat*, 7 décembre 1988, *JOCE*, L 33, 4 février 1990.
536. Voy. CJCE, 16 décembre 1975, *Suiker Unie*, aff. 40/73, *Rec.*, p. 1663.
537. Voy. CJCE, 16 mars 2000, *Cie maritime belge des transports*, aff. 395/96, *Rec.*, p. I-1365.
538. CJCE, 14 février 1978, *United Brands*, aff. 27/76, *Rec.*, p. 207 : comm. *Les grands arrêts du droit de l'Union européenne* (dir. C. Boutayeb), *op. cit.*, pp. 333-353.

pour concrétiser la supériorité économique de l'entreprise concernée – apparaissent clairement : il s'agit, d'une part, du pouvoir économique que détient l'entreprise et, d'autre part, de l'indépendance de comportement qui en résulte naturellement à son profit.

En d'autres termes, l'entreprise en position dominante est en mesure d'influencer de manière décisive les conditions de concurrence sur le marché qui la concerne ; le juge a pu évoquer à cet égard la « responsabilité particulière » de celle-ci... de ne pas porter atteinte à la concurrence[539].

Après avoir défini le marché pertinent, il faudra évaluer précisément si l'entreprise s'y trouve en position dominante.

482. Marché pertinent. Avant de déterminer concrètement l'existence de la position dominante, il convient de définir – comme en matière d'ententes – le marché pertinent d'un double point de vue, matériel et géographique. S'agissant du marché de produits, l'enjeu central est à nouveau celui du caractère substituable. À cet égard, deux exemples connus peuvent être mentionnés : celui de l'affaire *Tetra Pak* dans laquelle la Commission a finalement conclu à l'existence non pas d'un marché des modes de conditionnement des produits alimentaires mais de plusieurs, selon que l'on envisageait un conditionnement carton ou non, un conditionnement aseptisé ou non[540] ; dans l'affaire *Michelin* cette fois, le juge européen a conclu à l'existence de deux marchés distincts, celui des pneus pour poids lourds sur lequel n'opèrent que des professionnels et celui des pneus pour véhicules de tourisme intéressant principalement les consommateurs[541].

Dans l'affaire *Google* sur les comparateurs de prix en ligne[542], l'une des questions en débat porte cette fois sur la manière dont le consommateur en ligne procède à son achat ; selon la Commission, celui-ci opère en trois temps : il cherche son produit en ligne, il a ensuite recours à des comparateurs de prix, et enfin il l'acquiert sur un site marchand. À partir de cette séquence, la Commission a estimé que les services offerts par *Amazon* ne se situaient pas sur le marché pertinent.

Enfin l'appréciation du marché de produit ou du service n'est pas purement technique, la Commission reconnaissant dans sa communication de 1997 que « [...] le concept de marché en cause est étroitement lié aux objectifs poursuivis dans le cadre de la politique communautaire de la concurrence ».

---

539. Voy. CJCE, 9 novembre 1983, *Michelin*, aff. 322/84, *Rec.*, p. 3461.

540. Voy. CJCE, 14 novembre 1996, *Tetra Pak International*, aff. C-333/94 P, *Rec.*, p. I-5987.

541. Voy. aff. *Michelin*, préc. Plus récemment, la Cour s'est intéressée aux conditions dans lesquelles un médicament *princeps* et un médicament générique relèvent d'un même marché : voy. Cour, 30 janvier 2020, *Generics*, aff. C-307/18 : comm. L. IDOT, *Europe*, n° 105, 2020.

542. Le Tribunal de l'Union s'est prononcé en faveur de la Commission fin 2021 (Trib., 10 novembre 2021, *Google*, aff. C-612/17 : comm. L. IDOT, *Europe*, n° 17, 2022) et sans surprise l'entreprise californienne s'est pourvue devant la Cour.

Quant au marché géographique, l'enjeu décisif est encore celui de l'homogénéité des conditions de concurrence applicables aux produits (ou services) en cause, en fonction notamment des habitudes de consommation, des coûts de transport, etc.

483. Critères de la position dominante. La position dominante doit être ensuite évaluée *in concreto*, sur la base d'un « faisceau d'indices ».

Ce faisceau d'indices comprend plusieurs éléments qui, pris isolément, ne sont pas forcément significatifs mais qui, combinés les uns aux autres, sont révélateurs d'une position dominante. Un premier critère est d'ordre quantitatif puisqu'il s'agit des parts de marché : en dehors de l'hypothèse caricaturale du monopole, il est logique de considérer que des parts de marché très importantes – de l'ordre de plus de 80 % pendant longtemps et correspondant plutôt aujourd'hui à plus de 50 % – suffiront à conférer à l'entreprise en cause une situation de domination sur le marché, sauf situation exceptionnelle[543]. Mais dans la plupart des cas, le critère de parts de marché n'étant pas suffisant, il faudra se tourner vers des critères complémentaires comme la puissance financière de l'entreprise, son avance technologique – enjeu important dans les secteurs, comme l'informatique notamment, où l'évolution est très rapide –, l'accès aux capitaux ou encore aux matières premières. S'agissant de ce dernier point, soulignons l'importance prise aujourd'hui par ce que l'on appelle les « terres rares » correspondant à un groupe de métaux aux propriétés particulières et occupant une place de choix dans l'industrie électronique (ordinateurs, téléphones) et les technologies vertes (éoliennes, voitures hybrides) ; dès lors, un accès privilégié à de telles matières pourrait logiquement être considéré comme un indice sérieux de la position de domination d'une entreprise...

La position dominante n'étant pas interdite en elle-même, il convient de s'intéresser à l'abus qui lui seul est incriminé.

§ 2. L'exploitation abusive de la position dominante[544]

484. Absence de définition dans le TFUE. Le traité ne donne pas de définition précise de « l'exploitation abusive » ou plus simplement de l'abus ; en revanche, il donne quatre exemples de pratiques constituant des abus, très proches de ceux mentionnés à l'article 101 TFUE s'agissant des ententes : imposer de façon directe ou indirecte des prix d'achat ou de vente ou d'autres conditions de transaction non équitables ; limiter la production, les débouchés ou le développement technologique au préjudice

---

543. En ce sens, C. Nourissat et B. de Clavière-Bonamour, *Droit de la concurrence, libertés de circulation. Droit de l'Union – droit interne*, coll. Hypercours, Paris, Dalloz, 2016, p. 376.
544. Voy. C. Prieto, « Abus de position dominante : abus », *JCl Europe*, fasc. 1440, 2018.

des consommateurs ; appliquer à l'égard de partenaires commerciaux des conditions inégales à des prestations équivalentes ; enfin, subordonner la conclusion de contrats à l'acceptation par les partenaires de prestations supplémentaires qui, par leur nature ou selon les usages commerciaux, n'ont pas de lien avec l'objet de ces contrats. La liste ainsi constituée n'est, là encore, qu'indicative[545].

Au-delà de la diversité des comportements mentionnés, il est possible de dégager deux grandes familles d'abus : l'abus de comportement (A) et l'abus de structure (B)[546].

A.   L'abus de comportement

485. Définition et formes de l'abus de comportement. D'une manière générale, l'abus de comportement correspond à une conduite anormale de la part de l'entreprise en position dominante vis-à-vis de ses partenaires commerciaux ; en d'autres termes, un tel comportement ne pourrait exister dans des conditions normales de concurrence.

Il faut bien comprendre pour autant qu'il ne s'agit pas d'envisager le comportement anormal – quel qu'il soit – comme une faute, mais de s'attacher à ses effets selon une conception « objective » ou concrète, même si rien n'interdit à la Commission de prendre en compte parmi les circonstances factuelles des éléments de nature subjective comme une « stratégie d'exclusion » de la part de l'entreprise en position dominante dont les accords d'exclusivité, les engagements quantitatifs et les régimes de rabais rétroactifs n'étaient que des moyens[547].

Les abus de comportement présentent les formes suivantes.

Il y a d'abord les abus en matière de prix, avec les hypothèses d'un prix sans rapport réel avec le prix normal du produit, ou encore du « ciseau tarifaire » : dans le contexte de la libéralisation du secteur des télécommunications en Allemagne, le juge européen a ainsi considéré qu'un opérateur en position dominante sur un marché amont, également actif sur un marché aval ouvert à la concurrence, lorsqu'il impose à ses concurrents de s'approvisionner à des prix amont trop élevés et offre aux consommateurs des prix aval trop bas pour que les concurrents puissent rester sur le marché en dégageant une marge bénéficiaire, pratique le ciseau tarifaire qui entrave nécessairement le développement de la concurrence sur le marché

---

545. Voy. également *Orientations sur les priorités retenues pour l'application de l'article 82 du Traité CE aux pratiques d'éviction abusives des entreprises dominantes*, communication de la Commission (*JOUE*, C 45, 24 février 2009, p. 7).

546. Voy. C. Nourissat et B. de Clavière-Bonamour, *op. cit.*, p. 381. Les auteurs font cependant remarquer que les primes de fidélité ont d'abord été envisagées comme des abus de comportement avant d'être traités comme des abus de structure, preuve d'une certaine porosité entre les deux catégories d'abus.

547. Cour, 19 avril 2012, *Tomra Systems*, aff. C-549/10 P : comm. L. Idot, *Europe*, n° 249, 2012.

aval[548]. Les abus sous forme de limitation de débouchés, avec l'entreprise en position dominante qui ne livrera aux distributeurs que s'ils s'engagent à approvisionner des vendeurs déterminés, peuvent également exister – ils sont considérés comme des restrictions à la clientèle –, tout comme l'hypothèse de l'application de conditions inégales pour des prestations équivalentes, consistant notamment à livrer en priorité les commerçants vendant exclusivement les produits du fournisseur – par rapport à ceux qui vendent également les produits des concurrents – ou à leur réserver certains avantages. La pratique des rabais d'exclusivité peut également constituer un abus de comportement, comme dans l'affaire *Intel* où il a été reproché au géant américain sur le marché des microprocesseurs d'avoir mis en œuvre une stratégie d'ensemble visant à exclure son principal concurrent *AMD* par des pratiques consistant pour certaines d'entre elles à des rabais – d'exclusivité – et pour d'autres à des paiements directs[549]. Terminons par la mention de la pratique des ventes liées : l'entreprise dominante impose au commerçant de vendre des produits qui sont plus récents ou qui s'écoulent plus difficilement s'il veut pouvoir continuer à distribuer les produits « phares » de la marque (pratique utilisée par Coca-Cola il y a quelques années lors du lancement du « Coca-Cola Vanille ») ; quant à Microsoft, il lui a été reproché d'avoir subordonné la vente de son système d'exploitation dominant Windows à l'acquisition de son logiciel Windows Media Player[550] et quelques années plus tard d'avoir jumelé Windows à son navigateur Internet Explorer[551].

Signalons de manière plus exceptionnelle l'hypothèse du détournement de procédures réglementaires afin de retarder l'entrée de médicaments génériques sur le marché en cause[552].

B. L'abus de structure

486. Définition et formes de l'abus de structure. Ce type d'abus est caractérisé par le fait que l'entreprise en position dominante va, par son comportement, modifier les conditions structurelles du marché[553], ce qui entraînera un « rétrécissement de l'espace concurrentiel »[554]. Il ne s'agit donc plus de

---

548. Voy. Cour, 14 octobre 2010, *Deutsche Telekom c/ Commission*, aff. C-280/08, *Rec.*, p. I-9555.

549. Voy. Cour, 6 septembre 2017, *Intel Corporation*, aff. C412/14 P, np ; pour un commentaire de l'ensemble de l'affaire, L. Idot, *Europe*, Etude n° 9, 2017.

550. Voy. TPICE, 17 septembre 2007, *Microsoft c/ Commission*, aff. T-201/04, *Rec.*, p. II-03601.

551. Voy. décision 2013/C 120/06 du 6 mars 2013 (*JOUE*, L 120, 26 avril 2013).

552. Cour, 6 décembre 2012, *AstraZeneca*, aff. C-457/10 : comm. L. Idot, *Europe*, n° 87, 2012. Dans le même ordre d'idée, plusieurs accords de report d'entrée d'un générique sur le marché, passés par un laboratoire avec différents concurrents potentiels, peuvent constituer une stratégie contractuelle globale qualifiée d'abusive : voy. Cour, 30 janvier 2020, *Generics*, aff. préc.

553. Arrêts *Continental Can* (2 février 1973, aff. 6/72, *Rec.*, p. 215) et *Hoffmann-La Roche* (13 février 1979, aff. 85/76, *Rec.*, p. 461), préc.

554. Voy. C. Boutayeb, *Droit matériel de l'Union européenne. Libertés de mouvement, espace de concurrence et secteur public*, Paris, LGDJ, 2021, p. 317.

s'intéresser à des relations commerciales anormales entre opérateurs économiques mais plutôt de constater l'existence d'une configuration offrant la possibilité à l'entreprise en position dominante d'opérer presque librement... même si le comportement en cause aurait été légitime dans un contexte extérieur à la domination.

Illustrons cette idée avec la célèbre affaire *Continental Can* dans laquelle la Cour a considéré que le géant américain de l'emballage avait abusé de sa position dominante en prenant une participation majoritaire dans le capital d'une entreprise néerlandaise concurrente, *Thomassen* ; en effet, le degré de domination atteint par *Continental Can* après cette opération entravait substantiellement la concurrence en ne laissant subsister que des entreprises dépendantes, dans leur comportement, de l'entreprise américaine[555]...

Au-delà de cette hypothèse de renforcement de l'intégration horizontale, d'autres pratiques sont également à classer dans les abus de structures, comme l'acquisition de nouveaux distributeurs (renforcement de l'intégration verticale), l'existence d'un réseau commercial extrêmement perfectionné, ou encore la pratique des « prix prédateurs ». Malgré les incertitudes qui ont pu entourer cette dernière notion, il est acquis aujourd'hui qu'elle constitue un abus de structure ; elle consiste à pratiquer des prix inférieurs à la moyenne des coûts variables afin d'éliminer le ou les concurrents (stratégie d'éviction). Plus précisément, l'entreprise dominante adopte une stratégie prédatrice en « supportant des pertes ou en renonçant à des bénéfices à court terme, et ce, délibérément [...] de façon à évincer ou à pouvoir évincer un ou plusieurs de ses concurrents réels ou potentiels[556] ». Si le concept des prix prédateurs est aujourd'hui pleinement admis, les débats juridico-économiques se concentrent sur des questions pointues, comme la récupération des pertes, l'extension à des politiques de prix supérieurs aux coûts et enfin l'imputation de ces coûts[557].

§ 3. L'affectation du commerce intra-européen

487. Définition de l'affectation. On retrouve ici, en troisième et dernière condition, la même exigence que celle prévue pour les ententes ; l'abus de position dominante n'intéresse pas le droit de l'Union s'il est purement interne, ce qui est rare en pratique. En effet, la Commission et la Cour présument cette affectation lorsque l'exploitation abusive de la position

---

555. CJCE, 2 février 1973, *Continental Can*, aff. 6/72, *Rec.*, p. 215.

556. Voy. *Orientations sur les priorités retenues pour l'application de l'article 82 du Traité CE aux pratiques d'éviction abusives des entreprises dominantes*, doc. préc., § 63, et TPICE, 30 janvier 2007, *France Télécom SA c/ Commission*, aff. T-340/03, *Rec.*, p. II-107.

557. Voy. N. Petit, *Droit européen de la concurrence, op. cit.*, pp. 449-462.

dominante consiste en une modification structurelle du marché, par le renforcement de l'intégration horizontale ou verticale ; ne reste plus alors à l'entreprise qu'à renverser cette présomption...

En conclusion sur l'abus de position dominante, précisons qu'il n'existe pas officiellement de procédure de rachat, comme en matière d'ententes ; cela étant, la jurisprudence a assoupli la qualification d'abus puisque dans l'arrêt *United Brands* précité, il a été reconnu qu'une entreprise « [...] dispose du droit de préserver ses propres intérêts commerciaux, lorsque ceux-ci sont attaqués et il faut lui accorder dans une mesure raisonnable la faculté d'accomplir les actes qu'elle juge appropriés en vue de protéger ses intérêts ». Il en résulte qu'il est possible à une entreprise dominante d'invoquer des motifs de nature à justifier certaines pratiques qu'elle adopte[558]. La plupart des auteurs estiment qu'il s'agit là d'une simple « règle de raison » spécifique à l'article 102 TFUE et non d'une exception formelle au principe d'interdiction des abus de position dominante.

488 à 492. *Réservés*.

---

558. Voy. TPICE, 30 septembre 2003, *T.A.C.A.*, aff. T-212 à 214/98, *Rec.*, p. II-3275.

Chapitre II

Les règles de procédure applicables aux pratiques anticoncurrentielles

493. Ancien système. Jusqu'au 1er mai 2004 – date d'entrée en vigueur du règlement n° 1/2003[559] – la procédure de mise en œuvre des articles 101 et 102 TFUE était fortement centralisée en vertu du règlement (CEE) n° 17/62 : c'est la Commission européenne qui avait la haute main sur le droit communautaire de la concurrence et la procédure commençait nécessairement par sa saisine, soit de sa propre initiative, soit sur plainte d'un État membre ou d'une personne physique ou morale ayant un intérêt à agir, soit enfin par les entreprises concernées elles-mêmes qui sollicitaient l'avis de la Commission sur la licéité de leur pratique et demandaient également, le cas échéant, le bénéfice d'une exemption. Il s'agissait donc d'un système d'autorisation préalable.

494. Nouveau système. Un tel dispositif induisait une charge de travail très lourde pour la Commission, *a fortiori* avec les élargissements de l'Union aux pays de l'ex-Europe de l'Est prévus pour 2004 puis 2007. C'est pourquoi il a été décidé de moderniser le droit de la concurrence en remplaçant le règlement (CEE) n° 17/62 par le règlement (CE) n° 1/2003 – complété par divers règlements d'application – et en modernisant ses modalités de mise en œuvre : nous allons le constater en nous intéressant à l'ouverture de la procédure (section 1) puis à son déroulement (section 2). Nous clôturerons ce chapitre en étudiant le contentieux des sanctions en droit de la concurrence, lequel représente une partie non négligeable de l'activité du Tribunal de l'Union (section 3).

SECTION 1

L'OUVERTURE DE LA PROCÉDURE

495. Aspects de l'engagement de la procédure. L'engagement de la procédure mérite des précisions, conformément aux trois points suivants : le passage à un système d'exception légale (§ 1), l'engagement au titre des articles 101 et 102 TFUE par la Commission européenne (§ 2) et enfin par les autorités nationales (§ 3).

§ 1. Le passage à un système d'exception légale

496. Logique de l'exception légale. Le système antérieur dit « d'autorisation préalable » (les entreprises devant notifier leur entente à la Commission avant de solliciter une exemption) disparaît au profit d'un système dit « d'exception légale » – utilisé en droit français –, c'est-à-dire un contrôle *a posteriori*.

---

559. Règlement (CE) n° 1/2003, 16 décembre 2002 (*JOCE*, L 1, 4 janvier 2003).

Les entreprises doivent procéder à une autoévaluation de leur comportement et peuvent dorénavant invoquer le bénéfice de l'exemption à l'occasion de tout contentieux au titre de l'article 101 TFUE soit devant la Commission, soit devant les autorités nationales dans une logique de décentralisation qui constitue un autre apport fondamental du nouveau système. Dans cette dernière hypothèse, ce sont donc les autorités nationales qui vérifieront que les pratiques en question remplissent bien les conditions de fond prévues en matière d'exemption ou que la pratique en cause ne constitue pas un abus de position dominante au sens de l'article 102 TFUE.

§ 2. L'engagement de la procédure au titre des articles 101 et 102 TFUE par la Commission

497. Modalités de saisine de la Commission et conséquences. La Commission peut être amenée à intervenir par différents biais.

Elle peut d'abord s'autosaisir à partir des enquêtes qu'elle diligente elle-même régulièrement, notamment dans des secteurs sensibles pour les consommateurs (secteurs bancaire, de la téléphonie mobile ou de l'énergie notamment) qu'elle surveille plus spécialement.

Elle peut également être saisie d'une plainte émanant de tout tiers intéressé – qu'il s'agisse d'une personne physique (client), d'une ou plusieurs entreprises (exemple dans l'affaire *Google* sur les comparateurs de prix en ligne avec des plaintes émanant d'une trentaine de plaignants, dont *Microsoft*), d'une association de consommateurs, ou enfin d'un ou plusieurs États membres (exemple de la plainte de la Lituanie contre *Gazprom* fin 2014) – dénonçant des pratiques jugées contestables dans un secteur économique déterminé. Pour autant, la Commission européenne a toute liberté pour donner suite ou non à cette demande, un refus de sa part n'étant pas contestable devant le juge de l'Union. Depuis le 1er mai 2004 et la mise en œuvre du nouveau système, la Commission effectue un tri dans les dossiers qu'elle est susceptible de traiter en conservant seulement les dossiers les plus importants, autrement dit ceux dans lesquels elle estime que l'intérêt européen est en cause ; pour le reste, elle renverra aux autorités nationales qui seront juges de la suite à donner.

Il faut souligner que l'ouverture d'une procédure par la Commission dessaisit les autorités nationales[560] – qui retrouvent cependant leur compétence une fois la procédure devant la Commission achevée[561] – et que

---

560. Pour que l'autorité nationale soit déssaisie, il faudra cependant que les comportements qu'elle examine soient rigoureusement identiques à ceux visés par la Commission, ce qui implique qu'ils émanent des mêmes entreprises, couvrent les mêmes périodes et les mêmes marchés : Cour, 25 février 2021, *Slovak Telekom*, aff. C-857/19 : comm. L. IDOT, *Europe*, n° 132, 2021.

561. Voy. Cour, 14 février 2012, *Toshiba Corporation*, aff. C-17/10, np : comm. L. IDOT, *Europe*, n° 151, 2012.

les décisions de la Commission lient ces autorités nationales en vertu de l'article 16 du règlement (CE) n° 1/2003. En outre, la Commission peut décider d'ouvrir une enquête même si une autorité nationale traite déjà de l'affaire en question.

§ 3. L'engagement de la procédure au titre des articles 101 et 102 TFUE par les autorités nationales

498. Rôle renforcé des autorités nationales. Là réside la « révolution » : les autorités nationales sont désormais compétentes pour apprécier l'application de l'article 101 TFUE, notamment les exemptions de son paragraphe 3, ainsi que l'article 102 TFUE en matière d'abus. En France, ces autorités comprennent l'Autorité de la concurrence – anciennement Conseil de la concurrence, qui instruit sur plainte –, le ministre de l'Économie – qui réalise des enquêtes par le biais de la DGCCRF – mais aussi les juridictions de droit commun qui peuvent avoir à appliquer ces dispositions à l'occasion d'un litige. Concrètement, un tribunal de commerce saisi d'un litige à propos d'une pratique anticoncurrentielle pourra le cas échéant prononcer sa nullité en vertu de l'article 101, § 2, TFUE. Enfin, les tribunaux, outre la possibilité classique de la question préjudicielle à la Cour, ont la possibilité de demander l'avis de la Commission qui doit normalement leur répondre dans un délai de quatre mois.

SECTION 2

LE DÉROULEMENT DE LA PROCÉDURE

499. Aspects du déroulement de la procédure. Là encore, trois aspects retiendront notre attention : les pouvoirs d'enquête de la Commission et sa décision (§ 1), la coopération entre autorités de concurrence (§ 2) et enfin l'articulation entre le droit de l'Union et le droit national (§ 3).

§ 1. Les pouvoirs d'enquête de la Commission et sa décision

500. Enquête et phase contradictoire. Une enquête informelle, qui se déroule parfois sur plusieurs années, précédera souvent l'ouverture de l'enquête officielle : ainsi, en 2015, la Commission européenne a décidé de poursuivre *Google* dont elle surveillait les pratiques depuis 2010, ou

Mastercard – soupçonné, avec ses licenciés (les banques émettant des cartes *Mastercard* ou acquérant des opérations effectuées au moyen de ces cartes pour les commerçants), d'imposer des règles transfrontières et des commissions de change interrégionales enfreignant les règles en matière d'ententes – auquel elle s'intéressait depuis 2012. À partir de là, la Commission effectue son enquête en disposant de pouvoirs étendus – assortis de sanctions – afin de rassembler tous les éléments de preuve utiles : elle peut inspecter les locaux de l'entreprise – la Commission doit cependant préciser dans la décision d'inspection l'objet précis de celle-ci[562] –, consulter ses documents et les mettre sous scellés – lesquels, en cas de bris, pourront donner lieu à une infraction de procédure[563] correspondant à une amende qui peut être non négligeable[564] –, mais également les domiciles privés des dirigeants et des membres du personnel munie d'un mandat délivré par un juge national ; elle peut enfin recueillir les déclarations de personnes qui acceptent d'être interrogées.

Au cours de cette phase « d'instruction », la Commission devra notifier, par écrit et en recommandé, sa « communication des griefs » aux parties concernées afin que celles-ci soient en mesure de l'informer par écrit de leur position dans un délai qu'elle fixe (dix semaines par exemple dans la première affaire *Google*). Cette communication n'étant qu'un acte préparatoire à la décision finale rendue à l'issue de l'enquête, elle ne peut faire l'objet d'un recours contentieux ; elle est cependant essentielle puisqu'elle « cristallise » les griefs formulés par la Commission qui ne pourra aller au-delà dans sa décision finale, d'une part, et qu'elle ouvre une phase contradictoire avec les entreprises, d'autre part.

Justement, les entreprises disposent, en contrepartie des prérogatives importantes dévolues à la Commission dans le cadre de son enquête, de diverses garanties relevant des « droits de la défense » : accès au dossier, possibilité de se justifier par écrit ou d'être entendues dans un délai de quelques semaines par un conseiller-auditeur, et enfin utilisation des voies de recours (selon le cas, par un recours en annulation contre la décision visant le comportement reproché et/ou par un recours de pleine juridiction contre l'amende éventuellement prise)[565].

501. Décision. La décision de la Commission vient clôturer la procédure ; elle est motivée et publiée au *Journal officiel*, et elle peut faire l'objet bien entendu d'un contrôle par le juge de l'Union, le Tribunal d'abord, la Cour sur pourvoi ensuite. Plus précisément, il existe deux types de décisions.

---

562. Voy. Cour, 18 juin 2015, *Deutsche Bahn e.a.*, aff. C-583/13, np : comm. L. Idot, *Europe*, n° 325, 2015.
563. C. Gauer et F. Christ, « Les infractions procédurales en droit européen de la concurrence », *Concurrences*, n° 4, 2012, pp. 29-37.
564. Par exemple 38 millions d'euros contre *E.ON Energie* : décision de la Commission, 30 janvier 2008, résumé, *JOUE*, C 240, 19 septembre 2008 ; Trib., 15 décembre 2010, *E.ON Energie*, aff. T-141/08, *Rec.*, p. II-5761 : comm. L. Idot, *Europe*, n° 69, 2011 ; Cour, 22 novembre 2012, *E.ON Energie*, aff. C-89/11 P : comm. L. Idot, *Europe*, n° 33, 2013.
565. Voy. *infra*, section suivante.

La décision favorable aux entreprises constatera l'absence d'abus de position dominante, l'inexistence d'une entente ou enfin le bénéfice d'une exemption.

Il y a ensuite la décision défavorable aux entreprises dans laquelle la Commission constate qu'il y a une entente ou un abus de position dominante : la Commission peut alors prévoir des mesures correctives pour faire cesser l'infraction (comme dans l'affaire *Microsoft* en 2007) ; elle peut également faire figurer les engagements que les entreprises ont déclaré vouloir prendre pour faire cesser l'infraction, technique de l'« accord volontaire contraignant » utilisée pour la première fois par *Coca-Cola* en octobre 2004, qui a accepté de modifier ses pratiques de prix et de distribution permettant un compromis après cinq années d'enquête.

Quasi systématiquement, la Commission assortit sa décision d'amendes et/ou d'astreintes.

Enfin, précisons que dans l'hypothèse où la décision défavorable de la Commission serait par la suite invalidée par le Tribunal de l'Union – par exemple pour insuffisance de précision dans la communication des griefs –, la Commission peut reprendre la procédure là où le vice est intervenu, comme dans l'affaire *Bolloré* de 2012[566].

Examinons maintenant la coopération mise en place entre les acteurs européens et nationaux de concurrence.

§ 2. La coopération entre les autorités nationales et européenne de concurrence

502. Autorités nationales de concurrence. En ce qui concerne les autorités nationales de concurrence, elles appliquent les articles 101 et 102 TFUE conformément à leurs règles de procédure interne (forme des recours, délais, etc.) ; les manifestations de cette omniprésence du droit de l'Union dans la pratique française sont aujourd'hui nombreuses[567]. Ces autorités sont regroupées, avec la Commission, au sein du Réseau européen de concurrence (REC), dont l'objet est de favoriser les échanges d'informations mais aussi de maintenir la cohérence d'application des articles 101 et 102 TFUE en permettant à la Commission de faire valoir ses observations dans le cadre de telle ou telle affaire[568]. Par ailleurs, s'agissant de l'allocation des cas entre autorités nationales, le principe de « l'autorité la mieux placée » s'appliquera dans l'hypothèse de compétence concurrente entre celles-ci ; plus précisément, une autorité nationale sera considérée comme la mieux

---

566. Voy. Trib., 27 juin 2012, *Bolloré*, aff. T-372/10 : comm. L. IDOT, *Europe*, n° 330, 2012.
567. Voy. L. IDOT, *Europe*, n° 237, 2015.
568. Sur les 10 ans d'application du règlement (CE) n° 1/2003, voy. M. MEROLA, N. PETIT et J. RIVAS (dir.), *10 Years of Regulation 1/2003 : Challenges and Reform*, Bruxelles, Larcier, 2015.

placée pour traiter l'affaire à une triple condition : l'accord ou la pratique a des effets substantiels sur son territoire ; l'autorité est en capacité de faire cesser efficacement l'intégralité de l'infraction ; l'autorité est en mesure de réunir, éventuellement avec le concours d'autres autorités, les preuves requises pour démontrer l'infraction. À l'inverse, dès lors qu'un accord ou une pratique auront des effets sur la concurrence dans plus de trois États membres, ce sera logiquement la Commission européenne qui sera considérée comme la mieux placée.

En outre, les échanges d'informations, l'assistance, voire des enquêtes menées conjointement entre les autorités nationales concernées, permettront aussi d'accroître l'efficacité de la lutte contre les pratiques anticoncurrentielles à l'échelon de l'Union : l'autorité française de concurrence a étrenné ce dispositif en 2004 en demandant l'assistance de son homologue anglaise (*Office of Fair Trading*) pour obtenir des preuves contre plusieurs entreprises pétrolières basées à Londres et mises en cause pour leurs activités de vente de carburéacteur à *Air France*[569].

Enfin, rappelons que les autorités nationales de concurrence ne peuvent pas prendre de décisions « négatives », c'est-à-dire concluant à l'absence d'infraction au droit de l'Union : si les conditions sont réunies, l'autorité nationale peut adopter des décisions ordonnant la cessation de l'infraction, infligeant des sanctions (amende, astreinte ou toute autre sanction prévue par le droit national), ordonnant des mesures provisoires et acceptant des engagements ; si les conditions ne sont pas réunies, l'autorité nationale ne pourra qu'adopter une décision de non-lieu à intervenir – et le cas échéant écarter le droit national qui prévoit la possibilité de prendre une décision négative – et il appartiendra à la Commission de décider de poursuivre ou non[570].

503. Juridictions nationales. En ce qui concerne les juridictions de droit commun maintenant, s'applique bien entendu le principe d'autonomie institutionnelle et procédurale des États membres. Cependant, par souci de cohérence, le règlement (CE) n° 1/2003 prévoit la possibilité de demander l'avis de la Commission – comme cela a déjà été dit –, l'obligation de transmettre les décisions rendues à la Commission et pour celle-ci de faire des observations écrites. Enfin, en vertu de la jurisprudence *Masterfoods* de 2000[571], le juge national ne peut adopter une décision contraire à celle rendue par la Commission – si celle-ci s'est déjà prononcée – et si une procédure européenne est en cours, le juge national doit normalement surseoir à statuer.

---

569. Voy. décision n° 08-D-30 du 4 décembre 2008 du Conseil de la concurrence.
570. Voy. Cour, 3 mai 2011, *Télé 2 Polska*, aff. 375/09, *Rec.*, p. I-3055 : comm. L. Idot, *Europe*, n° 258, 2011. Voy. également, s'agissant cette fois d'une plainte antérieurement rejetée par une autorité nationale pour absence de priorité et rejetée par la Commission : Trib., 21 janvier 2015, *Easyjet Airline*, aff. T-355/13, np : comm. L. Idot, *Europe*, n° 113, 2015.
571. CJCE, 14 décembre 2000, *Masterfoods*, aff. C-344/98, *Rec.*, p. I-11369.

Par ailleurs, la Cour a eu l'occasion, dans l'arrêt *Expédia*, de préciser que les juridictions nationales de concurrence n'étaient pas liées par les seuils de la communication « *de minimis* » et pouvaient donc décider de sanctionner une entente inférieure à ceux-ci au titre de l'article 101 TFUE[572]. Concrètement, l'appréciation de l'effet sensible est laissée aux autorités nationales et celles-ci peuvent être plus strictes que le règlement, à condition de motiver leur décision : cette solution permet de sanctionner une entente à l'ancrage local et dont l'impact ne justifie pas l'intervention de la Commission, tout en présentant un – faible – risque de disparité d'appréciation entre les autorités nationales elles-mêmes[573].

§ 3. L'articulation entre le droit de l'Union et le droit national

504. Hypothèses d'articulation des droits. Quand une pratique n'affecte pas le commerce entre États membres mais seulement la concurrence interne, seul le droit national s'applique ; dans la situation inverse, il n'y a pas de difficulté non plus, seul le droit de l'Union sera applicable, par la Commission elle-même ou par les autorités nationales[574].

505. Double barrière. En revanche, si la pratique affecte le commerce intra-européen ainsi que la concurrence interne, y a-t-il application exclusive du droit européen ou le droit national peut-il s'appliquer aussi ? La Cour, dans son arrêt *Walt Wilhelm*[575], s'était prononcée pour la solution de l'application cumulative ; le règlement (CE) n° 1/2003 donne une base textuelle à cet enjeu dans les termes suivants : pour les ententes, il n'est pas possible d'appliquer une réglementation nationale plus stricte à des accords couverts par le droit de l'Union (par exemple, si le paragraphe 3 de l'article 101 TFUE a été appliqué à une entente, il ne peut pas y avoir de décision nationale en sens contraire) ; pour les abus de position dominante, en revanche, les droits nationaux plus sévères peuvent s'appliquer, la France pouvant ainsi maintenir ses règles sur l'abus de dépendance économique ou les pratiques de prix abusivement bas[576].

---

572. Voy. Cour, 13 décembre 2012, *Expédia*, aff. C-226/11 : comm. A. Fromont, *JDE*, 2013, pp. 13-15.

573. Dans la version 2014 de sa communication *De minimis*, la Commission a pris en compte la position consacrée dans l'arrêt *Expédia*.

574. Voy. J.-F. Bellis, « Les relations entre le droit national et le droit communautaire de la concurrence », in P. Nihoul (dir.), *La décentralisation dans l'application du droit de la concurrence*, Bruxelles, Larcier, 2004, pp. 6 et s.

575. CJCE, 13 février 1969, *Walt Wihelm*, aff. 14/68, *Rec.*, p. 1.

576. Il en découle que n'est pas contraire au principe *ne bis in idem* le fait pour une autorité nationale de concurrence d'infliger deux amendes à la suite d'une application parallèle du droit de l'Union et du droit national : voy. Cour, 3 avril 2019, *Powszechny Zaklad Uberzpieczenna Zycie*, aff. C-607/17 : comm. L. Idot, *Europe*, n° 247, 2019.

Dans la mesure où la Commission fait un usage non négligeable de son pouvoir de sanction au titre des articles 101 et 102 TFUE, se pose logiquement la question du contrôle juridictionnel de celui-ci.

SECTION 3

LE CONTENTIEUX DES SANCTIONS EN DROIT DE LA CONCURRENCE

506. Contentieux particuliers. Outre les voies de droit connues permettant l'intervention du juge de l'Union (notamment le recours en manquement, les autres recours directs et le renvoi préjudiciel)[577], il y a un contentieux plus « confidentiel » mais qui n'est pas moins important pour les acteurs européens concernés que sont en l'espèce les entreprises : il s'agit du contentieux des sanctions[578].

Nous examinerons successivement le cadre du contrôle opéré par le juge en matière de sanctions (§ 1), puis son étendue et ses limites (§ 2)[579].

§ 1. Le cadre du contrôle opéré par le juge

507. Contentieux de la répression. L'article 261 TFUE permet aux règlements qui infligent des sanctions d'attribuer à la Cour la compétence de pleine juridiction pour en connaître ; celle-ci n'est donc pas automatiquement compétente. Il est rédigé comme suit : « Les règlements arrêtés conjointement par le Parlement européen et le Conseil, et par le Conseil en vertu des dispositions des traités peuvent attribuer à la Cour de justice de l'Union européenne une compétence de pleine juridiction en ce qui concerne les sanctions prévues dans ces règlements ».

Il ne s'agit donc pas pour le juge de l'Union d'exercer lui-même un quelconque pouvoir de répression mais d'en contrôler l'utilisation par la Commission lorsque celle-ci adopte une sanction pécuniaire ; un tel contentieux est complémentaire du contrôle de légalité par la voie de l'annulation dans la mesure où il confère au juge des pouvoirs plus larges que dans ce dernier cadre où il se contente de rejeter le recours ou d'annuler l'acte attaqué.

---

577. Voy. *infra*, partie 3 « Le juge européen ».
578. Voy. L. BERNADEAU et J.-P. CHRISTIENNE, *Les amendes en droit de la concurrence*, Bruxelles, Larcier, 2013.
579. D. BOSCO, « La compétence de pleine juridiction du juge de l'Union quant aux amendes prononcées par la Commission européenne en matière de concurrence », in S. MAHIEU (dir.) *Contentieux de l'Union européenne. Questions choisies*, Bruxelles, Larcier, 2014, pp. 231 et s. ; G. GAULARD, *La pleine juridiction du juge de l'Union européenne en droit de la concurrence. Contrôle et compétence sur les amendes*, Bruxelles, Bruylant, 2020.

508. Textes fondant le contrôle de pleine juridiction. Parmi les cinq règlements qui attribuent cette compétence à la Cour, il y en a deux qui relèvent du droit de la concurrence : le règlement (CE) n° 139/2004 du Conseil du 20 janvier 2004 relatif au contrôle des concentrations entre entreprises et le règlement (CE) n° 1/2003 du Conseil du 16 décembre 2002 relatif à la mise en œuvre des règles de concurrence prévues aux articles 101 et 102 TFUE. Seul le dernier nous intéressera ici ; il a donné lieu à une jurisprudence significative et à quelques débats théoriques intéressants.

Rappelons en préalable que le contentieux correspondant relève d'abord de la compétence du Tribunal de l'Union, avant un éventuel pourvoi devant la Cour.

509. Pleine juridiction et exigences de la CEDH. La compétence de pleine juridiction de la Cour a pu être discutée au regard des exigences de la CEDH – notamment celles relatives à un procès équitable –, en ce qu'elle permet à celle-ci de réformer une décision prise par une autorité administrative. Dans un arrêt de 2011, la Cour a précisé qu'une telle voie de droit était bel et bien conforme à l'article 6 de la CEDH ainsi qu'à l'article 47 de la Charte des droits fondamentaux en concluant : « Le contrôle prévu par les traités implique donc que le juge de l'Union exerce un contrôle tant de droit que de fait et qu'il ait le pouvoir d'apprécier les preuves, d'annuler la décision attaquée et de modifier le montant des amendes. Il n'apparaît pas dès lors que le contrôle de légalité prévu à l'article 263 TFUE, complété par la compétence de pleine juridiction quant au montant de l'amende, prévu à l'article 31 du règlement (CE) n° 1/2003, soit contraire aux exigences du principe de protection juridictionnelle effective figurant à l'article 47 de la Charte »[580].

La Cour européenne des droits de l'homme, quant à elle, avait déjà eu l'occasion de considérer qu'une autorité administrative indépendante – la Commission européenne en l'espèce – pouvait imposer une « peine » sans pour autant respecter toutes les modalités relevant des droits de la défense prévus à l'article 6 de la CEDH, dès lors que ses décisions étaient susceptibles de faire l'objet d'un recours de pleine juridiction devant un organe judiciaire apte à réformer la décision contestée, quand bien même cet organe ne pourrait pas se substituer à l'autorité administrative à l'origine de la sanction[581].

Envisageons maintenant le pouvoir du juge de pleine juridiction et ses limites.

---

580. Voy. Cour, 8 décembre 2011, *KME c/ Commission*, aff. C-272/09 P, *Rec.*, p. I-12789, pt 106 : comm. L. IDOT, *Europe*, n° 85, 2012.
581. Voy. Cour eur. D.H., 27 septembre 2011, *Menarini Diagnostics c/ Italie*, req. n° 43509/08. Voy. E. DONNAT *e.a.*, *La Cour de justice de l'Union européenne et le droit du contentieux européen*, coll. réflexe Europe, Paris, La documentation Française, 2012, p. 288

§ 2. L'étendue du pouvoir du juge et ses limites

510. Liberté d'appréciation du juge. Le juge de pleine juridiction dispose de pouvoirs particulièrement étendus : il pourra non seulement apprécier le bien-fondé comme la proportionnalité de la sanction soumise à son examen, et contrôler le respect de la procédure par le biais de laquelle la sanction a été adoptée pour prononcer – le cas échéant – son annulation, mais également procéder – dans un second temps et s'il l'estime utile – à sa réformation.

À cet égard, l'article 31 du règlement (CE) n° 1/2003 précise que la Cour peut supprimer, majorer ou minorer l'amende (ou l'astreinte) adoptée par la Commission. À cet effet, le juge de l'Union aura toute latitude pour apprécier la matérialité des faits et leur qualification[582] ; il s'estime même compétent pour fixer une nouvelle sanction en fonction de ses propres critères et non en fonction des seules lignes directrices adoptées par la Commission, lesquelles se contentent de fixer d'ailleurs une conduite indicative[583]. Dans un tel cas, il devra naturellement expliquer pourquoi le montant fixé par la Commission n'est pas approprié : parce qu'un courrier adressé à l'entreprise était de nature à lui faire croire que celle-ci pouvait maintenir des restrictions dans la distribution des produits développés par ses concurrents, ou encore parce que certaines circonstances particulières – le fait que l'entreprise requérante n'ait jamais été sanctionnée pour des faits similaires et que les communiqués de la Commission aient eu « un caractère incertain » dans la mesure où la Commission avait certes prévenu les entreprises qu'elle allait renforcer les contrôles mais pas sanctionner plus sévèrement les infractions – devaient objectivement être prises en compte.

Il pourra également prononcer le sursis à exécution de l'acte fondant la sanction.

En revanche, l'examen de la légalité de l'acte constatant l'infraction, la plupart du temps distinct de l'acte prononçant la sanction, relève lui du contentieux classique de l'annulation.

Les pouvoirs du juge de pleine juridiction connaissent cependant certaines limites.

511. Limites aux pouvoirs du juge. D'abord, les contraintes à respecter par le juge sont les mêmes que celles qui s'imposent à la Commission quand celle-ci impose une sanction, notamment s'agissant de la motivation, de l'égalité de traitement, de la sécurité juridique, du droit d'être entendu, etc. De même, le juge ne procède pas à un contrôle d'office et à l'exception des moyens d'ordre public, c'est à la partie requérante de soulever les moyens à l'encontre de la décision et d'apporter les éléments de preuve à leur appui.

---

582.   Voy. CJCE, 8 février 2007, *Danone c/ Commission*, aff. C-3/06 P, *Rec.*, p. I-1331.
583.   Voy. Trib., 5 octobre 2011, *Romana Tabacchi c/ Commission*, aff. T-11/06, *Rec.*, p. II-6681.

Ensuite, le pouvoir de réformation du juge ne s'applique qu'à la sanction proprement dite, en aucun cas au constat et à la qualification des faits ayant conduit à la sanction qui eux relèvent du contrôle de légalité ; pour autant, la réformation est possible en l'absence d'annulation[584]. En outre, il est admis que tant que le juge n'est pas saisi de la contestation de la sanction, la Commission européenne peut reprendre la procédure au stade de l'illégalité constatée et exercer à nouveau son pouvoir de sanction[585].

Enfin, la Cour estime qu'elle n'a pas, dans le cadre d'un pourvoi, à substituer son appréciation à celle du tribunal ayant statué sur une amende frappant des entreprises[586].

512. Pratique du système. Comme attendu, le Tribunal est la plupart du temps saisi d'une demande de réduction de la sanction prononcée par la Commission, notamment au regard des règles de calcul de la durée de la participation des entreprises en cause à l'entente[587] ou plus récemment du critère retenu pour déterminer l'assiette de l'amende[588] ; mais rien n'empêche la Commission elle-même de soumettre le montant de l'amende au contrôle du juge, voire de lui demander de l'augmenter[589].

Aucun délai n'est prévu dans ce contentieux de la répression ; par ailleurs, les mesures d'exécution forcée de sanctions de l'Union relèvent du juge national puisqu'elles doivent être mises en œuvre par les États membres selon leurs propres exigences.

Ces brefs propos se rapportant au contrôle des sanctions prononcées en matière de concurrence nous conduisent naturellement et plus largement à aborder un autre aspect de l'efficacité du droit de l'Union européenne : son système contentieux.

513 à 519. *Réservés.*

---

584. Voy. CJCE, 15 octobre 2002, *Limburgse c/ Commission*, aff. C-238/99 P, *Rec.*, p. I-8375.

585. *Ibid.*

586. CJCE, 17 décembre 1998, *Baustahlgewebe c/ Commission*, aff. C-185/95 P, *Rec.*, p. I-8417, pt 129. En revanche, la Cour est en droit de reprocher au Tribunal de ne pas avoir exercé sa compétence de pleine juridiction en ne vérifiant pas si le nombre limité de contacts auxquels avait participé l'entreprise plaignante au sein du cartel n'entraînait pas une diminution du montant de l'amende qui lui avait été infligée : voy. Cour, 26 septembre 2018, *Infineon Technologies*, aff. C-99/17 P : comm. L. IDOT, *Europe*, n° 480, 2018.

587. Voy. cependant plusieurs décisions du Tribunal, 24 mars 2010 : comm. L. IDOT, *Europe*, n° 179, 2011. Par ailleurs, la question peut parfois se poser de savoir si l'infraction présente un caractère continu ou non : voy., s'agissant du cartel de recyclage de batteries industrielles, Trib., 7 novembre 2019, *Campine et Gampine Recycling c/ Commission*, aff. T-240/17 : comm. L. IDOT, *Europe*, n° 19, 2020.

588. Cour, 7 septembre 2016, *Pilkington*, aff. C-101/15 P, np : comm. B. BLOTTIN, *RAE*, 2016/3, pp. 519-528.

589. Voy. Trib., 8 octobre 2008, *Schunck c/ Commission*, aff. T-69/04, *Rec.*, p. II-2567, pt 246.

PARTIE III

Le juge européen

520. Coexistence de deux juges européens. Chacun sait que depuis le début des années 1950 il existe deux juges supra-étatiques à l'échelle du continent européen et non un seul : le juge de l'Union européenne (ou « juge de Luxembourg », en raison de la localisation dans la capitale du Grand-Duché de la Cour de justice, du Tribunal de l'Union et du Tribunal pour la fonction publique européenne), d'une part, et le juge européen des droits de l'homme (ou « juge de Strasbourg », la Cour européenne des droits de l'homme (Cour eur. D.H.) appartenant au Conseil de l'Europe dont le siège est installé dans la capitale alsacienne), d'autre part[590].

521. Différences entre les deux juges européens. Nés tous deux d'un conflit mondial particulièrement mortifère, ces juges européens ont vocation à agir, aux côtés des juridictions nationales, dans le sens d'une meilleure protection des droits de l'individu. Pour autant, leur rôle respectif, dépendant étroitement de la configuration juridique dans laquelle ils évoluent, est significativement différent : immergé dans un système largement intégré, le juge de l'Union apparaît tout à la fois comme un juge administratif (lorsqu'il tranche un litige entre les divers acteurs européens), un juge constitutionnel (quand il statue sur la répartition des compétences entre l'Union et ses États) et, plus exceptionnellement, un juge international (quand il tranche un litige entre États membres en vertu d'un compromis) ; le juge européen des droits de l'homme, lui, fait partie intégrante d'un système intergouvernemental classique et correspond à la figure connue du juge international à la disposition des États mais également de leurs ressortissants, cette saisine individuelle directe constituant d'ailleurs une particularité au sein des juridictions internationales.

De plus, le champ du contrôle effectué par chacun de ces deux juges est significativement différent : la Cour de justice de l'Union européenne (CJUE) dispose d'une compétence sinon intégrale du moins très large sur les matières, sans cesse enrichies, relevant du droit de l'Union ; la Cour européenne des droits de l'homme (Cour eur. D.H.) en ce qu'elle est seulement chargée d'interpréter la Convention de sauvegarde des droits de l'homme et des libertés fondamentales apparaît comme une juridiction *ad hoc*, en dépit du « rayonnement » de sa jurisprudence dans toutes les branches du droit[591].

Enfin, le rapport de chaque juge européen au juge national est également différent. En effet, le juge de Luxembourg a largement délégué l'application quotidienne du droit de l'Union au juge national, se réservant seulement l'interprétation et/ou la contestation (directe ou indirecte) des actes de l'Union ainsi que le contrôle du comportement des États au

---

590. Voy. J.-P. MARGUENAUD, *La Cour européenne des droits de l'homme*, coll. Connaissance du droit, Paris, Dalloz, 2016 ; L. BURGORGUE-LARSEN, *La Convention européenne des droits de l'homme*, coll. Systèmes, Paris, LGDJ-Lextenso, 2019 ; F. SUDRE (dir.), *Les grands arrêts de la Cour européenne des droits de l'homme*, coll. Thémis, Paris, PUF, 2022.
591. J.-S. BERGÉ et S. ROBIN-OLIVIER, *Introduction au droit européen*, coll. Thémis, Paris, PUF, 2008, pp. 385-386.

regard du droit de l'Union : de sorte que son intervention est différente mais complémentaire de celle du juge national, la fameuse procédure du renvoi préjudiciel concrétisant de manière éclatante la nécessaire coopération entre les deux niveaux, national et européen. Le juge de Strasbourg pour sa part ne pourra être saisi qu'après épuisement des voies de recours internes : son intervention succède donc à celle du juge national.

522. Annonce du plan retenu. Dans la mesure où elle est extérieure à l'Union européenne, la Cour européenne des droits de l'homme mérite un traitement à part, qui ne peut – en toute logique – avoir sa place dans un ouvrage portant sur le « Droit de l'Union européenne » : elle fera donc l'objet d'un document particulier lié à cet ouvrage et disponible en ligne.

Si l'on s'en tient donc à l'étude du juge de l'Union européenne, il convient de présenter, d'une part, les juridictions et la procédure suivie devant celles-ci (titre 1) et, d'autre part, les principales voies de droit susceptibles d'être utilisées par les requérants pour accéder au prétoire européen (titre 2).

TITRE I

Les juridictions de l'Union et la procédure contentieuse

523. Rôle central du juge dans la construction européenne. Quelles que soient ses modalités d'intervention, le juge a joué un rôle décisif dans le développement et l'affirmation des Communautés puis de l'Union européennes, traduisant plus largement la place centrale occupée par le droit dans ce projet régional[592]. Dès l'origine, le droit a en effet été conçu comme le levier de l'intégration et le juge de Luxembourg est allé bien au-delà d'une fonction purement technique induite *a priori* par la formule lapidaire de l'article 19 TUE – selon lequel « elle (la Cour de justice de l'Union européenne) assure le respect du droit dans l'interprétation et l'application des traités » – pour s'affirmer comme un acteur majeur de la dynamique européenne.

En adoptant très tôt diverses méthodes d'interprétation (notamment « finaliste » et « systémique »)[593] conférant le maximum d'effectivité aux règles européennes (avec la consécration des principes de primauté et d'effet direct), la légitimation « passive » puis « active » du Parlement européen ou encore l'essor des droits fondamentaux (bien avant l'adoption de la Charte des droits fondamentaux de l'Union européenne) et en garantissant l'existence d'une « Communauté de droit »[594] – devenue « Union de droit » –, le juge de l'Union incarne aujourd'hui un véritable « pouvoir judiciaire », parfois dénoncé d'ailleurs.

524. Rôle central du juge dans la protection juridictionnelle effective. Sur un plan plus strictement contentieux, la jurisprudence a permis – à travers l'essor de la « systématique des voies de droit »[595] – de consacrer l'existence d'une protection juridictionnelle effective en faveur des citoyens européens afin qu'ils puissent agir devant leur juge national ou devant le juge de l'Union pour faire appliquer les règles européennes qui créent pour eux des droits et des obligations.

Cette capacité des règles européennes à créer des droits subjectifs susceptibles d'être invoqués devant un juge est couramment désignée par le concept « d'effet direct » consacré par la Cour dès son fameux arrêt *Van Gend en Loos* de 1963. Potentiellement, toute règle européenne peut bénéficier d'un effet direct, complet (vertical et horizontal) ou partiel (vertical seulement) ; cependant, l'effet direct, même s'il est fréquemment reconnu, n'est pas systématique puisque la règle européenne ne se verra accorder l'effet direct par le juge que si elle est « [...] suffisamment claire et précise », d'une part, et « inconditionnelle » d'autre part. De plus, il faut être conscient du fait que la prise en compte de la règle par le juge dépendra également du contexte de l'affaire qui lui est soumise.

---

592. A. Vauchez, *L'Union par le droit. L'invention d'un programme institutionnel pour l'Europe*, Paris, Les Presses de Sciences Po, 2013.

593. Voy. *supra*, pt 226.

594. Selon la célèbre formule contenue dans l'arrêt *Les Verts c/ Parlement* (CJCE, 23 avril 1986, aff. 294/83, *Rec.*, p. 1339) : « Il y a lieu de souligner [...] que la Communauté économique européenne est une Communauté de droit en ce que ni ses États membres ni ses institutions n'échappent au contrôle de la conformité de leurs actes à la charte constitutionnelle de base qu'est le traité. »

595. Voy. F. Berrod, *La systématique des voies de droit communautaires*, Paris, Dalloz, 2003.

525. Définition et répartition du contentieux de l'Union. Il est généralement admis que le contentieux de l'Union européenne envisage l'ensemble des voies de droit ayant vocation à régler les litiges dans lesquels le droit de l'Union européenne est invoqué, que ce soit devant les juridictions européennes comme devant le juge national. Précisons que la compétence de droit commun pour la résolution des litiges impliquant le droit de l'Union appartient au juge national, le juge de l'Union ne disposant que d'une compétence d'attribution. Cette situation est logique dans la mesure où les juridictions européennes, comme les autres institutions, n'agissent, selon l'article 13, § 2, TUE, « [...] que dans les limites des attributions qui (leur) sont conférées dans les traités ». Le mécanisme original du renvoi préjudiciel consacre d'ailleurs cette mission de juge du droit européen incombant au juge national tout en garantissant l'intervention de la Cour afin d'assurer l'unité de la jurisprudence et l'uniformité d'application du droit européen.

De plus, rappelons que le juge national a l'obligation d'interpréter le droit national « [...] à la lumière du droit européen pertinent » (technique de l'interprétation conforme)[596] et le cas échéant, bien entendu, de faire prévaloir le droit européen sur le droit national éventuellement contraire, au nom du principe de primauté consacré dès l'arrêt *Costa c/ ENEL* de 1964.

En définitive et plus précisément, l'ensemble du contentieux de l'Union entre particuliers et entre particuliers et États, ainsi qu'exceptionnellement un contentieux entre des particuliers et l'Union, relève en principe des juridictions nationales, sous réserve d'une compétence spécifique du juge de l'Union pour en connaître. Seul le contentieux entre États et l'Union ou entre organes de l'Union et l'essentiel du contentieux entre des particuliers et l'Union sont attribués en propre au juge de l'Union.

526. Textes applicables aux juridictions de l'Union. Au-delà des dispositions essentielles qui figurent dans le Traité sur l'Union européenne (art. 13 et 19 TUE), d'une part, et dans le Traité sur le fonctionnement de l'Union européenne (art. 251 à 281 TFUE), d'autre part, les règles précises applicables aux juridictions de l'Union figurent dans le « Statut de la Cour » – texte commun aux juridictions européennes – annexé aux traités ainsi que dans des « règlements de procédure » propres à chacune des juridictions, celui concernant la Cour ayant été modifié en 2012 et celui se rapportant au Tribunal en 2016, du fait du transfert du contentieux de la fonction publique à son profit à partir du 1er septembre 2016[597].

---

596. Voy. par exemple CJCE, 14 décembre 2000, *Dior*, aff. C-300 et 392/98, *Rec.*, p. I-11307.
597. *JOUE*, L 265, 29 septembre 2012, p. 1 : comm M.-A. Gaudissart, *CDE*, 2012/3, pp. 603-669 et J. Wildemeersch, *JDE*, 2013, pp. 49-53. Voy. également C. Friedrich, « Les vicissitudes de la juridiction européenne : une réforme confisquée par la Cour de justice », *RDUE*, 3/2017, pp. 113-149. Plus récemment, voy. D. Dero-Bugny et A. Cartier Bresson (dir.), *Les réformes de la Cour de justice de l'Union européenne. Bilan et perspectives*, Bruxelles, Bruylant, 2020.

L'article 281 TFUE dispose que le Statut de la Cour de justice est fixé par un protocole séparé (le Protocole n° 3) et qu'il ne peut être modifié que par le Parlement européen et le Conseil statuant conformément à la procédure législative ordinaire, sur demande de la Cour après avis de la Commission ou sur proposition de la Commission après avis de la Cour. S'agissant par exemple de la réforme opérée fin 2015 et visant le Tribunal, la Cour a formulé une proposition dès 2011, qu'elle a « réactivée » en septembre 2015, avec dans la foulée un avis de la Commission et les positions prises par le Parlement européen, d'une part, et le Conseil de l'Union, d'autre part, qui ont conduit à son adoption formelle le 16 décembre 2015[598].

527. Annonce des développements. Pour commencer à mieux cerner ce juge de l'Union européenne, nous nous intéresserons d'abord à l'architecture juridictionnelle de l'Union, laquelle s'est régulièrement enrichie ces vingt-cinq dernières années (chapitre 1) ; il sera temps ensuite d'étudier en détail la procédure contentieuse applicable devant les juridictions de Luxembourg (chapitre 2).

---

598. Voy. règlement (UE) n° 2015/2422 du 16 décembre 2015 (*JOUE*, C 341, 24 décembre 2015). Plus largement, sur les modalités de modification du « cadre règlementaire » des juridictions – entendu comme regroupant les règles de droit primaire (articles TFUE et protocole n° 3) mais également de droit secondaire (Statut et règlements de procédure) régissant la composition, les compétences, l'organisation et la composition de celles-ci-, voy. J.-P. Kepenne, « La procédure de révision du cadre règlementaire des juridictions de l'Union », *CDE*, 2017/2, pp. 343-369.

Chapitre I

L'architecture juridictionnelle de l'Union

528. Évolution du système juridictionnel de l'Union. À l'origine des Communautés européennes – c'est-à-dire en 1952 lors de l'entrée en vigueur du Traité de Paris instaurant la CECA aujourd'hui disparue –, une seule juridiction incarnait le pouvoir judiciaire : la « Cour de justice de la CECA » ; elle allait devenir à partir de 1958 – et la création des deux autres Communautés (CEEA et CEE) – la « Cour de justice des Communautés européennes » ou CJCE et conserver cette appellation jusqu'à l'entrée en vigueur du Traité de Lisbonne fin 2009.

À la fin des années 1980, pour alléger la charge de travail de la Cour, un tribunal lui a été adjoint[599] : dénommé « Tribunal de première instance des Communautés européennes » ou TPICE jusqu'à Lisbonne, il est désigné aujourd'hui par le terme simple de « Tribunal ».

Enfin, au milieu des années 2000, les États de l'Union ont décidé de créer un tribunal chargé spécifiquement des affaires de fonction publique européenne qui représentait depuis quelque temps déjà un contentieux à la fois significatif en volume et particulièrement technique[600] : ce « Tribunal de la fonction publique de l'Union européenne » (TFPUE) est demeuré le seul tribunal spécialisé jusqu'à sa disparition le 31 août 2016.

529. Expression « Cour de justice de l'Union européenne ». Depuis l'entrée en vigueur du Traité de Lisbonne, le Traité sur l'Union européenne précise dans son article 19, paragraphe 1er, que l'expression « Cour de justice de l'Union européenne » désigne l'ensemble des juridictions européennes, c'est-à-dire désormais la Cour de justice au sens strict et le Tribunal, puisque le seul tribunal spécialisé ayant existé a disparu comme indiqué précédemment. En d'autres termes, l'ex-CJCE n'est pas devenue la CJUE... même si ce dernier acronyme est encore utilisé pour désigner la Cour seule[601].

530. Activités des juridictions de l'Union. L'enrichissement historique du système juridictionnel de l'Union dont il vient d'être fait état s'explique pour l'essentiel par l'accroissement significatif des contentieux portés devant le juge de Luxembourg ces trente dernières années et dont il convient de prendre brièvement la mesure.

En 1960, la Cour de justice avait réglé 23 affaires ; en 1985, elle en réglait 433 ; en 2021, elle en a clôturé 772 et le Tribunal 951, soit un total de 1 723 arrêts, avis et ordonnances rendus... Pour faire bonne mesure, il faut y ajouter 2 541 affaires pendantes au 31 décembre 2021.

L'augmentation régulière du nombre d'États membres combinée à l'élargissement du champ du droit de l'Union explique bien entendu cette véritable inflation qui est d'autant plus problématique que, contrairement à la Cour européenne des droits de l'homme – également surchargée – les affaires radiées pour irrecevabilité ne sont pas nombreuses dans l'Union.

---

599. Par une décision n° 88/591 du Conseil, 24 octobre 1988, *JOCE*, L 319, 25 septembre 1988.
600. Décision n° 2004/752 du Conseil, 2 novembre 2004, *JOUE*, L 333, 9 novembre 2004.
601. Art. 19, § 1er, TFUE.

Il est temps d'étudier maintenant l'organisation des juridictions de l'Union (section 1) avant d'examiner leurs compétences (section 2).

L'ORGANISATION DES JURIDICTIONS DE L'UNION

531. Aspects de l'organisation des juridictions. L'organisation des juridictions de l'Union est globalement homogène ; tant sous l'angle de leur composition (§ 1) que de celui de leur fonctionnement interne (§ 2), certaines différences surgissent cependant.

§ 1. La composition des juridictions de l'Union

532. Juges et avocats généraux. Au total, les deux juridictions rassemblent 92 personnes nommées, mais qui n'ont pas la même fonction puisqu'il existe des juges et des avocats généraux.

Impliqués dans toutes les étapes de la procédure contentieuse, les juges participent notamment aux délibérés et adoptent les arrêts rendus par la juridiction à laquelle ils appartiennent.

Les avocats généraux, eux, ont pour rôle « de présenter publiquement, en toute impartialité et en toute indépendance, des conclusions motivées sur les affaires qui, conformément au Statut de la Cour de justice de l'Union européenne, requièrent son intervention »[602]. Ils sont l'équivalent, à l'échelon européen, des « rapporteurs publics » (anciennement « commissaires du gouvernement ») que l'on connaît devant les juridictions administratives françaises : c'est là l'un des emprunts les plus connus du contentieux européen au contentieux français avec celui du recours pour excès de pouvoir[603].

Les conclusions de l'avocat général sont publiques et rendues avant le jugement de la Cour, qui interviendra la plupart du temps quelques mois plus tard. Celles-ci comportent traditionnellement un exposé complet des faits et du cadre juridique de l'affaire, suivi d'une proposition de décision ; elles constituent ainsi une aide précieuse pour comprendre l'arrêt rendu, lequel est le plus souvent moins détaillé que les conclusions. Même si ces conclusions ne lient pas les juges, elles sont suivies dans environ 70 % des affaires. Pendant longtemps, ces conclusions étaient formulées dans toutes les affaires soumises à la Cour ; depuis 2004, elles

---

602. Art. 252, al. 2, TFUE.
603. Voy. *infra*, titre 2, chapitre 2.

ne sont plus requises dans les affaires qui ne soulèvent aucune nouvelle question de droit. La Cour fait un usage fréquent de cette possibilité, puisqu'un peu plus de la moitié des arrêts sont désormais rendus sans conclusions de l'avocat général.

À l'heure actuelle, seule la Cour de justice (A) compte à la fois des juges et des avocats généraux, alors que le Tribunal (B) et le Tribunal de la fonction publique (C) ne comptaient pas ou ne comptent que des juges.

A. La composition de la Cour de justice, juge européen suprême

533. Modalités de désignation des membres de la Cour. Depuis le départ du Royaume-Uni de l'Union, la Cour compte 27 juges, un par État membre donc[604], d'une part, et, depuis le 7 octobre 2015, 11 avocats généraux, d'autre part[605]. Tous sont nommés, au terme de la même procédure qui prévoit un commun accord des États membres pour un mandat renouvelable de six ans, « parmi des personnalités offrant toutes garanties d'indépendance et qui réunissent les conditions requises pour l'exercice, dans leurs pays respectifs, des plus hautes fonctions juridictionnelles ou qui sont des jurisconsultes possédant des compétences notoires[606] ».

Même si la nomination des membres de la Cour résulte donc d'un commun accord des États, en pratique, chaque gouvernement choisit « son » juge et, éventuellement, « son » avocat général ; jusqu'à présent, jamais un État ne s'est en effet opposé à la nomination d'un candidat particulier par l'un de ses partenaires. Par ailleurs, les modalités de nomination de ces futurs juges ou avocats généraux résultent des législations nationales, lesquelles sont très différentes d'un État à l'autre (allant d'une sélection, sans véritable transparence, par l'exécutif à des procédures impliquant officiellement les parlementaires). Enfin, soulignons que l'un des paramètres de choix des candidats est linguistique, dans la mesure où l'essentiel des délibérations à la Cour se fait en français ; le choix n'est donc pas toujours facile à effectuer pour certains États...

534. Critiques relatives aux modalités de nomination des membres de la Cour. Comme dans n'importe quel système doté d'un juge au rôle important, le mode de nomination des membres de la Cour a pu être critiqué, dans la mesure où il ne permettait pas de garantir absolument la nomination de personnes à la fois compétentes et indépendantes des gouvernements. Au début des années 2000, il avait ainsi été proposé d'associer le Parlement européen à la nomination des membres de la Cour, mais cette

---

604. Règle tacite officialisée par le Traité de Nice et figurant actuellement à l'article 19, § 2, TUE.
605. Voy. déc. du Conseil du 25 juin 2013 (*JOUE*, L 179, 29 juin 2013, p. 92).
606. Art. 19, § 2, TUE et 253, al. 1er, TFUE.

option a été écartée du fait d'un risque de politisation de la procédure ; l'allongement du mandat (sans renouvellement possible) a également été proposé puis abandonné.

535. Mise en place du « Comité 255 ». C'est une solution beaucoup plus prudente qui a finalement été retenue par le Traité de Lisbonne et inscrite aux actuels articles 253 à 255 TFUE : elle consiste à prendre l'avis d'une instance indépendante avant la nomination par les gouvernements. Plus précisément, les nominations postérieures au 1er décembre 2009 sont désormais précédées de la consultation d'un Comité composé de sept personnalités choisies parmi d'anciens membres de la Cour de justice et du Tribunal, des membres des juridictions nationales suprêmes et des juristes possédant des compétences notoires, dont l'un est proposé par le Parlement européen. Les règles de fonctionnement de ce Comité ont été adoptées par le Conseil de l'Union le 25 février 2010 et le premier Comité nommé le jour même, avec à sa tête un Français, M. Jean-Marc Sauvé – à l'époque vice-président du Conseil d'État –, qui a été renouvelé à la tête du Comité début 2014[607]. Depuis mars 2018, c'est l'ancien juge à la Cour, le Néerlandais Christiaan Timmermans, qui lui a succédé.

Les membres de ce Comité sont nommés par le Conseil pour un mandat de quatre ans, renouvelable une fois ; ses délibérations ont lieu à huis clos et une audition, non publique, du candidat est prévue ; enfin, le Comité rédige un avis motivé sur l'adéquation du candidat à l'exercice des fonctions qui est transmis aux représentants des gouvernements des États membres. Le Comité a rendu ses premiers avis courant 2010 ; même si ceux-ci ne sont pas contraignants, la seule existence du Comité est de nature à inciter les gouvernements à être particulièrement exigeants au regard des garanties de compétence et d'indépendance que doivent présenter les candidats qu'ils proposent[608].

536. Renouvellement partiel des membres de la Cour. Afin d'assurer une certaine continuité de fonctionnement de la juridiction, un renouvellement de la moitié des juges et avocats généraux – une fois cinq, une fois six – a lieu tous les trois ans. Selon une pratique constante, l'Allemagne, l'Espagne, la France, l'Italie, la Pologne – depuis fin 2015 et le passage de 9 à 11 avocats généraux – ont « droit » à 1 poste d'avocat général alors que les 6 autres postes reviennent par rotation égalitaire aux autres États.

---

607. *JOUE*, L 50, 27 février 2010, pp. 18-20. Pour des précisions, voy. B. Versterdorf, « La nomination des juges de la Cour de justice de l'Union européenne », *CDE*, 2011/3, pp. 601-610.

608. J. Lotarski, *Droit du contentieux de l'Union européenne*, coll. Systèmes, Paris, LGDJ, 2014, p. 24. Les 80 avis rendus par le Comité « 255 » entre février 2010 et février 2018 ont tous été suivis par les États, y compris les 7 d'entre eux qui étaient défavorables à la nomination de la personne pressentie (voy. 5e rapport d'activité du Comité, rendu public le 28 février 2018). L. Clement-Wilz, « La sélection des juges et des avocats généraux : bilan du « Comité 255 » », in *Les réformes de la Cour de justice...*, *op. cit.*, pp. 65-86.

537. Profil des membres de la Cour. Indiquons pour terminer que les membres de la Cour (et plus largement des trois juridictions) sont majoritairement d'anciens membres de tribunaux nationaux suprêmes (du Conseil d'État et de la Cour de cassation pour la France), mais que les anciens professeurs d'université représentent un nombre non négligeable de ses membres, passés ou actuels. En outre, la Cour est une institution très masculine puisque la première femme désignée en tant qu'avocate générale – la Française Simone Rozès – ne l'a été qu'en 1981 et la première femme juge en 1999 ; quant à la parité hommes/femmes, elle reste à conquérir à la Cour puisqu'au 1er juin 2022 sur 38 membres – juges et avocats généraux confondus – 9 seulement étaient des femmes… mais aussi au Tribunal avec 15 femmes parmi les 54 juges alors même que la parité était annoncée dans la réforme adoptée en 2015 !

B.   La composition du Tribunal, juge européen de droit commun

538. Création du Tribunal. C'est l'Acte unique européen de 1986 qui a jeté les bases de la création d'une juridiction adjointe à la Cour, laquelle poursuivait deux objectifs : d'une part, décharger la Cour d'un certain nombre d'affaires, en particulier – à l'époque – celles se rapportant au contentieux de la fonction publique européenne ; d'autre part, instaurer un double degré de juridiction ayant vocation à améliorer le niveau de protection juridictionnelle des justiciables.

Le Tribunal de première instance des Communautés européennes (TPICE) – selon la dénomination de l'époque – a été formellement institué par une décision du Conseil du 24 octobre 1988, entrée en vigueur le 1er janvier 1989.

539. Modalités de désignation des membres du Tribunal. Les membres du TPICE (devenu « Tribunal » tout court depuis Lisbonne) sont nommés dans les mêmes conditions que les membres de la Cour : même procédure, même durée de fonctions et même mode de renouvellement[609]. Toutefois, et contrairement à la Cour, leur nombre n'est pas fixé par les traités, qui se bornent à prévoir que le Tribunal est composé « d'au moins un juge par État membre », mais par le Statut de la Cour, lequel peut être modifié – à l'exception des dispositions relatives au statut des membres de la Cour ainsi qu'à son régime linguistique – selon la procédure législative ordinaire.

Cette procédure a été suivie afin de procéder à une importante réforme du Tribunal proposée dès 2011, bloquée ensuite, puis « réactivée » l'année dernière et adoptée officiellement fin 2015[610]. Jusqu'à fin décembre 2015, le Tribunal comptait en effet 28 juges ; mais l'augmentation

---

609. Art. 19 TUE et 254 TFUE.
610. Règlement (UE) n° 2015/2422 du 16 décembre 2015 préc. (voy. *supra*, note 598).

constante des affaires portées devant lui ainsi que la diversité des contentieux dont il a à connaître entraînant depuis quelques années à la fois un accroissement des affaires pendantes et un allongement de la durée des procédures dont certaines devenaient « déraisonnables », il a été décidé d'augmenter le nombre de juges plutôt que de créer d'autres tribunaux spécialisés. Plus précisément, il a été prévu une augmentation des membres du Tribunal en trois phases : dès janvier 2016, 12 nouveaux juges ont été recrutés portant le total des juges à 40 ; à partir du 1er septembre 2016, les postes des 7 juges du Tribunal de la fonction publique ont été transférés au Tribunal ; enfin, le 1er septembre 2019, le Tribunal a accueilli 9 membres de plus donc 56 au total – et 54 aujourd'hui du fait du *Brexit* – avec *in fine* l'application de la règle de 2 juges par État[611].

540. Absence d'avocats généraux au Tribunal. La principale différence avec la Cour réside dans le fait qu'il n'y a pas d'avocats généraux au sein du Tribunal, même si une modification du Statut de la Cour permettrait d'en créer. En l'état actuel des choses, le Statut de la Cour – qui s'applique également, rappelons-le, au Tribunal –, prévoit la désignation par le président (du Tribunal) d'un juge appelé à exercer les fonctions d'avocat général dans deux cas de figure seulement : d'abord, lorsque le Tribunal siège en formation plénière ; ensuite, lorsqu'il siège en chambre, dans les affaires qui, en raison de leur difficulté en droit ou de leur complexité en fait, le justifient. L'objectif est donc de permettre un fonctionnement plus souple du Tribunal, tout en prévoyant des exigences particulières en cas d'enjeu juridique important.

C. La composition du Tribunal de la fonction publique, unique juge européen spécialisé (pour mémoire)

541. Création et désignation des membres du Tribunal de la fonction publique. Le Tribunal de la fonction publique de l'Union européenne (TFPUE) a été le seul « tribunal spécialisé » établi en vertu de l'article 257 TFUE ; créé en 2004, il a commencé à fonctionner fin 2005 et a rendu ses premiers arrêts en avril 2006[612].

Sa composition et le mode de nomination de ses membres différaient de ceux en vigueur pour la Cour et le Tribunal, dans la mesure où son rôle était moins « sensible » – parce que plus technique – que les deux autres juridictions qui ont une compétence générale. Il n'était en effet composé que de sept juges nommés par le Conseil statuant à l'unanimité (et non d'un commun accord) pour une période de six ans, renouvelable : le faible nombre

---

611. Pour une présentation complète et actualisée du Tribunal de l'Union, voy. L. Truchot, « Tribunal de l'UE », *Rép. eur. Dalloz*, 2021.
612. Voy. A.-G. Chambert, « Tribunal de la fonction publique de l'Union européenne », *JCl Europe*, fasc. 320, 2013.

de postes rendait toutefois l'hypothèse d'une reconduction beaucoup plus marginale qu'à la Cour ou au Tribunal[613]. La nomination était précédée d'un appel à candidatures et de l'avis d'un comité de même nature que celui prévu pour la Cour et le Tribunal[614], processus qui avait d'ailleurs été suivi en 2005 lors de l'installation de ce tribunal ; les mandats de trois des sept premiers juges nommés en 2005 ayant pris fin au bout de trois ans seulement, les juges du TFPUE faisaient en pratique l'objet, eux aussi, d'un renouvellement partiel tous les trois ans. En outre et dans la mesure où les juges du TFPUE étaient peu nombreux, le Conseil devait veiller à une composition équilibrée du Tribunal sur une base géographique représentant les différents systèmes juridiques ; quant à la fonction d'avocat général, elle n'était pas prévue.

Dans sa dernière année de fonctionnement, le Tribunal de la fonction publique comptait – en suivant l'ordre protocolaire – un Belge, un Allemand, une Espagnole, un Italien, un Néerlandais, un Irlandais et un Danois[615]. Enfin, rappelons que depuis 31 août 2016 ce Tribunal n'existe plus et que les postes de ses 7 juges ont été transférés au Tribunal de l'Union.

542. Privilèges, immunités et statut des membres des juridictions de l'Union. Signalons pour terminer ces propos relatifs à la composition des juridictions de l'Union que les juges (et avocats généraux pour la Cour) bénéficient de privilèges et immunités indispensables à l'exercice en toute indépendance de leurs fonctions. Ainsi, ils jouissent de l'immunité de juridiction, y compris après la cessation de leur mandat pour les actes accomplis dans le cadre officiel de leurs fonctions ; ensuite, leur mandat est irrévocable, sauf à l'issue d'un jugement unanime de leurs pairs et des avocats généraux de la Cour, dans l'hypothèse où ils auraient cessé de répondre aux conditions requises ou de satisfaire aux obligations découlant de leur charge ; enfin, ils ne peuvent exercer aucune fonction politique ou administrative et, sauf dérogation accordée à titre exceptionnel par le Conseil, toute activité professionnelle, rémunérée ou non, leur est interdite.

Chacun l'aura compris, et à l'instar de ce qui est prévu pour les commissaires européens, le statut applicable aux membres des juridictions de l'Union vise à garantir une totale indépendance de ceux-ci par rapport aux États membres mais également par rapport aux autres institutions européennes.

La composition des juridictions européennes ainsi exposée, il convient maintenant d'en présenter le fonctionnement interne.

---

613. Dans l'intérêt d'une bonne administration de la justice, il avait été un temps envisagé un mandat unique mais de 10 ans : E. DONNAT e.a, *La Cour de justice de l'Union européenne et le droit du contentieux européen, op. cit.*, p. 27.

614. Avec toutefois des particularités, notamment le fait d'assortir son avis d'une liste de candidats possédant l'expérience la plus appropriée, laquelle doit comporter au moins deux fois plus de noms que le nombre de juges à nommer.

615. Voy. G. VANDERSANDEN, « Le Tribunal de la fonction publique européenne : un nouveau regard », in *Mélanges P. Soldatos*, Bruxelles, Bruylant, 2012, pp. 385-408 ; K. BRADLEY, « Création et suppression du tribunal de la fonction publique », in D. DERO-BUGNY et A. CARTIER BRESON (dir.), *Les réformes de la Cour de justice de l'Union européenne. Bilan et perspectives, op. cit.*, pp. 103-112.

§ 2. Le fonctionnement interne des juridictions de l'Union

543. Aspects du fonctionnement interne. S'agissant du fonctionnement interne des juridictions européennes, la présidence (A), les formations de jugement (B) et le personnel auxiliaire (C) seront successivement présentés.

A. La présidence des juridictions

544. Désignation et rôle des présidents. Chaque juridiction dispose d'un président dont le mandat est de trois ans renouvelable ; celui-ci est désigné par les juges, à la majorité absolue, immédiatement après chaque renouvellement partiel. Cela signifie que les avocats généraux à la Cour, pourtant membres de la juridiction, ne participent pas à l'élection de son président. De fin 2001 à fin 2013, le Grec M. V. Skouris a présidé la Cour ; depuis le 8 octobre 2015, c'est le Belge K. Lenaerts qui lui a succédé. Depuis septembre 2019, le Néerlandais M. van der Woude est Président du Tribunal, alors que le Tribunal de la fonction publique a été dirigé par un autre Belge, M. S. Van Raepenbusch, entre octobre 2011 et août 2016.

Le président est chargé de veiller au bon fonctionnement de sa juridiction, en liaison avec le greffier qui joue un rôle administratif essentiel au quotidien ; outre les attributions qu'il exerce aux côtés de ses pairs, le président détient personnellement des attributions qu'il met en œuvre dans le déroulement de la procédure, dans certains cas par des décisions prises sous forme « d'ordonnances », lorsqu'il statue sur des demandes de sursis à exécution ou de mesures provisoires.

Avec l'augmentation du nombre des juges au sein des juridictions, d'une part, et la multiplication des chambres qui en a résulté, d'autre part, le rôle du président s'est considérablement accru ces quinze dernières années. Au point que la révision du Statut de la Cour du 11 août 2012 a prévu la création d'une fonction de vice-président, chargé d'assister le président et de le remplacer en cas d'empêchement, tant à la Cour qu'au Tribunal[616].

Indiquons enfin, s'agissant spécifiquement de la Cour, que les juges et les avocats généraux désignent le premier avocat général pour une période d'un an renouvelable, dont le rôle consiste essentiellement à répartir les affaires entre les avocats généraux.

---

616. Voy. la décision n° 2012/671/UE de la Cour de justice du 23 octobre 2012 (*JOUE*, L 300, 30 octobre 2012, p. 47).

B. Les formations de jugement

545. Généralités sur les formations de jugement. Chaque juridiction de l'Union comporte plusieurs formations de jugement comme nous allons le voir ; le jugement en chambre constitue toutefois la règle afin de faire face à l'augmentation régulière des contentieux portés devant les différents juges européens et d'améliorer le délai de jugement au profit des justiciables. Précisons également que la valeur juridique de l'arrêt rendu (ou plus rarement de l'avis) est bien entendu la même quelle que soit la formation qui l'a adopté, même si pour la doctrine sa « valeur morale » sera d'autant plus importante que la composition de la formation qui s'est exprimée est large.

546. Formations de jugement de la Cour. La Cour comporte huit chambres comptant elles-mêmes trois à cinq juges, un même juge appartenant à une ou à deux chambres ; pour chaque chambre de cinq juges, un président est désigné pour trois ans alors que pour les chambres de trois juges, un président est désigné pour un an seulement, à chaque fois selon des modalités identiques à celles applicables à la désignation du président de la Cour.

Le jugement par les chambres de cinq juges constitue le principe, clôturant chaque année plus de la moitié des affaires ; les dossiers « faciles » ou purement « techniques » sont traités par les chambres de trois juges qui représentent un peu plus d'un tiers des arrêts rendus.

La Cour peut également siéger en « grande chambre » (réunissant 15 juges parmi lesquels le président, le vice-président et trois présidents de chambres à cinq juges), lorsqu'un État membre ou une institution européenne partie à l'instance le demande : même si cette formation règle moins de 10 % des affaires chaque année, la Cour a jugé utile récemment de donner des indications sur le « bon usage » qui doit en être fait[617]. L'attribution des affaires à une formation de jugement particulière ainsi que la composition de chaque formation de jugement sont établies lors des réunions générales de la Cour organisées périodiquement ; il est à noter également que toute formation de jugement à laquelle une affaire a été attribuée peut, à tout stade de la procédure, renvoyer l'affaire devant la Cour aux fins de sa réattribution à une formation plus importante.

Dans des cas exceptionnels, la Cour peut statuer en assemblée plénière, qui ne peut valablement délibérer qu'en présence d'au moins 15 juges (*quorum*). Cette dernière formation s'impose lorsque la Cour est saisie de la déclaration de démission d'office du Médiateur européen, d'un membre de la Commission ou d'un membre de la Cour des comptes, hypothèses qui ne se sont jamais présentées à ce jour. Sinon, seules les affaires de grande

---

617. Voy. Cour, 13 mai 2014, *Commission c/ Espagne*, aff. C-184/11, np : comm. A. RIGAUX, *Europe*, n° 293, 2014. Pour un exemple d'arrêt en grande chambre en 2021, voy. Cour, 22 juin 2021, *Staatssecretaris van justitie en Veilligheid*, aff. C-719/19 : comm. F. GAZIN, *Europe*, n° 276, 2021.

importance juridique – notamment les demandes d'avis – seront renvoyées par la Cour – une fois l'avocat général entendu – devant l'assemblée plénière : c'est arrivé moins d'une quinzaine de fois ces douze dernières années, notamment fin 2018 (arrêt *Wightman* du 10 décembre), lorsque la Cour, dans le contexte du *Brexit*, s'est prononcée sur l'hypothèse d'une révocation unilatérale du retrait de l'Union par le Royaume-Uni présentant – chacun en conviendra – une importance juridique et politique inédite, ou pour examiner en 2021 la demande de déchéance des droits à pension d'un ancien membre de la Cour des comptes indélicat. Enfin, la Cour ne peut valablement délibérer qu'en nombre impair afin qu'une majorité puisse se dégager ; si les juges sont en nombre pair, le règlement de procédure de la Cour prévoit que le juge le plus jeune s'abstienne de participer au délibéré.

547. Formations de jugement du Tribunal. Les modalités de répartition des affaires entre les différentes formations de jugement sont précisées dans le règlement de procédure du Tribunal. Jusqu'en 2019, la formation de jugement de principe était la chambre de trois juges ; dorénavant, afin de tenir compte de l'accroissement du nombre de juges au Tribunal, les chambres comptent cinq juges, exceptionnellement six. En outre, le nombre de chambres est passé de neuf à dix et il a été instauré, depuis le 30 septembre 2019, un degré de spécialisation entre les chambres dans les domaines de la propriété intellectuelle et de la fonction publique. Il a ainsi été décidé que six chambres traiteront de la première catégorie d'affaires, pendant que les quatre autres traiteraient de la seconde ; par ailleurs, les autres catégories de contentieux continueront à être réparties entre toutes les chambres. Enfin, l'attribution des affaires aux chambres, tant dans les domaines de spécialisation que dans les autres domaines, continuera à s'effectuer selon un système de tour de rôle, qui pourra cependant être ajusté afin de tenir compte de la charge de travail et de l'éventuelle connexité entre les affaires.

Exceptionnellement, le Tribunal peut siéger en formation plénière (comprenant le président et tous les présidents de chambres), voire en grande chambre de 15 juges (elle est composée du président, du vice-président, de plusieurs présidents de chambres, des juges de la chambre initialement chargée de l'affaire et d'autres juges choisis alternativement selon le rang d'ancienneté et le rang d'ancienneté inversé) : seule cette dernière hypothèse s'est présentée (très exceptionnellement, ces dix dernières années).

Le Tribunal peut enfin se prononcer à juge unique : cela reste très limité puisque l'on recense moins de 35 affaires ainsi réglées depuis 2015.

548. Formations de jugement du TFPUE (pour mémoire). Le Tribunal de la fonction publique siégeait en principe en chambres – il en existait trois – composées de trois juges. Comme le Tribunal, il pouvait dans certains cas déterminés par son Règlement de procédure, statuer en assemblée plénière, ou à juge unique.

549. Absence de corrélation entre les juges et les arrêts rendus. Plus géné-ralement, il est important de souligner que dans le système juridictionnel de l'Union, il n'existe aucune corrélation, ni positive – présence dans la formation de jugement d'un juge de la nationalité de l'État concerné (comme à la Cour internationale de justice [CIJ] ou à la Cour européenne des droits de l'homme) –, ni négative (absence d'un tel juge), entre un contentieux et la nationalité d'un juge.

En outre, seuls les juges qui font partie de la formation de jugement peuvent participer au délibéré ; celui-ci est par ailleurs secret, ce qui ne permet pas de savoir si la décision rendue a été adoptée à la suite d'un vote ou par consensus, lequel est toutefois privilégié en pratique.

Par ailleurs, en droit de l'Union, il n'y a pas d'opinions dissidentes par les juges minoritaires, ni d'opinions concurrentes par les juges majori-taires, contrairement à ce qui existe devant la Cour européenne des droits de l'homme notamment et les opinions personnelles d'un juge donné ne sont jamais connues[618].

En effet, étant donné que les jugements des juridictions de l'Union sont collégiaux (sauf l'hypothèse exceptionnelle du verdict à juge unique au Tribunal de l'Union), « [...] la confidentialité des délibérations est une garantie essentielle de l'indépendance des juges, notamment par rapport aux autorités responsables de leur nomination. On ne peut ainsi jamais savoir avec certitude quelle a été la position d'un juge particulier dans une affaire donnée, ce qui rend les juges moins vulnérables aux pressions »[619].

C.   Le personnel auxiliaire

550. Référendaires et services de la Cour. Les membres des juridictions européennes sont assistés par de proches collaborateurs ; en outre, ils s'appuient sur les services de la Cour qui assurent le fonctionnement admi-nistratif des trois juridictions de l'Union.

Plus précisément, chaque juge (et avocat général) choisit librement trois ou quatre personnes (appelées « référendaires ») qui lui sont spéciale-ment affectées et qui constituent son cabinet ; elles ont naturellement une solide formation juridique et ne sont pas forcément de la même nationalité que le juge ou avocat général pour lequel elles travaillent.

Par ailleurs, il y a naturellement toute une logistique administrative assurant le fonctionnement quotidien des juridictions de l'Union[620].

---

618. Par principe elles ne peuvent pas être révélées, même pas par lui-même et même une fois son mandat terminé.
619. Voy. J. LOTARSKI, *Droit du contentieux de l'Union européenne, op. cit.*, p. 29.
620. Pour 2021, le budget de la Cour s'élevait à 444 millions d'euros.

Chaque juridiction est administrée par un greffier[621], nommé par chacune d'elles pour une durée de six ans renouvelable, et qui tient lieu de secrétaire général. Il assure les missions principales suivantes : la réception, la transmission et la conservation de tous les documents (actes de procédure, procès-verbaux des audiences, etc.) ; l'assistance des membres dans tous les actes relevant de leur mission ; la garde des Sceaux, la responsabilité des archives et des publications de la Cour ; enfin, la direction des services de l'institution, la responsabilité du personnel et la préparation comme l'exécution du budget.

Six directions générales sont communes aux deux juridictions et rassemblent un peu plus de 2 100 agents, majoritairement des fonctionnaires européens ; parmi celles-ci, deux présentent une importance toute particulière : la direction générale de la traduction, d'une part, et la direction générale de l'interprétation, d'autre part.

La direction générale de la traduction, qui rassemble près de la moitié des agents de la Cour, est composée de juristes-linguistes de très haut niveau ayant pour mission d'assurer la traduction de tous les arrêts – et le cas échéant des conclusions des avocats généraux – dans les 24 langues officielles de l'Union[622] ; en effet, si le français est la langue de travail et de délibéré, la langue de procédure sera choisie par le requérant, parmi ces langues officielles : aucune autre juridiction internationale n'est d'ailleurs amenée à travailler dans un nombre aussi important de langues différentes. Chaque année, c'est plus d'un million de pages qui doivent être traduites par les agents de la Cour et du Tribunal ; et l'on estime que les opérations de traduction représentent en moyenne un tiers de la durée de la procédure...

La direction générale de l'interprétation est chargée de l'interprétation simultanée des audiences et de certaines réunions se déroulant quotidiennement au sein des juridictions, les 24 langues officielles donnant lieu à 552 combinaisons potentielles même si les interprétations vers le français et l'anglais sont les plus demandées.

---

621. Au Tribunal, il s'agit d'un Français, désigné en 2005 et reconduit en 2011 puis en 2017.
622. La Cour a modifié son règlement de procédure en juin 2013 pour ajouter le croate à la liste des langues de procédure à partir du 1er juillet 2013.

LES COMPÉTENCES DES JURIDICTIONS DE L'UNION

551. Compétences des juridictions avant et après Lisbonne. Avant Lisbonne, le juge européen disposait d'une compétence complète par rapport aux matières relevant du pilier communautaire et d'une compétence seulement partielle s'agissant du troisième pilier (« Coopération policière et judiciaire en matière pénale ») ; enfin, il n'avait aucune compétence au titre du troisième pilier (« Politique étrangère et de sécurité commune », PESC).

Depuis Lisbonne, les compétences des juridictions de l'Union s'étendent à l'ensemble du droit de l'Union, à deux exceptions près, dont une a cependant disparu récemment.

En premier lieu, la Politique étrangère et de sécurité commune est toujours exclue du champ du contrôle juridictionnel en vertu des articles 24 TUE et 275 TFUE ; mais le juge européen peut, d'une part, se prononcer sur la délimitation entre la PESC et les autres domaines de l'action de l'Union et, d'autre part, contrôler la légalité des décisions du Conseil prévoyant des mesures restrictives à l'encontre des personnes physiques et morales (gel d'avoirs par exemple).

En second lieu, s'agissant de la coopération policière et judiciaire en matière pénale, l'article 10 du protocole sur les dispositions transitoires du Traité de Lisbonne prévoyait, jusqu'au 1er décembre 2014, que les actes de droit dérivé adoptés en cette matière avant l'entrée en vigueur du Traité de Lisbonne demeuraient soumis au régime juridictionnel antérieur, marqué notamment par une compétence préjudicielle de la Cour qui n'était pas de plein droit : ce système transitoire a pris fin il y a plus de sept ans donc, et la coopération policière et judiciaire en matière pénale est dorénavant soumise à la compétence préjudicielle normale de la Cour.

Ces précisions effectuées, il convient d'analyser maintenant les compétences respectives des juridictions de l'Union[623] (§ 1) avant d'envisager les voies de recours ouvertes (§ 2).

---

623. Voy. G. Gattinara, « Les rôles de la Cour de justice et du Tribunal de l'Union après la dissolution du Tribunal de la fonction publique européenne », *RDUE*, 2/2017, pp. 157-188.

§ 1. Les compétences respectives des juridictions de l'Union

552. Logique de la répartition. Si la répartition des compétences entre les juridictions de l'Union répond – heureusement ! – à une certaine logique juridique, des paramètres historiques et politiques ont également joué leur rôle et conduit à la situation actuelle : l'enrichissement progressif du système juridictionnel a ainsi permis à la Cour dans un premier temps (lorsque le Tribunal est apparu) puis au Tribunal dans un second temps (lorsque le Tribunal de la fonction publique a été créé) de restreindre leurs compétences ; à l'inverse, l'importance de certaines questions a pu justifier que la Cour conserve son monopole d'intervention.

À partir des précisions fournies par l'article 256 TFUE, la répartition des compétences entre la Cour (A), le Tribunal (B) et le Tribunal de la fonction publique, aujourd'hui disparu, (C) suit le schéma suivant.

A. Les compétences de la Cour

553. Contentieux statistiquement importants portés devant la Cour. Logiquement, la Cour est compétente dans tous les cas où une compétence particulière n'a pas été réservée à l'une des deux autres juridictions ; il s'agit principalement des quatre types de recours dont la nature peut être qualifiée de « constitutionnelle »[624].

La Cour est d'abord compétente pour connaître des recours en manquement contre un ou plusieurs États membres et qui lui sont transmis par la Commission européenne ou, très rarement, par n'importe quel État membre ; en outre, depuis le 1er mai 2019, le contentieux concernant le paiement d'une amende ou d'une astreinte, due par un État condamné en manquement et qui ne s'est pas exécuté, est aussi réservé à la Cour[625].

La Cour est ensuite seule habilitée à se prononcer sur tous les renvois préjudiciels effectués par les juges nationaux, qu'ils soient en interprétation comme en appréciation de validité, dans la mesure où la possibilité accordée au Tribunal d'en connaître dans des matières spécifiques n'a pas reçu de concrétisation à ce jour.

La Cour est également compétente pour des litiges « interinstitutionnels », c'est-à-dire des recours (en annulation et en carence) formés par un État membre contre le Parlement européen et/ou contre le Conseil (sauf

---

624. Voy. L. Azoulai, « Le rôle constitutionnel de la Cour de justice des Communautés européennes tel qu'il se dégage de sa jurisprudence », *RTDE*, 2008, pp. 29-46.
625. Règlement (UE, Euratom) n° 2019/629 du 17 avril 2019 (*JOUE*, L 11, 25 avril 2019). Pour des précisions sur le mécanisme de sanctions financières, voy. *infra*, titre II, chapitre 1, section 3 « Le constat du manquement et son exécution ».

pour les actes de ce dernier relativement aux aides d'État, à la défense commerciale et plus largement pour tous les actes relevant de son pouvoir d'exécution, lesquels doivent être portés devant le Tribunal) ou à l'encontre d'une coopération renforcée[626], ou introduits par une institution de l'Union contre une autre institution.

Enfin, la Cour peut connaître des pourvois introduits contre des arrêts du Tribunal ; entre 2004 et 2020, la Cour a également pu traiter les demandes de réexamen des décisions du Tribunal statuant sur des pourvois contre des décisions du défunt Tribunal de la fonction publique.

À ces quatre contentieux majeurs, il convient d'ajouter plusieurs cas particuliers dont l'importance juridique et pratique est tout à fait inégale.

554. Contentieux particuliers portés devant la Cour. De manière exceptionnelle, la Cour peut être saisie pour avis concernant la compatibilité avec les traités européens d'un accord envisagé entre l'Union (seule ou avec ses États membres) et des États tiers ou une organisation internationale. Il s'agit d'une compétence consultative – prévue à l'article 218, § 11, TFUE – et non contentieuse ; attention cependant, l'avis rendu par la Cour est obligatoire et les institutions européennes compétentes pour conclure l'accord international ne sauraient passer outre une incompatibilité constatée par la Cour.

Prévue dès l'origine des Communautés, cette procédure a joué une grosse vingtaine de fois jusqu'à présent (cinq fois depuis 2017) à propos, notamment, de l'Espace économique européen, de l'adhésion de la Communauté puis de l'Union européennes à la CEDH, des accords de Marrakech créant l'Organisation mondiale du commerce (OMC), du Protocole de Carthagène sur le commerce international des OGM, du traité de libre-échange entre l'Union et Singapour et plus récemment du fameux *Ceta*[627]. Plusieurs de ces avis ont apporté des précisions majeures sur la question de la répartition des compétences entre l'entité européenne et ses États membres[628].

La Cour peut être saisie de la légalité d'un acte adopté par le Conseil européen ou le Conseil au titre de la procédure prévue à l'article 7 TUE visant l'hypothèse de la violation des valeurs de l'Union par un État membre ; sollicitée par l'État membre concerné, la Cour ne peut cependant se prononcer que sur l'aspect procédural et non sur le fond.

---

626. Voy. Cour, 30 avril 2014, *Royaume-Uni c/ Conseil*, aff. C-209/13, np : comm. V. Michel, *Europe*, n° 245, 2015 (à propos de la taxe sur les transactions financières) et Cour, 5 mai 2015, *Espagne c/ Parlement et Conseil*, aff. C-146/13, np, et *Espagne c/ Conseil*, aff. C-147/13, np : comm. D. Simon, *Europe*, n° 254, 2015 (à propos du brevet unifié).

627. Cour, avis 1/17, 30 avril 2019, *Accord commercial global UE-Canada (Ceta)* : comm. D. Simon, *Europe*, n° 236, 2019.

628. Voy. M.-C. Runavot, « La construction européenne à travers le prisme des avis de la Cour de justice. Polyvalence et ambivalence de la fonction consultative », *RDUE*, n° 567, 2013, pp. 231-238 et voy. *supra*, pts 136 à 137.

L'article 8 du Protocole n° 2 sur l'application des principes de subsidiarité et de proportionnalité permet à un parlement national – ou à l'une de ses chambres – d'obtenir de son gouvernement qu'il saisisse la Cour d'un recours en violation du principe de subsidiarité par un acte législatif.

L'article 273 TFUE prévoit quant à lui que la Cour est compétente, en vertu d'un compromis, pour statuer sur tout différend entre États membres en connexité avec l'objet des traités[629]. À ce titre, elle a vocation à statuer sur le respect par les États parties de leur obligation d'inscrire la « règle d'or budgétaire » dans leur droit national (art. 3, § 2, du Traité sur la stabilité, la coordination et la gouvernance de la zone euro) et à connaître de tout litige relatif au traité instituant le Mécanisme européen de stabilité (MES).

La Cour peut aussi être saisie par la BCE pour statuer sur tout litige relatif à l'accomplissement par les banques centrales nationales des obligations qui leur incombent[630] et, dans la même veine, elle peut connaître des litiges concernant l'exécution des obligations des États résultant des statuts de la BEI, des délibérations de son Conseil des gouverneurs ou de celles de son Conseil d'administration[631].

De manière ultime, des demandes tendant au prononcé de la démission d'office d'un membre de la Commission, du Médiateur européen ou d'un membre de la Cour des comptes peuvent être transmises à la Cour : jusqu'à présent, aucune de ces hypothèses ne s'est présentée.

B.   Les compétences du Tribunal

555. Accroissement progressif des compétences du Tribunal. Lors de sa création, le Tribunal ne pouvait se prononcer que sur « certaines catégories de recours formés par des personnes physiques ou morales » ; depuis lors, ses compétences ont significativement évolué au point qu'il est aujourd'hui le juge européen ayant la compétence la plus large. Ses compétences pourraient être encore élargies à l'avenir, par une modification du Statut de la Cour relevant de la procédure législative ordinaire.

Le Tribunal peut d'abord connaître des recours en annulation et en carence : introduits par les personnes physiques ou morales et dirigés contre les institutions de l'Union ; introduits par les États membres et dirigés contre la Commission ; introduits par les États membres et dirigés contre le Conseil et concernant les décisions prises en matière d'aides d'État, de mesures de défense commerciale (*dumping* et subventions) ainsi que les actes pour lesquels il s'est réservé les compétences d'exécution.

---

629. Pour le seul exemple d'un tel règlement à ce jour, voy. Cour, 12 septembre 2017, *Autriche c/ Allemagne*, aff. C-648/15, np : comm. A. RIGAUX, *Europe*, n° 400, 2017.
630. En vertu de l'art. 271, d), TFUE et de l'art. 35, § 6, du Protocole n° 4 sur les statuts du système européen des banques centrales et de la BCE.
631. En vertu de l'art. 271 TFUE.

Les recours en responsabilité extracontractuelle, en raison des dommages causés par les institutions ou leurs agents dans l'exercice de leurs fonctions et ceux fondés sur une clause compromissoire contenue dans un contrat passé par l'Union ou pour son compte (en vertu de l'article 272 TFUE), relèvent également du Tribunal.

Le Tribunal est aussi compétent pour examiner les recours en matière de propriété intellectuelle et dirigés contre les chambres de recours des offices de l'Union intervenant dans ce domaine : plus précisément l'Office d'harmonisation dans le marché intérieur (OHMI) et l'Office communautaire des variétés végétales (OVV) et enfin l'Agence européenne des produits chimiques (ECHA).

Tous les arrêts rendus par le Tribunal au titre des hypothèses mentionnées précédemment peuvent faire l'objet d'un pourvoi devant la Cour de justice.

Enfin, rappelons que le Tribunal était compétent pour statuer sur les arrêts rendus par le Tribunal de la fonction publique entre 2004 et 2016, dont il faut maintenant préciser, pour mémoire, les compétences.

C. Les compétences du Tribunal de la fonction publique (pour mémoire)

556. Caractère spécialisé du défunt Tribunal de la fonction publique. À la différence de la Cour et du Tribunal qui disposent d'une compétence générale, le Tribunal de la fonction publique de l'Union européenne était doté une compétence spécialisée puisqu'il avait pour mission – en vertu de l'article 270 TFUE – de statuer en première instance sur les litiges entre l'Union européenne et ses agents. Il s'agit là d'un contentieux très technique, dévolu initialement à la Cour, transféré au Tribunal à partir de sa création, puis traité entre 2004 et mi-2016 par ce tribunal spécialisé avant un retour au Tribunal de l'Union depuis le 1er septembre 2016 en vertu du règlement 2016/1192 du 6 juillet 2016[632]. Les litiges ont pour objet le recrutement, la nomination, la promotion ou encore la rémunération[633].

Ayant véritablement commencé à fonctionner en décembre 2005, le Tribunal a rendu son premier arrêt le 26 avril 2006 et a réglé annuellement entre 130 et 160 affaires.

557. Règles de recevabilité et procédure. Quelques précisions – toujours valables – sur le terrain de la recevabilité d'abord : seuls les fonctionnaires européens et assimilés peuvent agir ; l'agent doit diriger son recours contre

---

632. *JOUE*, L 200, 26 juillet 2016. G. Gattinara, « Le tribunal de la fonction publique est mort, vive le TFP ? », *RDUE*, 4/2017, pp. 243-254.

633. Voy. I. Govaere et G. Vandersanden, *La fonction publique communautaire. Nouvelles règles et développements contentieux*, Bruxelles, Bruylant, 2008 ; A. Petrlik et V. Cador, « Contentieux de la fonction publique européenne », *Europe*, chron. n° 1, 2015.

un acte de l'autorité investie du pouvoir de nomination le concernant[634] ; l'acte contesté, de portée individuelle, doit affecter ses droits ou intérêts personnels, matériels ou moraux ; enfin, le recours doit être précédé d'une réclamation préalable auprès de l'autorité compétente, qui doit être effectuée dans les trois mois qui suivent la publication ou la notification de l'acte, lequel recours s'effectuera dans un nouveau délai de trois mois[635].

Quant à la procédure, son déroulement est allégé – avec notamment un seul échange de mémoires – et le règlement amiable – l'accord entre les parties étant consigné dans un procès-verbal signé par le président ou le juge rapporteur ainsi que le greffier et constituant un acte authentique – est largement encouragé[636]. En définitive, le contentieux européen de la fonction publique se rapproche sensiblement du contentieux du travail que l'on connaît dans le cadre national.

558. Gestion des erreurs et des conflits de compétences. En raison de la complexité des règles de compétences juridictionnelles au sein du système de l'Union, divers mécanismes de transmission d'affaires sont prévus entre la Cour, le Tribunal (et le Tribunal de la fonction publique lorsque celui-ci existait) en cas d'erreur du requérant, d'une saisine d'une juridiction incompétente ainsi que d'une saisine simultanée d'affaires ayant le même objet, soulevant la même question d'interprétation ou mettant en cause la validité du même acte.

Bien entendu, il existe une hiérarchie entre ces diverses juridictions européennes et des voies de recours sont prévues.

§ 2. Les voies de recours ouvertes

559. Logique des pourvois et réexamen. À toutes fins utiles, précisons qu'aucune possibilité d'appel ou de pourvoi n'existe contre les décisions de la Cour elle-même ; ses arrêts ne sont susceptibles d'aucun recours. En outre, il n'est pas non plus possible d'attaquer la décision d'une chambre de la Cour devant la grande chambre ou devant l'assemblée plénière de cette juridiction.

En revanche, les arrêts ou ordonnances du Tribunal et du Tribunal de la fonction publique peuvent (ou pouvaient) être contestés, afin de garantir l'unité et la cohérence du droit de l'Union ; en même temps, il existe un risque réel de concevoir trop largement le pourvoi et le réexamen, et partant de là d'encombrer la Cour et le Tribunal. C'est pourquoi

---

634. Chaque année, environ 60 % des affaires visent la seule Commission européenne.

635. Voy. M.-F. Orzan, « La phase précontentieuse dans le domaine de la fonction publique européenne à la lumière de la jurisprudence récente du Tribunal de l'Union européenne », *RAE*, 2014/3, pp. 581-589.

636. Ces modalités ont été reprises dans le règlement de procédure du Tribunal dernière version (*JOUE*, L 217, 12 août 2016) et ses dispositions pratiques d'exécution.

l'article 256, § 1, TFUE précise que les décisions du Tribunal peuvent faire l'objet d'un « [...] pourvoi devant la Cour de justice, limité aux questions de droit » alors que l'article 257, § 3, TFUE indique quant à lui que « les décisions des tribunaux spécialisés peuvent faire l'objet d'un pourvoi limité aux questions de droit ou, lorsque le règlement portant création du tribunal spécialisé le prévoit, d'un appel portant également sur les questions de fait, devant le Tribunal »[637].

Par ailleurs, s'il existait un risque sérieux d'atteinte à l'unité ou à la cohérence du droit de l'Union, la décision du Tribunal rendue sur le pourvoi contre une décision du Tribunal de la fonction publique pouvait faire l'objet d'un réexamen par la Cour.

Étudions plus précisément les pourvois d'abord (A) et le réexamen ensuite (B).

A. Les pourvois

560. Objet des pourvois. Sont susceptibles de pourvoi non seulement les arrêts du Tribunal qui concluent l'instance, mais également des décisions faisant suite à une procédure spéciale en cours d'instance : exception d'incompétence ou d'irrecevabilité, demande d'intervention, référé en vue de mesures provisoires, notamment un sursis à exécution.

561. Parties à l'initiative des pourvois. Le droit de saisine appartient à trois catégories de parties : toute partie ayant complètement ou partiellement succombé en ses conclusions ; les parties intervenantes autres que les États membres et les institutions de l'Union « si la décision du Tribunal les affecte directement » ; enfin les États membres et les institutions, lesquels en toute hypothèse n'ont pas à démontrer qu'ils sont directement affectés mais se trouvent en revanche dans une situation différente selon qu'il s'agit d'un pourvoi devant la Cour ou devant le Tribunal. Dans le premier cas, ils peuvent introduire un pourvoi qu'ils aient été ou non intervenants devant le Tribunal, alors que dans le second ils ne pouvaient pas se pourvoir s'ils n'étaient pas intervenus devant le Tribunal de la fonction publique.

562. Délai de saisine. Le délai de saisine est normalement de deux mois à compter de la notification de la décision attaquée ; il passera cependant à deux semaines en cas de rejet par le Tribunal d'une demande d'intervention (procédure spéciale permettant l'élargissement de l'instance à une personne qui se trouvait jusque-là en position de tiers et devient partie au litige[638]).

563. Effets des pourvois. Le pourvoi n'a pas, normalement, d'effet suspensif mais une demande à la Cour d'un sursis à l'exécution de l'arrêt ou de mesures d'urgence est possible.

---

637. Cette dernière possibilité (appel sur les questions de droit et de fait) n'a pas été retenue à ce jour.
638. Voy. *infra*, pts 603 et 604.

S'agissant d'un pourvoi contre une décision du Tribunal qui aurait annulé un règlement, le caractère non suspensif ne joue pas : dans une telle hypothèse, la décision du Tribunal ne prendra effet qu'à l'expiration du délai de pourvoi ou, si un pourvoi a été formé, à compter de son éventuel rejet. Le règlement continuera ainsi à s'appliquer en dépit de l'arrêt du Tribunal et bénéficiera donc d'une immunité juridictionnelle, au moins provisoire ; cependant, la partie qui a obtenu du Tribunal l'annulation du règlement peut, en cas de préjudice grave et irréparable qui en résulte, demander à la Cour la suspension provisoire des effets du règlement annulé.

564. Nature des moyens invocables. C'est bien entendu l'aspect décisif de la question puisque le pourvoi est limité aux questions de droit, afin de ne pas encombrer la Cour avec l'examen de faits souvent complexes. Il n'y a donc pas formellement de double degré de juridiction (entre le Tribunal et la Cour), puisque l'examen effectué par la Cour est techniquement un contrôle de cassation et non d'appel.

Les moyens invocables à l'appui du pourvoi sont l'incompétence du tribunal, l'irrégularité de la procédure devant le tribunal portant atteinte aux intérêts de la partie requérante et la violation du droit de l'Union ; en pratique, c'est ce dernier moyen qui est le plus souvent invoqué et qui pose la délicate question de la distinction entre questions de droit et questions de fait[639].

Constituent ainsi des questions de droit une interprétation ou une application erronée par le Tribunal d'une disposition ou d'un principe général du droit de l'Union, ou l'omission de statuer sur un moyen. Pour autant, la Cour se refuse, lorsqu'elle se prononce sur des questions de droit, à substituer son appréciation à celle du Tribunal statuant dans l'exercice de sa pleine juridiction, comme par exemple pour l'appréciation du montant d'une amende infligée par la Commission à une entreprise[640].

S'agissant cette fois des questions de fait, il existe classiquement une sous-distinction entre :

– la constatation des faits qui n'est pas contrôlée dans le cadre d'un pourvoi, sauf dans l'hypothèse où l'inexactitude matérielle des constatations résulterait des pièces du dossier qui lui ont été soumises, et l'appréciation des faits, dont le contrôle est en principe exclu – comme en droit français – sauf dénaturation des faits par le juge. La Cour a ainsi pu préciser sa position en jugeant qu'elle n'était pas compétente « [...] pour constater les faits, ni en principe pour examiner les preuves que le Tribunal a retenues à l'appui de ces faits. En effet, dès lors que ces preuves ont été obtenues régulièrement, que les principes généraux du droit ainsi que les règles de procédure

---

639. Voy. J. LOTARSKI, *Droit du contentieux de l'Union européenne, op. cit.,* pp. 39-40. F.-V. GUIOT, *La distinction du fait et du droit par la Cour de justice de l'Union européenne,* Paris, Institut universitaire Varenne, 2016.
640. CJCE, 17 décembre 1998, *Baustahlgewebe c/ Commission,* aff. C-185/95 P, *Rec.,* p. I-8417.

applicables en matière de charge et d'administration de la preuve ont été respectés, il appartient au seul Tribunal d'apprécier la valeur qu'il convient d'attribuer aux éléments qui lui ont été soumis. Cette appréciation ne constitue donc pas, sous réserve du cas de la dénaturation de ces éléments, une question de droit soumise, comme telle, au contrôle de la Cour »[641] ;

– et la qualification juridique des faits, c'est-à-dire le raisonnement développé par le juge qui, après avoir apprécié les faits, s'efforce de les faire entrer dans une catégorie juridique qui permet d'appliquer un régime juridique précis. Lorsque le Tribunal a constaté ou apprécié les faits, la Cour est compétente pour exercer un contrôle sur la qualification juridique de ces faits et les conséquences de droit qui en ont été tirées par le Tribunal : par exemple, le contrôle de la qualification d'entente ou d'abus de position dominante sera exercé puisqu'il conditionnera l'application de la règle de droit.

565. Nouveauté des moyens. De jurisprudence constante, le pourvoi doit indiquer précisément les éléments contestés de l'arrêt ainsi que les arguments juridiques qui sous-tendent de manière spécifique cette demande. Il n'est donc pas question de se contenter de répéter ou de reproduire textuellement les moyens et les arguments qui ont déjà été présentés devant le premier juge : cela reviendrait à faire juger une deuxième fois une requête déjà présentée, au mépris de la répartition des compétences entre les juridictions de l'Union.

Toutefois, le pourvoi ne peut, par rapport à la première instance, comporter de conclusions nouvelles, ni modifier l'objet du litige, la compétence du second juge étant limitée à l'appréciation de la solution juridique qui a été donnée aux moyens débattus devant le premier juge.

566. Déroulement de l'instance. La procédure se déroule entre les parties avec, à l'esprit, l'objectif de la rapidité : le pourvoi est signifié à toutes les parties à la procédure devant le Tribunal, qui ont deux mois pour présenter un mémoire en réponse, lequel ne peut pas non plus contenir de conclusions nouvelles, ni modifier l'objet du litige ; il n'y a normalement pas de mémoire en réplique et en duplique – sauf si le président l'autorise expressément – et la juridiction peut décider de statuer sans phase orale ; enfin, aucune mesure d'instruction n'est prévue.

567. Aboutissement de l'instance. L'aboutissement de l'instance correspond à l'une des deux situations suivantes.

En premier lieu, le pourvoi est rejeté ; c'est le cas lorsque la décision du Tribunal est fondée en droit bien sûr, mais également lorsque sa décision est globalement correcte en droit bien qu'une partie de sa motivation soit entachée d'illégalité. Dès lors, le pourvoi doit être rejeté après que la Cour a procédé à une substitution de motifs.

---

641. CJCE, 22 mai 2008, *Evonik Degussa c/ Commission*, aff. C-266/06 P, *Rec.*, p. I-81, pt 73.

En second lieu, le pourvoi est accueilli (partiellement ou totalement) et dès lors la décision du premier juge est annulée ; deux possibilités existent alors.

Soit l'affaire est en état d'être jugée et la Cour statue : ce sera notamment le cas lorsque de l'annulation de l'arrêt du premier juge découle le rejet d'une demande d'annulation d'un acte du droit de l'Union. Cette hypothèse est la plus fréquente en pratique même s'il est possible – depuis 2012 – à la partie requérante d'exposer les raisons pour lesquelles elle estime que le litige ne peut pas être réglé par la Cour elle-même.

Soit l'affaire est renvoyée devant le premier juge car le litige n'est pas en état d'être jugé : bien entendu, ce dernier est lié par les questions de droit tranchées par l'arrêt sur pourvoi, une méconnaissance de cette obligation pouvant logiquement être sanctionnée dans le cadre d'un nouveau renvoi.

Le règlement de procédure de la Cour y ajoute l'hypothèse où les questions de droit soulevées devant la Cour seraient identiques à celles dont elle a déjà eu à connaître et où le pourvoi serait manifestement fondé : la Cour, une fois les parties entendues, pourra le déclarer par voie d'ordonnance[642].

568. Statistiques en matière de pourvoi. En pratique, il apparaît une véritable « réticence » de la Cour à accueillir les pourvois contre les arrêts rendus par le Tribunal, attitude qui est notoire.

Ainsi, chaque année, seuls 20 à 30 % des verdicts rendus par le Tribunal et potentiellement attaquables font objet d'un pourvoi. Plus précisément en 2021, 183 pourvois ont été réglés par la Cour, représentant environ 20 % de l'ensemble des affaires clôturées cette même année, dont une faible proportion – avoisinant les 15 % – aboutira à l'annulation, partielle ou totale, de la décision du Tribunal[643].

Le règlement n° 2019/629 du 17 avril 2019 – déjà cité à propos du contentieux des sanctions financières suite à un manquement non exécuté – institue un mécanisme d'« examen préalable » des pourvois devant la Cour, applicable depuis le 1er mai 2019. Il concerne spécialement les décisions qui ont fait l'objet d'un double examen, d'abord par une chambre des recours indépendante (un organe ou un organisme de l'Union comme l'Office de l'Union européenne pour la propriété intellectuelle, l'Office communautaire des variétés végétales, l'Agence européenne des produits chimiques ou encore l'Agence européenne de la sécurité aérienne) puis par le Tribunal ; depuis 2019 donc, la Cour n'admet le pourvoi, en tout ou partie, que lorsqu'il soulève une question importante pour l'unité, la cohérence ou le développement du droit de l'Union.

En substance, ce dispositif est largement inspiré du mécanisme de réexamen en contentieux de la fonction publique qui s'est tari du fait de la disparition du Tribunal de la fonction publique le 1er septembre 2016 ;

---

642. Art. 181 et 182 du règlement de procédure de la Cour.
643. Voy. *Rapp. Cour de justice. Panorama de l'année 2021*, Luxembourg, OPOCE, 2022, p. 73.

il demeure pourtant en tant que tel dans le TFUE, de sorte qu'il pourrait jouer à l'avenir dans une autre matière si un nouveau tribunal spécialisé y était créé...

B. Le réexamen

569. Voie exceptionnelle sur le plan juridique. Voie de droit exceptionnelle, le réexamen était enfermé dans des délais brefs et obéissait à des règles complexes ; il est prévu à l'article 256, § 2, alinéa 2, TFUE avec pour objectif de prévenir le risque d'atteinte à l'unité ou à la cohérence du droit de l'Union[644].

La procédure de réexamen était initiée par le premier avocat général de la Cour ; c'était à lui d'estimer qu'il existait un risque sérieux d'atteinte à l'unité ou à la cohérence du droit de l'Union et dans ce cas de proposer à la Cour, dans un délai d'un mois à compter du prononcé de la décision du Tribunal, de la réexaminer. Dans la mesure où ce réexamen n'était pas ouvert aux parties au principal, il n'est pas exagéré de considérer qu'il constituait moins une voie de droit qu'une procédure de contrôle interne à la juridiction, mise en œuvre sur autosaisine de celle-ci[645].

Il incombait ensuite à la Cour de décider, dans un délai d'un mois à compter de la proposition qui lui avait été faite par le premier avocat général, s'il y avait lieu de réexaminer ou non la décision. Une « chambre de réexamen » a été mise en place par le règlement de procédure de la Cour issu de la modification de 2012 pour connaître spécifiquement de ces dossiers ; elle était composée de cinq juges nommés pour un an, parmi lesquels le président de la Cour, sur proposition de cette chambre, désignait au cas par cas le juge rapporteur. C'est cette chambre qui statuait à la fois sur le point de savoir si le réexamen s'imposait et sur le fond dès lors que ce réexamen avait été décidé (à moins qu'elle n'ait décidé de renvoyer l'affaire à une formation de jugement plus importante) ; il en résultait logiquement plus de cohérence qu'antérieurement.

Le réexamen était similaire à la procédure d'urgence prévue en matière de renvois préjudiciels. Les parties à l'instance devant le Tribunal ainsi que les États membres et la Commission – voire, dans certaines conditions, le Conseil, le Parlement européen ou la Banque centrale européenne – avaient le droit de déposer devant la Cour des mémoires ou des observations écrites sur les questions faisant l'objet du réexamen ; la procédure orale pouvait être ouverte.

---

644. Voy. I. Pingel, « La procédure de réexamen en droit de l'Union européenne », *RDUE*, n° 551, 2011, pp. 52-56 et C. Naôme, « Procédure "RX" : le réexamen par la Cour de justice d'affaires ayant fait l'objet d'un pourvoi devant le Tribunal », *JDE*, n° 168, 2010, pp. 104 et s.
645. Voy. J. Lotarski, *Droit du contentieux de l'Union européenne, op. cit.*, p. 44.

En cas d'atteinte à l'unité ou à la cohérence du droit de l'Union, la Cour renvoyait l'affaire devant le Tribunal qui était logiquement lié par les points de droit tranchés par celle-ci[646]. Elle pouvait également indiquer les effets de la décision du Tribunal qui devaient être considérés comme définitifs à l'égard des parties ; toutefois, si la solution du litige découlait des constatations de fait sur lesquelles était fondée la décision du Tribunal, la Cour statuait définitivement.

La doctrine avait cependant pu regretter la transparence insuffisante de la procédure marquée par l'absence de caractère public de la proposition du premier avocat général et de motivation de la décision de rejeter la demande de réexamen par la Cour...

570. Voie exceptionnelle sur le plan pratique. Une petite dizaine d'affaires ont fait l'objet d'une demande de réexamen transmise par le premier avocat général, dont la plupart ont été rejetées par la Cour. La première demande accueillie a donné lieu à un arrêt dans lequel la Cour a constaté que le Tribunal avait porté atteinte à l'unité et à la cohérence du droit de l'Union en interprétant la notion de « litige en état d'être jugé » dans un contentieux portant sur la décision de non-renouvellement du contrat d'un agent temporaire de l'Agence européenne des médicaments[647]. La deuxième affaire opposait la BEI à une trentaine de ses agents à propos de la décision de l'institution européenne d'augmenter leurs cotisations au régime des pensions : la Cour s'est plus spécialement intéressée en l'espèce à la notion de « délai raisonnable »[648]. La troisième affaire a conduit la Cour à réexaminer la position du Tribunal sur le droit au report des congés annuels non pris par un fonctionnaire en raison d'un congé de maladie[649].

La quatrième affaire ayant été réexaminée par la Cour portait sur le traitement, par le TFPUE puis le Tribunal de l'Union, d'un recours en responsabilité non contractuelle contre l'Union formé par le père d'un fonctionnaire de la Commission assassiné, ainsi que son épouse, alors qu'il était en poste à Rabat (Maroc) en 2006[650].

---

646. Voy. Trib., 9 juillet 2013, *Arango Jaramillo c/ BEI*, aff. T-234/11 P-RENV-RX, np : comm. A. Rigaux, *Europe*, n° 393, 2013.

647. Cour, 17 décembre 2009, *M. c/ EMEA*, aff. C-197/09 RX-II, *Rec.*, p. I-12033 : comm. A. Rigaux, *Europe*, n° 63, 2010.

648. Cour, 28 février 2013, *Arango Jaramillo c/ BEI*, aff. C-334/12 RX-II : comm. A. Rigaux, *Europe*, n° 163, 2013 ; Trib., 13 décembre 2017, RENV, *Arango Jamarillo et autres c/ BEI*, aff. T-482/16 : comm. A. Rigaux, *Europe*, n° 55, 2018.

649. Cour, 19 septembre 2013, *Commission c/ G. Strack*, aff. C-579/12, RX-II, np : comm. A. Rigaux, *Europe*, n° 448, 2013.

650. Cour, 10 septembre 2015, *Missir Mamachi di Lusignano c/ Commission*, aff. C-417/14 RX-II, np : comm A. Rigaux, *Europe*, n° 418, novembre 2015. L'épilogue contentieux de cette dramatique affaire a été apporté par la Cour, saisie d'un pourvoi intenté par la Commission contre le dernier arrêt du Tribunal : Cour, 5 mai 2022, *Commission c/ Missir Mamachi di Lusignano*, aff. C-54/20 P : comm. A. Rigaux, *Europe*, n° 230, 2022.

Depuis lors, quatre autres affaires ont – à notre connaissance – fait l'objet d'une demande de réexamen, toutes écartées, la dernière en mars 2018 seulement, le temps judiciaire faisant son œuvre malgré la disparition du TFPUE dix-neuf mois auparavant...

L'architecture juridictionnelle de l'Union ainsi présentée, intéressons-nous à la procédure contentieuse applicable devant le juge européen.

571 à 574. *Réservés.*

Chapitre II

La procédure devant les juridictions de l'Union

575. Sources de la procédure applicable devant les juridictions de l'Union. Selon une formule fameuse, « la procédure n'est rien d'autre que le droit en action » : quelles sont dès lors ses sources ?

S'agissant des sources de la procédure applicable devant les juridictions de l'Union, elles sont textuelles mais également jurisprudentielles.

Il y a d'abord le Statut de la Cour, dans sa version « 2022 », c'est-à-dire intégrant les réformes de 2015 (doublement du nombre de juges au Tribunal entre 2016 et 2019), de 2016 (transfert des compétences du Tribunal de la fonction publique au Tribunal de l'Union du fait de la disparition du premier) et enfin de 2019 (prévoyant d'une part la compétence de la Cour pour le contentieux portant sur les sanctions financières applicables aux États et d'autre part l'admission préalable des pourvois pour les affaires ayant déjà fait l'objet d'un double examen) ; il y a ensuite un règlement de procédure par juridiction : celui de la Cour a été modifié dernièrement en décembre 2019, celui du Tribunal, qui date de mai 1991, a été modifié pas loin d'une vingtaine de fois (!), et enfin celui du Tribunal de la fonction publique de juillet 2007 avait été modifié à plusieurs reprises, pour la dernière fois en octobre 2014. Ces règlements de procédure sont établis par chaque juridiction puis soumis, pour les Tribunaux, à l'accord de la Cour et, dans tous les cas, à l'approbation du Conseil de l'Union statuant à la majorité qualifiée.

Mais le juge européen ne se contente pas de ces règles textuelles ; le cas échéant, il les complète ou les renforce en faisant référence à des principes généraux qu'il a lui-même consacrés, par exemple le droit à une protection juridictionnelle complète et effective, le droit à un procès équitable, les droits de la défense, etc. Ces principes figurent, dans les droits nationaux, dans les traités européens, dans la Charte des droits fondamentaux de l'Union européenne ayant rang de droit primaire[651], et enfin dans la Convention européenne de sauvegarde des droits de l'homme et des libertés fondamentales (CEDH).

S'agissant de ce dernier texte, il convient de rappeler qu'il y a été fait expressément référence par la Cour pour la première fois dans son arrêt *Rutili*[652] ; par la suite, la Cour a consacré toute une série de droits fondamentaux devenus aujourd'hui des principes généraux du droit de l'Union. À cet égard, le Traité sur l'Union européenne (TUE) comporte deux dispositions majeures, l'article 2 sur les valeurs de l'Union[653] et l'article 6, § 3, sur l'origine et la place des droits fondamentaux en droit de l'Union[654].

---

651. Voy. art. 6, § 1er, TUE.
652. CJCE, 28 octobre 1975, *Rutili*, aff. 36/75, *Rec.*, p. 1219.
653. « L'Union est fondée sur les valeurs de respect de la dignité humaine, de liberté, de démocratie, d'égalité, de l'État de droit, ainsi que de respect des droits de l'homme, y compris des droits des personnes appartenant à des minorités. Ces valeurs sont communes aux États membres dans une société caractérisée par le pluralisme, la non-discrimination, la tolérance, la justice, la solidarité et l'égalité entre les femmes et les hommes ».
654. « Les droits fondamentaux, tels qu'ils sont garantis par la Convention européenne de sauvegarde des droits de l'homme et des libertés fondamentales et tels qu'ils résultent des traditions constitutionnelles communes aux États membres, font partie du droit de l'Union en tant que principes généraux ».

Par ailleurs, le report (définitif ?) de l'adhésion de l'Union à la Convention européenne des droits de l'homme (CEDH) suite à l'avis n° 2/13 « particulièrement négatif »[655] de la Cour de justice pérennise les débats autour des modalités d'articulation des deux systèmes de protection des droits fondamentaux à l'échelle européenne[656]...

576. Caractéristiques générales de la procédure applicable devant les juridictions de l'Union. Au-delà des mécanismes particuliers et des règles spécifiques à tel ou tel recours, quelles sont les caractéristiques générales de la procédure contentieuse de l'Union ?

La procédure contentieuse est d'abord *contradictoire*, puisque les documents produits par une partie sont mis à la disposition de toutes les autres et qu'une phase orale permet également l'échange d'arguments.

Elle est ensuite *publique* lors de l'audience, à moins que le huis clos ne soit prononcé.

Elle est également *gratuite*, sachant que la partie succombante doit généralement supporter les frais de la partie gagnante ainsi que les frais d'expertise ou de témoignage.

Elle est *inquisitoire*, le juge pouvant ordonner des mesures d'instruction sous forme de renseignements, de témoignage, d'expertise, voire même – plus rarement – de déplacement sur place.

Enfin, cette procédure est *multilingue* : certains documents (les conclusions de l'avocat général, la question préjudicielle posée et l'arrêt ou l'ordonnance) doivent être traduits dans les 24 langues officielles de l'Union et la langue de procédure est en principe celle du requérant. On prétend que les traductions requièrent environ un tiers de la durée totale de la procédure.

Au-delà des caractéristiques de la procédure qui viennent d'être rappelées, indiquons que, comme en 2020, l'activité judiciaire de la Cour de justice de l'Union européenne a subi en 2021 les effets de la crise sanitaire ; le recours à la vidéoconférence avec interprétation simultanée a cependant permis aux représentants des parties de plaider à distance, et aux juridictions européennes de maintenir un niveau élevé d'efficacité puisque le nombre d'affaires introduites mais aussi clôturées est resté stable ou a connu une très légère hausse[657].

Abordons de manière chronologique la procédure devant les juridictions de l'Union avec l'introduction de l'instance (section 1), son déroulement (section 2) et sa clôture (section 3) ; les mécanismes procéduraux particuliers permettront de conclure ces développements (section 4)[658].

---

655. Formule empruntée à D. Simon, *Europe*, étude n° 2, 2015, pp. 4-9.

656. Voy. A. Potteau, « Quelle adhésion de l'Union européenne à la CEDH pour quel niveau de protection des droits et de l'autonomie de l'ordre juridique de l'Union ? », *RGDIP*, 2011, pp. 77 et s. Et plus largement D. Dero-Bugny, *Les rapports entre la Cour de justice de l'Union européenne et la Cour européenne des droits de l'homme*, Bruylant, Bruxelles, 2015.

657. *Rapp. Cour de justice*, préc., p. 28.

658. Voy. J. Rideau, « Cour de justice. Procédure générale », *JCl Europe*, fasc. 270, 2014.

L'INTRODUCTION DE L'INSTANCE

577. Conditions de l'introduction de l'instance. Deux conditions s'imposent lors de l'introduction de l'instance : la présentation d'une requête émanant d'une partie d'abord (§ 1), et la représentation de cette dernière ensuite (§ 2).

§ 1. La présentation de la requête

578. Exigences applicables à la requête. La procédure devant le juge de l'Union commence par une requête déposée ou envoyée au greffe de la juridiction, lequel, après l'avoir enregistrée, la transmettra au défendeur. Au fil du temps, les juridictions ont mis au point des instructions pratiques à la disposition des parties, dorénavant disponibles sur le site Internet de chacune des juridictions.

La présentation de la requête répond naturellement à des exigences de forme (A), de fond (B) et, enfin, de délai (C).

A.   Les exigences de forme

579. Multiplicité des exigences formelles. La partie qui désire saisir l'une des juridictions de l'Union doit respecter un minimum de formalisme.

La requête doit tout d'abord avoir un caractère écrit et peut être transmise, comme tout autre acte de procédure, par télécopieur ou en pièce jointe d'un courrier électronique. Elle est soumise à un régime linguistique et la langue retenue est celle du requérant, sauf si le défendeur est un État membre ou un ressortissant d'un État membre : dans ces hypothèses, la langue de la procédure sera alors celle de cet État.

L'emploi d'une autre langue peut toutefois être autorisé soit à la demande conjointe des parties, soit à la demande de l'une des institutions européennes, l'autre partie et l'avocat général étant entendus. La langue de procédure s'applique aux mémoires, plaidoiries, procès-verbaux et décisions de la juridiction ; en conséquence, toute pièce produite dans une autre langue doit être accompagnée d'une traduction et seul le texte rédigé dans la langue de procédure « fait foi ». Une autre langue peut cependant être utilisée par les membres de la juridiction dans leurs échanges mutuels, de même pour les éventuels témoins ou experts.

En cas de pourvoi comme de réexamen, la langue de procédure est celle de la décision de la juridiction qui s'est prononcée antérieurement ; pour les questions préjudicielles, la langue de procédure est normalement celle de la juridiction de renvoi[659].

La requête doit être datée et signée (il s'agit d'une formalité substantielle, un cachet ou une signature par machine n'étant pas accepté), avec la fourniture de cinq copies pour la juridiction et d'autant de copies que de parties en cause, toutes certifiées conformes.

Enfin, il était exigé du requérant – jusqu'en 2012 – une domiciliation à Luxembourg, c'est-à-dire la désignation d'une personne habilitée à recevoir signification des actes de procédure. Toute personne pouvait être désignée, un avocat, un huissier, une société, et même un particulier ; pour les États, il s'agissait de leur ambassade ; quant aux institutions et organes de l'Union, ils utilisaient la domiciliation de l'un de leurs agents en poste à Luxembourg. Désormais, cette élection de domicile ne doit plus nécessairement être faite à Luxembourg.

B.   Les exigences de fond

580. Liste des exigences de fond. La requête « formant le titre de compétence de la juridiction à statuer sur le litige », il est essentiel d'en fixer précisément le contenu ; elle doit comporter :

– l'identification des parties, qu'il s'agisse du ou des requérants et du ou des défendeurs ;

– l'objet du litige, c'est-à-dire l'individualisation des actes et des faits qui sont à son origine (« la chose demandée » selon l'expression du Code civil français) ;

– l'exposé sommaire des moyens invoqués, sous la forme de griefs ou d'arguments de fait et de droit suffisamment précis – des développements généraux ou abstraits ne seront pas admis – afin que la partie défenderesse puisse organiser sa défense et que la juridiction saisie puisse remplir son office ;

– les conclusions, qui correspondent à ce que le requérant demande au juge, doivent être formulées « d'une manière non équivoque », sinon la Cour risquerait de statuer soit *ultra petita* (c'est-à-dire en allant au-delà de la demande des parties), soit à l'inverse d'oublier de statuer sur un chef des conclusions (*infra petita*) ;

– éventuellement, les offres de preuve, même si jusqu'à présent la Cour n'a jamais déclaré irrecevable une requête sur ce fondement.

---

659. Toutefois, l'article 37, § 3, du Règlement de procédure de la Cour permet à la partie principale de demander que soit utilisée devant la Cour une autre langue que celle employée devant la juridiction de renvoi.

C. Les exigences de délai

581. Précisions quant aux délais. Les délais – qui répondent à un enjeu de sécurité juridique d'une part et de célérité de la procédure d'autre part – sont d'une durée variable selon les recours (en particulier pour le recours en annulation) mais ils obéissent à certaines règles communes. Plus précisément, ils commencent à courir :

– pour les actes dont l'entrée en vigueur se fait par notification, le lendemain de la réception de celle-ci ;

– pour les actes dont l'entrée en vigueur se fait par publication, le quatorzième jour suivant leur parution au *Journal officiel de l'Union européenne* ;

– à défaut de notification ou de publication, à partir du moment où la personne concernée a une connaissance exacte de la teneur de l'acte ;

– enfin en l'absence d'acte, le lendemain de l'événement qui est le fait générateur de la requête.

Les délais fixés par les traités sont augmentés d'un délai de distance forfaitaire de 10 jours pour tenir compte de l'acheminement entre la date du dépôt à la poste et la date du dépôt de la requête au greffe. Malgré l'essor du courrier électronique ces dernières années, ce délai complémentaire a été maintenu.

Les délais ne peuvent être suspendus que pour raison de force majeure – c'est-à-dire des difficultés anormales, indépendantes de la volonté de la personne et inévitables même si toute la diligence requise a été mise en œuvre – ou cas fortuit, par exemple des renseignements erronés donnés par le greffe ou le constat d'un délai anormal entre l'arrivée à Luxembourg de la requête et la réception par la Cour. La Cour de justice a ainsi affirmé que « les notions de force majeure et de cas fortuit comportent un élément objectif, relatif aux circonstances anormales et étrangères à l'opérateur, et un élément subjectif, tenant à l'obligation, pour l'intéressé, de se prémunir contre les conséquences de l'événement anormal en prenant des mesures appropriées. [...] En particulier, l'opérateur doit surveiller soigneusement le déroulement de la procédure entamée et, notamment, faire preuve de diligence afin de respecter les délais prévus »[660].

A ainsi été retenu comme un – rare – cas de force majeure la garde du colis contenant la requête par les services postaux luxembourgeois pendant une période de 42 jours alors que le requérant a fait manifestement preuve de diligence, en envoyant l'original de la requête bien avant l'expiration du délai, et en prenant la peine de faire proroger ce délai par l'envoi d'une copie de la requête *via* un télécopieur[661].

---

660. CJCE, 15 décembre 1994, *Bayer c/ Commission*, aff. C-195/91 P, *Rec.*, p. I-5619, pt 32.
661. TPICE, 28 janvier 2009, *Centro Studi Manieri c/ Conseil*, aff. T-125/06, *Rec.*, p. II-69, pt 29.

La jurisprudence y a ajouté « l'erreur excusable » correspondant à une situation également exceptionnelle dans laquelle l'institution défenderesse a adopté un comportement de nature à provoquer une confusion dans l'esprit du justiciable de bonne foi et normalement diligent[662].

Enfin, les délais étant d'ordre public, ils ne peuvent être prorogés par la juridiction ou faire l'objet d'une régularisation.

§ 2. La représentation des parties

582. Modalités de la représentation. La représentation des parties est obligatoire devant toute juridiction européenne, cela afin d'éviter les requêtes mal présentées ou incomplètes ; sa forme varie cependant selon le requérant.

S'agissant des États et des institutions de l'Union, elle le sera par un agent nommé pour chaque affaire, assisté éventuellement d'un avocat ou d'un conseil.

S'agissant des particuliers, elle est assurée par un avocat inscrit à un barreau de l'un des États membres de l'Espace économique européen (constitué par l'Union européenne et trois pays de l'AELE : l'Islande, le Lichtenstein et la Norvège) ou une personne jouissant dans son État du droit de plaider, notamment – comme en France – un professeur de droit. Pour autant, aucune mention n'est faite dans le Statut de la Cour quant au degré d'indépendance entre l'avocat et la partie qu'il représente : la Cour s'y est récemment intéressée[663].

Cette obligation de représentation est absolue : même si le requérant est lui-même un avocat habilité à plaider devant une juridiction nationale, il devra être représenté par un confrère. Seuls les représentants ont le droit de signer la requête et les actes de procédure.

583. Aide juridictionnelle. Cette représentation obligatoire a naturellement un coût ; dès lors qu'une partie ne pourrait pas faire face en tout ou partie aux frais de l'instance, elle pourra demander à bénéficier de l'assistance judiciaire gratuite désormais qualifiée « d'aide juridictionnelle » telle que garantie par l'article 47 de la Charte des droits fondamentaux de l'Union européenne. Des formulaires de demande d'aide juridictionnelle sont ainsi disponibles sur le site Internet de la Cour (e-Curia). La chambre saisie, ou le président si l'affaire n'est pas encore attribuée, statue par ordonnance sur cette demande, laquelle n'est pas susceptible de recours. Si elle accueille la demande, les frais seront avancés sur le budget de la juridiction, sachant

---

662. Voy. l'aff. *Bayer c/ Commission*, préc.
663. Cour, 24 mars 2022, *PJ c/ EUIPO*, aff. C-529/18 P : comm. D. Simon, *Europe*, n° 152, 2022.

qu'il est possible de les récupérer ensuite sur la partie qui a succombé et qui supporte les dépens… ce qui permet aux observateurs avertis d'affirmer que l'assistance n'a jamais été tout à fait gratuite[664] !

SECTION 2

LE DÉROULEMENT DE L'INSTANCE

584. Publication de la requête. Les points essentiels, en particulier l'objet et les conclusions de la requête, sont publiés, dans toutes les langues officielles, au *Journal officiel de l'Union européenne* (série C : « Communications »), dans un délai convenable (environ six semaines après la saisine de la juridiction).

L'instance comporte une phase écrite (§ 1) puis une phase orale (§ 3) ; mais il peut y avoir entre ces deux phases une phase d'instruction (§ 2).

§ 1. La phase écrite

585. Déroulement de la phase écrite. La phase écrite comprend la communication aux parties des requêtes, mémoires, défenses, observations, répliques ainsi que des pièces et documents à l'appui. La requête est signifiée au défendeur qui doit présenter un mémoire en défense dans les deux mois qui suivent. Le président peut prolonger ce délai sur demande motivée du défendeur ; cette prolongation n'est toutefois accordée qu'exceptionnellement s'agissant Tribunal. Ajoutons qu'afin de pallier les effets de la crise sanitaire, il a été décidé en 2021 que les parties disposeraient d'un délai supplémentaire d'un mois pour présenter leurs mémoires ou observations écrites.

À ce stade, même si le « cadre de l'instance » est fixé, certaines évolutions peuvent encore, sous conditions, se produire.

Si une extension ou une transformation de l'objet du litige n'est plus possible, les *moyens* invoqués – qui, en principe, ne peuvent pas être nouveaux – peuvent évoluer : si ces moyens se fondent sur des éléments de droit ou de fait qui se sont révélés durant la procédure ou s'il s'agit de moyens d'ordre public que le juge a l'obligation de relever d'office (c'est le cas du non-respect des délais de recours et, plus généralement, des conditions de recevabilité des recours) ; de même, sont recevables des *arguments* nouveaux, qui consistent en un raisonnement qui vient à l'appui du moyen en démontrant sa pertinence (par exemple une

---

664. En pratique, l'aide juridictionnelle concernerait moins de 1 % des recours directs.

nouvelle méthode de calcul). On s'en doute, la distinction entre moyens et arguments nouveaux est cependant souvent délicate à effectuer en pratique...

De même, mais s'agissant cette fois des conclusions de la demande, de nouvelles conclusions sont irrecevables, mais une modification pourra être admise en raison de faits révélés depuis le dépôt de la requête, à la condition que l'objet de la requête demeure, lui, inchangé.

Après l'échange des mémoires – dont la longueur peut être limitée par le Tribunal –, le juge rapporteur de l'affaire est chargé par le président de la juridiction compétente de présenter son rapport préalable, sauf si la procédure est dispensée d'une audience de plaidoiries. Dans l'hypothèse où celui-ci est établi, il contient un exposé des problèmes juridiques essentiels de l'affaire, des suggestions de questions à poser aux parties ou enfin des demandes de fourniture de preuves. Il peut aussi contenir des propositions sur la nécessité de mesures d'instruction ou d'autres mesures préparatoires ainsi que sur la formation de jugement à laquelle il convient de renvoyer l'affaire (chambre, grande chambre, etc.).

586. Procédure accélérée. Le Règlement de procédure de la Cour prévoit, depuis 2000, une procédure accélérée pour les recours directs et pour les questions préjudicielles ; la même possibilité existe devant le Tribunal depuis 2001. Cette procédure exceptionnelle peut être décidée par le président – à la demande des parties au litige, mais aussi d'office depuis la réforme du Règlement de procédure du Tribunal intervenue en 2015 – lorsque l'urgence particulière de l'affaire exige que la juridiction statue rapidement. En cas de procédure accélérée, la réplique et la duplique ainsi que les mémoires d'intervention pourront être supprimés et l'avocat général (pour la Cour) ne présentera pas de conclusions ; la juridiction statuera dans un délai compris entre deux et huit mois à partir de l'acceptation de la demande.

En pratique, cette procédure n'est cependant que rarement retenue, car les parties ont en principe la possibilité de demander des mesures provisoires en situation d'urgence.

§ 2. L'éventuelle phase d'instruction

587. Diversité des mesures d'instruction. L'instruction n'est pas systématique loin de là ; en pratique, elle n'est même ouverte que dans une minorité de cas sur décision de la juridiction, laquelle peut y procéder elle-même ou la confier à une chambre ou en charger le juge rapporteur. Ces mesures d'instruction sont prises par voie d'ordonnance et peuvent prendre la forme d'une demande de fourniture de renseignements ou de production de documents, de la comparution personnelle des parties, d'une preuve par témoins, d'une expertise, voire même d'une descente sur les lieux[665]. Notons que depuis 2015 il est prévu que le Tribunal puisse demander la production de renseignements ou de pièces utiles à son jugement sans que ceux-ci soient automatiquement signifiés à l'autre partie, cela afin de préserver la confidentialité de certaines informations, par exemple dans le contentieux de la concurrence.

Ces mesures d'instruction peuvent être prises d'office ou à la demande d'une partie, la juridiction appréciant alors s'il convient d'y recourir. Elles se situent normalement avant l'ouverture de la phase orale[666] ; enfin, s'agissant des trois dernières mesures d'instruction prévues (preuve par témoins, expertise et descente sur les lieux), celles-ci ne sont décidées qu'après audition des parties.

588. Différence avec les mesures d'organisation de la procédure. Il est également possible aux juridictions de prendre des « mesures d'organisation de la procédure », lesquelles peuvent se rapprocher des mesures d'instruction précédemment évoquées mais ont seulement vocation à assurer le bon déroulement de la procédure écrite ou orale. Plus précisément, il pourra s'agir de questions posées aux parties, d'une invitation faite aux parties à se prononcer par écrit ou oralement sur certains aspects du litige, de fournir des informations ou des renseignements, etc.

Ces mesures peuvent être particulièrement utiles au Tribunal qui a souvent à connaître d'affaires présentant un cadre factuel et/ou juridique complexe ; la Cour y a plus exceptionnellement recours.

Sur le plan technique, ces mesures d'organisation de la procédure sont formalisées par une simple lettre du greffe – et non par une ordonnance – puisqu'elles ne constituent pas des mesures d'instruction ; la version 2015 du Règlement de procédure du Tribunal prévoit d'ailleurs des clarifications importantes relatives à l'articulation des mesures d'instruction et d'organisation de la procédure, à leur hiérarchisation ainsi qu'au traitement des renseignements et pièces produits dans le cadre des mesures d'instruction.

§ 3. La phase orale

589. Déroulement de la phase orale. Après la clôture de la phase écrite, le président décide l'ouverture de la phase orale qui comprend :

– l'audition des représentants des parties : les plaidoiries ne doivent pas être l'occasion de présenter des moyens nouveaux ou des conclusions nouvelles, avec cependant les mêmes aménagements que ceux mentionnés relativement à la phase écrite. Des questions peuvent être posées par les juges aux représentants des parties afin d'approfondir ou d'éclairer certains points ; mais les juridictions, si elles s'estiment suffisamment

---

665. Voy. J. Lotarski, *Droit du contentieux de l'Union européenne, op. cit.*, p. 56.
666. Voy. cependant, CJCE, 8 juillet 1999, *Hoechst c/ Commission*, aff. C-227/92 P, *Rec.*, p. I-4443, pt 104.

éclairées par les mémoires des parties, peuvent, avec leur accord exprès, statuer sans audience et, même, depuis 2015, sans leur accord s'agissant des pourvois devant le Tribunal ;

– une éventuelle audition des conclusions de l'avocat général, si un avocat général a été désigné dans l'affaire (ce qui ne sera pas le cas si l'affaire ne soulève « aucune nouvelle question de droit »). Pendant longtemps, cette audition s'effectuait en audience publique, quelques semaines après l'audience des plaidoiries ; depuis quelques années maintenant, la présentation des conclusions se fait souvent par écrit.

La juridiction a la possibilité d'ordonner la réouverture de la procédure orale – d'office ou à la demande des parties –, pour élucider certains faits, approfondir le débat ou discuter d'éléments nouveaux. Interviennent alors un rapport d'audience et des conclusions complémentaires, mais les conclusions initiales de l'avocat général ne peuvent à cette occasion être discutées.

Il faut être conscient du fait que la procédure orale ne joue pas, devant les juridictions de l'Union, un rôle aussi important que ce que l'on pourrait croire, essentiellement en raison des difficultés liées aux contraintes linguistiques malgré l'interprétation simultanée.

Après la clôture de la phase orale prononcée par le président, le juge rapporteur prépare un projet de jugement qui sera discuté par les juges de la formation en charge de l'affaire.

SECTION 3

LA CLÔTURE DE L'INSTANCE

590. Modalités de clôture de l'instance. En principe, toute instance appelle le prononcé d'un jugement, acte par lequel le juge « dit le droit » (§ 2) ; cependant, dans diverses hypothèses la conclusion de l'instance peut intervenir en l'absence de jugement (§ 1).

§ 1. La clôture de l'instance en l'absence de jugement

591. Hypothèses de clôture de l'instance sans jugement. Dans plusieurs situations, l'instance peut être clôturée prématurément, sans même le prononcé d'un jugement.

D'abord, l'instance peut se clore de manière rapide, avant même la signification de la requête au défendeur, si, par voie d'ordonnance, la juridiction s'estime manifestement incompétente pour connaître de la requête ou estime que celle-ci est clairement irrecevable.

Ensuite, l'instance peut se clôturer précocement dans l'hypothèse d'un désistement : l'affaire sera alors radiée du rôle de la juridiction. Plus précisément, deux types de désistement peuvent se présenter à tout stade de la procédure.

Il existe en premier lieu le désistement à la suite d'un accord amiable entre les parties, lequel n'est toutefois pas possible dans le cadre du contentieux objectif (recours en annulation ou en carence) dans la mesure où l'on n'a pas besoin de l'acquiescement du défendeur. Rappelons ici qu'en matière de fonction publique, la place du règlement amiable est tout à fait importante : à tout moment de la procédure, le TFPUE pouvait en effet proposer aux parties une solution mutuellement acceptable, dont les termes étaient constatés dans un procès-verbal signé par le président ou le juge rapporteur et dans l'ordonnance de radiation de l'affaire[667]. Cette possibilité a été reprise devant le Tribunal de l'Union, depuis la disparition du TFPUE.

Il existe en second lieu le désistement unilatéral qui impose au requérant de signifier à la juridiction, par écrit ou à l'audience, qu'il entend renoncer à l'instance.

Enfin, la juridiction saisie peut à tout moment, d'office, examiner les fins de non-recevoir d'ordre public ou constater, les parties entendues, que le recours est devenu sans objet et qu'il n'y a plus lieu de statuer, par exemple à la suite du retrait d'une décision attaquée ou d'une cessation de carence : le non-lieu sera alors prononcé par voie d'ordonnance, sans qu'une audience n'ait été organisée.

Cela étant, la conclusion « normale » de l'instance consiste en un arrêt mettant fin au litige entre les parties.

§ 2. La clôture de l'instance par le prononcé d'un arrêt

592. Mentions et structure de l'arrêt. Le dispositif de l'arrêt est lu en séance publique et le texte de l'arrêt remis aux parties. L'arrêt comporte toute une série de mentions obligatoires : le nom de la juridiction, la date du prononcé, les noms des juges, du greffier, éventuellement de l'avocat général, des parties, l'exposé des faits, du cadre juridique et des moyens des parties, puis la motivation, et enfin le dispositif comportant le cas échéant l'attribution de la charge des dépens. La minute de l'arrêt est scellée et déposée au greffe de la juridiction.

Les arrêts sont traditionnellement structurés en trois parties : la première reprend les faits, les aspects procéduraux de l'affaire ainsi que les arguments des parties ; la deuxième est constituée de l'argumentation – souvent

---

667. Voy. *supra*, chapitre précédent.

longue – de la juridiction qui se prononce ; la troisième et dernière partie correspond au dispositif de l'arrêt, c'est-à-dire la décision au sens strict. Les arrêts sur renvoi préjudiciel se présentent un peu différemment avec le rappel du cadre juridique (européen et national) d'abord, la question posée par la juridiction de renvoi et l'argumentation de la Cour ensuite, et le dispositif enfin[668].

593. Publication de l'arrêt. Le dispositif de la décision est publié au *Journal officiel de l'Union européenne* ; le texte intégral et les éventuelles conclusions de l'avocat général sont publiés au *Recueil de la jurisprudence de la Cour de justice* mais cela n'est plus la règle depuis quelques années.

Pendant longtemps, toutes les décisions des juridictions européennes étaient publiées dans toutes les langues officielles de l'Union ; dans la mesure où cette publication intégrale était devenue impraticable à partir du début des années 2000, il a été décidé en 2004 de s'en tenir aux solutions suivantes.

En principe, pour ce qui est des recours directs et des pourvois, la Cour ne publie plus au *Recueil* les arrêts émanant d'une chambre à trois juges, d'une chambre à cinq juges dans une affaire jugée sans conclusions de l'avocat général, ainsi que les ordonnances ; la formation de jugement peut toutefois décider de publier intégralement ou partiellement ses décisions. En revanche, la Cour continue de publier tous les arrêts préjudiciels, étant donné leur importance pour l'interprétation et l'application uniforme du droit de l'Union dans les États membres.

Concernant le Tribunal sont publiés les arrêts de la grande chambre et les arrêts des chambres à cinq juges, alors que la publication des arrêts des chambres à trois juges sera décidée au cas par cas. Les arrêts du Tribunal statuant en formation à juge unique, de même que les ordonnances à caractère juridictionnel ne sont pas, normalement, publiés au *Recueil*.

À l'époque de l'existence du Tribunal de la fonction publique, la publication de ses décisions était arrêtée au cas par cas.

En toute hypothèse, le texte de toutes les décisions (arrêts, avis et ordonnances) des juridictions de l'Union est disponible en version électronique sur le site Internet de la Cour le jour même de leur prononcé ainsi que dans la base de données EUR-Lex, dans la langue de procédure et, le cas échéant, dans la langue du délibéré (en principe, le français) ; quant aux décisions publiées au *Recueil*, elles sont disponibles dans toutes les langues officielles de l'Union.

594. Autorité de l'arrêt. Tout arrêt d'une juridiction de l'Union possède force exécutoire à partir du jour de son prononcé ; en application de l'article 280 TFUE, il est revêtu de l'autorité de chose jugée tant pour ses motifs que pour son dispositif[669].

---

668. Voy. L. Coutron, « Style des arrêts de la Cour de justice et normativité de la jurisprudence communautaire », *RTDE*, 2009/4, pp. 643 et s.
669. Voy. O. Dubos, « Les arrêts des juridictions européennes : quelles forces ? », in *Mélanges J. Molinier*, Paris, LGDJ, 2012, pp. 175-190.

Cela étant, et dans la mesure où l'Union européenne ne dispose pas en tant que telle de de l'*imperium*, l'éventuelle exécution forcée de l'arrêt relèvera de la compétence des juridictions nationales, selon les règles de leur procédure civile, comme s'il s'agissait d'un jugement national[670]. En revanche, la suspension de la force obligatoire de l'arrêt relève de la seule Cour.

SECTION 4

LES MÉCANISMES PROCÉDURAUX PARTICULIERS

595. Pluralité de mécanismes procéduraux particuliers. Ces mécanismes procéduraux particuliers sont régis par des dispositions spécifiques figurant dans les différents règlements de procédure ; ils sont relatifs aux sursis et aux autres mesures provisoires par voie de référé (§ 1), à l'intervention (§ 2) et aux voies de rétractation (§ 3).

§ 1. Le référé

596. Précisions du TFUE. Alors que l'article 279 TFUE dispose d'une manière générale que « dans les affaires dont elle est saisie, la Cour de justice de l'Union européenne peut prescrire les mesures provisoires nécessaires », l'article 278 TFUE précise que, même si les recours formés devant la Cour de justice de l'Union européenne n'ont pas d'effet suspensif, le juge peut – si les circonstances l'exigent – ordonner le sursis à exécution de l'acte attaqué[671].

Ces possibilités offertes à chacune des juridictions de l'Union permettent à leur président de se prononcer, suivant une procédure sommaire et d'urgence, sur une affaire afin d'éviter une détérioration de la situation qui priverait la future décision au fond de l'essentiel de son efficacité. Cette procédure, accessoire à un recours principal, est largement connue dans les droits nationaux et vise, quel que soit l'échelon, à éviter une lacune dans la protection juridictionnelle des requérants.

597. Conditions de procédure du référé. Les conditions procédurales applicables au référé sont spécifiques.

En premier lieu, une demande de sursis à l'exécution d'un acte européen n'est recevable que si le requérant a attaqué cet acte devant la juridiction concernée ; pour les autres mesures provisoires (comme la

---

670. Art. 299, al. 4, TFUE.
671. F. Picod, « Référé devant la Cour et le Tribunal », *JCl Europe*, fasc. 390, 2020.

demande de versement d'une provision ou la désignation d'un expert par exemple), celles-ci ne seront recevables que si elles émanent d'une partie à une affaire dont la Cour ou le Tribunal sont saisis et se réfèrent à l'affaire en question. Les demandes devront donc être formulées en même temps que le recours au fond ou postérieurement.

En deuxième lieu, la demande de mesure provisoire doit spécifier l'objet du litige, les circonstances établissant l'urgence et les moyens de droit ou de fait justifiant l'octroi de cette mesure provisoire, sans se contenter par exemple de reprendre simplement la requête au principal. Cette demande est alors signifiée à l'autre partie, laquelle peut présenter ses observations.

En troisième lieu, le président de la juridiction saisie statuera lui-même sur la demande – le cas échéant avant que la partie adverse n'ait présenté ses observations – ou pourra décider de la transmettre à sa juridiction ; dans l'hypothèse où il serait empêché, il sera remplacé par son vice-président.

En quatrième et dernier lieu, le président entendra – s'il l'estime utile – les parties lors d'une audience orale de référé et prendra sa décision par voie d'ordonnance motivée, laquelle ne sera pas susceptible de recours que s'il s'agit d'une ordonnance émanant du Tribunal.

L'ordonnance n'a qu'un caractère provisoire et elle ne préjuge en rien la décision de la juridiction statuant sur le recours principal.

Après avoir examiné ces conditions procédurales, intéressons-nous aux conditions de fond du référé.

598. Conditions de fond du référé. La demande de mesures provisoires n'aura de chances d'être accueillie que si trois conditions sont cumulativement remplies : l'urgence, le *fumus boni juris*, et la balance des intérêts, cette dernière condition résultant de la jurisprudence de la Cour et non des textes. L'absence d'une seule de ces conditions suffira à justifier le refus du juge de l'Union, étant précisé que celui-ci s'estime libre de les examiner dans l'ordre qui lui convient.

599. Première condition : l'urgence. Les différents règlements de procédure précisent que les demandes de mesures provisoires doivent spécifier « les circonstances établissant l'urgence ». L'urgence concerne pour l'essentiel le dommage qui pourrait résulter de l'absence de mesures provisoires : concrètement, il faut que celui-ci apparaisse sérieux et grave, voire irréparable. L'approche du juge européen est restrictive en la matière : ainsi, de jurisprudence constante, un préjudice purement pécuniaire ne saurait normalement constituer un dommage grave et irréparable dans la mesure où il pourra faire l'objet d'une compensation ultérieure. De même, il y a quelques années, la Cour a pu rejeter un pourvoi contre une ordonnance du président du Tribunal qui, « après avoir considéré que les préjudices évoqués par la requérante et susceptibles d'établir le caractère urgent de sa demande en référé étaient de nature financière, a relevé que le sursis à exécution demandé ne se justifierait que s'il apparaissait qu'en l'absence d'une telle mesure, la requérante se trouverait dans une situation susceptible de mettre en péril son existence même ou de modifier irrémédiablement ses parts de marché »[672].

Par ailleurs, le juge n'exige pas que le dommage se produise forcément de manière absolue ; il suffira qu'il présente un degré de probabilité suffisant, mais le requérant est naturellement tenu de prouver les faits qui sont censés fonder la perspective de ce dommage « sérieux » et « irréparable »[673].

600. Deuxième condition : le *fumus boni juris*. Le *fumus boni juris* est examiné de manière plus libérale par le juge de l'Union ; il signifie que les moyens de droit ou de fait justifiant à première vue l'octroi de la mesure provisoire doivent apparaître sérieux. En d'autres termes, la demande de mesure provisoire ne sera accueillie que si la demande au principal a des chances raisonnables d'aboutir ; le juge ne doit cependant pas aller trop loin au risque de préjuger du fond, ce qui n'est pas la vocation du référé. Cette exigence du *fumus boni juris* a récemment été rappelée par la vice-présidente de la Cour dans l'affaire ultra-médiatisée des indépendantistes catalans déclarés inéligibles au Parlement européen par la justice espagnole[674].

601. Troisième condition : la balance des intérêts. La jurisprudence a dégagé une troisième et dernière condition, dont l'examen tend à devenir décisif ces dernières années : il s'agit de la balance des intérêts en présence.

Plus précisément, le juge considère qu'il convient de mettre en balance les intérêts du demandeur avec les intérêts du défendeur et éventuellement les intérêts de tiers (dont l'Union, qui peut occuper l'une ou l'autre position si elle n'est pas demanderesse) afin d'éviter que ceux-ci ne subissent à leur tour, du fait de la mesure provisoire, un préjudice grave et irréparable.

Quelques exemples de cette dernière condition peuvent être trouvés dans la jurisprudence, notamment dans une affaire originale où deux candidats italiens prétendaient occuper légitimement le même siège de membre du Parlement européen[675].

602. Statistiques concernant le référé, par juridiction. Chaque année, le Tribunal en examine une quarantaine et en accueille moins de 10 % alors que la Cour n'en connaît que de manière exceptionnelle (20 sur les cinq dernières années).

---

672. Cour, ord., 28 janvier 2008, *Sumitomo c/ Commission*, aff. C-236/07 P R, *Rec.*, p. I-9.
673. Trib., ord., 28 septembre 2007, *France c/ Commission*, aff. T-257/07 R, *Rec.*, p. II-4153, pt 59.
674. Cour, ord., 8 octobre 2020, *Junqueras i Vies c/ Parlement*, aff. C-201/20 P(R) : comm. D. Simon, *Europe*, n° 378, 2020.
675. Trib., ord., 15 novembre 2007, *Donnici c/ Parlement*, aff. T-215/07 R, *Rec.*, p. II-4673.

§ 2. L'intervention

603. Définition de l'intervention. Cette procédure particulière permet l'introduction d'un tiers dans un procès en cours, celui-ci devenant dès lors partie au litige[676]. Parmi les personnes admises à utiliser cette procédure, il faut distinguer entre les États membres et les institutions de l'Union, qui peuvent toujours et sans condition intervenir et les « autres personnes », qui ne peuvent pas intervenir dans les litiges entre les États membres, entre les États membres et l'Union ou entre les institutions de l'Union et qui, pour les autres litiges, ne le peuvent qu'en justifiant d'un intérêt que la juridiction appréciera souverainement.

On retrouve ici la fameuse distinction entre requérants privilégiés et requérants ordinaires applicable au contentieux de l'annulation[677], étant précisé que ces derniers rassemblent les personnes physiques ou morales, les associations, les syndicats, les *Länder* allemands et même les États tiers.

Les États membres peuvent donc intervenir potentiellement sur toute affaire qui les intéresse, au soutien des conclusions d'une partie – même si les arguments défendus sont différents –, indépendamment de la matière ou des parties en cause ; cela leur permet d'être entendus par la Cour et confère une légitimité accrue à sa jurisprudence. Dans diverses affaires sensibles, les États membres ont ainsi pu être nombreux à utiliser ce mécanisme de l'intervention : c'est le cas notamment dans l'affaire concernant la dimension pénale de la politique de l'environnement[678] ou celle du cumul de sanctions financières visant la France dans le fameux dossier des « poissons sous taille »[679].

C'est le cas également – mais en pratique plus rarement – des institutions : ainsi le Parlement européen est-il intervenu en 2011 au soutien de la Commission européenne dans un recours en manquement contre l'Allemagne[680].

604. Modalités de l'intervention. Le délai applicable est ici de six semaines à compter de la publication de l'avis au *Journal officiel*, lequel précise pour chaque affaire dont la juridiction est saisie le nom des parties et un résumé de leurs conclusions, moyens et arguments.

Le délai est seulement d'un mois s'agissant cette fois d'une requête en intervention présentée à l'occasion d'un pourvoi devant la Cour (contre une décision du Tribunal).

---

676. Voy. F. Materne, « La procédure en intervention devant la Cour de justice de l'Union européenne », *CDE,* 2013/1, pp. 77-131.
677. Voy. *infra*, titre 2, chapitre 2.
678. CJCE, 13 septembre 2005, *Commission c/ Conseil*, aff. C-176/03, *Rec.*, p. I-7879.
679. CJCE, 12 juillet 2005, *Commission c/ France*, aff. C-304/02, *Rec.*, p. I-6263.
680. Cour, 15 novembre 2011, *Commission c/ Allemagne*, aff. C-539/09, *Rec.*, p. I-11235.

Une fois la requête transmise aux parties, le président statue par voie d'ordonnance ; si elle est admise, tous les actes de procédure signifiés aux parties seront transmis à l'intervenant qui pourra présenter son propre mémoire, auquel les parties pourront répondre.

§ 3. Les voies de rétractation

605. Différentes voies de rétractation. Ces diverses voies de droit, bien connues en droit national, ont vocation à conduire la Cour – qui statue en dernier ressort – à revoir, le cas échéant, ses propres décisions ; leur usage est cependant tout à fait exceptionnel.

A.   L'opposition

606. Définition et modalités. L'opposition permet à une partie défaillante (qui n'a pas répondu ou pas dans les délais) de ramener le procès devant la juridiction qui a statué par défaut. Cette procédure conduit la juridiction compétente à procéder à un nouvel examen du litige sur une base contradictoire, sans pour autant être liée par la solution de l'arrêt rendu par défaut.

Elle doit être formée dans le mois suivant la signification de l'arrêt afin d'éviter des manœuvres dilatoires ; la juridiction peut suspendre l'exécution de l'arrêt par défaut jusqu'à ce qu'elle ait statué sur l'opposition.

B.   La tierce opposition

607. Définition et modalités. La tierce opposition permet à un tiers dont les droits sont atteints par l'arrêt et qui n'a pu participer au litige principal de faire opposition. Il faudra qu'il justifie de ces deux éléments – et notamment du fait qu'il n'ait pas négligé d'intervenir, dans la mesure où l'objet et les conclusions des recours sont systématiquement publiés au *Journal officiel* – et agisse dans un délai de deux mois à partir de la publication de l'arrêt. Le sursis à exécution d'un arrêt peut être ordonné à la demande du tiers opposant.

Le juge européen a pu résumer l'enjeu d'une telle voie de la manière suivante : « Le caractère extraordinaire, voire exceptionnel, de la tierce opposition se justifie par la considération que, dans l'intérêt d'une bonne administration de la justice et de la sécurité des relations juridiques, il est nécessaire d'éviter, dans la mesure du possible, que les personnes ayant intérêt à la solution d'un litige pendant devant la Cour ou le Tribunal fassent valoir cet intérêt après que la juridiction communautaire a rendu son arrêt et ainsi tranché la question litigieuse »[681].

C. La rectification des erreurs de plume ou de calcul, des inexactitudes évidentes et des omissions de statuer sur un élément des conclusions ou sur les dépens

608. Définition et modalités. S'agissant des erreurs et inexactitudes matérielles, d'une part, la juridiction peut à tout moment les rectifier d'office, et, d'autre part, les parties peuvent le lui demander dans les deux semaines qui suivent le prononcé de l'arrêt.

Pour les omissions de statuer, seules les parties peuvent demander une rectification dans le délai d'un mois à compter de la signification de l'arrêt.

D. L'interprétation

609. Définition et modalités. L'interprétation est une voie largement conçue puisque toute partie ou institution de l'Union justifiant d'un intérêt à cette fin peut solliciter la juridiction pour obtenir une interprétation en cas de difficulté sur le sens ou la portée d'une décision ; les ordonnances de la Cour et du Tribunal ne sont pas concernées.

Classiquement, la demande en interprétation doit viser le dispositif de l'arrêt en lien avec les motifs essentiels, et tendre à lever une ambiguïté affectant le sens et la portée de cet arrêt. Dès lors, elle ne peut être utilisée pour tenter d'obtenir de la juridiction saisie un avis ou une prise de position sur l'application, l'exécution ou les conséquences de l'arrêt qu'elle a rendu, voire sur un point qui n'a pas été tranché par l'arrêt.

De plus, la partie requérante devra démontrer l'absence de tout autre moyen à sa disposition pour obtenir l'interprétation exacte.

Enfin, la demande en interprétation n'est pas soumise à un quelconque délai. Elle est attribuée, en principe, à la formation de jugement qui a rendu la décision à interpréter et qui statue par voie d'arrêt.

---

681. CJCE, ord., 6 décembre 1989, *Frontistiria*, aff. C-147/86 TO, *Rec.*, p. 4103.

E.   La révision

610. Définition et modalités. La révision est une voie de recours extraordinaire qui permet de rouvrir la procédure en raison de la découverte d'un fait qui, avant le prononcé de l'arrêt, était inconnu de la juridiction et de la partie qui sollicite la révision ; ce fait doit être de nature à exercer une « influence décisive », dans le sens où la juridiction aurait été susceptible de retenir une solution différente si elle en avait eu connaissance.

Le juge européen est exigeant quant à la recevabilité d'une demande de révision et notamment quant à la notion de « faits nouveaux », écartant logiquement des éléments de nature procédurale parfaitement connus de la Cour ou encore des éléments qui portent sur le fond de l'affaire alors que la Cour, dans sa décision faisant l'objet de la demande de révision, n'a abordé que des questions se rapportant à la recevabilité du recours.

La révision peut être demandée dans les trois mois à partir du jour où le demandeur a eu connaissance du fait nouveau et dans un délai de 10 ans à compter du prononcé de l'arrêt. S'agissant des arrêts rendus suite à une question préjudicielle, leur révision ne peut être demandée, logiquement, que par le juge national de renvoi.

Précisons également que même si cette hypothèse n'est pas explicitement prévue par le Statut de la Cour, cette dernière a pu accepter qu'une ordonnance fasse l'objet d'une demande en révision en considérant que celle-ci produisait des effets analogues à ceux d'un arrêt (ordonnance rejetant, parce que manifestement non fondés, des pourvois dirigés contre une décision du Tribunal)[682].

En définitive, un premier arrêt va constater l'existence du fait nouveau et déclarer alors la demande recevable ; l'examen au fond aboutira à un second arrêt.

611. Situation actuelle du système juridictionnel de l'Union. L'étude de l'architecture juridictionnelle, d'une part, et de la procédure contentieuse, d'autre part, ne saurait se conclure sans souligner une double difficulté qui s'impose aujourd'hui au juge de l'Union, incontestablement victime de son succès.

La première tient au volume atteint par le contentieux porté devant les juridictions de l'Union : au-delà des affaires clôturées qui correspondent depuis deux ans à un volume supérieur à 1 700, le stock d'affaires pendantes augmente régulièrement depuis cinq ans, dépassant aujourd'hui les 2 500 dossiers, alors même que ces six dernières années ont été les plus productives de l'histoire ! Dans la mesure où il est clair que le Tribunal est le plus exposé à cette inflation contentieuse, la décision a été prise fin 2015,

---

682.   CJCE, 5 mars 1998, *Inpesca c/ Commission*, aff. C-199/94 P et C-200/94 P REV, *Rec.*, p. I-831, pt 16.

on le rappelle, non pas de créer de nouveaux tribunaux spécialisés mais plutôt de doubler le nombre de juges au Tribunal sur la période 2016-2019. Ajoutons qu'il était prévu qu'un premier bilan de cette réforme soit réalisé par la Cour de justice fin 2020 ; mais la pandémie de 2020 et 2021 a conduit à différer cette évaluation.

La seconde difficulté qui apparaît est induite par la précédente : dès lors que les contentieux s'accroissent, les délais de jugement sont mécaniquement plus difficiles à tenir pour chacune des juridictions au point que le Tribunal a pu estimer il y a quelques années que la responsabilité de l'Union était engagée du fait d'une durée juridictionnelle excessive[683]. Les dernières statistiques disponibles font état des délais suivants – étant précisé que certains délais supplémentaires logiquement accordés aux parties afin de tenir compte des difficultés de toutes natures en période de crise sanitaire n'ont rien arrangé – : devant la Cour, un peu plus de 15 mois pour les renvois préjudiciels et un peu moins de 20 mois pour un recours direct ; devant le Tribunal, un peu plus de 13 mois pour une affaire de propriété intellectuelle et environ 27 mois pour un dossier de concurrence. À la lecture de ces chiffres figurant dans un récent rapport spécial de la Cour des comptes consacré à la gestion des affaires par la Cour[684], il apparaît pourtant que tous ces délais ont décru depuis 2012, validant ainsi clairement l'application des diverses procédures (procédure accélérée, procédure simplifiée, procédure préjudicielle d'urgence et possibilité de statuer sans les conclusions de l'avocat général) visant à accélérer le traitement des affaires : ces innovations prévues par la réforme du règlement de procédure de la Cour de 2012 ont d'ailleurs été complétées par celles figurant dans le règlement de procédure du Tribunal, entré en vigueur le 1er juillet 2015[685], qui poursuivait un triple objectif ambitieux : accroître l'efficacité du Tribunal et réduire ses délais de jugement donc, mais également améliorer l'intelligibilité des règles procédurales et répondre à des situations procédurales nouvelles[686]. Il reste, selon la Cour des comptes, que les juridictions pourraient encore améliorer ces résultats positifs en envisageant notamment une gestion plus active des affaires, l'adoption de délais adaptés et une meilleure affectation des ressources humaines engagées[687] ; on y ajoutera la perspective d'une nouvelle répartition des compétences entre la Cour et le Tribunal[688].

---

683. Voy. Trib., 10 janvier 2017, *Gascogne c/ UE*, aff. T-577/14, np. : comm. D. Simon, *Europe*, n° 100, 2017.
684. Rapp. Cour des comptes 2017, n° 14, *Examen de la performance en matière de gestion des affaires à la Cour de justice de l'Union européenne*, Office des publications, Luxembourg, 2017, spéc. pp. 10-11.
685. Règlement du 4 mars 2015 (*JOUE*, L 105, 23 avril 2015, p. 1).
686. Voy. K. Andova et E. von Bardeleben, « La refonte du règlement de procédure du Tribunal de l'Union européenne : pour une efficacité juridictionnelle renforcée », *Europe*, étude n° 6, 2015.
687. *Rapp. de la Cour des comptes* préc., p. 51.
688. L. Coutron, « Vers une nouvelle répartition des compétences entre les juridictions de l'Union », in *Les réformes de la Cour...*, *op. cit.*, pp. 151-171.

612. Statistiques judiciaires et perspective historique. Enfin, afin de situer la situation actuelle du système juridictionnel de l'Union dans une perspective plus globale, deux données apparaissent particulièrement parlantes, voire « vertigineuses » : depuis le premier arrêt rendu en décembre 1954 par la Cour de la CECA, les juridictions européennes ont adopté plus de 32 000 décisions (arrêts et ordonnances) mettant fin à une instance ; en outre, dans les dix dernières années, le juge européen a réglé plus d'affaires que dans les six décennies précédentes...

Par ailleurs n'oublions pas qu'au-delà des enjeux techniques – avec l'équilibre à trouver entre célérité et qualité rédactionnelle des décisions –, la manière de rendre la justice est une question éminemment sensible politiquement, comme l'a prouvée, il y a quelques années, l'intensité des débats autour de la réforme du Statut de la Cour procédant à l'augmentation des juges du Tribunal[689]...

613 à 614. *Réservés.*

---

689. Voy. l'entretien entre M. J.-C. Bonichot et M. D. Simon, *Europe*, entretien 1, 2015, pp. 12-14.

TITRE II

Les principales voies de droit

615. Communauté/Union de droit et voies de recours. Rappelons que selon la fameuse formule de l'arrêt *Les Verts c/ Parlement* du 23 avril 1986, l'Europe « [...] est une Communauté de droit en ce que ni ses États membres ni ses institutions n'échappent au contrôle de la conformité de leurs actes à la charte constitutionnelle de base qu'est le traité », celle-ci ayant établi « [...] un système complet de voies de recours et de procédures destiné à assurer le contrôle de la légalité des actes des institutions » en l'attribuant au juge de l'Union.

616. Pluralité des voies de recours. Ce « système complet de voies de recours » doit être compris comme un ensemble de mécanismes juridictionnels au sein duquel chacun est conçu de manière autonome mais en même temps complémentaire des autres, de sorte que le justiciable puisse réellement agir, quelle que soit sa situation contentieuse, afin de défendre ses intérêts ; dans cette logique de « protection juridictionnelle effective »[690], il est clair que le juge national joue également pleinement son rôle en assurant à son niveau, dans le respect de « l'autonomie institutionnelle et procédurale des États » – en l'absence d'harmonisation européenne –, la pleine efficacité du droit de l'Union.

Par ailleurs, et comme en droit interne, les classifications des voies de droit peuvent être diverses à l'échelon européen ; elles peuvent notamment se fonder sur les pouvoirs du juge (en distinguant le contentieux de pleine juridiction, de la déclaration et de l'annulation) ou sur la nature de la question posée (en distinguant le contentieux objectif du contentieux subjectif).

617. Choix des principales voies de recours. Mais le plus simple et le plus efficace est encore de retenir, parmi les nombreuses voies de recours qui peuvent être portées devant les juridictions de l'Union, celles qui présentent l'importance juridique et pratique la plus importante : il s'agit d'abord du recours en manquement permettant d'assurer le respect par les États membres de leurs obligations européennes (chapitre 1) ; il s'agit ensuite des autres recours directs qui, au-delà de la diversité des modalités qu'ils comportent, imposent le respect de la légalité aux institutions européennes dans le cadre de leur action comme de leur inaction (chapitre 2) ; il s'agit enfin du renvoi préjudiciel qui offre à la Cour de justice la possibilité de garantir l'application uniforme du droit de l'Union (chapitre 3).

Ne seront donc pas traités ci-après : les recours relevant du contentieux de pleine juridiction, plus précisément la responsabilité contractuelle et extracontractuelle de l'Union, le contentieux de la propriété intellectuelle ainsi que le contentieux de la fonction publique[691], alors

---

690. Voy. par exemple CJCE, 15 mai 1986, *Johnston*, aff. 222/84, *Rec.*, p. 1651, pts 18 et 19.
691. Pour des précisions, voy. J. Lotarski, *Droit du contentieux de l'Union européenne, op. cit.*, pp. 175-194.

que le contentieux des sanctions prévues par les règlements a été abordé dans la seconde partie de l'ouvrage sous l'angle des règles de concurrence[692].

618 à 619. *Réservés.*

---

692. Voy. *supra*, partie 2, titre 2, chapitre 2.

Chapitre I

Le recours en manquement

620. Définition du recours en manquement. Le recours en manquement a vocation à faire constater par la Cour de justice les manquements commis par les États membres de l'Union aux obligations leur incombant en vertu du droit européen.

Il peut être actionné par les États membres eux-mêmes à l'égard d'un ou plusieurs autres partenaires – en pratique, hormis huit arrêts isolés à ce jour[693], les États préfèrent le procédé, plus discret, des plaintes à la Commission ou du soutien à celle-ci une fois qu'elle a initié la procédure – ou par la Commission européenne, garante de l'intérêt général. C'est effectivement en qualité de gardienne du droit de l'Union que cette dernière poursuit les États jusque devant le juge de l'Union pour faire constater les violations dont ils se seraient rendus coupables[694].

Ce recours en manquement constitue donc une voie de contrôle de la légalité des mesures nationales au regard de la législation européenne. Si son principe n'est pas étranger à la pratique des organisations internationales, ce sont ses modalités qui permettent de souligner l'originalité de la construction européenne, puisque la justice européenne est ici à la fois obligatoire (les poursuites étant confiées à une institution indépendante), exclusive (le juge de l'Union étant compétent à l'exclusion de tout autre mode de règlement) et enfin réellement dissuasive (avec l'arme récente des sanctions pécuniaires susceptibles d'être appliquées à l'État ou aux États récalcitrants).

621. Textes sur le recours en manquement. La procédure générale est organisée par les articles 258 à 260 TFUE ; mais des procédures spécifiques – n'ayant pas reçu d'application à ce jour – existent tout de même, notamment en matière d'aides d'État incompatibles avec le marché commun, de prévention des déficits publics excessifs, dans le cadre des relations entre la Banque européenne d'investissement (BEI) et les États membres, ainsi qu'entre la Banque centrale européenne (BCE) et les banques centrales nationales.

Plus précisément, l'article 258 TFUE envisage l'action de la Commission : « Si la Commission estime qu'un État membre a manqué à une des obligations qui lui incombent en vertu des traités, elle émet un avis motivé à ce sujet, après avoir mis cet État en mesure de présenter ses observations. Si l'État en cause ne se conforme pas à cet avis dans le délai déterminé par la

---

693. Parmi lesquels, tout spécialement : CJCE, 12 septembre 2006, *Espagne c/ Royaume-Uni*, aff. C-145/04, *Rec.*, pp. I-7917 ; 16 octobre 2012, *Hongrie c/ Slovaquie*, aff. C-364/10 ; Cour, 18 juin 2019, *Autriche c/ Allemagne*, aff. C-591/17 : comm. A. Rigaux, *Europe*, n° 319, 2019 ; Cour, 31 janvier 2020, *Slovénie c/ Croatie*, aff. C-457/18 : comm. A. Rigaux, *Europe*, n° 91, 2020. On y ajoutera une dernière affaire réglée à l'amiable et donc radiée du rôle de la Cour par son président : Cour, ord., 4 février 2022, *République tchèque c/ Pologne*, aff. C-121/21 : comm. A. Rigaux, *Europe*, n° 105, 2022.
694. Voy. D. Blanc, « Les procédures du recours en manquement, le traité, le juge et le gardien : entre unité et diversité en vue d'un renforcement de l'Union de droit », in *Contentieux de l'Union européenne. Questions choisies* (dir. S. Mahieu), Bruxelles, Larcier, 2014, pp. 429-461 ; A. Rigaux et D. Simon, « Recours en constatation de manquement », *JCl Europe*, fasc. 380 et 380-1, 2019.

Commission, celle-ci peut saisir la Cour de justice de l'Union européenne ». Quant à l'article 259 TFUE, il précise l'éventuelle action d'un État contre l'un de ses partenaires dans les termes suivants : « Chacun des États membres peut saisir la Cour de justice de l'Union européenne s'il estime qu'un autre État membre a manqué à l'une des obligations qui lui incombent en vertu des traités. Avant qu'un État membre n'introduise, contre un autre État membre, un recours fondé sur une prétendue violation des obligations qui lui incombent en vertu des traités, il doit en saisir la Commission. La Commission émet un avis motivé après que les États intéressés ont été mis en mesure de présenter contradictoirement leurs observations écrites et orales. Si la Commission n'a pas émis l'avis dans un délai de trois mois à compter de la demande, l'absence d'avis ne fait pas obstacle à la saisine de la Cour ».

Enfin, l'article 260 TFUE s'intéresse à l'exécution du manquement puisqu'il dispose : « 1. Si la Cour de justice de l'Union européenne reconnaît qu'un État membre a manqué à une des obligations qui lui incombent en vertu des traités, cet État est tenu de prendre les mesures que comporte l'exécution de l'arrêt de la Cour. 2. Si la Commission estime que l'État membre concerné n'a pas pris les mesures que comporte l'exécution de l'arrêt de la Cour, elle peut saisir la Cour, après avoir mis cet État en mesure de présenter ses observations. Elle indique le montant de la somme forfaitaire ou de l'astreinte à payer par l'État membre concerné qu'elle estime adapté aux circonstances. Si la Cour reconnaît que l'État membre concerné ne s'est pas conformé à son arrêt, elle peut lui infliger le paiement d'une somme forfaitaire ou d'une astreinte. Cette procédure est sans préjudice de l'article 259. 3. Lorsque la Commission saisit la Cour d'un recours en vertu de l'article 258, estimant que l'État membre concerné a manqué à son obligation de communiquer des mesures de transposition d'une directive adoptée conformément à une procédure législative, elle peut, lorsqu'elle le considère approprié, indiquer le montant d'une somme forfaitaire ou d'une astreinte à payer par cet État, qu'elle estime adapté aux circonstances. Si la Cour constate le manquement, elle peut infliger à l'État membre concerné le paiement d'une somme forfaitaire ou d'une astreinte dans la limite du montant indiqué par la Commission. L'obligation de paiement prend effet à la date fixée par la Cour dans son arrêt ».

622. Statistiques du recours en manquement. Pendant longtemps, les recours en manquement représentaient entre 150 et 200 affaires annuelles réglées par la Cour ; il est intéressant de noter que ce volume a notoirement et régulièrement diminué depuis 2007, pour se stabiliser dans une fourchette de 40 à 60 affaires annuelles, voire moins, puisque la Cour a clôturé 30 dossiers en 2021 et que 22 seulement ont été introduites devant elle cette même année[695].

---

695. La mise en place de mécanismes parajudiciaires pour mettre fin aux violations de l'Union (*Solvit* datant de 2002 et *EU-Pilot* lancé en 2008) n'est certainement pas étrangère à cette baisse : pour des précisions, voy. T. MATERNE, *La procédure en manquement d'État. Guide à la lumière de la jurisprudence de la Cour de justice de l'Union européenne*, Bruxelles, Larcier, 2012, p. 80.

Au 1er janvier 2022, près de 4 000 recours en manquement avaient été réglés par la Cour depuis sa création... Enfin, dans plus de 90 % des cas, le manquement dénoncé par la Commission est confirmé par le juge européen : c'est dire l'efficacité du rôle de gardien assumé par celle-ci.

Le recours en manquement sera étudié sous trois aspects : l'identification du manquement d'abord (section 1), la procédure applicable ensuite (section 2) et le manquement constaté et son exécution enfin (section 3).

SECTION 1
L'IDENTIFICATION DU MANQUEMENT

623. Caractéristiques du manquement. Afin de cerner les contours du manquement, il conviendra de s'intéresser en premier lieu à l'auteur du manquement et en second lieu à la nature du manquement.

§ 1. L'auteur du manquement

624. Autorités à l'origine du manquement. La Cour de justice est habilitée à constater tout manquement d'un « État membre » ; comme souvent en droit de l'Union, le juge retient une acception large de cette expression, lui permettant d'y rattacher toute entité ayant un lien, direct ou indirect, avec les pouvoirs publics.

La formule inclut d'abord naturellement les autorités centrales ou les collectivités territoriales – notamment une commune ou une région –, étant entendu à cet égard que la forme fédérale d'un État ne saurait constituer une cause exonératoire du manquement reproché puisque le juge européen ne connaît que l'État[696].

La violation peut également être imputée à « une institution constitutionnellement indépendante », telle qu'une assemblée parlementaire[697].

De même, une société publique ou une entreprise de droit privé mais sous tutelle de l'État peut être à l'origine d'une violation entraînant une action contre cet État.

625. Hypothèse du manquement judiciaire. Reste enfin l'hypothèse d'un manquement émanant d'une juridiction ; si la Cour n'en a pas écarté le principe, elle a depuis longtemps conscience des difficultés juridiques posées – tenant à l'indépendance du pouvoir judiciaire d'une part et à l'autorité de la chose jugée d'autre part – tout comme de la sensibilité

---

696. CJCE, 14 janvier 1988, *Commission c/ Belgique*, aff. C-227 à 230/85, *Rec.*, p. 1.
697. CJCE, 5 mai 1970, *Commission c/ Belgique*, aff. 77/69, *Rec.*, p. 237.

politique de la question. Ainsi, dans les années 1980, la Commission avait-elle ouvert une procédure précontentieuse contre les refus répétés du *Bundesfinanzhof* allemand de tenir compte de ses arrêts préjudiciels, avant de l'abandonner.

Cette question a cependant été relancée par l'arrêt Köbler[698] impliquant l'équivalent du Conseil d'État en Autriche, lequel a permis à la Cour de poser le principe selon lequel « [...] les États membres sont obligés de réparer les dommages causés aux particuliers par les violations du droit communautaire qui leur sont imputables, y compris lorsque la violation en cause découle d'une décision d'une juridiction statuant en dernier ressort ».

Plus récemment, la question avait été à nouveau soulevée à propos de l'attitude du juge en matière de réparation du fait de la violation des règles européennes et certains observateurs avaient affirmé que dans cette affaire de 2009, le manquement juridictionnel avait bel et bien été consacré[699].

C'est finalement le juge français – le Conseil d'État plus précisément – qui a été condamné par la Cour de justice – et par voie de conséquence la France en manquement – pour n'avoir pas effectué un renvoi préjudiciel qui s'imposait aux dires du juge européen...

L'affaire prend sa source dans un arrêt de 2011 ayant permis à la Cour de répondre par voie préjudicielle au Conseil d'État qui l'avait saisie à propos des modalités d'un dispositif fiscal – visant à éviter la double imposition sur les dividendes versés par une société mère à ses filiales (dit « précompte immobilier ») –, que celui-ci était incompatible avec le droit de l'Union en raison de son caractère discriminatoire. Pourtant, dans deux arrêts du 10 décembre 2012 (*Accord* et *Rhodia*), le juge du Palais-Royal devait valider celui-ci, provoquant les plaintes des entreprises et l'engagement d'une procédure en manquement par la Commission. Cette dernière prétendait en effet que le Conseil d'État aurait dû procéder à un nouveau renvoi préjudiciel avant de rendre ses deux arrêts, au vu des difficultés à tirer les conséquences de l'arrêt de la Cour de 2011 ; d'autant plus que peu de temps après cet arrêt de 2011, cette même Cour avait rendu une décision particulièrement claire à propos d'un dispositif britannique de même nature que le système français, qui aurait dû conduire le juge français à se tourner à nouveau vers elle, ce que le rapporteur public et les requérants lui avaient d'ailleurs demandé de faire... Dans son arrêt du 4 octobre 2018 – rendu le jour du soixantième anniversaire de la Constitution de la Vᵉ République... –, la Cour devait conclure que le Conseil d'État avait violé l'obligation de renvoi préjudiciel qui lui incombait en qualité de juridiction de dernier ressort, alors même que son interprétation « [...] ne s'imposait pas avec une telle évidence qu'elle ne laiss(ait) place à aucun doute raisonnable ».

---

698. CJCE, 30 septembre 2003, *Köbler*, aff. C-224/01, *Rec.*, p. I-10239.
699. CJCE, 12 novembre 2009, *Commission c/ Espagne*, aff. C-154/08, *Rec.*, p. I-187 : comm. T. Materne, *La procédure en manquement d'État...*, *op. cit.*, pp. 197-198.

Alors, pour paraphraser, plus de quarante ans après, la célèbre formule de Bruno Genevois dans ses conclusions sur l'arrêt *Cohn-Bendit* : gouvernement des juges, dialogue des juges ou guerre des juges[700] ?

Quel que soit le véritable auteur du manquement, seul le gouvernement est le destinataire du recours en manquement et habilité à assurer la défense de l'État.

§ 2. La nature du manquement

626. Violation d'une obligation européenne. Le TFUE définissant le manquement de manière particulièrement vague – en vertu de l'article 258 TFUE, la Commission doit seulement prouver que l'État « a manqué à une des obligations qui lui incombent en vertu des traités » –, c'est au juge qu'est revenue la charge d'en préciser la nature.

L'analyse de la riche jurisprudence en la matière conduit à souligner deux aspects tenant à la nature du manquement : le premier relatif aux normes de référence et le second se rapportant aux comportements nationaux répréhensibles, malgré des tentatives désespérées – mais ô combien attendues ! – de justification de la part des États.

627. Valeur de la norme européenne violée. La formule « en vertu des traités » de l'article 258 TFUE doit être entendue de manière très large : elle englobe les obligations inscrites dans les traités européens au sens strict mais plus généralement celles découlant du droit originaire, dont fait partie la Charte des droits fondamentaux de l'Union européenne en vertu de l'article 6, § 1er, TUE.

La violation par les États membres de principes généraux du droit consacrés par le juge européen constitue une autre hypothèse de manquement ; il en va de même en cas de non-respect des obligations découlant du droit dérivé à valeur obligatoire (règlement, directive et décision) dont le développement régulier réduit mécaniquement la marge de manœuvre des États au regard du *corpus* du droit de l'Union.

La Cour de justice admet enfin que le non-respect des accords internationaux – qui lient les institutions européennes mais également les États membres agissant dans le champ du droit de l'Union en vertu de l'article 216, § 2, TFUE – puisse être à l'origine d'une procédure en manquement[701].

En tout état de cause, ce qui est déterminant c'est que la norme européenne dispose d'une valeur contraignante, et qu'elle n'ait pas été respectée par l'État.

---

700.   Cour, gr. ch., 4 octobre 2018, *Commission c/ France*, aff. C-416/17 : comm. F. Chaltiel, *Petites Affiches*, n° 26, 5 février 2019, pp. 4 et s.

701.   Voy. CJCE, 14 juillet 2005, *Commission c/ Allemagne*, aff. C-433/03, *Rec.*, p. I-6985.

628. Diversité des comportements constitutifs de la violation. Le manquement peut prendre la forme d'un comportement actif mais également passif.

Au rang des comportements actifs, citons l'adoption ou le maintien d'une législation nationale – quand bien même elle ne serait que provisoire ou même inappliquée en fait – contraire au droit de l'Union ; plus exceptionnellement, de simples pratiques administratives, dont la Commission pourrait démontrer sans ambiguïté qu'elles sont répétées et persistantes, pourront également constituer un manquement[702]. En outre, par rapport à la situation archiconnue de la mauvaise transposition ou de la transposition tardive d'une directive, signalons l'hypothèse beaucoup plus exceptionnelle de la conclusion d'un accord international par un État membre en violation des dispositions des traités[703].

Le comportement actif de l'État peut enfin constituer en une pratique constante des autorités nationales contraire à une norme de l'Union, quand bien même la pratique contestée ne serait pas formalisée par une norme générale ou même une circulaire administrative[704].

Quant au comportement passif, en dehors des cas classiques de l'absence de transposition d'une directive, d'une part, et de la non-récupération d'aides déclarées illégales par décision de la Commission européenne, d'autre part, le juge a eu à connaître des situations particulières, dont deux exemples méritent d'être mentionnés.

En premier lieu, la Cour a pu condamner la France du fait de son inaction à l'égard de comportements d'origine privée ayant entravé la libre circulation des marchandises dans l'affaire dite de la « guerre de la fraise »[705] : plus précisément, le juge a estimé que les autorités françaises, sans être à l'origine de l'entrave à la libre circulation des marchandises résultant d'un blocus organisé par les chauffeurs routiers français à l'égard de leurs homologues espagnols et portugais transportant des fruits et légumes, n'avaient pas tout mis en œuvre pour empêcher la survenance de ce blocus et avaient ainsi manqué à leur obligation de « coopération loyale » avec les institutions européennes.

En second lieu, signalons cette affaire plus récente dans laquelle la Commission européenne avait été saisie par la Cour des comptes européenne qui était confrontée au refus de coopération des autorités allemandes lors de la rédaction d'un rapport nécessitant le recueil d'informations afin

---

702. Voy. CJCE, 26 avril 2005, *Commission c/ Irlande*, aff. C-494/01, *Rec.*, p. I-3331.

703. Voy. CJCE, 5 novembre 2002, *Commission c/ Danemark*, aff. C-467/98, *Rec.*, p. I-9519. Dans le même ordre d'idée, s'agissant de la violation d'une décision du Conseil fixant la position commune de l'Union dans une organisation internationale, voy. Cour, 27 mars 2019, *Commission soutenue par Conseil c/ Allemagne*, aff. C-620/16 : comm. D. SIMON, *Europe*, n° 187, 2019.

704. Cour, 18 novembre 2020, *Commission c/ Allemagne*, aff. C-371/19 : comm. D. SIMON, *Europe*, n° 9, 2021.

705. Voy. CJCE, 9 décembre 1997, *Commission c/ France*, aff. C-265/95, *Rec.*, p. I-695.

d'apprécier la pertinence des dispositifs de lutte contre l'évasion et la fraude fiscale dans le domaine de la TVA : la Cour des comptes n'ayant pas accès de plein droit au prétoire européen, la Commission a agi pour son compte et obtenu la condamnation de l'Allemagne à l'issue de la procédure en manquement[706].

629. Conception objective du manquement. Il convient également de souligner que la notion de faute est complètement étrangère à celle de manquement ; pour le constater, le juge ne s'attache pas à au caractère intentionnel du manquement, à l'existence d'un préjudice, ou même à son faible impact – la règle « *de minimis* » n'étant pas ici recevable –, mais au caractère objectif de la violation de l'obligation européenne. En effet, « [...] le recours en manquement n'est pas un recours en responsabilité qui admettrait des justifications objectives, mais une procédure de mise au point objective d'une situation juridique »[707].

Dans ces conditions, la rigueur de la Cour quant à l'admission de justifications de la part des États membres ne surprendra pas.

630. Les tentatives de justification de la part des États. Les États membres tentent souvent de justifier leur comportement, et cela de diverses manières.

La force majeure a parfois été invoquée mais jamais retenue par la Cour, qu'il s'agisse de la dissolution d'une assemblée parlementaire avancée pour justifier le défaut de transposition d'une directive, des difficultés tenant au processus législatif applicable, de la succession de crises ministérielles ou encore de la survenance de difficultés d'ordre économique et social (grèves notamment). La Cour a toujours considéré qu'un État ne pouvait pas invoquer de dispositions pratiques ou de situations de son ordre interne pour justifier le non-respect des obligations et délais imposés par le droit européen ; confronté à l'impossibilité absolue de remplir ses obligations européennes, l'État en difficulté doit prendre l'initiative de collaborer avec la Commission en vertu du principe de coopération loyale dorénavant inscrit à l'article 4, § 3, TUE.

N'est pas non plus recevable le fait pour un État d'invoquer une violation semblable par un autre État dans la mesure où « l'exception d'inexécution » bien connue en droit international dans le champ des relations bilatérales ne peut valoir dans le système européen, par nature plurilatéral[708].

Enfin, ni la survenance d'une nouvelle législation de l'Union, ni la nécessité d'une adaptation de la législation de l'Union en vigueur n'ont été retenues par la Cour comme motifs exonératoires au bénéfice des États.

---

706. Cour, 15 novembre 2011, *Commission c/ Allemagne*, aff. C-539/09, *Rec.*, p. I-11235.
707. J. LOTARSKI, *Droit du contentieux de l'Union européenne, op. cit.*, p. 137.
708. CJCE, 2 juin 2005, *Commission c/ Luxembourg*, aff. C-266/03, *Rec.*, p. I-4805.

SECTION 2

LA PROCÉDURE EN MANQUEMENT

631. Connaissance du manquement par la Commission. La Commission européenne peut prendre connaissance de manquements d'États de plusieurs manières.

Il y a d'abord le système des plaintes. En effet, si les particuliers ne peuvent pas actionner le recours en manquement, ils ont toutefois la possibilité d'adresser une plainte à la Commission, soit directement (un formulaire étant disponible sur le site Internet de l'institution bruxelloise), soit indirectement *via* le Parlement européen (et sa Commission des pétitions) ou le Médiateur européen. Il s'agit là d'une source importante d'informations pour la Commission européenne et qui représente la majorité – relative – de l'ensemble des dossiers instruits chaque année (autour de 40 % ces dernières années)[709].

Il y a ensuite les « cas décelés d'office » par la Commission : plus concrètement, il s'agit de situations problématiques – transposition incorrecte d'une directive notamment – révélées par les services de la Commission chargés de contrôler les normes nationales de transposition et qui pourront, après examen, conduire celle-ci à déclencher une procédure en manquement. Ces cas décelés d'office représentent chaque année environ 35 % des affaires.

Les manquements peuvent être également détectés à la suite de la non-communication, totale ou partielle, par les gouvernements des mesures nationales de transposition des directives. Il faut savoir que les États ont l'obligation de transmettre régulièrement des informations à la Commission sur les directives en cours de transposition et que celle-ci procède, tous les deux mois normalement, à une vérification de l'ensemble des mesures nationales d'exécution ; les dossiers de non-communication correspondent à un peu plus de 20 % des dossiers traités.

Enfin, la Commission peut être informée de manquements par d'autres indices, qui jouent cependant en pratique à la marge (environ 5 % du total) : par voie de presse, par des questions parlementaires, voire par des arrêts rendus sur question préjudicielle. Les arrêts rendus sur renvoi des juges nationaux peuvent attirer son attention sur des situations de non-conformité de législations nationales au regard du droit de l'Union ; elle pourra par la suite demander à l'État du juge de renvoi de préciser les mesures qui ont été prises pour se conformer à l'arrêt préjudiciel.

La procédure générale du recours en manquement se décompose en deux phases, maîtrisées par la Commission européenne : la phase précontentieuse (§ 1), suivie, le cas échéant, d'une phase contentieuse (§ 2).

---

709. Pour des précisions, voy. le rapport annuel de la Commission sur le contrôle de l'application du droit de l'UE en 2018, doc. COM(2019) 370 final du 4 juillet 2019.

§ 1. La phase précontentieuse

632. Liberté d'appréciation de la Commission. La phase précontentieuse (ou administrative) se caractérise par un véritable dialogue noué entre la Commission et l'État concerné, afin que celui-ci soit en mesure de justifier sa position ou de régulariser sa situation.

La Commission a, tout au long de cette phase, comme de la suivante d'ailleurs, la charge de la preuve de la réalité du manquement et doit apporter à cette fin tous les éléments nécessaires à la Cour ; les simples allégations ou présomptions ne suffisent évidemment pas[710].

De jurisprudence constante, la Commission dispose également d'un pouvoir discrétionnaire quant aux suites à donner aux informations dont elle dispose, quelle que soit l'origine de celles-ci[711] ; elle est donc seul juge de la pertinence du déclenchement de la procédure, comme de la suite à lui donner.

Si cette solution paraît logique en raison de la légitimité qu'incarne la Commission et du rôle de « gardien(ne) du droit européen » qui en découle, elle a parfois été discutée en doctrine, dans la mesure où certains auteurs ont pu affirmer qu'une telle liberté était susceptible de conduire la Commission à poursuivre certains manquements et à en ignorer d'autres, notamment pour des raisons politiques ponctuelles. On se souvient ainsi de la déclaration du président Manuel Barroso selon laquelle toutes les procédures en manquement engagées contre la France étaient suspendues pendant la campagne se rapportant à la Constitution européenne au printemps 2005...

Cela étant, le texte même de l'article 258 TFUE confirme explicitement cette liberté d'appréciation puisqu'il précise que la Commission « peut » saisir la Cour de justice. La jurisprudence constante de la Cour rappelle d'ailleurs, et plus largement, « [...] qu'il incombe à la Commission, lorsqu'elle considère qu'un État a manqué à ses obligations, d'apprécier l'opportunité d'agir contre cet État, de déterminer les dispositions qu'il a violées et de choisir le moment où elle initiera la procédure en manquement à son encontre, les considérations qui déterminent ce choix ne pouvant affecter la recevabilité de son recours [...] »[712].

Cette phase précontentieuse est rythmée sur le plan chronologique par l'envoi d'une lettre préliminaire, avant celui d'une lettre de mise en demeure et enfin d'un avis motivé : tous ces actes sont insusceptibles de recours.

---

710. Pour trois « rappels à l'ordre » ces dix dernières années, voy. Cour, 22 novembre 2012, *Commission c/ Allemagne*, aff. C-600/10 : comm. A. Rigaux, *Europe*, n° 12, 2013 ; Cour, 14 mars 2019, *Commission c/ République Tchèque*, aff. C-399/17 : comm. A. Rigaux, *Europe*, n° 188, 2019 ; Cour, 14 janvier 2021, *Commission c/ Italie*, aff. C-63/19 : comm. A. Rigaux, *Europe*, n° 85, 2021.
711. Voy. par exemple CJCE, 14 mai 2002, *Commission c/ Allemagne*, aff. C-383/00, *Rec.*, p. I-4219.
712. Voy. par exemple CJCE, 18 juin 1998, *Commission c/ Italie*, aff. C-35/96, *Rec.*, p. I-3851, pt 27.

633. Envoi d'une lettre préliminaire. En règle générale, la phase précontentieuse s'ouvre par des démarches informelles dont la Commission prend l'initiative, avec l'envoi d'une lettre préliminaire, qui peut être suivie d'une invitation à répondre ou à participer à une réunion au cours de laquelle les agents de la Commission et les représentants de l'État concerné tenteront de régler globalement les affaires en suspens (« réunions paquet » dans le jargon européen).

634. Envoi d'une lettre de mise en demeure. En cas d'échec de ces discussions, l'engagement formel de la procédure se fera par l'envoi d'une lettre de mise en demeure assortie d'un délai de réponse – qui variera selon l'urgence et la complexité de l'affaire – offrant la possibilité à l'État de faire valoir ses observations ; cette lettre de mise en demeure marque véritablement l'ouverture de la phase précontentieuse.

635. Envoi d'un avis motivé. Si les observations présentées par l'État visé par la procédure ne sont pas convaincantes, la Commission adoptera un avis motivé, comportant l'exposé des raisons qui font qu'elle reste persuadée du manquement, assorti d'une injonction de mettre fin au manquement dans un certain délai. Cet avis – publié au *Journal officiel* – a pour objectif de permettre à l'État de se conformer à la position défendue par la Commission ou, à défaut, de se justifier de manière plus convaincante que précédemment. Point important : c'est la situation existant à l'expiration du délai imparti à l'État par l'avis motivé qui sera prise en compte par le juge – si l'affaire va jusqu'à son terme – pour apprécier la réalité du manquement.

Par ailleurs, l'avis motivé « cristallise les griefs » formulés dans la lettre de mise en demeure adressée antérieurement à l'État poursuivi ; en d'autres termes, il doit les détailler sans pour autant les reformuler, ni *a fortiori* les élargir. Dans l'hypothèse où la Commission souhaiterait introduire un nouveau grief, elle devra initier la procédure depuis le début, la Cour estimant que la possibilité pour l'État de se défendre dès la phase précontentieuse constitue une forme substantielle de régularité de la procédure[713]. En revanche, une restriction du champ des griefs peut se concevoir, par exemple dans l'hypothèse où l'État se conformerait partiellement à ses obligations en cours de procédure.

636. Absence de délais officiels. S'il n'existe pas de délais officiels rythmant précisément cette phase précontentieuse, la Cour a eu l'occasion d'indiquer que ces délais devaient être « raisonnables » ; en pratique, la Commission respecte un délai d'au moins deux mois tant s'agissant de la lettre de mise en demeure que de l'avis motivé. Si l'on comprend bien que la Commission soit tenue de respecter des délais *minima* afin de laisser la possibilité à

---

713. Voy. CJCE, 22 avril 1999, *Commission c/ Royaume-Uni*, aff. C-340/96, *Rec.*, p. I-2023. Plus récemment, voy. également : Cour, 5 décembre 2019, *Commission c/ Espagne*, aff. C-642/18 : comm. A. RIGAUX, *Europe*, n° 47, 2020.

l'État en cause d'organiser correctement sa défense, peut-on, à l'inverse, considérer que la Commission soit dans l'obligation de ne pas faire durer exagérément la phase précontentieuse ?

La Cour a reconnu que la durée excessive de la procédure précontentieuse est susceptible de constituer un vice rendant le recours en manquement irrecevable, si le comportement de la Commission a rendu difficile la réfutation des arguments de l'État membre, violant ainsi les droits de la défense[714].

637. Efficacité de la procédure précontentieuse. Pour conclure, précisons que cette phase précontentieuse, loin d'être une étape purement formelle avant la phase contentieuse, s'avère efficace, puisqu'une importante proportion d'affaires – plus des trois quarts, bon an, mal an – s'arrête au stade de l'avis motivé, voire de la lettre de mise en demeure ; à défaut d'accord entre la Commission et l'État concerné, la phase contentieuse (ou judiciaire) s'ouvrira.

§ 2. La phase contentieuse

638. Cohérence objet de la saisine/avis. Dans l'hypothèse où la Commission estimerait que le manquement persiste, elle disposera du pouvoir discrétionnaire de saisir la Cour et l'objet de sa saisine devra correspondre en tous points au contenu de la lettre de mise en demeure et donc de l'avis motivé ; en pratique, les irrecevabilités pour défaut de cohérence sont rares.

639. Manquement et mesures provisoires. Par ailleurs, le recours en manquement n'ayant pas d'effet suspensif, il peut s'avérer intéressant de demander à la Cour, statuant en référé – si les conditions d'urgence et de risque de dommage grave et irréparable sont remplies –, de prescrire des mesures provisoires telle la suspension de l'application de la norme nationale dont il est allégué qu'elle serait contraire au droit de l'Union[715]. On l'aura compris, dans un tel cas, le référé constitue une arme redoutable puisqu'il permettra d'éliminer, certes provisoirement, le manquement allégué avant même qu'il n'ait été judiciairement constaté : l'enjeu est d'autant plus important que la durée moyenne d'une procédure en manquement se compte la plupart du temps en années...

À cet égard, une affaire – constituant désormais un véritable « maquis jurisprudentiel » – a retenu l'attention ces dernières années, tant pour sa dimension politique que procédurale : il s'agit du non-respect des valeurs de l'Union par la Pologne. Plus précisément, il lui était reproché toute une série de mesures législatives visant sa Cour suprême – spécialement

---

714. CJCE, 8 décembre 2005, *Commission c/ Luxembourg*, aff. C-33/04, *Rec.*, p. I-10629.

715. CJCE, ord., 24 avril 2008, *Commission c/ Malte*, aff. C-76/08 R, *Rec.*, p. I-64.

l'abaissement de l'âge du départ à la retraite de ses membres –, que la Commission avait estimées contraires à la fois à l'article 19, § 1, alinéa 2, du TUE (relatif à la protection juridictionnelle effective au sein des États membres) et à l'article 47 de la Charte des droits fondamentaux de l'Union (se rapportant au droit à un recours effectif et à accéder à un tribunal impartial), et pour lesquelles elle avait sollicité une suspension d'application. Par ordonnance, la vice-présidente de la Cour devait faire droit à cette demande, laquelle devait être confirmée par la grande chambre au terme d'une analyse particulièrement complète[716]. Plus récemment, le juge européen s'est intéressé à la question de l'absence d'indépendance de la magistrature en Pologne puis au non-respect explicite du principe de primauté par le juge constitutionnel polonais lui-même[717]. Par ailleurs, il convient de noter que pour la première fois, des mesures provisoires ont pu être adoptées dans le cadre d'un manquement interétatique en 2021... à nouveau contre la Pologne[718] !

640. Élimination du manquement avant le prononcé de l'arrêt. Dans l'hypothèse où, postérieurement à la saisine de la Cour, l'État en cause mettrait fin au manquement, la Commission peut se désister, provoquant ainsi la radiation de l'affaire[719]. Mais elle peut aussi décider de maintenir son recours, si elle estime utile que la Cour tranche juridiquement la question de savoir si le manquement a été commis et pour « marquer le coup » politiquement vis-à-vis de l'État poursuivi, étant donné la publicité qui est faite depuis quelques années autour des arrêts de la Cour.

Il appartiendra toutefois à la Cour d'apprécier au cas par cas si le maintien de l'affaire est admissible, la question se posant essentiellement dans la situation d'une adoption tardive de mesures de transposition d'une directive.

---

716. Cour, ord., 19 octobre 2018, *Commission c/ Pologne*, aff. C-619/18 R : comm. A. Rigaux, *Europe*, n° 463, 2018 ; Cour, ord., 17 décembre 2018, *Commission c/ Pologne*, aff. C-619/18 R : comm. A. Rigaux, *Europe*, n° 69, 2019. Plus largement, voy. E. Bernard, « Les valeurs communes devant la Cour de justice de l'Union européenne : des exceptions de moins en moins exceptionnelles à la confiance mutuelle entre États membres », *Europe*, étude n° 2, 2019.
717. Cour, ord., 6 octobre 2021, *Pologne c/ Commission*, aff. C-204/21 R-RAP et 27 octobre 2021, *Commission c/ République de Pologne* : comm. A. Rigaux, *Europe*, n°s 432 et 433, 2021.
718. Cour, ord., 21 mai 2021, *République tchèque c/ Pologne*, aff. C-212/21 : comm. A. Rigaux, *Europe*, n° 246, 2021, qui a été suivie par un arrêt, quatre mois plus tard, donnant l'occasion à la Cour de prononcer des astreintes : Cour, ord., 20 septembre 2021, *République tchèque c/ Pologne*, aff. C-121/21 R : comm. A. Rigaux, *Europe*, n° 371, 2021.
719. Ainsi en a-t-il été de plusieurs affaires visant la Pologne, l'Italie et la Slovaquie en janvier 2013 : comm. A. Rigaux, *Europe*, n° 114, 2013.

LE CONSTAT DU MANQUEMENT ET SON EXÉCUTION

641. Sanction du manquement. Dans son arrêt, la Cour va, dans la très grande majorité des cas, confirmer le manquement de l'État membre tel que dénoncé par la Commission européenne ; bien que cet arrêt, de nature déclaratoire, emporte des conséquences juridiques incontestables (§ 1), il a pu exister dans le passé des comportements récalcitrants qui ont finalement conduit le constituant européen à modifier les traités afin de doter le juge d'une arme supplémentaire redoutable, celle des sanctions financières (§ 2).

§ 1. Le caractère déclaratoire de l'arrêt en manquement

642. Effet déclaratoire et conséquences. L'arrêt de manquement a un effet déclaratoire : en d'autres termes, il se borne soit – hypothèse très réduite – à rejeter le recours, soit à constater l'existence du manquement. Dans ce dernier cas, le juge ne peut procéder à l'annulation des mesures nationales en cause ou à la réparation du préjudice éventuellement causé par le comportement de l'État en cause ; il ne peut pas non plus adresser des injonctions à l'État poursuivi.

L'arrêt rendu emporte toutefois diverses conséquences juridiques.

Dans la mesure où il dispose de l'autorité de la chose jugée, il prescrit – immédiatement ou dans des délais aussi brefs que possible – à toutes les autorités de l'État – en vertu de l'article 260, § 1, TFUE – de prendre les mesures qui s'imposent pour éliminer toutes les conséquences, tant passées que futures, du manquement constaté ; celles-ci peuvent être clairement déduites du contenu de l'avis motivé et de la requête de la Commission à la Cour. Quant au juge national, il lui incombe de tirer le cas échéant les conséquences de ce constat de manquement, dans le cadre du contentieux interne de la légalité (en annulant ou en rendant inapplicable un acte national) ou de la responsabilité (en réparant un dommage)[720].

Revêtu par ailleurs de l'autorité de la chose interprétée – à l'instar des arrêts préjudiciels –, l'arrêt en manquement s'impose plus largement aux juridictions de tous les pays membres qui doivent interpréter et appliquer le droit de l'Union tel qu'il résulte de l'arrêt.

---

720. J. Lotarski, *Droit du contentieux de l'Union européenne, op. cit.*, p. 138.

643. Portée rétroactive de l'arrêt en manquement. Enfin, alors que les arrêts de manquement ont par principe une nature rétroactive, la Cour a pu accepter, de manière tout à fait exceptionnelle, de limiter celle-ci à condition que « [...] les parties intéressées (soient) de bonne foi, en raison d'une incertitude objective et importante quant à la portée des dispositions communautaires (européennes) et qu'il existe un risque de troubles graves, notamment sur le terrain de répercussions économiques majeures dues au nombre élevé de rapports juridiques constitués de bonne foi sur la base de la réglementation considérée »[721].

Malgré tout, que faire si l'État ne tient pas compte de l'arrêt en manquement ?

§ 2. L'inexécution de l'arrêt en manquement

644. Situation initiale : l'absence de sanctions. Pendant longtemps, il n'existait pas dans le Traité de Rome de mécanisme permettant de forcer un État récalcitrant à se mettre en conformité malgré l'existence d'un arrêt en manquement. Au-delà de certaines formules bien senties employées par la Cour pour dénoncer le caractère particulièrement grave d'un tel comportement – « violation caractérisée et inadmissible de l'obligation incombant aux États membres en vertu de l'article 5, alinéa 2, du traité [...] qui affecte par là même jusqu'aux bases essentielles de l'ordre juridique communautaire »[722] –, la seule option se résumait à l'introduction par la Commission d'une seconde procédure en manquement – qualifiée de « manquement sur manquement » – visant à faire constater le non-respect de l'arrêt en manquement par l'État afin d'exercer une pression, à la fois juridique et politique, accrue sur celui-ci...

Même si l'expérience a pu montrer que les États en cause finissaient toujours par obtempérer, cette option n'était clairement pas satisfaisante et avait fait l'objet de critiques dès la fin des années 1970 ; le Traité de Maastricht devait singulièrement améliorer les choses.

645. Situation depuis Maastricht : les sanctions financières consécutives. Le Traité de Maastricht a doté le juge d'une prérogative nouvelle en matière de manquement : celle de prononcer des sanctions financières.

En effet, l'ancien article 228 TCE – repris à l'actuel article 260 TFUE – a prévu que la Commission européenne puisse, en cas d'inexécution d'un arrêt en manquement, engager une seconde procédure, comportant les

---

721. CJCE, 19 mars 2009, *Commission c/ Finlande*, aff. C-10/08, *Rec.*, p. I-39.
722. CJCE, 10 janvier 1993, *Commission c/ Italie*, aff. C-101/91, *Rec.*, p. I-191.

mêmes étapes que la première mais ayant pour objet cette fois d'obtenir une sanction pécuniaire (« somme forfaitaire ou astreinte » selon le paragraphe 2 de l'article 260 TFUE précité) contre l'État récalcitrant[723].

La Commission jouit ici encore d'un pouvoir discrétionnaire quant au principe et au montant de la sanction proposée ; dès 1996, dans un souci de transparence, elle avait d'ailleurs publié une communication précisant les trois critères de calcul des sanctions qu'elle est susceptible de proposer à la Cour : la gravité de l'infraction, la durée de celle-ci et la capacité financière de l'État en cause, ce qui n'est pas anodin en période de crise financière...

Toutefois, la Cour ne s'estime pas liée par la proposition de la Commission et s'éloigne parfois substantiellement de la forme (amende ou astreinte) ou du montant proposé (la plupart du temps en revoyant à la baisse le montant proposé par la Commission).

L'objectif est en tout cas très clair : il est de faire pression sur les États afin qu'ils exécutent les arrêts de la Cour, cette dernière assimilant d'ailleurs techniquement cette procédure à une voie d'exécution[724].

646. Application du système des sanctions financières consécutives. La Commission a longtemps hésité à proposer une telle sanction à la Cour puisque le premier arrêt se fondant sur ce nouveau dispositif n'a été rendu que le 4 juillet 2000 à l'encontre de la Grèce, soit sept années après l'entrée en vigueur du Traité de Maastricht instaurant ce dispositif[725]...

Mais depuis lors, la Commission a accéléré le rythme puisque l'on dénombrait mi-2022 un corpus d'une grosse quarantaine d'arrêts fondés sur l'actuel article 260, paragraphe 2, TFUE, visant notamment la Grèce (12 arrêts), l'Italie (7 arrêts), le Portugal et l'Espagne (5 affaires chacun), la France et l'Irlande (3 affaires chacune), la Suède et l'Allemagne (2 affaires chacun), le Luxembourg, la Belgique, la République tchèque, la Roumanie et la Slovaquie (1 affaire chacun).

647. Cumul d'amende et astreinte. S'agissant de la forme de la sanction, la Cour estime que l'astreinte est dotée d'une fonction persuasive pour l'avenir et ne se justifie que lorsque perdure le manquement tiré de l'inexécution du précédent arrêt qu'elle a rendu, alors que l'amende a vocation à sanctionner le comportement passé de l'État en cause.

À cet égard, l'affaire emblématique des « poissons sous taille » mérite d'être brièvement présentée[726].

---

723. Voy. D. BLANC, « Ombres et lumières portées sur la procédure du recours en manquement sur manquement : la Commission entre Tribunal et Cour de justice », *RTDE*, 2015/2, pp. 285-299.

724. CJCE, 10 septembre 2009, *Commission c/ Portugal*, aff. C-457/07, *Rec.*, p. I-8091.

725. CJCE, 4 juillet 2000, *Commission c/ Grèce*, aff. C-387/97, *Rec.*, p. I-5047.

726. CJCE, 12 juillet 2005, *Commission c/ France*, aff. C-304/02, *Rec.*, p. I-6263 : comm. L. CLÉMENT-WILZ, *CDE*, 2005/5-6, pp. 725-748.

Dans un arrêt du 11 juin 1991, la France avait été condamnée pour manquement aux obligations découlant de deux règlements imposant aux États des contrôles garantissant le respect des mesures communautaires en matière de conservation de la pêche (maillage minimal des filets, interdiction de mettre en vente des poissons n'ayant pas une taille minimale, etc.). Constatant que la France n'avait pas tenu compte de cet arrêt en manquement, la Commission européenne a à nouveau saisi la Cour en 2002 en lui demandant de prononcer une amende et une astreinte contre la France pour manquement persistant. Dans son arrêt du 12 juillet 2005, la Cour décide de condamner la France à la fois à une astreinte semestrielle d'un peu plus de 57 millions d'euros et à une amende de 20 millions d'euros. C'était la première fois que la Cour s'autorisait ce cumul de sanctions financières alors que le traité paraissait clair sur la nature alternative des deux sanctions pécuniaires (« somme forfaitaire *ou* astreinte ») ; elle a cependant estimé qu'un tel cumul était possible au nom de l'effet utile du droit communautaire et que la conjonction de coordination « ou » pouvait avoir une nature inclusive au sens de « amende *et* astreinte ».

Fin novembre 2006, la Commission a considéré que la France remplissait désormais ses obligations ; cette dernière a finalement – après avoir retardé au maximum l'échéance en contestant la décision de liquidation d'astreinte prise par la Commission devant le Tribunal[727] – acquitté pas loin de 78 millions d'euros...

Plus récemment, ce sont l'Irlande[728], l'Italie[729] et la Grèce[730] qui ont notamment subi à la fois amendes et astreintes.

Quant au montant des sanctions, si la Cour fournit généralement des indications précises sur sa méthode de calcul dans le cas où elle retient une astreinte, elle n'explique pas en revanche le mode de calcul retenu pour fixer le montant de l'amende lorsqu'elle choisit cette option, se bornant à affirmer « [...] qu'il est fait une juste appréciation des circonstances de l'espèce » justifiant la somme retenue. La Cour a pu également faire le choix d'astreintes dégressives ces dernières années[731].

Enfin, le principe même des sanctions peut être écarté par la Cour en dépit de la demande de la Commission, comme cela est arrivé en 2013 lorsque le juge de l'Union a considéré que l'Allemagne, condamnée pour manquement quelques années plus tôt, s'était bel et bien mise en conformité[732]...

727. Trib., 19 octobre 2011, *France c/ Commission, soutenue par Royaume-Uni*, aff. T-139/06, *Rec.*, p. II-7315 : comm. A. RIGAUX, *Europe*, n° 447, 2011.
728. Cour, gr. ch., 12 novembre 2019, *Commission c/ Irlande*, aff. C-261/18 : comm. A. RIGAUX, *Europe*, n° 5, 2020.
729. Cour, 31 mai 2018, *Commission c/ Italie*, aff. C-328/16 : comm. A. RIGAUX, *Europe*, n° 135, 2018.
730. Cour, 22 février 2018, *Commission c/ Grèce*, aff. C-328/16, np : comm. A. RIGAUX, *Europe*, n° 135, 2018, et Cour, 20 janvier 2022, *Commission c/ Grèce*, aff. C-51/20 : comm. A. RIGAUX, *Europe*, n° 76, 2022.
731. Voy. par exemple, Cour, 2 décembre 2014, *Commission c/ Grèce*, aff. C-378/13, np : comm. A. RIGAUX, *Europe*, n° 54, 2015.
732. Cour, 22 octobre 2013, *Commission c/ Allemagne*, aff. C-95/12.

648. Situation depuis Lisbonne : l'hypothèse des sanctions financières intégrées. Le Traité de Lisbonne est allé encore un peu plus loin en apportant deux nouveautés au système des sanctions financières.

D'une part, le nouvel article 260, § 2, alinéa 1er, TFUE supprime, lors de la seconde procédure – celle ayant pour objet de faire condamner financièrement l'État –, l'étape de l'avis motivé lors de la phase précontentieuse : on l'aura compris, l'objectif poursuivi est de raccourcir cette procédure. Ce mécanisme a joué pour la première fois fin 2012, à l'encontre de l'Espagne puis de l'Irlande ; ces dossiers ont notamment permis à la Cour de donner des précisions sur les conséquences de l'entrée en vigueur du Traité de Lisbonne sur les procédures de sanctions pendantes au 1er décembre 2009[733].

D'autre part, il est prévu qu'en cas de non-communication des mesures de transposition d'une directive de nature législative – ce qui est loin d'être exceptionnel –, l'État poursuivi peut être condamné financièrement dès l'arrêt constatant le manquement (art. 260, § 3, al. 1er, TFUE) ; les modalités d'application de ce dispositif ont été précisées dans deux communications de la Commission de janvier 2011 puis de décembre 2016. Dans une telle hypothèse, il ne faut plus parler de « sanctions consécutives » (à la constatation du manquement) mais de « sanctions intégrées » (à celui-ci)[734].

Il a fallu attendre juillet 2019 pour que la Cour rende son premier arrêt en matière de « sanctions intégrées ». La Belgique a en effet été condamnée à une astreinte de 5 000 euros par jour, à partir du prononcé de l'arrêt, pour n'avoir pas communiqué correctement à la Commission les mesures de transposition de la directive 2014/61 se rapportant aux dispositions à prendre afin de réduire le coût du déploiement de réseaux de communication électronique à haut débit. Cette affaire a permis à la Cour de retenir une conception large de l'expression « obligation de communiquer des mesures de transposition d'une directive législative », laquelle englobe l'absence totale mais également la communication seulement partielle de ces mesures[735]. Depuis lors, il y a eu d'autres applications de ces « sanctions intégrées », la dernière en date à l'encontre de l'Espagne[736].

Signalons enfin que si la Cour est tout à fait libre de fixer le montant de la sanction au titre de la mise en œuvre de la procédure « normale » de l'article 260, § 2, TFUE, en revanche, dans le cadre de la procédure des « sanctions intégrées » l'article 260, § 3, TFUE précise que c'est « dans la limite du montant indiqué par la Commission » que la Cour fixera le niveau de l'amende ou de l'astreinte.

---

733. Cour, 11 décembre 2012, *Commission c/ Espagne*, aff. C-610/10, et Cour, 19 décembre 2012, *Commission c/ Irlande*, aff. C-279/11 et 374/11 : comm. *RTDE*, 2013/2, pp. 321-325.

734. M. BLANQUET, *Droit général de l'Union européenne, op. cit.*, p. 778.

735. Cour, gr. ch., 8 juillet 2019, *Commission c/ Belgique*, aff. C-543/17 : comm. A. RIGAUX, *Europe*, n° 367, 2019.

736. Cour, 25 février 2021, *Commission c/ Espagne*, aff. C-658/19 : comm. A. RIGAUX, *Europe*, n° 120, 2021.

649. Efficacité et originalité du système des sanctions financières. Le moins que l'on puisse dire c'est que le système s'avère efficace, puisque tous les États condamnés à des sanctions financières se sont mis en conformité dans un bref délai à propos de dossiers pourtant anciens.

Plus généralement, soulignons l'originalité du dispositif de l'Union sous deux aspects : d'abord, le juge de l'Union est le seul juge à l'échelon supra-étatique (régional et mondial) à disposer d'une telle arme face aux États ne respectant pas le « droit de l'organisation » ; ensuite, le système est complètement maîtrisé par deux institutions, la Commission et la Cour de justice, qui sont statutairement indépendantes des États membres : le caractère « intégré » de l'Union ne saurait apparaître plus clairement.

650. Articulation du contentieux en manquement et du contentieux de l'annulation. Précisons enfin que le contentieux en manquement peut, le cas échéant, se prolonger sur le terrain de l'annulation[737].

En effet, dans une affaire de 2008 opposant la Commission au Portugal, la décision de liquidation de l'astreinte prise par la Commission en application de l'arrêt de la Cour avait été attaquée en annulation par le Portugal devant le Tribunal. Ce dernier avait annulé cette décision en indiquant notamment : « [...] dans le cadre de l'exécution d'un arrêt de la Cour infligeant une astreinte à un État membre, la Commission doit pouvoir apprécier les mesures adoptées par l'État membre pour se conformer à l'arrêt de la Cour afin, notamment, d'éviter que l'État membre qui a manqué à ses obligations ne se borne à prendre des mesures ayant en réalité le même contenu que celles ayant fait l'objet de l'arrêt de la Cour. Toutefois, l'exercice de ce pouvoir d'appréciation ne saurait porter atteinte, ni aux droits – et, en particulier, aux droits procéduraux – des États membres tels qu'ils résultent de la procédure établie par l'article 226 CE (258 TFUE), ni à la compétence exclusive de la Cour pour statuer sur la conformité d'une législation avec le droit communautaire[738] ». En d'autres termes, la capacité d'appréciation de la Commission, si elle est fondée, ne peut être aussi étendue que celle du juge ; dans son arrêt sur pourvoi, la Cour a d'ailleurs confirmé la position du Tribunal en précisant ce partage de compétence, mais aussi celui existant entre le Tribunal et elle-même compte tenu de sa compétence exclusive pour apprécier la conformité du droit national avec le droit de l'Union[739]...

651 à 652. *Réservés.*

---

737. Pour des précisions, voy. D. Blanc, « Les procédures du recours en manquement, le traité, le juge et le gardien : entre unité et diversité en vue d'un renforcement de l'Union de droit », art. préc., spéc. pp. 452-459.

738. Trib., 29 mars 2011, *Portugal c/ Commission*, aff. T-33/09, *Rec.*, p. II-1429 : comm. V. Michel, *Europe*, n° 152, 2011.

739. Cour, 15 janvier 2014, *Commission c/ Portugal*, aff. C-292/11 P : comm. D. Simon, *Europe*, n° 118, 2014.

Chapitre II

Les autres recours directs

653. Expression « recours directs ». On visera ici par l'expression « autres recours directs » – en laissant de côté le recours en manquement précédemment étudié qui vise les États – les diverses voies de droit permettant de contester devant la juridiction européenne l'action ou l'inaction des institutions de l'Union ; plus précisément, alors que le recours en annulation et le recours en carence sont deux voies autonomes, l'exception d'illégalité, quant à elle, constitue une voie incidente puisqu'elle se greffe sur un recours principal et vise à examiner la légalité d'un acte autre que celui faisant l'objet du recours principal. À l'inverse, les recours indirects sont constitués par les questions préjudicielles qui « transitent » par le juge national et seront examinés dans le chapitre suivant.

654. Statistiques en matière de recours directs. En pratique, ces recours sont d'inégale importance sur le plan statistique : ainsi, en 2021, 882 recours directs ont été introduits devant le Tribunal, essentiellement par des particuliers (dont plus de la moitié sous forme de recours en annulation), la Cour ayant connu quant à elle seulement 9 recours directs et 232 pourvois (parmi lesquels des recours en annulation déjà examinés par le Tribunal) : quant au recours en carence, il fait l'objet d'une dizaine d'affaires chaque année devant le Tribunal alors que la Cour n'a pas eu à en connaître depuis 2009.

655. Annonce des développements. Nous examinerons successivement le recours en annulation qui représente un contrôle direct de la légalité européenne (section 1), l'exception d'illégalité qui en constitue une modalité incidente (section 2), et enfin le recours en carence qui présente une originalité certaine en ce qu'il permet de contester l'absence d'un acte (section 3).

SECTION 1

LE CONTRÔLE DIRECT DE LA LÉGALITÉ EUROPÉENNE : LE RECOURS EN ANNULATION

656. Variété des recours en annulation. Le recours en annulation « de droit commun » est prévu par les articles 263, 264 et 266 TFUE ; d'autres dispositions du TFUE envisagent en effet des recours en annulation particuliers : recours contre les actes de la BEI (art. 271 TFUE, lettres b et c) ; recours prévu par l'ancien article 35, § 6, TUE – et maintenu provisoirement dans les conditions prévues dans le Protocole n° 36 – contre les décisions-cadres et les décisions adoptées par le Conseil avant le Traité de Lisbonne et se rapportant à la coopération policière et judiciaire en matière pénale ; recours dirigé contre le Conseil européen ou le Conseil dans le cadre de l'article 7 du TUE (violation des valeurs de l'Union par un État membre : art. 269 TFUE) ; recours contre les mesures restrictives

PESC adoptées au titre de l'article 215 TFUE (réduction ou suspension de relations économiques et financières avec des pays tiers) et les mesures au titre de l'article 75 TFUE visant des personnes physiques ou morales (art. 275 TFUE) ; enfin, recours pour le contrôle du respect du principe de subsidiarité par les actes législatifs.

L'article 263 TFUE dispose : « La Cour de justice de l'Union européenne contrôle la légalité des actes législatifs, des actes du Conseil, de la Commission et de la Banque centrale européenne, autres que les recommandations et les avis, et des actes du Parlement européen et du Conseil européen destinés à produire des effets juridiques à l'égard des tiers. Elle contrôle aussi la légalité des actes des organes ou organismes de l'Union destinés à produire des effets juridiques à l'égard des tiers.

À cet effet, la Cour est compétente pour se prononcer sur les recours pour incompétence, violation des formes substantielles, violation des traités ou de toute règle de droit relative à leur application, ou détournement de pouvoir, formés par un État membre, le Parlement européen, le Conseil ou la Commission.

La Cour est compétente, dans les mêmes conditions, pour se prononcer sur les recours formés par la Cour des comptes, par la Banque centrale européenne et par le Comité des régions qui tendent à la sauvegarde des prérogatives de ceux-ci.

Toute personne physique ou morale peut former, dans les conditions prévues aux premier et deuxième alinéas, un recours contre les actes dont elle est le destinataire ou qui la concernent directement et individuellement, ainsi que contre les actes réglementaires qui la concernent directement et qui ne comportent pas de mesures d'exécution.

Les actes créant les organes et organismes de l'Union peuvent prévoir des conditions et modalités particulières concernant les recours formés par des personnes physiques ou morales contre des actes de ces organes ou organismes destinés à produire des effets juridiques à leur égard.

Les recours prévus au présent article doivent être formés dans un délai de deux mois à compter, suivant le cas, de la publication de l'acte, de sa notification au requérant ou, à défaut, du jour où celui-ci en a eu connaissance. »

Quant à l'article 264 TFUE, il précise : « Si le recours est fondé, la Cour de justice de l'Union européenne déclare nul et non avenu l'acte contesté.

Toutefois, la Cour indique, si elle l'estime nécessaire, ceux des effets de l'acte annulé qui doivent être considérés comme définitifs »[740].

---

740. Sur le recours en annulation, voy. J. RIDEAU, « Recours en annulation », *JCl Europe*, fasc. 330 et 331, 2015 et O. SPELTDOORN, « Recours en annulation », *Rép. eur.*, Dalloz, 2018.

657. Objectif du recours en annulation. Le recours en annulation, largement inspiré du recours pour excès de pouvoir du droit administratif français, vise à l'annulation d'un acte adopté par une institution, un organe ou un organisme de l'Union, ou très exceptionnellement, à l'annulation de plusieurs actes connexes.

Afin de cerner au plus près le régime juridique de ce recours en annulation, nous aborderons successivement l'examen de la recevabilité (§ 1), l'examen au fond (§ 2) et enfin les pouvoirs du juge de l'annulation (§ 3).

§ 1. L'examen de la recevabilité

658. Aspects de la recevabilité. L'examen de la recevabilité précède normalement l'examen au fond, sauf très rares exceptions.

Trois aspects relatifs à la recevabilité seront précisés : les actes attaquables (A), les requérants admis (B) et le délai de recours (C).

A. Les actes attaquables

659. Double dimension des actes attaquables. L'enjeu se dédouble ici avec, d'une part, la qualité de l'auteur des actes attaqués, et, d'autre part, la nature des actes attaqués.

660. Qualité des auteurs des actes attaqués. Depuis le Traité de Lisbonne, les recours en annulation peuvent être dirigés contre les actes législatifs (adoptés, selon le cas, par le Conseil et le Parlement européen – procédure législative ordinaire – ou par le Conseil, ou par le Parlement européen – procédures législatives spéciales), les actes du Conseil, de la Commission, de la BCE autres que les recommandations et avis, ainsi que les actes du Parlement européen et du Conseil européen (nouveauté) destinés à produire des effets juridiques[741]. Dans ces deux dernières hypothèses, les juridictions de l'Union seront donc conduites à examiner si l'acte produit de tels effets avant de se prononcer sur la recevabilité du recours.

Le Traité de Lisbonne a également innové en prévoyant à l'alinéa 1er de l'article 263 TFUE que la Cour « [...] contrôle aussi la légalité des actes des organes ou organismes de l'Union destinés à produire des effets juridiques à l'égard des tiers », alors que l'alinéa 2 précise que les actes créant ces organes ou organismes pourront prévoir des conditions particulières quant à l'exercice des recours en annulation, à l'encontre des actes qu'ils auront adoptés, par les personnes physiques ou morales : ces

---

[741]. Pour une nuance subtile apportée par la Cour entre « acte attaquable » et « acte produisant des effects juridiques », voy. Cour, 25 février 2021, *Vodafone-Ziggo Group c/ Commission*, aff. C-689/19 : comm. V. Michel, *Europe*, n° 121, 2021.

formules mettent ainsi fin à une situation peu satisfaisante au regard des exigences de l'Union de droit, du fait de la multiplication d'organismes (notamment les « agences européennes »[742]) ces vingt dernières années et hors traités.

Enfin, même si la possibilité d'attaquer les actes de la Cour des comptes n'est pas officiellement prévue par les traités, la logique juridique a conduit les juridictions à admettre le recours en annulation (ou le recours des fonctionnaires) contre les actes adoptés par celle-ci faisant grief.

En définitive, ce qui est essentiel ce n'est pas tant l'institution qui a pris l'acte mais le fait que celui-ci fasse grief.

661. La nature des actes attaqués. Le principe est que les actes de droit dérivé sont seuls attaquables.

Aucun recours n'est possible contre les traités européens, les traités d'adhésion et plus largement contre tout acte de droit primaire de l'Union ; cela étant, la jurisprudence a été amenée à prendre position sur des actes particuliers.

Très tôt, le juge a considéré que des actes de droit dérivé non prévus par les traités – quelle que soit leur dénomination – étaient attaquables, dès lors qu'ils avaient un effet obligatoire de nature à affecter les intérêts du requérant en modifiant de manière caractérisée la situation juridique de celui-ci : il a pu s'agir d'une délibération adoptée par les membres du Conseil assimilée par la Cour à un acte du Conseil en raison de l'existence d'une compétence de la Communauté sur le point en question, d'un acte du Parlement à l'époque où les actes de l'institution de Strasbourg n'étaient pas officiellement attaquables, d'un code de conduite, d'une recommandation[743] ou d'une communication de la Commission, d'un accord interinstitutionnel, des conclusions adoptées par le Conseil dans le cadre de la procédure d'examen des déficits excessifs, voire enfin d'une injonction de fournir des informations à la Commission fondée sur un règlement, laquelle injonction a été assimilée à une décision au sens de l'article 288 TFUE[744].

Les actes adoptés par la Commission dans le cadre des délégations de pouvoirs d'exécution qui lui sont accordées par le Conseil en vertu des articles 290 et 291 TFUE sont attaquables par des recours visant la Commission.

---

742. Voy. à propos de l'Autorité européenne des marchés financiers, L. CLÉMENT-WILZ, « Les agences de l'Union européenne dans l'entre-deux constitutionnel », *RTDE*, 2015/2, pp. 337-348.
743. À moins que la teneur et le contexte d'adoption de la recommandation en cause ne permette d'en déduire qu'elle fait grief : tel n'est pas le cas de la recommandation 2014/478/UE sur la protection des consommateurs et des joueurs dans le cadre des services de jeu de hasard en ligne : Cour, 20 février 2018, *Belgique c/ Commission*, aff. C-16/16 P.
744. Cour, 13 octobre 2011, *Deutsche Post et Allemagne c/ Commission*, aff. C-463 et 475/10, *Rec.*, p. I-9639 : comm. M. MEISTER, *Europe*, n° 449, 2011.

Si les accords internationaux conclus par la Communauté hier et l'Union aujourd'hui ne peuvent évidemment pas faire l'objet d'un recours en annulation, les actes de conclusion ou d'exécution des accords internationaux, eux, sont attaquables[745].

Les actes adoptés par les représentants des États membres réunis au sein du Conseil, lorsqu'ils interviennent hors du champ de compétences de l'Union, ne sont pas assimilés à des actes du Conseil et ne sont donc pas contestables.

Le juge exclut également la recevabilité des recours visant des actes préliminaires, préparatoires ou intermédiaires, prenant place dans une procédure à plusieurs phases ; l'objectif d'une telle logique est de laisser aux institutions, tout spécialement à la Commission, une certaine latitude pour agir sans que celle-ci ne puisse être entravée par des recours trop nombreux visant des actes non définitifs.

662. Hypothèses d'actes inattaquables en annulation. Sont tout autant irrecevables les recours contre les actes purement confirmatifs[746], c'est-à-dire ceux qui ne contiennent aucun élément nouveau et qui n'ont pas été précédés d'un réexamen de la situation du destinataire de l'acte antérieur.

Par principe, les actes relatifs à la PESC ne sont pas justiciables devant les juridictions de l'Union ; toutefois, un recours est possible contre les mesures restrictives PESC adoptées au titre de l'article 215 TFUE (interruption ou réduction de relations économiques et financières entre l'Union et un ou plusieurs pays tiers) et contre les mesures au titre de l'article 75 TFUE visant des personnes physiques ou morales (gel d'avoirs dans le cadre de la lutte contre le terrorisme) comme cela a déjà été mentionné plus haut, et il faut y ajouter la possibilité de recours en annulation visant à faire respecter la séparation maintenue entre la PESC et les autres politiques (art. 40 TUE), en dépit de la suppression formelle des piliers par le Traité de Lisbonne.

De même, les recours contre les actes nationaux ne sont pas recevables, pas plus que ceux visant les actes des particuliers, sauf très rare hypothèse de délégation de pouvoirs par la Commission[747].

Enfin, le Tribunal a estimé qu'une déclaration de l'Eurogroupe concernant la restructuration du secteur bancaire à Chypre, dans la mesure où elle ne pouvait être imputée ni à la Commission ni à la BCE,

---

745. Voy. CJCE, 9 août 1994, *France c/ Commission*, aff. C-327/91, *Rec.*, p. I-3641, attendu 17.
746. Voy. Cour, 14 octobre 2021, *NRW. Bank c/ CRU*, aff. C-662/19 : comm. V. Michel, *Europe*, n° 435, 2021.
747. Décisions prises par la Caisse de péréquation des ferrailles importées, chargée par la Haute Autorité de gérer un mécanisme financier instauré par elle : CJCE, 17 juillet 1959, *SNUPAT c/ Haute Autorité*, aff. 32/58 et 33/58, *Rec.*, p. 275.

n'était pas attaquable en annulation[748] ; cette solution s'inscrit dans la logique de l'arrêt *Pringle* à propos du Mécanisme européen de stabilité (MES)[749].

Le deuxième aspect de la recevabilité des recours en annulation se rapporte aux catégories de requérants admis à agir.

B.   Les requérants admis à agir

663. Diversité des catégories de requérants. Parmi ces requérants, il convient de distinguer les États membres des institutions et organes et enfin des personnes physiques ou morales, tous mentionnés à l'article 263 TFUE.

664. Les États membres. Les États membres peuvent (il s'agit bien d'une simple faculté) introduire un recours en annulation sans avoir à démontrer un quelconque intérêt à agir : à ce titre, ils constituent, avec certaines institutions européennes, des requérants « privilégiés ». Seuls les organes de l'exécutif de l'État central sont visés par l'expression « États membres » : les collectivités infra-étatiques (incluant les entités fédérées des États fédéraux) sont, quant à elles, assimilées à des particuliers, quels que soient leurs compétences et leur statut constitutionnel : elles seront dès lors contraintes de démontrer leur intérêt à agir afin de saisir le Tribunal, comme le Conseil général du Gers l'a constaté, courant 2010, lorsqu'il a souhaité contester une décision d'autorisation de mise sur le marché d'un produit transgénique délivrée par la Commission[750], ou plus récemment la ville de Bruxelles, la ville de Paris et l'ayuntamiento de Madrid s'étant opposées à un règlement relatif aux émissions des véhicules particuliers et utilitaires légers[751].

Signalons ici que le Traité de Lisbonne a établi un régime spécifique concernant le recours en annulation pour violation, par un acte législatif de l'Union, du principe de subsidiarité, lequel prévoit qu'un gouvernement peut introduire un recours en annulation au nom de son Parlement, voire même d'une chambre de celui-ci[752]. Il est renvoyé aux droits nationaux pour les modalités procédurales. Ainsi, en France, ce recours peut être formé par chacune des assemblées (Assemblée nationale ou Sénat) et est simplement transmis au gouvernement ; il est de droit, en vertu de l'article 88, alinéa 6, de la Constitution, si 60 députés ou 60 sénateurs le demandent.

---

748. Voy. Trib., ord., 16 octobre 2014, *Konstantinos Mallis et Elli Konstantinou Malli c/ Commission et BCE*, aff. T-327/13, np : comm. D. Simon, *Europe*, n° 518, 2014.

749. Cour, 27 novembre 2012, *Pringle*, aff. C-370/12 : comm. D. Simon, *Europe*, n° 8, 2013.

750. Trib., ord., 11 avril 2011, *Département du Gers c/ Commission*, aff. T-502/10, np : comm. M. Meister, *Europe*, n° 211, 2011.

751. Cour, 13 janvier 2022, *Allemagne, Ville de Paris et autres c/ Commission*, aff. C-177/19 P à C-179/19 P : comm. V. Bassani-Winckler, *Europe*, n° 77, 2022.

752. En vertu de l'article 8 du Protocole n° 2 sur l'application des principes de subsidiarité et de proportionnalité.

Enfin, il est admis que les États tiers puissent introduire un recours devant le Tribunal, mais ils seront assimilés à des particuliers : cette réalité a été rappelée par le Tribunal de l'Union, en 2019, à l'occasion de l'examen d'un recours en annulation formé par le Venezuela à l'encontre de mesures restrictives prises par l'Union à son endroit du fait de sa situation interne[753].

665. Les institutions ou organes de l'Union. Les institutions ou organes de l'Union constituent la deuxième catégorie de requérants susceptibles d'agir en annulation, étant précisé que la liste des requérants institutionnels a évolué au cours du temps et se décompose aujourd'hui en deux catégories.

Il y a d'abord les « requérants privilégiés » pour lesquels la possibilité de saisine est conçue sans condition particulière : il s'agit du Conseil, de la Commission et du Parlement européens. S'agissant de ce dernier, ce droit de saisine – non prévu initialement – lui a été accordé par voie jurisprudentielle au tout début des années 1990[754], avant d'être consacré textuellement par les Traités de Maastricht puis de Nice. Quant au Conseil européen, sa position institutionnelle rend peu probable une saisine de la Cour de sa part[755]...

Il y a ensuite les « requérants semi-privilégiés », plus précisément la Cour des comptes (depuis Amsterdam), la BCE (depuis Maastricht) et le Comité des régions (depuis Lisbonne), lesquels peuvent intenter un recours en annulation, mais seulement si celui-ci a vocation « à sauvegarder leurs prérogatives »[756] ; cette possibilité n'a pas été utilisée à ce jour.

666. Les personnes physiques ou morales. Les personnes physiques ou morales, de droit privé ou public, sont considérées comme des requérants non privilégiés ; ils ne peuvent pas agir sans condition et à l'encontre de n'importe quel acte.

Même si le traité ne la mentionne pas, le juge européen considère que la première condition de recevabilité du recours est la preuve de l'intérêt à agir, qui doit exister au stade de l'introduction du recours (sous peine d'irrecevabilité) et doit également perdurer jusqu'au prononcé de l'arrêt ; à défaut, le juge devra prononcer un non-lieu à statuer[757].

Concrètement, l'acte devra produire des effets juridiques obligatoires, de nature à affecter les intérêts du requérant en modifiant de façon caractérisée sa situation juridique. Encore aujourd'hui, cet intérêt à agir est conçu

753. Trib., 20 septembre 2019, *Venezuela c/ Conseil*, aff. T-65/18 : comm. V. Bassani, *Europe*, n° 415, 2019, confirmé par Cour, 22 juin 2021, *Venezuela c/ Conseil*, aff. C-872/19 P : comm. V. Bassani, *Europe*, n° 285, 2021.

754. CJCE, 22 mai 1990, *Parlement c/ Conseil*, aff. 70/88, *Rec.*, p. I-2041.

755. Voy. E. Donnat e.a., *La Cour de justice de l'Union européenne et le droit du contentieux européen*, *op. cit.*, p. 203.

756. En vertu de l'alinéa 2 de l'article 263 TFUE et de l'article 8, alinéa 2, du Protocole n° 2 sur l'application des principes de subsidiarité et de proportionnalité.

757. Trib., 9 décembre 2013, *El Corte Inglès, SA c/ Commission*, aff. T-38/09, np : comm. A. Bouveresse, *Europe*, n° 59, 2014.

de manière restrictive par le juge européen : ainsi une association allemande représentant des fabricants et distributeurs de fromages contestant
les enregistrements effectués par la Commission au titre d'une indication
géographique protégée (IGP) s'est vu dénier tout intérêt à agir dans la
mesure où l'annulation des deux règlements litigieux ne procurerait aucun
bénéfice aux membres de ladite association[758] ; en revanche, des entreprises de produits chimiques sont directement affectées par des décisions
prises par l'Agence européenne des produits chimiques (ou ECHA, European
Chemicals Agency) dans le cadre de procédures d'identification et de clas-
sement des substances dangereuses prévues par le règlement Reach[759].

En définitive, l'intérêt à agir n'existe que si le recours est susceptible,
par son résultat, de procurer un bénéfice à celui qui l'a intenté.

667. Conditions de la qualité à agir. Ensuite et surtout, le requérant devra
démontrer sa qualité à agir : plus précisément, il pourra attaquer les actes
dont il est destinataire ou, à défaut, les actes qui le concernent directement
et individuellement, ces deux conditions étant donc cumulatives en vertu
de l'article 263, alinéa 4, TFUE. Distinguons les différents aspects de ce
débat relatif à la situation des particuliers face au recours en annulation[760].

D'abord, l'acte doit concerner directement le particulier : il en est
ainsi lorsque « [...] les autorités nationales ne disposent d'aucun pouvoir
d'appréciation quant à l'exécution de l'acte communautaire à l'égard des
particuliers »[761]. Ainsi, le responsable d'un projet bénéficiaire d'un concours
financier d'un fonds européen n'est pas considéré comme concerné directement par une décision de réduction de ce fonds parce que la décision de
réduction est adressée à l'État, lequel dispose d'un pouvoir d'appréciation
quant aux suites à donner à cette décision[762].

668. Affectation individuelle du requérant. Ensuite, l'acte doit concerner
individuellement le particulier : c'est le cas lorsque l'acte en cause affecte la
personne « [...] en raison de certaines qualités qui lui sont particulières ou
d'une situation de fait qui la caractérise par rapport à tout autre personne et
de ce fait l'individualise d'une manière analogue à celle d'un destinataire »[763].

758.   Trib., 3 septembre 2014, *Schutzgemeinschaft Milch und Milcherzeugnisse c/ Commisssion*,
aff. T-112/11 et 113/11, np.

759.   Trib., 30 avril 2015, *Polynt et Sitre c/ ECHA*, aff. T-134/13, et *Hitachi Chemical Europe c/ ECHA*,
aff. T-135/13, np : comm. S. Roset, *Europe*, n° 219, 2015.

760.   Voy. S. van Raepenbusch, *Les recours des particuliers devant le juge de l'Union européenne*,
Bruxelles, Bruylant, 2012, pp. 5-58.

761.   CJCE, 13 mai 1971, *International Fruit Company c/ Commission*, aff. 41 à 44/70, *Rec.*, p. 411.

762.   Trib., 21 mai 2015, *APRAM c/ Commission*, aff. T-403/13, np : comm. S. Cazet, *Europe*, n° 259,
2015 et dans la même logique, Trib., 4 mai 2017, *Green Source Poland*, aff. T-512/14, np : comm.
D. Simon, *Europe*, n° 258, 2017.

763.   CJCE, 15 juillet 1963, *Plaumann c/ Commission*, aff. 25/62, *Rec.*, p. 197. Pour une confirmation
récente de cette position à propos du fameux dossier du glyphosate, voy. Cour, 3 décembre 2020,
Région de Bruxelles-Capitale c/ Commission, aff. C-352/19 : comm. V. Bassani, *Europe*, n° 51, 2021 et Trib.,
ord., 8 avril 2021, *CRII-GEN e.a. c/ Commission*, aff. T-496/20 : comm. A. Rigaux, *Europe*, n° 202, 2021.

Cette logique est toujours appliquée aujourd'hui, même si les années 1990 ont donné lieu à un certain assouplissement avec les arrêts *Extramet*[764] et *Codorniu*[765] d'abord – dans lesquels le juge a admis que les dispositions d'un acte normatif s'appliquant à la généralité des opérateurs économiques intéressés pouvaient concerner individuellement certains d'entre eux –, prolongé ensuite par l'arrêt du Tribunal *Jego Quéré c/ Commission* de 2002[766], dans lequel il était affirmé qu'une personne physique ou morale devait être considérée comme individuellement concernée par une disposition de l'Union de portée générale qui la concerne directement si la disposition « [...] affect(ait), d'une manière certaine et actuelle, sa situation juridique en restreignant ses droits ou en lui imposant des obligations ».

Dans deux arrêts, *Union Pequenos Agricultores* (UPA) de 2002[767] et *Jégo-Quéré* de 2004[768], la Cour a cependant refermé cette parenthèse libérale en confirmant l'interprétation exigeante, dégagée dès l'arrêt *Plaumann*, de la personne « individuellement » concernée, affaire à laquelle elle continue de faire explicitement référence.

669. Nouvelle rédaction résultant de Lisbonne. Cette approche restrictive est critiquée par une partie significative de la doctrine, laquelle estime qu'elle rend illusoire la protection juridictionnelle effective des particuliers, tout spécialement lorsqu'il n'existe pas de mesures d'exécution susceptibles de constituer le fondement d'une action devant les juridictions nationales. Le Traité de Lisbonne a d'ailleurs voulu remédier à cette faiblesse en supprimant l'exigence d'être « individuellement » concerné pour former un recours contre « [...] les actes réglementaires [...] qui ne comportent pas de mesures d'exécution » (art. 263, al. 4, TFUE) ; cet ajout mérite quelques brèves observations.

En premier lieu, cette nouvelle rédaction n'est applicable qu'aux recours introduits après le 1er décembre 2009 (date d'entrée en vigueur du Traité de Lisbonne) conformément au principe selon lequel la recevabilité d'un recours doit être tranchée selon les règles en vigueur à la date à laquelle il a été introduit (en vertu de l'adage *Tempus regit actum*).

En deuxième lieu, la notion « d'acte réglementaire » doit être comprise « [...] comme visant tout acte de portée générale à l'exception des actes législatifs »[769]. Cette notion repose donc sur deux critères : la portée

---

764. CJCE, 16 mai 1991, aff. C-358/89, *Rec.*, p. I-2501.

765. CJCE, 18 mai 1994, aff. C-309/89, *Rec.*, p. I-1853.

766. TPICE, 3 mai 2002, aff. T-177/01, *Rec.*, p. II-2365.

767. CJCE, 25 juillet 2002, aff. C-50/00 P, *Rec.*, p. I-6677.

768. CJCE, 1er avril 2004, aff. C-263/02 P, *Rec.*, p. I-3425.

769. Trib., ord., 6 septembre 2011, *Inuit Tapirrit Kanatami c/ Parlement et Conseil*, aff. T-18/10, *Rec.*, p. II-5599, pt 56 ; plus largement, voy. F.-V. GUIOT, « L'affaire *Inuit* : une illustration des interactions entre recours individuel et équilibre institutionnel dans l'interprétation de l'article 263 du TFUE », *RTDE*, 2014/2, pp. 389-408.

générale qui la distingue des actes individuels et le caractère non législatif dont on sait qu'il s'appuie sur le critère de la procédure, législative (qu'elle soit ordinaire ou spéciale) ou non, suivie pour l'adoption de l'acte en cause.

L'assouplissement introduit par le Traité de Lisbonne ne vaut donc que pour les actes réglementaires ; les actes législatifs quant à eux ne sont pas concernés et la condition d'affectation individuelle leur est toujours applicable, quand bien même ils ne comporteraient pas de mesures d'exécution : ainsi, un règlement sur le commerce des produits dérivés du phoque, adopté selon la procédure de codécision antérieure à Lisbonne, doit être qualifié d'acte législatif[770] ; en revanche, la décision de la Commission définissant des règles transitoires pour l'ensemble de l'Union relatives à l'allocation harmonisée de quotas d'émission à titre gratuit, conformément à la directive 2003/87/CE établissant un système d'échange de quotas d'émission de gaz à effet de serre à l'échelon européen, constitue un acte réglementaire[771].

En troisième et dernier lieu, le Tribunal a eu l'occasion de préciser ce qu'il fallait comprendre par la formule « [...] qui ne comportent pas de mesures d'exécution » : selon lui, ces mesures peuvent émaner aussi bien des États membres que d'une institution européenne (tout spécialement de la Commission) et la question de savoir si l'acte en cause laisse ou non une marge d'appréciation aux autorités qui assurent son exécution est indifférente, contrairement à l'importance de cette question en matière d'effet direct[772]. En d'autres termes, toute mesure, fût-elle adoptée en vertu d'une compétence liée, voire représentant un acte de pure gestion administrative, sera considérée comme constituant une mesure d'exécution[773].

Malgré tout, en l'état actuel de la jurisprudence, la situation des particuliers en matière de recours en annulation reste partiellement insatisfaisante. Le niveau de protection dépend de la procédure, législative ou pas, par laquelle l'acte contesté a été adopté ; dans le cas où l'acte attaqué a été adopté selon une procédure législative et où il ne comporte pas de mesures d'exécution pouvant être contestées devant une juridiction, le particulier reste toujours démuni de protection juridictionnelle effective, le critère de l'affectation individuelle devant être rempli.

Enfin, indépendamment de la qualité de l'acte attaqué, rappelons que le particulier doit toujours démontrer que l'acte dont il n'est pas le destinataire le concerne directement : ainsi, les établissements de crédit

---

770. Trib., ord., du 6 septembre 2011, préc.

771. Voy. Trib., ord., 4 juin 2012, *Eurofer c/ Commission*, aff. T-381/11, *Rec.*, p. II-2292 : comm. M. MEISTER, *Europe*, n° 296, 2012.

772. Pour un exemple d'acte réglementaire ne comportant pas de mesures d'exécution, déclaré contestable par le Tribunal, voy. Trib., 27 février 2013, *Bloufin Touna*, aff. T-367/10, np : comm. M. MEISTER, *Europe*, n° 159, 2013.

773. Voy. Cour, 28 avril 2015, *T & L Sugars et Sidul Açucares Unipessoal Lda c/ Commission*, aff. C-456/13 P, np : comm. D. SIMON, *Europe*, n° 220, 2015.

sont recevables à contester en annulation des décisions de résolution bancaire – imputables au Conseil de résolution unique (CRU) intervenant dans le cadre plus général de l'union bancaire –, car bien que n'étant pas destinataires des décisions en cause, ils sont à la fois individuellement et directement concernés par celles-ci[774].

Le troisième aspect se rapportant à la recevabilité du recours en annulation concerne le délai pour agir.

C. Le délai pour agir

670. Calculs des délais. Comme pour le recours pour excès de pouvoir français, le délai pour agir en annulation devant le juge de l'Union est de deux mois, à compter de la publication de l'acte, ou de sa notification au requérant ou, à défaut, du jour où il en a eu connaissance.

Pour les actes publiés, le délai de recours débute le quatorzième jour franc suivant la publication, augmenté d'un « délai de distance » forfaitaire de 10 jours (total de 24 jours donc, s'ajoutant aux deux mois « réglementaires »). Ce délai de distance, auparavant justifié, apparaît plus discutable aujourd'hui dans la mesure où la Cour peut – depuis 2011 – être saisie par voie électronique ; cela étant, l'on pourra objecter que cela va dans le sens des intérêts du justiciable...

Par ailleurs, le juge a eu l'occasion de préciser que la mise à disposition par voie électronique d'une décision de la Commission dont le résumé figure par ailleurs au *Journal officiel*, série « Communications », valait publication.

Pour les actes notifiés, le délai court à compter de la fin du jour où la notification a été effectuée ; le requérant devra par ailleurs prouver cette notification.

Enfin, il peut arriver que l'acte ne soit ni publié ni notifié (c'est le cas, par exemple, des décisions de résolution bancaire imputables au Conseil de résolution unique [CRU] agissant dans le cadre de l'union bancaire européenne) ; dans ce cas, le délai courra à partir du moment où le requérant a eu une connaissance exacte du contenu et des motifs de l'acte et aura pu effectivement envisager l'opportunité d'un recours.

671. Enjeu des délais. Le respect des délais est d'application stricte – quand bien même le délai serait dépassé d'une seule journée et que des droits fondamentaux seraient en cause[775] – dans la mesure où il répond à une

---

774. Voy. Trib., 21 novembre 2019, *Banco Coopérativo Espanol c/ CRU, Portigon c/ CRU, Hypo Vorarlberg Bank AG c/ CRU*, aff. T-323/26, T-365/16, et aff. jtes T-377/16, T-645/16 et T-809/16 : comm. D. SIMON, *Europe*, n° 6, 2020.

775. Trib., ord., 16 novembre 2010, *Internationale FruchtimportGessellschaft c/ Commission*, aff. T-296/97, *Rec.*, p. II-3871.

exigence de sécurité juridique et a vocation à éviter toute discrimination dans l'administration de la justice comme a pu l'indiquer la Cour. Toutefois, le délai peut être prorogé en cas d'erreur excusable ou de force majeure, ce qui est bien entendu tout à fait exceptionnel, comme dans une affaire de 2009 – déjà mentionnée – où la poste luxembourgeoise avait inexplicablement conservé pendant plus d'un mois le colis contenant l'original de la requête, expédié bien avant l'expiration du délai[776]...

En cas de requête tardive, le juge soulèvera d'office le non-respect du délai et prononcera par ordonnance l'irrecevabilité du recours[777]..., y compris contre un ancien membre du Tribunal de la fonction publique[778] !

§ 2. L'examen au fond

672. Diversité des moyens invocables. Les moyens invocables dans le cadre d'un recours en annulation sont mentionnés à l'article 263, alinéa 1er, du TFUE : il s'agit de l'incompétence, de la violation des formes substantielles, de la « violation des traités ou de toute règle relative à leur application » et enfin du détournement de pouvoir.

Alors que les deux premiers se rapportent à la légalité externe de l'acte (A), les deux suivants sont relatifs à la légalité interne de celui-ci (B).

A. L'examen de la légalité externe

673. Aspects de la légalité externe. L'incompétence et la violation des formes substantielles sont des moyens d'ordre public ; ils peuvent donc être soulevés d'office par le juge.

674. Le grief d'incompétence. L'incompétence de l'institution auteure de l'acte peut revêtir plusieurs formes ; elle peut être notamment territoriale ou matérielle.

La question de l'incompétence territoriale s'est essentiellement posée dans le domaine des règles de concurrence à propos de l'application des règles européennes à des entreprises situées en dehors de la Communauté européenne et coupables de pratiques anticoncurrentielles : s'agissant de l'affaire dite « pâte de bois » (une entente sur le prix de la pâte de bois entre des entreprises américaines et canadiennes avait eu des conséquences sur le marché européen du papier), la Cour a eu l'occasion de consacrer la « théorie des effets » en vertu de laquelle le droit européen pourra

---

776. Trib., 28 janvier 2009, *Centra Studi Manieri c/ Conseil*, aff. T-125/06, *Rec.*, p. II-69.
777. Voy. les cinq ordonnances du 1er avril 2011, aff. T-468, 469, 470, 472 et 473/10, np : comm. A. Rigaux, *Europe*, n° 210, 2011.
778. Voy. Trib., ord., 27 février 2014, *GJ c/ Cour de justice de l'Union européenne*, aff. T-490/13, np.

s'appliquer, indépendamment de la nationalité des entreprises, dès lors que le comportement en cause a eu des conséquences sur le marché européen[779].

L'incompétence matérielle présente deux formes.

D'abord, elle peut se produire entre institutions européennes ; plus précisément, il peut arriver qu'une institution ait empiété sur la compétence d'une autre : ainsi, une décision de la Commission portant conclusion d'un accord international a pu être annulée parce que la compétence appartenait en l'espèce au Conseil[780].

Ensuite, et surtout, la question de la compétence respective de la Communauté ou de l'Union, d'un côté, et des États membres, de l'autre, se pose et a donné lieu à des débats assez vifs ces dernières années : la Cour a par exemple annulé pour incompétence la directive relative à la publicité sur le tabac, l'article 129, § 4, TCE de l'époque interdisant toute mesure d'harmonisation des droits nationaux dans le domaine de la santé publique ; elle s'est également clairement prononcée en faveur de la compétence des États s'agissant de la fixation du siège des institutions européennes (à propos du Parlement européen tout spécialement)[781]. Mais la question est particulièrement sensible dans le domaine des relations extérieures (notamment en matière de politique commerciale) où le juge a été amené à statuer sur le caractère exclusif ou mixte de la compétence de la Communauté puis de l'Union, avec une marge irréductible d'appréciation qui a pu être contestée par certains États...

675. Violation des formes substantielles. La violation des formes substantielles doit s'entendre comme étant suffisamment grave pour avoir pu exercer une influence sur le contenu de l'acte ou porter atteinte aux intérêts du requérant.

Il s'agit principalement du non-respect de garanties de procédure (notamment des modalités de vote des institutions, de l'obligation de consultation d'une institution – souvent le Parlement européen – et beaucoup plus exceptionnellement des États), du non-respect du principe du contradictoire et des droits de la défense (par exemple, lorsque la Commission européenne a manqué de communiquer, dans la procédure administrative, les griefs retenus contre une entreprise poursuivie pour infraction aux règles de concurrence), du non-respect de l'obligation de motivation (la motivation a pour but, d'une part, de fournir à l'intéressé une indication suffisante pour savoir si l'acte est bien fondé ou s'il est éventuellement entaché d'un vice permettant d'en contester la validité devant le juge et, d'autre part, de permettre à ce dernier d'exercer son

---

779. Voy. CJCE, 14 juillet 1972, *ICI c/ Commission*, aff. 48/69, *Rec.*, p. 619.
780. CJCE, 9 août 1994, *France c/ Commission*, aff. C-327/91, *Rec.*, p. I-3641. Voy. également, Trib., 22 avril 2015, *Planet c/ Commission*, aff. T-320/09, np : comm. A. Bouveresse, *Europe*, n° 221, 2015.
781. CJCE, 10 avril 1984, *Luxembourg c/ Parlement*, aff. 108/83, *Rec.*, p. 1945.

contrôle sur la légalité de l'acte). Il s'agit là d'un motif fréquemment invoqué, mais qui ne doit pas être confondu avec la question du bien-fondé de la motivation qui se rapporte quant à elle à la légalité interne de l'acte.

B. L'examen de la légalité interne

676. Aspects de la légalité interne. Si le motif de la « violation des traités ou de toute règle de droit relative à leur application » est fréquent, celui du détournement de pouvoir est beaucoup plus exceptionnel.

677. Violation du droit de l'Union. La « violation des traités ou de toute règle relative à leur application » permet au juge de veiller au respect de la hiérarchie des normes. La formule englobe toute norme de droit primaire (incluant la Charte des droits fondamentaux), les actes de droit dérivé (sauf ceux de la PESC) qui sont contrôlés au regard des traités (avec surtout l'enjeu du choix de la base juridique pertinente, laquelle doit être fondée sur des éléments objectifs, notamment le but et le contenu de l'acte), les principes généraux du droit dont l'importance est significative en pratique, et enfin les sources internationales (essentiellement les accords internationaux). S'agissant de ces dernières, le juge est particulièrement prudent puisqu'il vérifiera que l'accord en cause lie l'Union et que les parties contractantes ont souhaité qu'il soit opposé judiciairement aux actes internes ; comme la plupart du temps les parties ne se prononcent pas sur ce point, l'examen portera sur « la nature et l'économie de l'accord », en d'autres termes sur le degré de précision et de contrainte que présentent les dispositions conventionnelles en question.

678. Détournement de pouvoir. Enfin, le détournement de pouvoir correspond à une situation dans laquelle une institution a agi dans un but autre que celui pour lequel ses pouvoirs lui ont été conférés. Selon une formule désormais classique, « [...] un acte n'est entaché de détournement de pouvoir que s'il apparaît, sur la base d'indices objectifs, pertinents et concordants, avoir été pris exclusivement, ou à tout le moins de manière déterminante, à des fins autres que celles dont il est excipé ou dans le but d'éluder une procédure spécialement prévue par le traité pour parer aux circonstances de l'espèce »[782]. En pratique ce motif est rarement retenu en raison de la difficulté pour le requérant d'établir la preuve de ce détournement.

---

782. CJCE, 7 septembre 2006, *Espagne c/ Conseil*, aff. 310/04, *Rec.*, p. I-7285.

§ 3. Les moyens du juge de l'annulation

679. Nullité de l'acte. Selon l'article 264 TFUE, le juge déclare nul et non avenu l'acte en cause, sans pouvoir aller, en tout état de cause, au-delà de la prétention des parties (il ne peut statuer « *ultra petita* »[783]).

D'une manière générale et d'abord, la demande formée devant le juge européen doit être clairement une demande d'annulation au sens de l'article 263 TFUE, au risque d'être déclarée irrecevable : tel n'était pas le cas de la requête de Mme Mayer, personnel détaché auprès de l'Agence européenne de sécurité des aliments (EFSA), visant à obtenir par le juge la prolongation de son contrat d'expert détaché qui aurait conduit le Tribunal à se substituer à l'EFSA – qui ne souhaitait pas ce renouvellement –, ou à lui adresser des injonctions, ce qui, de jurisprudence constante, ne relève pas de ses prérogatives dans le cadre du recours en annulation[784].

Par ailleurs, la déclaration de nullité a pour conséquence d'obliger l'auteur de l'acte à le retirer, à le modifier ou à lui substituer un nouvel acte ; elle pourra également conduire l'institution auteure de l'acte, non seulement à prendre les mesures qui s'imposent en faveur des requérants ayant obtenu gain de cause, mais également au profit des autres destinataires de l'acte annulé qui, eux, ne l'avaient pas attaqué : ainsi d'une décision – finalement annulée par le juge – de la Commission infligeant des amendes, lesquelles seront remboursées aux entreprises ayant intenté le recours mais plus largement à toutes les entreprises se trouvant précisément dans la même situation[785]. Mais en toute hypothèse, il est exclu que le juge de l'annulation puisse prononcer une injonction.

En outre, l'annulation dispose d'un effet rétroactif ; cependant, pour d'importants motifs de sécurité juridique, le juge pourra décider de limiter celui-ci. Bien avant l'officialisation de cette possibilité par le Traité de Lisbonne, le juge avait eu l'occasion de limiter la portée rétroactive de règlements, de directives, voire d'une décision portant conclusion d'un accord international.

Outre le recours en annulation, il existe une autre voie de droit permettant de contester la légalité d'un acte de l'Union : il s'agit de l'exception d'illégalité.

---

783. Voy. Cour, 10 décembre 2013, *Commission c/ Irlande, France, Italie, Eurallumina SpA, Aughinish Alumia Ltd*, aff. C-272/12 P : comm. A. Bouveresse, *Europe*, n° 61, 2014.

784. Trib., 17 février 2017, *Ingrid Alice Mayer c/ EFSA*, aff. T-493/14, np. : comm. V. Michel, *Europe*, n° 132, 2017.

785. Par exemple TPICE, 8 juillet 2004, *JFE Engineering e.a. c/ Commission*, aff. T-67/00, T-68/00, T-71/00 et T-78/00, *Rec.*, p. II-2501.

LE CONTRÔLE INCIDENT DE LA LÉGALITÉ EUROPÉENNE : L'EXCEPTION D'ILLÉGALITÉ

680. Définition de l'exception d'illégalité. L'exception d'illégalité est prévue à l'article 277 TFUE dans les termes suivants : « Nonobstant l'expiration du délai prévu à l'article 263, sixième alinéa, toute partie peut, à l'occasion d'un litige mettant en cause un acte de portée générale adopté par une institution, un organe ou un organisme de l'Union, se prévaloir des moyens prévus à l'article 263, deuxième alinéa, pour invoquer devant la Cour de justice de l'Union européenne l'inapplicabilité de cet acte. »

L'exception d'illégalité ne constitue donc pas un recours au sens strict mais seulement une procédure incidente, en ce sens qu'elle n'est utilisable que dans la mesure où elle vient se greffer sur une action principale, son terrain d'élection étant assurément le recours en annulation[786]. D'une manière générale, elle permet à un requérant de se prévaloir, à l'appui de son recours contre un acte le concernant, de l'illégalité de l'acte de portée générale dont l'acte attaqué fait application.

681. Objet de l'exception d'illégalité. S'agissant de l'objet de l'exception, le Traité de Lisbonne a substitué à la formule antérieure limitée aux seuls « règlements » celle « d'acte à portée générale » codifiant ainsi la jurisprudence qui avait généralisé l'exception d'illégalité à l'ensemble des actes normatifs – aux formes diverses : une décision du Conseil en matière de vacance d'emploi ou de couverture de risques de maladies pour certains fonctionnaires européens ; le règlement intérieur d'une institution (de la Commission ou de la BCE) comportant des dispositions assurant la protection des particuliers et ayant donc vocation à produire, au-delà de son objet interne, des effets de droit à leur égard ; certaines lignes directrices ou décisions de la Commission, par exemple en matière d'encadrement général des aides d'État – ayant des effets analogues à un règlement. Seules demeurent exclues les décisions adressées à un particulier ou à un État.

Techniquement, les auteurs des traités et le juge ont permis de pallier les imperfections de leurs recours directs contre les actes généraux, puisque le requérant pourra ainsi contester de manière incidente un acte général devenu inattaquable par l'expiration des délais fixés à l'article 263 TFUE.

682. Particuliers et exception d'illégalité. Justement, l'exception bénéficie essentiellement, en pratique, aux particuliers qui, ne remplissant pas les conditions prévues par le traité et restrictivement interprétées par le juge européen, ne peuvent user du recours en annulation contre de tels actes. Ainsi, la Cour a pu affirmer que « […] l'exception tend à garantir

---

786. J. Molinier et F. Picod, « Exception d'illégalité », *JCl Europe*, fasc. 350, 2022.

que toute personne dispose ou ait disposé d'une possibilité de contester un acte communautaire (européen) qui sert de fondement à une décision qui lui est opposée »[787].

Concrètement, un particulier, qui n'est pas directement et individuellement concerné par un acte de portée générale ou même qui peut avoir un doute raisonnable sur le fait qu'il soit directement et individuellement concerné, peut dès lors soulever l'exception d'illégalité contre un acte de portée générale à l'occasion d'un recours en annulation contre une mesure individuelle le concernant et fondée sur cet acte : c'est ce que la Cour a affirmé dans deux arrêts à la fin des années 2000[788]. Il s'agit ici d'éviter que l'exception ne devienne un « recours en annulation *bis* [...] car ce n'est pas l'acte lui-même qui est en cause [...] mais son application à une situation particulière »[789].

Pour autant, le juge a considéré que, s'agissant d'une décision individuelle que le particulier était recevable à attaquer en annulation, l'écoulement du délai du recours en annulation, à défaut pour le particulier de l'avoir mis à profit, ne permettait plus à ce dernier de remettre en cause la légalité de cet acte, que ce soit par la voie de l'exception d'illégalité soulevée devant le juge national à l'occasion d'un recours formé contre les mesures nationales d'exécution de cet acte, ou par la voie de l'exception d'illégalité soulevée devant le juge européen à l'occasion d'un recours en annulation dirigé contre une décision ultérieure identique à la première[790].

En toute hypothèse, l'exception pourra être invoquée – explicitement – par « toute partie » (incluant les États), c'est-à-dire tant par le demandeur que par le défendeur ; par ailleurs, n'ayant pas de caractère d'ordre public, elle ne pourra pas être soulevée d'office par le juge.

683. Moyens de l'exception d'illégalité. Pour ce qui concerne les moyens de l'exception d'illégalité maintenant, ils correspondent à ceux du recours en annulation : incompétence, violation des formes substantielles, détournement de pouvoir et enfin violation du traité ou de toute règle relative à son application.

684. Conditions de l'exception d'illégalité. Quant à la condition d'utilisation de l'exception, il convient de souligner à nouveau que celle-ci doit être utilisée « à l'occasion d'un litige » selon la formule figurant à l'article 277 TFUE ; la voie de droit principale peut être un recours en annulation, un recours en carence, voire un recours en responsabilité.

---

787. CJCE, 15 février 2001, *Nachi Europe*, aff. C-239/99, *Rec.*, p. I-1197.

788. CJCE, 2 juillet 2009, *Bavaria*, aff. C-343/07, *Rec.*, p. I-5491, confirmé par Cour, 8 juillet 2010, *Afton Chemical Ltd*, aff. C-343/09, *Rec.*, p. I-7027.

789. F. Berrod, *La systématique des voies de droit communautaires*, Paris, Dalloz, 2003, p. 680.

790. Voy. par exemple Trib., 11 janvier 2013, *Charron Inox, Almet c/ Conseil et Commission*, aff. T-445-11 et T-88/12 : comm. A. Bouveresse, *Europe*, n° 115, 2011.

Le plus souvent, l'exception se greffe à un recours en annulation : un particulier conteste une décision individuelle dont il est destinataire et invoque à l'appui de son recours l'illégalité du règlement sur lequel est fondée cette décision ; un État forme un recours en annulation contre un règlement d'exécution en invoquant parallèlement l'illégalité du règlement de base du Conseil. Il faut bien sûr ici qu'il y ait un « lien juridique direct » entre l'acte attaqué et l'acte à l'encontre duquel l'exception est soulevée. En 2021, le Tribunal de l'Union a ainsi annulé une décision de l'Agence européenne des médicaments (EMA), et partant a déclaré recevable l'exception soulevée – par une entreprise spécialisée dans les médicaments génériques – contre la décision d'exécution de la Commission, pour finalement la déclarer inapplicable[791].

Beaucoup plus exceptionnellement, un recours en carence pourra être le support d'une exception d'illégalité : concrètement on peut ainsi imaginer qu'une institution de l'Union justifie son refus d'agir en s'appuyant sur un acte qui l'y autorise et que le requérant soulève l'illégalité de cet acte.

Une exception peut être formulée à l'occasion d'un recours en responsabilité : un particulier, victime d'un préjudice résultant d'une décision individuelle, demande réparation en invoquant l'illégalité de l'acte sur lequel est fondée cette mesure.

L'exception peut également jouer dans le cadre des recours des fonctionnaires : jusqu'en 2016 à l'occasion d'un réexamen – devant la Cour contre les décisions du Tribunal – ou d'un pourvoi devant le Tribunal contre les décisions du tribunal de la fonction publique (à condition qu'il ne fût pas question d'un moyen nouveau ou de la simple répétition d'un moyen déjà présenté) – ou actuellement lors d'un recours devant le Tribunal contre une décision d'une chambre de recours d'un office européen[792] : ces situations restent toutefois marginales en pratique.

Terminons sur une question actuellement discutée : l'exception d'illégalité peut-elle être utilisée dans le cadre d'un recours en manquement comme moyen de défense de l'État ?

Le principe est que l'État ne puisse pas invoquer l'illégalité d'une décision ou d'une directive dont il est destinataire comme moyen de défense contre un recours en manquement fondé sur l'inexécution de cette décision ou la méconnaissance de cette directive[793]. Cela étant, la Cour ne s'est pas prononcée explicitement sur une situation identique mettant en cause cette fois un règlement ; sa position ne devrait pas, en toute logique, être différente[794]…

---

791. Trib., 5 mai 2021, *Pharmaceutical Works*, aff. T-611/18 : comm. P. BRUYAS, *Europe*, n° 249, 2021.

792. Sur les recours internes aux agences et offices : J. DAVID, « Les recours administratifs contre les actes des agences européennes », *RTDE* 2/2016, pp. 275-291.

793. Voy. Cour, 29 juillet 2010, *Commission c/ Autriche*, aff. C-189/09, *Rec.*, p. I-99.

794. J. LOTARSKI, *Droit du contentieux de l'Union européenne, op. cit.*, p. 145. En revanche, la Cour a pu admettre qu'une exception puisse être soulevée à l'encontre d'une directive par voie d'exception de droit interne, devant une juridiction nationale : CJCE, 11 novembre 1997, *Eurotunnel*, aff. C-408/95, *Rec.*, p. I-6315.

685. Admission de l'exception d'illégalité. En dernier lieu, les effets de l'admission de l'exception doivent être mentionnés : il s'agit d'une simple inapplicabilité de l'acte aux parties au litige, en aucun cas d'une annulation de l'acte. Ainsi, l'acte déclaré inapplicable ainsi que toutes les mesures prises sur sa base restent valides et restent donc en vigueur ; cela étant, l'institution auteure de l'acte déclaré illégal est logiquement conduite à faire disparaître le motif d'illégalité soit par abrogation, soit par modification, même s'il ne s'agit pas d'une obligation juridique. Enfin, dans l'hypothèse où l'illégalité constatée par voie d'exception aurait causé un préjudice, elle pourrait logiquement ouvrir la voie à un recours en responsabilité contre l'Union.

Le pendant du recours en annulation (auquel s'ajoute parfois l'exception d'illégalité) est le recours en carence, la Cour allant jusqu'à considérer qu'ils constituent « [...] l'expression d'une seule et même voie de droit »[795] : il s'agit en effet dans les deux cas d'un contrôle direct de la légalité – de l'action (annulation) ou de l'inaction (carence) – de l'Union.

SECTION 3

LE CONTRÔLE DE L'INACTION EUROPÉENNE : LE RECOURS EN CARENCE

686. Article TFUE relatif au recours en carence. Le recours en carence est prévu aux articles 265 et 266 TFUE. Le premier article précise : « Dans le cas où, en violation des traités, le Parlement européen, le Conseil européen, le Conseil ou la Commission ou la Banque centrale européenne s'abstiennent de statuer, les États membres et les institutions de l'Union peuvent saisir la Cour de justice de l'Union européenne en vue de faire constater cette violation. Le présent article s'applique dans les mêmes conditions, aux organes et organismes de l'Union qui s'abstiennent de statuer.

Le recours n'est recevable que si l'institution, l'organe ou l'organisme en cause a été préalablement invité à agir. Si, à l'expiration d'un délai de deux mois à compter de cette invitation, l'institution, l'organe ou l'organisme n'a pas pris position, le recours peut être formé dans un nouveau délai de deux mois.

Toute personne physique ou morale peut saisir la Cour dans les conditions fixées aux alinéas précédents pour faire grief à l'une des institutions, ou à l'un des organes ou organismes de l'Union d'avoir manqué de lui adresser un acte autre qu'une recommandation ou un avis. »

---

795. Voy. Trib., ord., 25 juin 2008, *VDH Projektentwicklung et Edeka Rhein-Ruhr c/ Commission*, aff. T-185/08, *Rec.*, p. II-98, attendu 9.

Quant au second, il indique : « L'institution, l'organe ou l'organisme, dont émane l'acte annulé ou dont l'abstention a été déclarée contraire aux traités, est tenu de prendre les mesures que comporte l'exécution de l'arrêt de la Cour de justice de l'Union européenne.

Cette obligation ne préjuge pas celle qui peut résulter de l'application de l'article 340, deuxième alinéa. »

Le recours en carence correspond au constat, sollicité auprès du juge de l'Union, d'une inaction fautive imputable à l'une des institutions, à l'un des organes ou organismes de l'Union[796].

687. Bénéficiaires du recours en carence. Étant précisé que toute institution, tout État membre et toute personne physique ou morale – avec des restrictions pour ces dernières quant à l'objet de la saisine, le juge ayant transposé en matière de carence les conditions de recevabilité consacrées pour le recours en annulation – peut exercer contre une institution de l'Union un recours en carence, nous envisagerons d'abord l'objet de la saisine (§ 1), puis les conditions de ladite saisine (§ 2) et enfin les conditions de la reconnaissance de la carence et ses conséquences (§ 3).

§ 1. L'objet de la saisine

688. Vocation du recours en carence. Le recours en carence a pour objet l'absence de statuer ou de prendre position, et non l'adoption d'un autre acte que celui que les intéressés auraient voulu voir prendre ou le refus d'agir : dans ces deux derniers cas, en effet, l'acte différent ou le refus d'agir met fin à la carence et rend dès lors le recours en carence irrecevable[797].

Il convient de faire ici encore une distinction entre les institutions et les États membres d'un côté et les particuliers de l'autre.

689. Institutions. S'agissant des institutions (incluant, depuis le Traité de Lisbonne, le Conseil européen et la BCE) et des États, un intérêt à agir n'est pas exigé (ou, cela revient au même, la condition est considérée comme automatiquement remplie) et leurs recours peuvent viser l'absence de tout acte, décisoire ou non. Dans ce second cas, l'acte non décisoire par lui-même doit cependant être un préalable obligé à un acte susceptible de produire de tels effets : la Cour a ainsi considéré que c'était le cas fin 1987 s'agissant du défaut de présentation dans les délais d'un projet de budget pour 1988[798].

---

796. Voy. S. Cazet, *Le recours en carence en droit de l'Union européenne*, Bruxelles, Bruylant, 2012 et J. Molinier, « Recours en carence », *JCl Europe*, fasc. 340, 2021.
797. Voy. J. Lotarski, *Droit du contentieux de l'Union européenne, op. cit.*, pp. 119-126.
798. CJCE, 27 septembre 1988, *Parlement c/ Conseil*, aff. 302/87, *Rec.*, p. 5615.

690. Particuliers. En ce qui concerne maintenant les particuliers, en qualité de requérants ordinaires, ceux-ci doivent démontrer leur intérêt à agir (leur situation juridique doit être affectée par l'absence d'acte) mais également leur qualité à agir, en d'autres termes l'abstention d'agir ne peut normalement concerner que les décisions qui leur sont destinées : ainsi, la Commission a été condamnée à la fin de 2013 pour n'avoir pas fait de proposition de décision au Conseil, en matière d'autorisation de mise sur le marché d'un produit transgénique (OGM), dans un dossier présenté par l'entreprise Pioneer[799].

Symétrique du recours en annulation, le recours en carence ne peut pas, en effet, viser un acte qu'une institution aurait dû adopter et que le requérant n'aurait pas eu la qualité pour attaquer directement, n'en étant pas le destinataire. Ainsi, un particulier ne pourra pas exercer un recours en carence afin de contraindre la Commission à introduire une procédure en manquement contre un État puisque dans ce cas l'acte qui ouvre la procédure vise l'État en question et non directement les particuliers.

Toutefois, il est des cas où le requérant sera admis à agir alors qu'il n'est pas destinataire de l'acte non adopté : il faudra pour cela que le particulier établisse qu'il « [...] se trouve exactement dans la situation juridique du destinataire potentiel d'un acte juridique que (l'institution) serait obligée de prendre à son égard »[800]. Autrement dit, le requérant devra démontrer qu'il aurait été directement et individuellement concerné par l'acte – quel qu'il soit – que l'institution mise en cause aurait dû adopter, en établissant ainsi qu'un recours en annulation contre cet acte aurait été recevable.

§ 2. Les conditions de la saisine

691. Invitation à agir. La saisine du juge européen n'est pas immédiate ; elle doit en effet être précédée d'une procédure précontentieuse prenant la forme d'une invitation à agir adressée à l'institution ou à l'organe mis en cause.

---

799. Voy. Trib., 26 septembre 2013, *Pioneer c/ Commission*, aff. T-164/11: comm. A. Bouveresse, *Europe*, n° 447, 2013. En revanche, un particulier ne pourra pas exiger de la Commission qu'elle intervienne pour faire cesser la violation d'un accord bilatéral avec la Suisse car quand bien même les mesures sollicitées seraient prises, elles ne concerneraient que les relations entre l'Union et ce pays tiers et non les relations des autorités de l'Union avec des personnes physiques ou morales : Trib., ord., 25 septembre 2019, *Magnan c/ Commission*, aff. T-99/19 : comm. V. Michel, *Europe*, n° 416, 2019.

800. Voy. par exemple TPICE, ord., 23 janvier 1991, *Prodifarma c/ Commission*, aff. T-3/90, *Rec.*, p. II-1, attendu 35. Il faudra toutefois que le requérant arrive à démontrer un intérêt à agir « né et actuel » et non « futur et incertain » : voy. Cour, 23 novembre 2017, *Bionorica c/ Commission*, aff. C-596/15 P et C-597/15 P : comm. S. Cazet, *Europe*, n° 8, 2018.

Cette procédure ne connaît pas de délai précis ; elle doit s'ouvrir par une demande « [...] suffisamment explicite et précise pour permettre à (l'institution) de connaître de manière concrète le contenu de la décision qui lui est demandé de prendre et faire ressortir qu'elle a pour objet de contraindre celle-ci à prendre parti »[801].

692. Recours proprement dit. L'invitation à agir délimite le cadre du recours qui sera introduit en cas de carence persistante ; ce recours devra effectivement porter sur la même demande que celle qui a été auparavant formulée.

En outre, si l'institution s'abstient de répondre dans les deux mois qui suivent l'invitation à agir – ou répond dans ce délai de manière clairement dilatoire –, le recours est alors recevable ; la saisine du juge doit alors intervenir dans un nouveau délai de deux mois, sans attendre que l'institution se manifeste ultérieurement : dans la mesure où les délais de recours sont d'ordre public, le requérant risquerait de se retrouver forclos.

Précisons bien ici que dans l'hypothèse où le silence gardé par l'institution équivaut à une décision implicite de rejet, seul le recours en annulation – et non en carence – sera utilisable, puisqu'une décision a bien été prise, bien qu'implicite ! Il en est de même, *a fortiori*, en cas de refus explicite d'agir de la part de l'institution sollicitée.

Enfin, si la carence prend fin, après le premier délai de deux mois ou même après le dépôt de la requête, par l'intervention tardive d'un acte ou d'une prise de position, le recours perdant son objet deviendra irrecevable ; si l'affaire est déjà en cours d'examen, le juge n'aura d'autre choix que de prononcer un non-lieu à statuer.

§ 3. Les conditions de la reconnaissance de la carence et ses conséquences

693. Double condition de la carence. Pour que le recours en carence soit admis, deux conditions doivent être remplies : la carence doit être constitutive d'une violation du droit de l'Union, d'une part, et les mesures qui auraient dû être prises doivent pouvoir être identifiées, d'autre part.

694. Violation du droit de l'Union. D'abord la carence doit constituer une « violation du droit de l'Union », expression qui dépasse logiquement les seuls traités. La reconnaissance de la carence suppose l'existence d'une obligation d'agir pesant sur l'institution concernée, que celle-ci n'aurait pas respectée. Peu importe que l'institution en cause dispose d'une compétence discrétionnaire ou d'une simple compétence liée.

---

801. TPICE, 3 juin 1999, *TF1 c/ Commission*, aff. T-17/96, *Rec.*, p. II-1757.

L'obligation à agir devra être appréciée au moment où l'invitation à agir a été adressée à l'institution, en tenant compte cependant des circonstances de l'espèce : le droit de la concurrence fournit ainsi maints exemples de situations très disparates.

695. Caractère identifiable des mesures à prendre. Ensuite, il est nécessaire que les mesures qui auraient dû être prises soient identifiables : il faut comprendre par là que les mesures en question doivent pouvoir être déterminées de manière suffisamment précise. Ainsi, tel n'était pas le cas, selon la Cour, dans une affaire où le Parlement reprochait au Conseil son inaction dans le cadre de la politique des transports, faute de pouvoir établir que le Conseil « [...] a omis de prendre des mesures dont la portée peut être suffisamment définie pour qu'elles puissent être individualisées et faire l'objet d'une exécution au sens de l'article 176 (devenu 266 TFUE) »[802].

À l'inverse, dans une affaire de décembre 2015, le Tribunal de l'Union, sur recours de la Suède, a condamné la Commission pour n'avoir pas adopté les critères scientifiques permettant de définir et de réglementer les molécules de synthèse agissant sur le système hormonal (les perturbateurs endocriniens) et présentes dans toute une série de produits courants (plastiques, solvants...), alors qu'un règlement de 2012 lui imposait de le faire avant le 13 décembre 2013. Le principal argument avancé par la Commission tenant à la nécessité de conduire préalablement une « étude d'impact » – afin notamment d'évaluer le fardeau économique que représenteraient les critères adoptés pour les entreprises – a été écarté par le juge, celui-ci constatant qu'aucune disposition du règlement de 2012 n'exigeait une telle étude[803].

696. Conséquences de l'arrêt en carence. Enfin, par son arrêt en carence, le juge de l'Union se contentera de déclarer contraire au droit de l'Union l'abstention d'agir de l'institution en cause ; il ne pourra ni se substituer à l'institution coupable de carence, ni prononcer une injonction quelconque, de paiement par exemple.

Dès lors, l'institution ou l'organe visé devra donc prendre les mesures qui découlent de l'exécution de l'arrêt – ce qui est d'ailleurs rappelé à l'article 266 TFUE – et un refus persistant d'agir pourrait donner lieu à un nouveau recours en carence ; quant au refus explicite d'adopter une mesure qui s'imposerait en vertu de l'arrêt, il pourra faire l'objet d'un recours en annulation.

Après l'étude des recours visant directement la légalité de l'action et de l'inaction de l'Union européenne, intéressons-nous à une voie de droit indirecte permettant de s'assurer de la conformité du droit national au droit de l'Union : le renvoi préjudiciel.

697 à 699. *Réservés*.

---

802. CJCE, 22 mars 1985, *Parlement c/ Conseil*, aff. 13/83, *Rec.*, p. 1513.
803. Trib., 16 décembre 2015, *Suède c / Commission*, aff. T-521/14, np : comm. S. Cazet, *Europe*, n° 45, 2016 ; voy. S. Foucart, « La justice condamne l'inaction de Bruxelles », *Le Monde*, 18 décembre 2015.

Chapitre III

Le renvoi préjudiciel

700. Définition du renvoi préjudiciel. Considérée comme une voie de droit devant le juge de l'Union, la question préjudicielle (ou renvoi préjudiciel) n'est pas à proprement parler un recours ; il s'agit d'un mécanisme original permettant à un juge national confronté, à l'occasion d'un litige, à un problème d'interprétation du droit de l'Union ou d'appréciation de validité (de son droit dérivé) de saisir le juge de l'Union et de surseoir à statuer dans l'attente de sa réponse[804].

Cette procédure est mentionnée à l'article 19, § 3, b), TUE et organisée à l'article 267 TFUE.

L'article 19, § 3, TUE dispose : « La Cour de justice de l'Union européenne statue conformément aux traités :

a) sur les recours formés par un État membre, une institution ou des personnes physiques ou morales ;

b) à titre préjudiciel, à la demande des juridictions nationales, sur l'interprétation du droit de l'Union ou sur la validité d'actes adoptés par les institutions ;

c) dans les autres cas prévus par les traités. »

Quant à l'article 267 TFUE, il précise : « La Cour de justice de l'Union européenne est compétente pour statuer, à titre préjudiciel :

a) sur l'interprétation des traités ;

b) sur la validité et l'interprétation des actes pris par les institutions, organes ou organismes de l'Union.

Lorsqu'une telle question est soulevée devant une juridiction d'un des États membres, cette juridiction peut, si elle estime qu'une décision sur ce point est nécessaire pour rendre son jugement, demander à la Cour de statuer sur cette question.

Lorsqu'une telle question est soulevée dans une affaire pendante devant une juridiction nationale dont les décisions ne sont pas susceptibles d'un recours juridictionnel de droit interne, cette juridiction est tenue de saisir la Cour.

Si une telle question est soulevée dans une affaire pendante devant une juridiction nationale concernant une personne détenue, la Cour statue dans les plus brefs délais. »

701. Importance statistique du renvoi préjudiciel. En pratique, le renvoi préjudiciel représente un volume d'affaires important réglé chaque année par la Cour : ainsi, en 2021, sur 772 affaires clôturées par la Cour, 547 l'ont été à titre préjudiciel (soit plus de 70 %), et sur 838 affaires introduites cette même année, 567 ont été transmises à la Cour par voie préjudicielle (soit plus de 67 %).

---

804. Voy. J. Pertek, *Le renvoi préjudiciel. Droit, liberté ou obligation de coopération des juridictions nationales avec la CJUE*, Bruxelles, Larcier, 2021.

Début 2022, la barre des 12 000 renvois préjudiciels réglés par la Cour depuis ses débuts avait été franchie… Cela étant, il existe bien entendu des disparités d'utilisation entre États membres mais également entre juridictions d'un même État membre.

702. Importance juridique du renvoi préjudiciel. Au-delà de cette importance pratique, le renvoi préjudiciel a également une grande importance juridique, puisqu'il permet à la Cour de garantir l'application uniforme du droit de l'Union par son interprétation et divers grands principes ont pu être dégagés dans ce contexte, tout spécialement – s'agissant des rapports entre les droits nationaux et le droit communautaire/européen – ceux d'effet direct et de primauté.

Concrètement, la question préjudicielle offre la possibilité – tout comme le recours en manquement – de trancher la question de la conformité d'une règle nationale au droit de l'Union (la première de manière indirecte et la seconde de manière directe). Dans la mesure où le recours en manquement est fermé aux particuliers, le renvoi préjudiciel est intéressant pour eux puisque, sous réserve d'une saisine de la Cour par le juge national, il leur sera possible de contester la validité d'un acte de l'Union qu'ils n'auraient pas été recevables à attaquer en annulation en raison de sa portée générale ou qu'ils n'auraient pas attaqué dans le délai imparti[805].

703. Champ de compétence de la Cour en matière préjudicielle. Enfin, précisons que la compétence de la Cour à titre préjudiciel n'est toujours pas complète aujourd'hui puisqu'en vertu des articles 24 TUE et 275 TFUE, la Cour ne peut en effet connaître de renvois portant sur les dispositions de la PESC, sauf s'agissant du contrôle de la délimitation entre la PESC et les autres politiques de l'Union.

De plus, la compétence préjudicielle de la Cour a été limitée dans le domaine de la coopération policière et judiciaire en matière pénale pendant cinq ans après l'entrée en vigueur du Traité de Lisbonne : durant cette période, chaque État était libre de formuler une déclaration d'acceptation de compétence de juridiction préjudicielle de la Cour, ce que 19 États membres (dont la France) avaient fait ; cette période transitoire a pris fin le 1er décembre 2014.

Pour préciser tant les enjeux que les modalités du renvoi préjudiciel, nous aborderons successivement l'objet du renvoi (section 1), la mise en œuvre du renvoi (section 2), les suites du renvoi (section 3) et enfin l'autorité des arrêts préjudiciels (section 4).

---

805.   Voy. A. Popov, « La complémentarité entre les recours en annulation formés par des particuliers et les renvois préjudiciels en appréciation de validité avant comme après l'entrée en vigueur du Traité de Lisbonne et l'accès au prétoire de l'Union européenne », *CDE*, 2012/1, pp. 167-194.

L'OBJET DU RENVOI

704. Dualité du renvoi préjudiciel. Le renvoi préjudiciel peut avoir pour objet soit l'Interprétation (§ 1)[806], soit l'appréciation de validité (§ 2) d'une norme européenne[807].

§ 1. L'interprétation

705. Normes visées par l'interprétation. L'interprétation – entendue ici comme visant tous les éléments susceptibles de préciser la signification et les modalités d'application du texte qui fait l'objet du renvoi – qui est demandée à la Cour peut d'abord concerner le droit primaire : traités européens au premier chef (sauf dispositions relatives à la PESC), mais également, notamment, les traités d'adhésion, les protocoles et dorénavant la Charte des droits fondamentaux de l'Union[808].

Le renvoi peut également viser « les actes pris par les institutions, organes ou organismes de l'Union européenne » – selon la formule retenue par le Traité de Lisbonne –, qu'ils aient un caractère contraignant ou non, et qu'ils soient dotés d'un effet direct ou non, avec la restriction précédemment évoquée s'agissant des actes relevant de la PESC. Cela inclut les actes conventionnels liant l'Union, que ces accords aient été conclus par l'Union (seule ou aux côtés de ses États membres) ou par ses seuls États membres (cas particulier du GATT), et même les actes d'organes institués par un traité conclu par l'Union, toutes ces normes faisant partie intégrante de l'ordre juridique de l'Union.

La Cour peut enfin interpréter les principes généraux du droit applicables dans l'ordre de l'Union, tout comme ses propres arrêts, préjudiciels ou en manquement notamment.

En revanche, le juge de l'Union ne peut interpréter des dispositions de droit national, à moins que celles-ci ne renvoient aux normes de l'Union européenne ou qu'il y soit fait référence par de simples stipulations contractuelles[809] ; cette dernière position a été cependant sérieusement contestée, notamment par des avocats généraux[810].

---

806. Voy. J. Pertek, « Renvoi préjudiciel en interprétation », *JCl Europe*, fasc. 361, 2019.
807. Voy. J. Pertek, « Renvoi préjudiciel en appréciation de validité », *JCl Europe*, fasc. 362, 2019.
808. Voy. s'agissant du principe *ne bis in idem* énoncé à l'article 50 de la Charte : Cour, 26 février 2013, *Aklagaren c/ Hans Akerberg Fransson*, aff. C-617/10 *Rec.*, np : comm. D. Simon, *Europe*, n° 154, 2013.
809. Voy. CJCE, 18 octobre 1990, *Dodzi*, aff. C-297/88, *Rec.*, p. I-3763.
810. Voy. notamment l'avocat général Tesauro dans l'affaire *Keinword Benson,* 28 mars 1995, aff. C-346/93, *Rec.*, p. I-615.

§ 2. L'appréciation de validité

706. Appréciation du seul droit dérivé de l'Union. À la différence du renvoi en interprétation, le renvoi en appréciation de validité ne peut porter que sur le droit européen dérivé, à travers l'examen de la légalité interne et externe des actes des institutions.

Comme pour le renvoi en interprétation, les dispositions de droit national ne sauraient être l'objet d'un renvoi en appréciation de validité au regard du droit de l'Union, cette tâche incombant au seul juge national. Toutefois, en donnant son interprétation du droit de l'Union, la Cour conduit en pratique le juge national à en tirer les conséquences quant à la validité des mesures nationales qui lui sont soumises, quand elle ne décide pas, à la suite de l'interprétation de la règle européenne qui a été sollicitée, d'affirmer clairement que la législation nationale est contraire au droit de l'Union[811].

Il est dès lors permis de se demander si le juge de l'Union ne va pas jusqu'à contrôler lui-même le droit national, outrepassant ainsi sa mission qui consiste normalement à éclairer le juge national qui l'a saisi, sans se prononcer pour autant sur les faits du litige au principal. Sur ce dernier point, il est clair que si le juge national détaille très précisément les faits et le contexte juridique de l'affaire, la position prise en retour par le juge de l'Union ne lui laissera, en pratique, qu'une marge de manœuvre réduite...

Le renvoi en appréciation de validité est en pratique bien moins fréquent que celui en interprétation ; parmi les exemples de saisine de la Cour par une juridiction nationale à ce premier titre, évoquons brièvement deux affaires à l'issue opposée, l'une de fin 2011, l'autre du printemps 2014.

Dans la première affaire était en cause la directive 2008/101 prévoyant que le secteur du transport aérien serait soumis au système d'échange de quotas d'émission de gaz à effet de serre à partir du 1er janvier 2012 : concrètement, cela signifiait qu'à partir de cette date, toute compagnie aérienne (même non européenne), ayant des vols à partir ou à destination d'une ville européenne, se verrait appliquer une « taxe carbone » à acquitter en fin d'année civile. Plusieurs compagnies américaines et canadiennes ont contesté la validité de cette directive au regard de divers principes internationaux, conventionnels (figurant notamment dans la Convention de Chicago et le Protocole de Kyoto) et coutumiers devant un juge britannique ; celui-ci a décidé de saisir la Cour par voie préjudicielle. Les juges du Kirchberg ont finalement conclu à la validité de la directive dans un arrêt *Air Transport* du 21 décembre 2011[812].

---

811. Voy. CJCE, 23 février 1997, *Eckehard Pastoors*, aff. C-29/95, *Rec.*, p. I-285.

812. Cour, 21 décembre 2011, *Air Transport*, aff. 366/10, *Rec.*, p. I-13755 : comm. L. CLÉMENT-WILZ, *RAE*, 2011/4, pp. 853-861 et D. SIMON, *Europe*, 2012, pp. 5-8.

La seconde affaire se rapportait à la directive du 15 mars 2006 sur la détention et la conservation des données électroniques qui a été invalidée par la Cour en avril 2014 : celle-ci a en effet considéré que les modalités de conservation des données imposées par le texte européen – adopté à la suite des attentats terroristes de Madrid (2004) et Londres (2005) – constituaient une ingérence de grande ampleur et particulièrement grave dans le droit fondamental à la protection de la vie privée qui, même si elles n'affectaient pas la substance du droit et poursuivaient un objectif d'intérêt général, étaient manifestement excessives[813]. Avec cette décision « historique », la Cour a ouvert plus largement le dossier ultra-sensible de la conciliation entre l'accès à la « société numérique » et la protection des libertés fondamentales[814].

L'objet du renvoi préjudiciel ainsi précisé, il convient maintenant de s'intéresser à la mise en œuvre du renvoi opéré par le juge national.

SECTION 2
LA MISE EN ŒUVRE DU RENVOI

707. Aspects de l'exercice du renvoi. L'étude de l'exercice du renvoi préjudiciel conduit à présenter l'auteur du renvoi d'abord (§ 1) et les conditions du renvoi ensuite (§ 2).

§ 1. L'auteur du renvoi

708. Qualité de juridiction. La question préjudicielle ne peut émaner que d'une juridiction d'un État membre.

Il faut bien saisir que la qualification européenne de « juridiction » ne coïncide pas forcément avec les qualifications nationales ; en d'autres termes, la Cour estime avoir en la matière une autonomie de jugement[815]. Afin d'apprécier si l'auteur du renvoi constitue bel et bien une « juridiction », le juge de Luxembourg a ainsi dégagé plusieurs critères cumulatifs constituant un véritable faisceau d'indices[816].

---

813. Cour, 8 avril 2014, *Digital Rights Ireland Ltd et Kärntner Landesregierung e.a.*, aff. C-293/12 et 294/12, np : comm. S. PERROU, *RTDE*, 2015/1, pp. 117-131.
814. Voy. D. SIMON, « La révolution numérique du juge de l'Union : les premiers pas de la cybercitoyenneté », *Europe*, étude n° 6, 2014.
815. Pour une affaire déniant la qualité de « juridiction nationale » aux greffiers des tribunaux espagnols en matière de violences envers les femmes : Cour, 16 février 2017, *Margarit Panicello*, aff. C-503/15, np : comm. *RTDE*, 2/2017, pp. 408-410.
816. Voy. CJCE, 27 avril 2006, *Standesamt Stadt Niebüll*, aff. C-96/04, *Rec.*, p. I-3561, pt 12.

709. Critères de qualification de juridiction. Il y a d'abord l'origine légale (d'où l'exclusion *a priori* des instances arbitrales) et la permanence de l'organe[817].

Il y a ensuite le caractère obligatoire de sa juridiction : il faut comprendre par là le fait que le recours à l'organe soit obligatoire d'une part et que les décisions qu'il rend disposent d'une force obligatoire d'autre part : ainsi, une Commission de conciliation et d'expertise douanière qui ne comporte justement pas de juridiction obligatoire ne peut être considérée comme une juridiction au sens européen du terme, de même que la Commission danoise des recours en matière de télécommunications[818].

S'ajoute aux critères précédents celui de l'exercice d'une juridiction en droit, c'est-à-dire le fait qu'il y ait application de la règle de droit : un Conseil de l'ordre des avocats, dès lors qu'il n'exerce pas une fonction juridictionnelle, ne sera pas considéré comme une « juridiction », au contraire d'un ordre professionnel exerçant une telle fonction. Concrètement, l'absence d'une telle fonction juridictionnelle a par exemple conduit la Cour à dénier la qualité de juridiction à la Commission bulgare de défense contre la discrimination[819].

La Cour s'intéresse également à l'existence ou non d'une procédure contradictoire de principe devant l'organe qui l'a saisie, même si la procédure au cours de laquelle le juge a formulé la question préjudicielle peut ne pas présenter ce caractère contradictoire[820].

Enfin, un dernier critère a émergé plus récemment : celui de l'indépendance de l'organe ; concrètement, la Cour va vérifier que l'instance de renvoi n'a pas de liens, organiques ou fonctionnels, avec l'administration qu'elle est censée contrôler. À l'aune de ce critère, la Commission hellénique de concurrence s'est ainsi vu refuser le caractère de juridiction au motif qu'elle était soumise à la tutelle du ministre du Développement ; même conclusion tout récemment pour le *Tribunal Economico-Administrativo* espagnol, alors même que la Cour lui avait reconnu la qualité de juridiction vingt ans plus tôt[821] !

S'agissant du cas particulier des instances mises en place par une convention conclue entre les parties et leur conférant une fonction d'arbitrage, tout dépendra des modalités de leur intervention ; dès lors que, ni la composition ni la compétence des instances en question ne sont

---

817. Voy. cependant : Cour, 13 février 2014, *Merk Canada Inc. c/ Accord Healthcare Ltd e.a.*, aff. C-555/13 : comm. A. Rigaux, *Europe*, n° 150, 2014.

818. Cour, 9 octobre 2014, *TDC A/S c/ Erhvervsstyrelsen*, aff. C-222/13, np : comm. E. Daniel, *Europe*, n° 520, 2014.

819. Cour, 31 janvier 2013, *Belov*, aff. C-394/11, np : comm. M. Meister, *Europe*, n° 116, 2013.

820. CJCE, 17 mai 1994, *Corsica Ferries Italia*, aff. C-18/93, *Rec.*, p. I-1783.

821. Cour, gr. ch., 21 janvier 2020, *Banco de Santander*, aff. C-274/14 : comm. A. Rigaux, *Europe*, n° 92, 2020. Plus récemment, à propos du parquet de Trente, en Italie : voy. Cour, 2 septembre 2021, *XX*, aff. C-66/20 : comm. F. Gazin, *Europe*, n° 372, 2021.

laissées à l'appréciation des parties, celles-ci pourront se voir reconnaître la qualité de juridiction, sous réserve bien entendu de remplir les autres critères posés par le juge de l'Union.

Au total, la Cour s'appuie donc sur l'origine légale, la permanence, le caractère obligatoire de la saisine, la nature contradictoire de la procédure et l'application des règles de droit, ainsi que l'indépendance et l'impartialité : toutes ces caractéristiques ne sont pas forcément présentes au sein des organes nationaux assurant un contrôle de constitutionnalité...

710. Cas des instances constitutionnelles. L'analyse de la jurisprudence de la Cour de justice fait pourtant apparaître une attitude tolérante – souvent sans véritable justification ! – de celle-ci à l'égard des instances constitutionnelles des États membres, qu'il s'agisse de la Cour d'arbitrage de Belgique[822], de la juridiction constitutionnelle d'un *Land*[823] ou, en 2013, du Conseil constitutionnel français[824]. Dans ce dernier cas, la question émanant du juge constitutionnel français – la première historiquement – a manifestement été accueillie par le juge de l'Union pour des considérations d'opportunité et de pragmatisme[825], ce brevet de « juridictionnalité » européen ne mettant pas fin au débat sur la nature du Conseil constitutionnel[826]...

711. Existence d'un litige réel et décision de nature juridictionnelle. Une fois la qualité de juridiction reconnue, toute instance nationale sera susceptible de saisir la Cour, quelle que soit sa spécialité (civile, commerciale, pénale, etc. et même constitutionnelle), quel que soit l'ordre auquel elle appartient ou encore quelles que soient les procédures juridictionnelles mises en œuvre devant elle.

Il faudra cependant qu'existe un véritable litige : la Cour a ainsi refusé de répondre à l'autorité autrichienne de régulation des télécommunications au motif qu'elle n'était saisie d'aucun litige[827] ; de même, le juge n'hésitera pas à écarter les questions découlant d'un litige construit de manière artificielle.

En outre, l'instance de renvoi devra être habilitée à statuer dans le cadre d'une procédure ayant vocation à aboutir à une décision de caractère juridictionnel, ce qui en pratique conduira à un examen au cas par cas pour les autorités cumulant les fonctions juridictionnelles et non juridictionnelles (administratives). Pour être recevable, la question doit en effet être opérée dans la perspective d'une décision juridictionnelle, ce que

---

822. Voy. CJCE, 16 juillet 1998, *Fédération belge des chambres syndicales des médecins* c/ *Gouvernement flamand*, aff. C-93/97, *Rec.*, p. I-4837.

823. Voy. CJCE, 28 mars 2000, *Georges Badeck* c/ *Land de Hesse*, aff. C-158/97, *Rec.*, p. I-1875.

824. Voy. Cour, 30 mai 2013, *Jérémy F* c/ *Premier ministre*, aff. C-168/13 PPU, np : comm. C. GESLOT, *RUE*, n° 572, 2013, pp. 537-543 et P.-Y. MONJAL, *RDUE*, 2013/2, pp. 297 et s.

825. Voy. en ce sens les commentaires de C. GESLOT et P.-Y. MONJAL, préc.

826. Voy. X. MAGNON, « La révolution continue : le Conseil constitutionnel est une juridiction... au sens de l'article 267 TFUE », *RFDC*, 2013/4, pp. 246 et s.

827. Cour, ord., 6 octobre 2005, *Telekom Austria*, aff. C-256/05, np.

confirme l'article 267 TFUE en indiquant que la juridiction nationale ne pourra recourir à la procédure préjudicielle que si le verdict de la Cour « est nécessaire pour rendre son jugement ». Ainsi, dans une affaire mettant en cause le dispositif financier de l'UEFA applicable aux clubs de football professionnel – connu sous l'appellation « Fair-Play financier » –, la Cour a refusé de répondre à la question préjudicielle posée par le Tribunal de Bruxelles car celui-ci s'était déclaré incompétent sur le fond et sa question devenait dès lors inutile[828]. Précisons enfin qu'un renvoi préjudiciel en appréciation de validité d'un règlement est irrecevable si ledit règlement pouvait être contesté par la voie de l'annulation[829].

Quelles sont maintenant les conditions du renvoi ?

§ 2. Les conditions du renvoi

712. Double condition à remplir. À l'occasion de l'examen d'un litige qui lui est soumis, le juge national doit avoir un doute réel sur l'interprétation – ou plus exceptionnellement sur la validité – de la ou des règles de l'Union pertinentes (A) ; dès lors que ce doute existe, il renverra au juge de l'Union, ce renvoi s'exerçant toutefois différemment selon que les décisions de la juridiction nationale à l'origine de la procédure sont susceptibles ou non de recours juridictionnels internes (B).

A. L'existence d'un doute quant à l'interprétation ou à la validité de la norme européenne

713. Doute et attitude du juge national. Pour effectuer un renvoi, il faut logiquement qu'une véritable question se pose, en d'autres termes qu'il y ait un doute sur la signification ou la validité d'une disposition de l'Union. Dès lors que le juge national estimera que ce doute n'existe pas, le renvoi n'aura bien entendu pas lieu d'être ; dans cette logique, il pourra conclure soit à la validité, soit à la clarté de l'acte européen en cause.

Cette théorie dite de « l'acte clair » a été avalisée par la Cour, celle-ci estimant que la vocation du renvoi préjudiciel était de lui faire « remonter » les seuls cas problématiques ou discutables[830]. Il reste qu'un juge

---

828. Voy. Cour, ord. 16 juillet 2015, *Striani c/ UEFA*, aff. C-299/15, np : comm. P. ICARD, *RDUE*, 1/2016, pp. 65-87.

829. Voy. Cour, 10 mars 2021, *Von Aschenbach et Voss*, aff. C-708/19 : comm. J. TRIBOUT, *Europe*, n° 153, 2021.

830. CJCE, 6 octobre 1982, *Cilfit*, aff. C-283/81, *Rec.*, p. 3415. Ajoutons que de son côté la Cour européenne des droits de l'homme a rappelé récemment qu'une juridiction nationale statuant en dernier ressort et qui avait décidé de ne pas saisir la Cour de justice d'un renvoi préjudiciel devait motiver son refus, au titre des exigences du procès équitable au sens de l'article 6, § 1er, de la Convention : voy. CEDH, 13 février 2020, *Sanofi Pasteur c/ France*, req. n° 25137/16.

national pourrait avoir recours abusivement à cette théorie de « l'acte clair » pour s'abstenir de poser une question préjudicielle à la Cour qui paraîtrait pourtant s'imposer, sans que celle-ci ne puisse véritablement le contraindre à le faire...

Dans ce dernier cas, trois possibilités existent : d'abord, un particulier pourrait mettre en cause la responsabilité de l'État et demander réparation des dommages en vertu de la jurisprudence *Francovich* sur les conséquences de la violation du droit communautaire par une action ou inaction de l'État[831] ; ensuite, l'État auquel appartient la juridiction en cause pourrait faire l'objet d'un recours en manquement fondé sur le comportement de sa juridiction dans le droit fil de l'arrêt du 4 octobre 2018 – déjà cité – ayant visé le Conseil d'État dans l'affaire du précompte immobilier[832] ; enfin, il serait possible d'envisager que la même question soit posée par une autre juridiction, soit du même État, soit d'un État différent, permettant ainsi à la Cour de se prononcer sur le problème considéré[833].

D'ailleurs, certains requérants avaient tenté, il y a déjà une dizaine d'années, de faire condamner une Cour suprême – la Cour de cassation française en l'occurrence – pour n'avoir pas procédé à un renvoi préjudiciel à la Cour de justice qu'ils estimaient, eux, nécessaire ; la juridiction en cause, tout en indiquant que son refus de saisine était justifié en l'espèce par le caractère non équivoque des règles européennes en cause, avait admis implicitement qu'une telle démarche fût possible[834]...

714. Disparité d'attitudes des juges. Cela étant, il est acquis que certaines juridictions sont plutôt enclines à saisir la Cour d'un renvoi alors que d'autres se montrent plus réticentes, avec des disparités significatives : entre les États membres de l'Union d'une part (la France a saisi la Cour de justice par voie préjudicielle pour la première fois en 1965) ; mais également au sein d'un même État : par exemple, chacun sait que pendant longtemps – jusqu'à la fin des années 1990 –, le Conseil d'État français rechignait à saisir la Cour par voie préjudicielle.

B. L'exercice différencié du renvoi selon les juridictions

715. Juridictions dont les décisions sont susceptibles de recours. Là encore la distinction entre les « juridictions dont les décisions ne sont pas susceptibles d'un recours juridictionnel de droit interne » et les autres relève de la seule appréciation de la Cour.

---

831. CJCE, 19 novembre 1991, *Francovich et Bonifaci*, aff. C-6 et 9/90, *Rec.*, p. I-5357.

832. Voy. Cour, gr. ch., 4 octobre 2018, *Commission c/ France*, aff. C-416/17 et *supra*, § 625.

833. Voy. J. LOTARSKI, *Droit du contentieux de l'Union européenne*, *op. cit.*, p. 100.

834. Voy. E. DUBOUT, « Le refus de saisine préjudicielle de la Cour de justice de l'Union européenne peut-il constituer un déni de justice ? », *RGDIP*, 2012/4, pp. 835-846.

Pour les juridictions dont les décisions sont susceptibles de recours, un régime différent existe pour l'interprétation et pour l'appréciation de validité.

Le renvoi est facultatif pour l'interprétation, le juge national appréciant librement la nécessité de poser une question préjudicielle à la Cour, quelle que soit la position des parties au litige à cet égard.

Le renvoi est en revanche obligatoire sur un fondement jurisprudentiel pour l'appréciation de validité : une telle position est justifiée, d'abord par un souci d'uniformité d'application du droit de l'Union et ensuite par le fait que le contentieux de la légalité (recours en annulation et exception d'illégalité) des actes européens relève de la compétence exclusive du juge de l'Union, le juge national n'ayant pas – on le rappelle – le pouvoir de déclarer lui-même invalide un acte de l'Union[835]. Le renvoi sera notamment obligatoire lorsque la juridiction nationale prononcera le sursis à exécution d'un acte national pris sur la base d'un acte de l'Union en raison d'un doute sérieux sur la validité de cet acte européen[836].

716. Juridictions dont les décisions sont insusceptibles de recours. En ce qui concerne maintenant les juridictions dont les décisions ne sont pas susceptibles de recours, le renvoi est obligatoire, tant pour l'interprétation que pour l'appréciation de validité ; cette solution apparaît logique dès lors qu'il n'y aura pas de possibilité d'interroger la Cour de justice ultérieurement.

Attention cependant de ne pas commettre une confusion : *obligation* de renvoi ne signifie pas *automaticité* du renvoi... puisqu'il faut qu'un doute existe dans « l'esprit » du juge national pour que celui-ci se décide à saisir la Cour. Ainsi, une juridiction dont les décisions ne sont pas susceptibles de recours, n'est pas *tenue* de saisir la Cour au seul motif qu'une juridiction nationale de rang inférieur a posé une question préjudicielle à la Cour dans une affaire identique, ni d'attendre la réponse apportée à cette question[837]. Ce faisant, la Cour prend soin de laisser une certaine marge d'appréciation aux juridictions nationales, laquelle se retrouve également et logiquement, au stade de l'application nationale de la position exprimée par le juge européen[838].

Le renvoi effectué dans les conditions précédemment évoquées, la Cour va pouvoir l'étudier sérieusement.

---

835. CJCE, 22 octobre 1987, *Foto-Frost*, aff. 314/85, *Rec.*, p. 3761.

836. CJCE, 21 février 1991, *Zuckerfabrik*, aff. C-143/88 et C-92/89, *Rec.*, p. I-1415.

837. Cour, 9 septembre 2015, *X*, aff. C-72/14 et 197/14, np : comm. E. Daniel, *Europe*, n° 417, 2015.

838. Voy. E. Neframi (dir.), *Renvoi préjudiciel et marge d'appréciation du juge national*, Bruxelles, Larcier, 2015.

LES SUITES DU RENVOI

717. Traitement du renvoi. Après avoir examiné la recevabilité de la question qui lui est posée (§ 1), la Cour va déterminer l'étendue de celle-ci (§ 2).

§ 1. La recevabilité de la question préjudicielle

718. Tolérance dans l'examen de la recevabilité. En toute hypothèse et avant d'aller plus loin, la Cour examinera la recevabilité de la question qui lui est posée.

Dès les débuts de la construction européenne, afin de garantir une véritable collaboration entre les échelons national et européen, le juge européen a conçu de manière très large la recevabilité des renvois préjudiciels, n'hésitant pas à affirmer que « [...] dès lors que les questions posées portent sur l'interprétation du droit de l'Union, la Cour est en principe tenue de statuer » et « [...] que les questions portant sur le droit de l'Union bénéficient d'une présomption de pertinence »[839]. Par la suite, la Cour a précisé qu'elle ne pourrait refuser de statuer « [...] que si l'interprétation sollicitée du droit de l'Union n'a aucun rapport avec la réalité ou l'objet du litige au principal, lorsque le problème est de nature hypothétique ou encore lorsque la Cour ne dispose pas des éléments de fait et de droit nécessaires pour répondre de façon utile aux questions qui lui sont posées »[840]. Les conditions de recevabilité ont été précisées à travers une importante jurisprudence.

719. Conditions de la recevabilité. Il faut d'abord que la question soit nouvelle : la Cour refuse de statuer sur des questions auxquelles elle a déjà répondu et attend du juge national qu'il tienne compte de ses « précédents ».

Il faut ensuite que la question posée soit pertinente pour la solution du litige, c'est-à-dire que la réponse à cette question commande l'issue du litige.

Il faut enfin que la Cour dispose des éléments de fait et de droit nécessaires pour répondre de manière pertinente aux questions qui lui sont posées.

---

839. Voy. par exemple Cour, 1er juin 2010, *Blanco Perez*, aff. C-570/07 et 571/07, *Rec.*, p. I-4629. Sauf, bien entendu, s'il n'y a pas de lien entre le litige au principal et le droit de l'Union invoqué, voy. Cour, 24 octobre 2019, *IN et Belgische Staat*, aff. C-464/18 : comm. D. Simon, *Europe*, n° 480, 2019.

840.   CJCE, 10 juin 2010, *Bruno et Pettini*, aff. C-395/08 et C-396/08, *Rec.*, p. I-5119, et plus récemment l'affaire *Striani* précitée.

720. Instructions pratiques de la Cour à l'adresse des juridictions nationales. À toutes fins utiles, signalons que le règlement de procédure de la Cour rappelle les principaux éléments qu'une question préjudicielle doit comporter : un exposé sommaire du litige et des faits pertinents, la teneur des dispositions nationales susceptibles de s'appliquer et, le cas échéant, la jurisprudence pertinente qui s'y rapporte, les raisons qui conduisent la juridiction nationale à s'interroger sur l'interprétation ou la validité de certaines dispositions du droit de l'Union et le lien qu'elle établit entre celles-ci et le droit national applicable.

Dans sa version actuelle, le règlement de procédure intègre également des « recommandations à l'intention des juridictions nationales », qui dataient de 2012 et ont été actualisées fin 2019 – spécialement sous l'angle de la protection des données personnelles[841] –, afin d'éviter les irrecevabilités[842].

§ 2. L'étendue de la question préjudicielle

721. Liberté de la Cour dans l'appréciation de la question posée. Même si la Cour reconnaît qu'il appartient au juge national d'apprécier à la fois la nécessité et le contenu de la question qu'il souhaite poser, elle se reconnaît parallèlement toute liberté pour reformuler la question qui lui a été transmise.

Ces dernières années, la Cour est allée de plus en plus loin : en transformant une question d'interprétation en une question de validité[843], en se saisissant d'un problème ne figurant pas dans les questions transmises par le juge national[844], et même en répondant à une question qui ne lui avait pas été posée explicitement – à propos de la compatibilité d'un délai de prescription avec le droit de l'Union – afin de donner une réponse utile à la juridiction de renvoi[845]. Précisons enfin, sur un plan strictement procédural, que la question est transmise de greffe à greffe, qu'elle est publiée au *Journal officiel*, série « Communications », et enfin qu'il n'est pas rare que la Cour demande des éclaircissements à la juridiction nationale de renvoi...

En outre, afin de faire face aux demandes particulières nécessitant une décision rapide et pour soulager la Cour confrontée à des renvois de plus en plus nombreux, trois procédures particulières ont été mises en place ces dernières années[846].

---

841. *JOUE*, C 380 du 8 novembre 2019 (*JOUE*, C 338, 6 novembre 2012, p. 12).
842. Voy. Cour, ord., 4 avril 2019, *DP, Finanzamt Linz*, aff. C-545/18 : comm. A. RIGAUX, *Europe*, n° 239, 2019.
843. CJCE, 15 octobre 1980, *Roquette Frères*, aff. 145/79, *Rec.*, p. 2917.
844. CJCE, 12 mars 1996, *Pafitis*, aff. C-441/93, *Rec.*, p. I-1347.
845. CJCE, 24 mars 2009, *Danske Slagterier*, aff. C-445/06, *Rec.*, p. I-2119.
846. Voy. J. LOTARSKI, *Droit du contentieux de l'Union européenne, op. cit.*, pp. 108-110.

722. Procédures particulières de renvoi préjudiciel. D'abord, une « procédure préjudicielle simplifiée » a été instaurée depuis le 1er juillet 2000, modifiée en 2005 puis 2012 : dans le cas où une question est identique à une question antérieure ou lorsque la réponse à celle-ci peut être clairement déduite de la jurisprudence, la Cour peut statuer par voie d'ordonnance motivée sans même devoir interroger les parties[847].

Ensuite, une « procédure préjudicielle accélérée » existe depuis la même date et permet à la Cour de traiter une affaire en priorité lorsque la nature de celle-ci exige son traitement dans les plus brefs délais. La demande doit normalement émaner de la juridiction de renvoi et sera librement appréciée par le président de la Cour : chaque année, une dizaine de demandes est effectuée auprès de la Cour qui en accueille seulement un quart en moyenne. En pratique, la durée de la procédure sera alors comprise entre deux et quatre mois.

Enfin, une « procédure préjudicielle d'urgence » est applicable depuis le 1er mars 2008 dans le cadre particulier de l'espace de liberté, de sécurité et de justice (ex-Coopération policière et judiciaire en matière pénale)[848]. Repris à l'article 267, dernier alinéa, du TFUE résultant du Traité de Lisbonne, ce dispositif prévoit que, si une question est soulevée dans une affaire pendante devant une juridiction nationale, concernant une personne détenue, la Cour statue dans les plus brefs délais ; le règlement de procédure de la Cour précise que la juridiction de renvoi expose les circonstances de fait et de droit qui justifient le recours à cette procédure particulière et indique « dans la mesure du possible » les réponses qu'elle donnerait aux questions posées.

Sollicitée entre 5 et 10 fois par an pour mettre en œuvre cette procédure, la Cour en accorde le bénéfice dans environ la moitié des cas répondant alors au juge national dans un délai légèrement inférieur à trois mois. C'est cette procédure qui a également joué dans l'affaire *Jérémy F. c/ Premier ministre* précitée[849], permettant à la Cour de répondre 52 jours très précisément après sa saisine par le Conseil constitutionnel français, celui-ci statuant définitivement une quinzaine de jours plus tard[850].

Plus globalement, il est intéressant de noter que la part des ordonnances à caractère juridictionnel dans le total des affaires clôturées par la Cour augmente régulièrement depuis 2010, essentiellement en matière de renvoi préjudiciel.

Précisons, pour terminer sur le renvoi préjudiciel, quelle est l'autorité des arrêts rendus par la Cour en vertu de cette procédure.

---

847. Voy. plusieurs ordonnances des 8, 13 et 16 mai 2013 : comm. A. Rigaux, *Europe*, n° 301, 2013.
848. Pour des précisions, voy. L. Clément-Wilz, « La procédure préjudicielle d'urgence, nouveau théâtre du procès européen », *CDE*, 2012/1, pp. 135-166 ; A. Tizzano et B. Gencarelli, « La procédure préjudicielle d'urgence devant la Cour de justice de l'Union européenne », in *Mélanges J.-P. Jacqué*, Paris, Dalloz, 2010, pp. 639-651.
849. Voy. *supra*, note 825.
850. Décision n° 2013-314 (DC) du Conseil constitutionnel, 14 juin 2013 : comm. D. Simon, *Europe*, repère n° 7, 2013.

SECTION 4

L'AUTORITÉ DES ARRÊTS PRÉJUDICIELS

723. Enjeux de l'autorité des arrêts préjudiciels. Deux aspects seront brièvement envisagés ici : la valeur d'autorité de chose jugée des arrêts préjudiciels (§ 1) et la portée normalement rétroactive de ces mêmes arrêts (§ 2)[851].

§ 1. L'autorité de chose jugée des arrêts préjudiciels

724. Autorité de la chose jugée des arrêts préjudiciels. Même s'il y a pu y avoir un débat en doctrine à une certaine époque sur la question de savoir si les verdicts rendus par la Cour à l'issue d'un renvoi préjudiciel disposaient de « l'autorité de la chose jugée » dans la mesure où ils ne tranchaient pas un litige au sens strict, la réponse est depuis longtemps sans ambiguïté : les décisions de la Cour sur renvoi sont bien des arrêts (avec la fameuse formule « La Cour dit pour droit et arrête… ») et obligent juridiquement le juge national pour la résolution du litige, quand bien même la réponse fournie par la Cour dépasserait la question posée par le juge national[852].

725. Portée générale de l'interprétation de la Cour. Si le juge auteur du renvoi ne peut donc ignorer ou contester l'arrêt (mais il peut toujours réinterroger la Cour), les autres juges nationaux sont également liés par la décision de la Cour lui conférant ainsi une portée générale, un effet *erga omnes*, tant pour l'interprétation que pour l'appréciation de validité : « Ceci illustre le caractère de plus en plus multilatéral et général de la procédure de renvoi préjudiciel au détriment d'une approche bilatérale et contextuelle. Cette approche laisse peu d'autonomie aux juridictions nationales dans l'interprétation du droit de l'Union et limite donc les risques d'interprétations divergentes »[853].

---

851. Voy. G. Vandersanden, *La procédure préjudicielle devant la Cour de justice de l'Union européenne, op. cit.*, pp. 122-147.
852. C.E., 11 décembre 2006, *Société De Groot.*
853. J. Lotarski, *Droit du contentieux de l'Union européenne, op. cit.*, p. 111.

§ 2. La portée normalement rétroactive
des arrêts préjudiciels

726. Portée rétroactive des arrêts en interprétation et exception.
Logiquement la décision rendue par la Cour à l'occasion d'une demande
en interprétation doit être appliquée même à des rapports juridiques nés
avant l'arrêt (interprétation *ex tunc*) ; un tel principe permet en effet de
garantir à la fois l'uniformité et l'efficacité du droit de l'Union.

Mais cette portée rétroactive étant susceptible de porter atteinte au
principe général de sécurité juridique, la Cour a pu décider – dès son arrêt
Defrenne de 1976[854] – qu'à titre exceptionnel les conséquences de son
arrêt soient limitées à l'avenir (interprétation *ex nunc*). Pour qu'une telle
limitation soit décidée, il faut que deux conditions soient cumulativement
remplies : que la bonne foi des intéressés existe et qu'il y ait un risque de
troubles graves. Cette limitation ne peut être admise que dans l'arrêt même
qui statue sur l'interprétation demandée ; elle ne s'appliquera toutefois
pas aux opérateurs ayant engagé une procédure nationale contentieuse
avant le prononcé de l'arrêt d'interprétation.

Cette hypothèse n'a joué qu'une dizaine de fois jusqu'à présent.

727. Portée rétroactive des arrêts en appréciation de validité et exception.
Là encore, le constat de l'invalidité de l'acte de l'Union a en principe un
effet rétroactif, mais au regard de la nécessaire cohérence entre le renvoi
préjudiciel et le recours en annulation, la Cour dispose de la possibilité de
limiter dans le temps les effets de ce constat.

Dans un tel cas de figure, il appartiendra à la Cour de déterminer s'il
convient de faire une exception à cette limitation en faveur de la partie
au principal engagée devant le juge national dans un recours contre l'acte
national d'exécution de l'acte européen en cause ou non[855].

728. Conséquences de l'invalidité de la norme européenne prononcée.
Enfin, dans l'hypothèse d'une déclaration d'invalidité d'un acte de l'Union,
les institutions européennes concernées devront prendre toutes les mesures
nécessaires pour remédier à l'illégalité : adoption des mesures législatives
ou administratives pertinentes, mais aussi, le cas échéant, réparation du
préjudice résultant de l'illégalité constatée (sous réserve des conditions
prévues par le droit de l'Union en matière de responsabilité extracontractuelle).

**729. Question préjudicielle et question prioritaire de constitutionnalité
(QPC).** Concluons ces développements relatifs au renvoi préjudiciel avec
des précisions se rapportant à une affaire qui a retenu l'attention il y a
quelques années, tout spécialement en France : il s'agit d'une saisine de

---

854. CJCE, 8 avril 1976, *Defrenne*, aff. 43/75, *Rec.*, p. 455, pts 74 et 75.
855. CJCE, 26 avril 1994, *Roquette frères*, aff. C-228/92, *Rec.*, p. I-1445, pts 17 à 30.

la Cour de l'Union par la Cour de cassation – plutôt hostile au mécanisme, entré en droit français par une loi organique du 10 décembre 2009, de la question prioritaire de constitutionnalité (QPC)[856] – à propos de la compatibilité de cette procédure incidente de contrôle de constitutionnalité d'une loi française avec la question préjudicielle prévue en droit de l'Union[857].

Avant la réponse fournie par la Cour de justice, le Conseil constitutionnel – dans une décision du 12 mai 2010 – avait rappelé la distinction entre le contrôle de constitutionnalité (qui lui incombe) et le contrôle de conventionnalité (qui relève des juges judiciaires et administratifs), ajoutant que ce dernier rôle n'était pas affecté par une éventuelle décision de conformité à la Constitution d'une loi française par ailleurs incompatible avec le droit de l'Union : en d'autres termes, ce n'est pas parce qu'une loi est conforme à la Constitution qu'elle ne peut pas être non conforme au droit de l'Union. En outre, le juge administratif ou judiciaire ayant transmis une QPC au Conseil constitutionnel peut parallèlement et à tout moment poser une question préjudicielle, voire même suspendre immédiatement les effets d'une loi (dont la conformité au droit de l'Union lui paraîtrait douteuse).

Quant au Conseil d'État, dans un arrêt *Rujovic* du 14 mai 2010, il a affirmé que le mécanisme de la QPC ne faisait pas obstacle à ce que le juge administratif, juge de droit commun de l'application du droit de l'Union, en assure l'effectivité, à tout moment de la procédure de la QPC ou au terme de cette procédure : le juge administratif peut donc décider à tout moment de poser une question préjudicielle. Dans son arrêt rendu le 22 juin 2010[858], la Cour de justice, faisant explicitement référence aux arrêts du Conseil constitutionnel et du Conseil d'État, a admis le mécanisme de la QPC dès lors qu'il laisserait toute liberté au juge national : de la saisir, à tout moment de la procédure, par voie préjudicielle ; d'adopter des mesures provisoires prévues par le droit de l'UE ; enfin, de laisser inappliquée une disposition législative jugée contraire au droit de l'Union, quand bien même le Conseil constitutionnel l'aurait validée au regard de la Constitution.

En résumé, il s'agit clairement d'une conformité de la QPC au droit de l'Union sous conditions.

730. Question préjudicielle et Conseil constitutionnel. D'ailleurs, certains auteurs estiment que le caractère « prioritaire » de la QPC peut être remis en cause dès lors que le Conseil d'État ou la Cour de cassation déciderait de saisir la Cour de justice d'une question préjudicielle en même temps qu'il transmet la QPC au Conseil constitutionnel, lequel devrait logiquement

---

856. Sur la QPC, voy. X. MAGNON (dir.), *QPC, La question prioritaire de constitutionnalité. Principes généraux, pratique et droit du contentieux*, Paris, LexisNexis, 2013.
857. Voy. J. MOLINIER, « Primauté du droit de l'Union européenne », *Rép. eur. Dalloz*, 2013, pts 83 à 88.
858. Cour, 22 juin 2010, *Melki et Abdeli*, aff. C-188/10 et 189/10, *Rec.*, p. I-5665 : comm. D. SIMON, *Europe*, 2010, pp. 5-10 et J. DUTHEIL DE LA ROCHÈRE, *RTDE*, n° 3/46, 2010, pp. 577 et s.

attendre que la Cour de justice ait statué avant de statuer lui-même sur la QPC… C'est ce qui s'est d'ailleurs passé dans l'affaire *Jérémy F. c/ Premier ministre* de 2013[859].

731 à 734. *Réservés*.

---

859. Décision n° 2013-314P QPC du Conseil constitutionnel, 4 avril 2013, *Jérémy F.*, comm. D. Simon, *Europe*, 2013, pp. 5-10. Plus généralement, voy. D. Ritleng, « Cours constitutionnelles nationales et renvoi préjudiciel », in *Mélanges J. Molinier*, Paris, LGDJ, 2012, pp. 585-604.

Conclusion générale

735. Bilan et perspectives de la construction européenne. Plus de soixante-dix ans après ses débuts, l'expérience de la construction européenne incite à un constat lucide sur les résultats obtenus ainsi qu'à une réflexion de nature prospective à la lumière de multiples événements et tendances, de toutes natures, de ces dernières années.

736. Réalisations institutionnelles. Les principales réalisations européennes se situent d'abord sur un plan institutionnel.

À cet égard, il convient d'insister sur l'efficacité globale et la pérennité du système institutionnel européen tel que prévu par les pères fondateurs de l'Europe. Même s'il a connu des modifications sensibles – notamment avec l'apparition du Conseil européen, la montée en puissance du Parlement européen, la création de la Banque centrale européenne –, le dispositif institutionnel initial n'a pas été véritablement bouleversé. Les événements ont simplement fait évoluer les rapports de force entre les principaux acteurs européens et imposé quelques rénovations juridiques, formalisées par les traités modificatifs successifs, notamment celui de Lisbonne : la généralisation de la « procédure législative ordinaire » qui succède à la codécision, le renforcement du rôle des parlements nationaux, l'accent mis sur la dimension démocratique de l'Union, etc. Pour autant, le Traité de Lisbonne présente des faiblesses et sous couvert d'innovations suscite encore des interrogations, s'agissant notamment de l'efficacité pratique de « l'initiative citoyenne », de la place du « Haut Représentant pour la politique étrangère de l'Union » ou encore du rôle exact du Président du Conseil européen nouvelle formule[860]…

737. Réalisations matérielles. L'influence de plus en plus prégnante du droit européen tel qu'interprété par la Cour de justice, sur les droits nationaux, doit être ensuite soulignée.

Le niveau d'intégration réalisé entre les Vingt-Sept est en effet unique dans l'histoire moderne des États : à partir d'un projet d'union douanière, les États sont passés au stade d'un marché unique au début des années 1990 et se sont engagés il y a plus de vingt ans dans une Union économique et monétaire avec comme point d'orgue le lancement d'une monnaie commune, sinon unique, en 2002.

---

860. Voy. C. Ducourtieux, « Président du Conseil européen, un job impossible ? », *Le Monde*, 12 janvier 2016.

Que l'on s'en félicite ou que l'on s'en désespère, le droit de l'Union européenne imprègne aujourd'hui tous les secteurs d'activités des États membres quand il ne se substitue pas aux droits nationaux (marché intérieur, politique commerciale ou encore politique monétaire)[861]. Les Britanniques, restés pourtant hors de Schengen et de la zone euro, se sont ainsi aperçus de cette véritable intrication au moment de « vider » leur droit interne de ses aspects européens afin de mettre en œuvre le *Brexit* ; dans un certain nombre de domaines, ils ont finalement renoncé devant le défi purement légistique, acceptant de conserver des standards juridiques européens... Reste à savoir aujourd'hui si la logique intégrative qui a fait le succès de l'entreprise européenne dans les secteurs précédemment mentionnés est encore politiquement pertinente à l'heure où l'on touche au « cœur » de la souveraineté des États (droit pénal, immigration, par exemple)...

738. Réalisations contentieuses. Enfin, on ne saurait passer sous silence le rôle du juge de l'Union dans le développement de l'entité européenne.

Sa jurisprudence souvent audacieuse – notamment en matière de droits fondamentaux –, guidée par l'idée qu'il fallait conférer le maximum d'efficacité aux règles communautaires puis européennes, a permis une lecture dynamique des traités au risque de nourrir les débats sur un éventuel « gouvernement des juges ». En surveillant le comportement des États (recours en manquement), en assurant la légalité des actes des institutions européennes (recours en annulation) et en garantissant l'application uniforme du droit de l'Union (renvoi préjudiciel), il n'est plus seulement le gardien de l'ordre juridique de l'Union mais son véritable architecte ; l'enjeu de ces prochaines années consistera assurément à concilier au mieux l'unité du droit de l'Union et le respect de « l'identité constitutionnelle » des États.

Par ailleurs, sur le plan quantitatif cette fois, le développement exponentiel du contentieux à l'échelle de l'Union place la Cour et le Tribunal dans une situation de plus en plus difficile ; il conduit également à une complexité croissante des dossiers, rendant leur compréhension délicate, même pour les citoyens les plus avertis, qu'il s'agisse de la supervision bancaire, du respect des valeurs de l'Union ou encore de la protection des données personnelles...

739. Union et paix en Europe. Au-delà de ces réalisations techniques, n'oublions pas, à l'heure où une guerre se déroule à nos portes, que la construction européenne a surtout permis d'assurer la paix sur une grande partie du Vieux Continent depuis le début des années 1950. Cet acquis fondamental a pourtant été « oublié » par les acteurs, les observateurs

---

861. Sur l'importance de l'application du droit de l'Union par les plus hautes juridictions françaises, citons notamment les chroniques régulières à la revue *Europe* visant la Cour de cassation d'une part et le Conseil d'État d'autre part.

et les opinions publiques au cours des dernières décennies alors même que les périodes de paix constituent plutôt l'exception que la règle dans l'histoire moderne du monde et de l'Europe !

La « redécouverte du tragique » par l'Europe – avec la guerre en Ukraine – est logiquement venue relativiser l'importance des difficultés qu'a connues l'Union ces dernières années, qu'il s'agisse du feuilleton du *Brexit*, de la gestion de ses frontières extérieures (avec l'épisode fin 2021 à la frontière de la Pologne et de la Biélorussie) ou de la teneur de certaines clauses des contrats passés pour la fourniture des vaccins anti-Covid-19 par la Commission européenne avec les grands laboratoires pharmaceutiques...

740. Union et crise de sens. Mais ces difficultés, si graves soient-elles, sont finalement plus conjoncturelles que structurelles ; ce qui est beaucoup plus alarmant, c'est la crise de sens qui frappe la construction européenne[862].

Plus précisément, l'Europe est remise en cause dans ses fondements mêmes, sous la forme d'une lente et inexorable dégradation de l'idéal qu'elle incarne, des gouvernants – comme le démontre de manière emblématique la position de la Hongrie et de la Pologne à l'égard des valeurs de l'Union[863] –, mais aussi des citoyens eux-mêmes, de plus en plus critiques à l'égard des choix politiques faits par leurs propres gouvernements mais par l'Union elle-même et s'abstenant de manière croissante de participer aux élections européennes. Pourtant, la période récente que nous avons vécue pourrait représenter une lueur d'espoir pour tous les déçus de la construction européenne.

741. Un nouveau départ pour l'Union ? Malgré certains incontestables faiblesses et échecs évoqués précédemment, l'Union a en effet démontré ces deux dernières années une réelle capacité à fédérer à l'intérieur de ses frontières et à exister à l'extérieur de celles-ci.

Sur le plan interne, la gestion globalement efficace de la crise de la Covid-19 a démontré que l'Union pouvait constituer une valeur ajoutée, dans une matière qui n'était pas de sa compétence mais dans laquelle la Commission a pu utilement appuyer l'action de ses États membres en mettant à leur disposition ses ressources, politiques comme juridiques[864] ; il convient de rappeler aussi la capacité de mobilisation des institutions européennes, spécialement de la Commission européenne, qui ont œuvré pour proposer aux États, dès juillet 2020, un plan de

---

862. Voy. O. BLIN et P.-F. CHARPENTIER, « Crise de l'Europe, crise de l'État ? », in B. VAYSSIÈRE (dir.), *Crises et ruptures en Europe : vers quelles mutations ?*, Toulouse, Presses universitaires du Midi, 2018, pp. 33-47. Voy. également J.-V. LOUIS, « L'Union européenne de crise en crise », *CDE*, 2015/2-3, pp. 335-348.

863. Voy. encore récemment la contestation contentieuse de ces deux pays visant le règlement « Conditionnalité État de droit » : Cour, 16 février 2022, *Hongrie c/ PE et Conseil*, et *Pologne c/ PE et Conseil*, aff. C-156/21 et 157/21 : comm. D. SIMON, *Europe*, n° 102, 2022.

864. En ce sens, voy. E. BROSSET, « Vaccins et vaccination contre la Covid-19 : le droit de l'Union là où on ne l'attend pas », *Europe*, étude n° 1, 2021.

relance « post-Covid » de 750 milliards d'euros qui est effectivement déployé depuis la fin du printemps. On y ajoutera d'autres réalisations emblématiques avec l'adoption d'une « loi européenne sur le climat » en juillet 2021 et la perspective d'une neutralité carbone à l'horizon 2050, la mise en place d'un parquet européen – sous la forme d'une coopération renforcée réunissant 22 États – ayant vocation à défendre les intérêts financiers de l'Union fin 2021, ou encore l'encadrement des services et plateformes numériques depuis le printemps 2022.

Sur le plan externe, c'est la guerre en Ukraine qui a dramatiquement donné l'occasion à l'Europe d'apparaître, pour la première fois en dehors du domaine commercial, comme un acteur international crédible si l'on considère à la fois la rapidité et l'ampleur des sanctions qu'elle a prises contre la Russie dès mars 2022. Cette réalité est notable car elle souligne en creux, d'un côté, la faible efficacité des réponses nationales dispersées et, de l'autre, l'impuissance d'un système multilatéral – conçu au sortir du second conflit mondial, ne l'oublions pas – matérialisé par l'absence de véritables décisions de la part de l'ONU, de l'OMS ou encore de l'OMC, dans le dossier de l'Ukraine mais aussi, précédemment, durant la pandémie.

Dans ces conditions, la voie est peut-être ouverte pour que l'Europe s'offre un avenir... ce qui serait déjà en soi un succès, au regard de ses tourments récents !

L'actuel débat sur une éventuelle « souveraineté européenne » – concept nécessairement polémique, car la souveraineté est historiquement exclusivement étatique d'une part et qu'elle est « une » (« elle est ou elle n'est pas ») et ne saurait donc être partagée d'autre part –, dans les domaines industriel, énergétique, numérique, voire diplomatique, démontre à tout le moins une volonté d'avancer[865]. Mais pour se fixer un nouveau cap, quel qu'il soit, le schéma européen est toujours le même : aux institutions principales de l'Union de jouer efficacement leurs rôles respectifs, aux États de prendre leurs responsabilités en étant guidés par l'intérêt commun, et aux peuples de l'Europe de se mobiliser en amont pour participer à la réflexion et en aval pour ratifier – ou non – le projet qui leur sera soumis. Le plus difficile est donc clairement à venir, *a fortiori* dans un contexte économique défavorable...

Toulouse, juillet 2022

---

865.   D'ailleurs, le Parlement européen a adopté, le 9 juin 2022, une résolution appelant officiellement le Conseil européen à trouver un accord pour déclencher le processus de révision des traités européens, notamment afin d'améliorer les procédures de vote au Conseil et de reconfigurer les pouvoirs de l'Union dans certains domaines (santé et énergie spécialement)...

Arrêts, avis et ordonnances des juridictions de l'Union

(Les numéros renvoient aux paragraphes ; par ailleurs, depuis quelques années la plupart des arrêts et ordonnances ne sont plus publiés, ceux qui le sont figurant au Recueil numérique, parfois de manière simplement sommaire)

Cour de justice

- CJCE, 17 juillet 1959, *SNUPAT c/ Haute Autorité*, aff. 32/58 et 33/58, *Rec.*, p. 275 : 662.
- CJCE, 14 décembre 1962, *Commission c/ Luxembourg et Belgique*, aff. 2 et 3/82, *Rec.*, p. 813 : 313.
- CJCE, 5 février 1963, *Van Gend en Loos*, aff. 26/62, *Rec.*, p. 5 : 187, 253.
- CJCE, 15 juillet 1963, *Plaumann c/ Commission*, aff. 25/62, *Rec.*, p. 197 : 668.
- CJCE, 15 juillet 1964, *Costa c/ ENEL*, aff. 6/64, *Rec.*, p. 1141 : 187, 245.
- CJCE, 16 juin 1966, *Lütticke*, aff. 57/65, *Rec.*, p. 293 : 323.
- CJCE, 13 juillet 1966, *Grundig*, aff. 56 et 58/66, *Rec.*, p. 429 : 477.
- CJCE, 10 décembre 1968, *Commission c/ Italie*, aff. 7/68, *Rec.*, p. 617 : 303.
- CJCE, 13 février 1969, *Walt Wilhelm*, aff. 14/68, *Rec.*, p. 16 : 504.
- CJCE, 1er juillet 1969, *Commission c/ Italie*, aff. 24/68, *Rec.*, p. 193 : 313.
- CJCE, 5 mai 1970, *Commission c/ Belgique*, aff. 77/69, *Rec.*, p. 237 : 624.
- CJCE, 17 décembre 1970, *Internationale Handelgesellschaft*, aff. 11/70, *Rec.*, p. 1135 : 269.
- CJCE, 31 mars 1971, *Commission c/ Conseil (AETR)*, aff. 22/70, *Rec.*, p. 263 : 35.
- CJCE, 13 mai 1971, *International Fruit Company c/ Commission*, aff. 41 à 44/70, *Rec.*, p. 411 : 667.
- CJCE, 25 novembre 1971, *Béguelin*, aff. 22/71, *Rec.*, p. 940 : 466.

– CJCE, 14 décembre 1971, *Politi*, aff. 43/71, *Rec.*, p. 1039 : 206, 258, 319.
– CJCE, 14 juillet 1972, *ICI c/ Commission*, aff. 48/69, *Rec.*, p. 619 : 467, 674.
– CJCE, 12 décembre 1972, *International Fruit*, aff. 21 à 24/72, *Rec.*, p. 1219 : 221.
– CJCE, 14 décembre 1972, *Marimex*, aff. 29/72, *Rec.*, p. 1309 : 319.
– CJCE, 2 février 1973, *Continental Can*, aff. 6/72, *Rec.*, p. 215 : 459.
– CJCE, 6 février 1973, *Brasserie de Haecht*, aff. C-48/72, *Rec.*, p. 77 : 473.
– CJCE, 19 juin 1973, *Capolongo*, aff. 77/72, *Rec.*, p. 611 : 324.
– CJCE, 10 octobre 1973, *Variola*, aff. 34/73, *Rec.*, p. 981 : 247.
– CJCE, 13 décembre 1973, *Fonds social des diamantaires*, aff. 2 et 3/69, *Rec.*, p. 211 : 309.
– CJCE, 4 avril 1974, *Commission c/ France*, aff. 167/73, *Rec.*, p. 359 : 379.
– CJCE, 30 avril 1974, *Haegeman*, aff. 131/73, *Rec.*, p. 459 : 219.
– CJCE, 30 avril 1974, *Sacchi*, aff. 155/73, *Rec.*, p. 409 : 392.
– CJCE, 14 mai 1974, *Nold*, aff. 4/73, *Rec.*, p. 508 : 230.
– CJCE, 21 juin 1974, *Reyners*, aff. 2/74, *Rec.*, p. 631 : 398.
– CJCE, 11 juillet 1974, *Dassonville*, aff. 8/74, *Rec.*, p. 837 : 337.
– CJCE, 31 octobre 1974, *Centrafarm*, aff. 15 et 16/74, *Rec.*, p. 1147 : 356.
– CJCE, 3 décembre 1974, *Van Binsbergen*, aff. 33/74, *Rec.*, p. 1299 : 398.
– CJCE, 4 décembre 1974, *Van Duyn*, aff. 41/74, *Rec.*, p. 1337 : 260, 441.
– CJCE, 28 octobre 1975, *Rutili*, aff. 36/75, *Rec.*, p. 1219 : 442, 575.
– Avis 1/75, 11 novembre 1975, *Rec.*, p. 1355 : 301.
– CJCE, 16 décembre 1975, *Suiker Unie*, aff. 40/73, *Rec.*, p. 1663 : 480.
– CJCE, 8 avril 1976, *Defrenne*, aff. 43/75, *Rec.*, p. 455 : 726.
– CJCE, 8 avril 1976, *Royer*, aff. 48/75, *Rec.*, p. 497 : 431.
– CJCE, 25 octobre 1977, Metro I, aff. 26/76, Rec. p. 1875 : 477 ;
– CJCE, 27 octobre 1977, *Bouchereau*, aff. 30/77, *Rec.*, p. 1999 : 443.
– CJCE, 14 février 1978, *United Brands*, aff. 27/76, *Rec.*, p. 207 : 481.
– CJCE, 9 mars 1978, *Simmenthal*, aff. 106/77, *Rec.*, p. 609 : 245, 270.
– CJCE, 23 novembre 1978, *Thompson*, aff. 7/78, *Rec.*, p. 2247 : 350.
– CJCE, 13 février 1979, *Hoffman-La-Roche*, aff. 45/76, *Rec.*, p. 461 : 459.
– CJCE, 20 février 1979, « *Cassis de Dijon* » *(Rewe Central)*, aff. 120/78, *Rec.*, p. 649 : 341.
– CJCE, 5 avril 1979, *Ministère public c/ Ratti*, aff. 148/78, *Rec.*, p. 1629 : 254.
– CJCE, 8 novembre 1979, *Groenveld*, aff. 15/79, *Rec.*, p. 3409 : 345.
– CJCE, 14 décembre 1979, *Henn & Darby*, aff. 34/79, *Rec.*, p. 3795 : 349.

- CJCE, 27 février 1980, *Commission c/ République française*, aff. 168/78, *Rec.*, p. 347 : 325.
- CJJCE, 27 mars 1980, *Denkavit-Italiana*, aff. 61/79, *Rec.*, p. 1205 : 331.
- CJCE, 15 octobre 1980, *Roquette Frères*, aff. 145/79, *Rec.*, p. 2917 : 721, 727.
- CJCE, 17 décembre 1980, *Commission c/ Belgique*, aff. 149/79, *Rec.*, p. 3881 : 382.
- CJCE, 18 mai 1982, *Adoui et Cornuaille*, aff. 115 et 116/81, *Rec.*, p. 1665 : 444.
- CJCE, 15 juillet 1982, *Commission c/ RU (affaire des « dindes de Noël »)*, aff. 40/82, *Rec.*, p. 2793 : 365.
- CJCE, 6 octobre 1982, *Cilfit*, aff. C-283/81, *Rec.*, p. 3415 : 226, 713.
- CJCE, 24 novembre 1982, *Commission c/ Irlande (« Buy Irish »)*, aff. 249/81, *Rec.*, p. 4005 : 339.
- CJCE, 16 mars 1983, *Société italienne pour l'oléoduc transalpin (SIOT)*, aff. 266/81, *Rec.*, p. 731 : 320.
- CJCE, 9 novembre 1983, *Michelin*, aff. 322/84, *Rec.*, p. 346 : 481, 482.
- CJCE, 10 avril 1984, *Luxembourg c/ Parlement*, aff. 108/83, *Rec.*, p. 1945 : 674.
- CJCE, 10 juillet 1984, *Campus Oil*, aff. 72/83, *Rec.*, p. 2727 : 351.
- CJCE, 12 juillet 1984, *Klopp*, aff. 107/83, *Rec.*, p. 2971 : 399.
- CJCE, 22 mars 1985, *Parlement c/ Conseil*, aff. 13/83, *Rec.*, p. 1513 : 695.
- CJCE, 9 mai 1985, *Humblot*, aff. 112/84, *Rec.*, p. 136 : 329.
- CJCE, 15 juillet 1985, *Cinéthèque*, aff. 60 et 61/85, *Rec.*, p. 2605 : 359.
- CJCE, 28 janvier 1986, *Pronuptia*, aff. 161/84, *Rec.*, p. 353 : 477.
- CJCE, 26 février 1986, *Marshall*, aff. 152/84, *Rec.*, p. 723 : 260.
- CJCE, 23 avril 1986, *Les Verts c/ Parlement*, aff. 294/83, *Rec.*, p. 1339 : 201, 523, 615.
- CJCE, 15 mai 1986, *Johnston*, aff. 222/84, *Rec.*, p. 1651 : 616.
- CJCE, 3 juin 1986, *Kempf*, aff. 139/85, *Rec.*, p. 1035 : 425.
- CJCE, 12 mars 1987, *Commission c/ Allemagne*, aff. 178/84, *Rec.*, p. 1262 : 367.
- CJCE, 7 mai 1987, *Cooperativa Frutta*, aff. 193/85, *Rec.*, p. 2085 : 329.
- CJCE, 9 juillet 1987, *Commission c/ Belgique*, aff. 356/85, *Rec.*, p. 3299 : 330.
- CJCE, 30 septembre 1987, *Demirel*, aff. C-12/86, *Rec.*, p. 3719 : 261.
- CJCE, 22 octobre 1987, *Foto-Frost*, aff. 314/85, *Rec.*, p. 4199 : 715.
- CJCE, 14 janvier 1988, *Commission c/ Belgique*, aff. C-227 à 230/85, *Rec.*, p. 1 : 624.

- CJCE, 29 juin 1988, *Deville*, aff. 240/87, *Rec.*, p. 3524 : 333.
- CJCE, 27 septembre 1988, *Pâte de bois*, aff. 89/85, *Rec.*, p. 5193 : 472.
- CJCE, 27 septembre 1988, *Daily Mail*, aff. 81/87, *Rec.*, p. 5505 : 388.
- CJCE, 27 septembre 1988, *Parlement c/ Conseil*, aff. 302/87, *Rec.*, p. 5615 : 689.
- CJCE, 5 octobre 1988, *Steyman*, aff. 196/87, *Rec.*, p. 6159 : 425.
- CJCE, 9 juillet 1989, *Pharmon*, aff. 19/84, *Rec.*, p. 2281 : 356.
- CJCE, 11 juillet 1989, *Ford Espana*, aff. 170/88, *Rec.*, p. 2305 : 321.
- CJCE, 28 novembre 1989, *Groener*, aff. 379/87, *Rec.*, p. 3967 : 379.
- CJCE, ord., 6 décembre 1989, *Frontistiria*, aff. C-147/86 TO, *Rec.*, p. I-4103 : 607.
- CJCE, 13 décembre 1989, *Grimaldi*, aff. C-322/88, *Rec.*, p. I-4407 : 213.
- CJCE, 22 mai 1990, *Parlement c/ Conseil*, aff. C-70/88, *Rec.*, p. I-2041 : 665.
- CJCE, 18 octobre 1990, *Dodzi*, aff. C-297/88, *Rec.*, p. I-3763 : 705.
- CJCE, 21 février 1991, *Zuckerfabrik*, aff. C-143/88 et C-92/89, *Rec.*, p. I-1415 : 715.
- CJCE, 26 février 1991, *Antonissen*, aff. C-292/89, *Rec.*, p. 745 : 425.
- CJCE, 23 avril 1991, *Höfner*, aff. C-41/90, *Rec.*, p. I-1991 : 463.
- CJCE, 7 mai 1991, *Vlassopoulou*, aff. 340/89, *Rec.*, p. I-2357 : 402.
- CJCE, 16 mai 1991, *Extramet*, aff. C-358/89, *Rec.*, p. I-2501 : 668.
- CJCE, 11 juin 1991, *Commission c/ Conseil*, aff. C-300/89, *Rec.*, p. I-2867 : 95.
- CJCE, 25 juillet 1991, *Säger*, aff. C-76/90, *Rec.*, p. 4221 : 399.
- CJCE, 19 novembre 1991, *Francovich et Bonifaci*, aff. C-6 et 9/90, *Rec.*, p. I-5357 : 271, 713.
- Avis 1/91, 14 décembre 1991, *Rec.*, p. I-6079 : 137, 191.
- Avis 1/92, 10 avril 1992, *Rec.*, p. I-282 : 137.
- CJCE, 16 juillet 1992, *Legros*, aff. C-163/90, *Rec.*, p. I-4658 : 317.
- CJCE, 10 janvier 1993, *Commission c/ Italie*, aff. C-101/91, *Rec.*, p. I-191 : 644.
- CJCE, 3 février 1993, *Véronica*, aff. C-148/91, *Rec.*, p. I-487 : 408.
- CJCE, 31 mars 1993, *Kraus*, aff. C-1992, *Rec.*, p. I-1663 : 380.
- CJCE, 13 juillet 1993, *Thijssen*, aff C-42/92, *Rec.*, p. I-4047 : 406.
- CJCE, 24 novembre 1993, *Keck et Mithouard*, aff. C-267 et 268/91, *Rec.*, p. I-6097 : 342.
- CJCE, 15 décembre 1993, *Hünermund*, aff. 292/92, *Rec.*, p. I-6887 : 339.
- CJCE, 17 mai 1994, *Corsica Ferries Italia*, aff. C-18/93, *Rec.*, p. I-1783 : 709.
- CJCE, 18 mai 1994, *Codorniu*, aff. C-309/89, *Rec.*, p. I-1853 : 668.

- CJCE, 9 août 1994, *France c/ Commission*, aff. C-327/91, *Rec.*, p. I-3641 : 661, 674.
- CJCE, 9 août 1994, *Lancry*, aff. C-363/93, *Rec.*, p. I-3960 : 317.
- Avis 1/94, 15 novembre 1994, *Rec.*, p. I-5267 : 136.
- CJCE, 15 décembre 1994, *Bayer c/ Commission*, aff. C-195/91 P, *Rec.*, p. I-5619 : 581.
- CJCE, 28 mars 1995, *Keinword Benson*, aff. C-346/93, *Rec.*, p. I-615 : 705.
- CJCE, 30 novembre 1995, *Gebhard*, aff. C-55/44, *Rec.*, p. I-4165 : 391.
- CJCE, 18 décembre 1995, *Bosman*, aff. C-415/93, *Rec.*, p. I-4921 : 380.
- CJCE, 12 mars 1996, *Pafitis*, aff. C-441/93, *Rec.*, p. I-1347 : 721.
- Avis 2/94, 28 mars 1996, *Rec.*, p. I-1759 : 136.
- CJCE, 14 novembre 1996, *Tetra Pak International*, aff. C-333/94 P, *Rec.*, p. I-5987 : 482.
- CJCE, 23 février 1997, *Eckehard Pastoors*, aff. C-29/95, *Rec.*, p. I-285 : 706.
- CJCE, 7 mai 1997, *Pistre*, aff. 321 à 324/94, *Rec.*, p. I-4921 : 345.
- CJCE, 26 juin 1997, *Familiapress*, aff. C-368/95, *Rec.*, p. I-3689 : 359.
- CJCE, 11 novembre 1997, *Eurotunnel*, aff. C-408/95, *Rec.*, p. I-6315 : 684.
- CJCE, 9 décembre 1997, *Commission, soutenue par le Royaume-Uni et l'Espagne c/ France*, aff. C-265/95, *Rec.*, p. I-6959 : 340, 629.
- CJCE, 5 mars 1998, *Inpesca c/ Commission*, aff. C-199/94 P et C-200/94 P REV, *Rec.*, p. I-831 : 610.
- CJCE, 10 mars 1998, *Allemagne c/ Conseil*, aff. C-122/95, *Rec.*, p. I-973 : 136.
- CJCE, 5 mai 1998, *Royaume-Uni c/ Commission*, aff. C-180/96, *Rec.*, p. I-2265 : 361.
- CJCE, 12 mai 1998, *Martinez Sala*, aff. 85/96, *Rec.*, p. I-2691 : 435.
- CJCE, 16 juin 1998, *Racke*, aff. C-162/96, *Rec.*, p. I-3655 : 230.
- CJCE, 18 juin 1998, *Commission c/ Italie*, aff. C-35/96, *Rec.*, p. I-3851 : 632.
- CJCE, 16 juillet 1998, *Fédération belge des chambres syndicales des médecins c/ Gouvernement flamand*, aff. C-93/97, *Rec.*, p. I-4837 : 710.
- CJCE, 3 décembre 1998, *Bluhme*, (affaire des abeilles brunes de Laeso), aff. C-67/97, *Rec.*, p. I-8033 : 354.
- CJCE, 17 décembre 1998, *Baustahlgewebe c/ Commission*, C-185/95 P, *Rec.*, p. I-8417 : 512, 564.
- CJCE, 19 février 1999, *Donatella Calfa*, aff. C-348/96, *Rec.*, p. I-11 : 445.
- CJCE, 9 mars 1999, *Centros*, aff. C-212/97, *Rec.*, p. I-1459 : 388.
- CJCE, 22 avril 1999, *Commission c/ Royaume-Uni*, aff. C-340/96, *Rec.*, p. I-2023 : 635.
- CJCE, 8 juillet 1999, *Hoechst c/ Commission*, aff. C-227/92 P, *Rec.*, p. I-4443 : 587.

- CJCE, 23 novembre 1999, *Portugal c/ Conseil*, aff. C-149/96, *Rec.*, p. I-8395 : 262.
- CJCE, 11 janvier 2000, *Tanja Kreil*, aff. C-285/98, *Rec.*, p. I-95 : 269.
- CJCE, 13 janvier 2000, *Schutzwerband*, aff. C-254/98, *Rec.*, p. I-151 : 343.
- CJCE, 3 février 2000, *Charalampos Dounias*, aff. C-228/98, *Rec.*, p. I-577 : 323.
- CJCE, 9 mars 2000, *Commission c/ Belgique*, aff. C-355/98, *Rec.*, p. I-4048 : 406.
- CJCE, 16 mars 2000, *Compagnie maritime belge des transports*, aff. C-395/96, *Rec.*, p. 1365 : 480.
- CJCE, 28 mars 2000, *Georges Badeck c/ Land de Hesse*, aff. C-158/97, *Rec.*, p. I-1875 : 710.
- CJCE, 11 avril 2000, *Deliège*, aff. C-51/96 et 191/97, *Rec.*, p. I-2549 : 425.
- CJCE, 4 juillet 2000, *Commission c/ Grèce*, aff. C-387/97, *Rec.*, p. I-5047 : 646.
- CJCE, 5 décembre 2000, *Guimont*, aff. 448/98, *Rec.*, p. 10663 : 345.
- CJCE, 14 décembre 2000, *Masterfoods*, aff. C-344/98, *Rec.*, p. I-11369 : 503.
- CJCE, 14 décembre 2000, *Dior*, aff. C-300 et 392/98, *Rec.*, p. I-11307 : 525.
- CJCE, 15 février 2001, *Nachi Europe*, aff. C-239/99, *Rec.*, p. I-1197 : 682.
- CJCE, 20 septembre 2001, *Grzelczyk*, aff. C-184 /99, *Rec.*, p. I-6193 : 435.
- CJCE, 9 octobre 2001, *Pays-Bas c/ Conseil*, aff. C-377/98, *Rec.*, p. I-7079 : 233.
- CJCE, 13 décembre 2001, *Commission c/ France*, aff. C-1/00, *Rec.*, p. I-9989 : 365.
- CJCE, 14 mai 2002, *Commission c/ Allemagne*, aff. C-383/00, *Rec.*, p. I-4219 : 632.
- CJCE, 30 mai 2002, *Stratmann GmbH*, aff. C-284/00, *Rec.*, p. I-4611 : 315.
- CJCE, 11 juillet 2002, *Carpenter*, aff. C-60/00, *Rec.*, p. I-1215 : 446.
- CJCE, 11 juillet 2002, *Marks and Spencer*, aff. C-62/00, *Rec.*, p. I-6325 : 260.
- CJCE, 25 juillet 2002, *Union Pequenos agricultores (UPA)*, aff. C-50/00 P, *Rec.*, p. I-6677 : 668.
- CJCE, 17 septembre 2002, *Baumbast*, aff. 413/99, *Rec.*, p. I-7091 : 421.
- CJCE, 15 octobre 2002, *Limburgse c/ Commission*, aff. C-238/99 P, *Rec.*, p. I-8375 : 511.
- CJCE, 5 novembre 2002, *Commission c/ Danemark*, aff. C-467/98, *Rec.*, p. I-9519 : 629.
- CJCE, 22 juin 2003, *Schmidberger*, aff. 112/00, *Rec.*, p. I-5659 : 362.
- CJCE, 11 septembre 2003, *Anomar*, aff. 6/01, *Rec.*, p. I-8621 : 409.
- CJCE, 18 septembre 2003, *Moraletto*, aff. 416/00, *Rec.*, p. I-9343 : 343.

– CJCE, 30 septembre 2003, *Köbler*, aff. C-224/01, *Rec.*, p. I-10239 : 625.
– CJCE, 6 novembre 2003, *Gambelli*, aff. C-243/01, *Rec.*, p. I-13031 : 410.
– CJCE, 11 décembre 2003, *Deutscher Apotheker*, aff. 332/01, *Rec.*, p. 7915 : 342.
– CJCE, 1ᵉʳ avril 2004, *Jégo-Quéré*, aff. C-263/02 P, *Rec.*, p. I-3425 : 668.
– CJCE, 9 septembre 2004, *Carbonati*, aff. 72/03, *Rec.*, p. 8027 : 318.
– CJCE, 14 octobre 2004, *Omega*, aff. 36/02, *Rec.*, p. 9609 : 405.
– CJCE, 17 février 2005, *Salah Oulane*, aff. C-215/03, *Rec.*, p. I-1215 : 445.
– CJCE, 15 mars 2005, *Bidar*, aff. C-209/03, *Rec.*, p. I-2119 : 435.
– CJCE, 26 avril 2005, *Commission c/ Irlande*, aff. C-494/01, *Rec.*, p. I-3331 : 629.
– CJCE, 2 juin 2005, *Commission c/ Luxembourg*, aff. C-266/03, *Rec.*, p. I-4805 : 230.
– CJCE, 12 juillet 2005, *Commission c/ France*, aff. C-304/02, *Rec.*, p. I-6263 : 647.
– CJCE, 14 juillet 2005, *Commission c/ Allemagne*, aff. C-433/03, *Rec.*, p. I-6985 : 628.
– CJCE, 13 septembre 2005, *Commission c/ Conseil*, aff. C-176/03, *Rec.*, p. I-7879 : 603.
– CJCE, ord., 6 octobre 2005, *Telekom Austria*, aff. C-256/05, np : 711.
– CJCE, 24 novembre 2005, *Schwartz*, aff. 36/04, *Rec.*, p. I-10139 : 353.
– CJCE, 8 décembre 2005, *Commission c/ Luxembourg*, aff. C-33/04, *Rec.*, p. I-10629 : 636.
– CJCE, 23 février 2006, *Punkt*, aff. 441/04, *Rec.*, p. I-2093 : 342.
– CJCE, 27 avril 2006, *Standesamt Stadt Niebüll*, aff. C-96/04, *Rec.*, p. I-3561 : 708.
– CJCE, 30 mai 2006, *Commission c/ Irlande*, aff. 459/03, *Rec.*, p. I-4635 : 138.
– CJCE, 8 juin 2006, *Koonstra*, aff. C-517/04, *Rec.*, p. I-5015 : 324.
– CJCE, 11 juillet 2006, *Édith Cresson c/ Commission*, aff. C-432/04, *Rec.*, p. I-6387 : 74.
– CJCE, 7 septembre 2006, *Espagne c/ Conseil*, aff. 310/04, *Rec.*, p. I-7285 : 678.
– CJCE, 12 septembre 2006, *Espagne c/ Royaume-Uni*, aff. C-145/04, *Rec.*, p. I-7917 : 620.
– CJCE, 12 septembre 2006, *Cadbury Schweppes*, aff. 196/04, *Rec.*, p. I-7995 : 391.
– CJCE, 3 novembre 2006, *Asnef-Equifax*, aff. C-238/05, *Rec.*, p. I-1125 : 471.
– CJCE, 8 février 2007, *Danone c/ Commission*, aff. C-3/06 P, *Rec.*, p. I-1331 : 510.

– Cour, 1ᵉʳ juin 2010, *Blanco Perez*, aff. C-570/07 et 571/07, *Rec.*, p. I-4629 : 718.

– Cour, 10 juin 2010, *Bruno et Pettini*, aff. C-395/08 et C-396/08, *Rec.*, p. I-5119 : 718.

– Cour, 22 juin 2010, *Melki et Abdeli*, aff. C-188/10 et 189/10, *Rec.*, p. I-5665 : 729.

– Cour, 29 juin 2010, *Dominguez*, aff. C-550/09, *Rec.*, p. I-6209 : 187.

– Cour, 8 juillet 2010, *Afton Chemical Ltd*, aff. C-343/09, np : 682.

– Cour, 29 juillet 2010, *Commission c/ Autriche*, aff. C-189/09, *Rec.*, p. I-99 : 684.

– Cour, 14 octobre 2010, *Deutsche Telekom c/ Commission*, aff. C-280/08, *Rec.*, p. I-9555 : 484.

– Cour, 2 décembre 2010, *Ker-Opticka*, aff. 108/09, *Rec.*, p. I-2213 : 353.

– Avis 1/09, 8 mars 2011, *Rec.*, p. I-1137 : 136, 137, 395.

– Cour, 8 mars 2011, *Ruiz Zambrano*, aff. C-34/09, *Rec.*, p. I-1177 : 447.

– Cour, 5 avril 2011, *Société fiduciaire nationale d'expertise comptable*, aff. C-119/09, *Rec.*, p. I-2551 : 395.

– Cour, 3 mai 2011, *Télé Polska*, aff. C-375/09, *Rec.*, p. I-3055 : 502.

– Cour, 24 mai 2011, *Commission c/ France*, aff. C-50/08, *Rec.*, p. I-4195 : 406.

– Cour, 13 octobre 2011, *Pierre Fabre Cosmétiques*, aff. C-439/09, *Rec.*, p. I-9419 : 477.

– Cour, 13 octobre 2011, *Deutsche Post c/ Commission*, aff. C-463 et 475/10, *Rec.*, p. I-9639 : 661.

– Cour, 29 octobre 2011, *National Grid Indus*, aff. 371/10, *Rec.*, p. I-12273 : 388.

– Cour, 15 novembre 2011, *Commission c/ Allemagne*, aff. C-539/09, *Rec.*, p. 11235 : 142, 603, 628.

– Cour, 8 décembre 2011, *KME c/ Commission*, aff. 272/09 P, *Rec.*, p. I-12789 : 509.

– Cour, 21 décembre 2011, *Air Transport*, aff. 366/10, *Rec.*, p. I-13755 : 706.

– Cour, 14 février 2012, *Toshiba Corporation*, aff. C-17/10, np : 497.

– Cour, 19 avril 2012, *Tomra Systems*, aff. C-549/10 P, *Rec. num.* : 484.

– Cour, 12 juillet 2012, *Vale Epitesi*, aff. C-378/10, *Rec. num.* : 388.

– Cour, 12 juillet 2012, *Compass-Datenbank*, aff. C-138/11, *Rec. num.* : 464.

– Cour, 5 septembre 2012, *Rahman*, aff. C-83/11, np : 427.

– Cour, 16 octobre 2012, *Hongrie c/ Slovaquie*, aff. C-364/10, *Rec. num.* : 620.

– Cour, 22 novembre 2012, *Commission c/ Allemagne*, aff. C-600/10, *Rec. num.* : 632.

- Cour, 22 novembre 2012, *E. ON Energie*, aff. C-89/11 P, *Rec. num.* : 500.
- Cour, 27 novembre 2012, *Pringle*, aff. C-370/12, *Rec. num.* : 662.
- Cour, 6 décembre 2012, *AstraZeneca*, aff. C-457/10, np : 484.
- Cour, 11 décembre 2012, *Commission c/ Espagne*, aff. C-610/10, *Rec. num.* : 647, 648.
- Cour, 13 décembre 2012, *Expédia*, aff. C-226/11, *Rec. num.* : 503.
- Cour, 19 décembre 2012, *Commission c/ Irlande*, aff. C-279 et 374/11, np : 647, 648.
- Cour, 31 janvier 2013, *Belov*, aff. C-394/11, np : 709.
- Cour, 26 février 2013, *Aklagaren c/ Hans Akerberg Fransson*, aff. C-617/10, et *Melloni*, aff. C-399/11, np : 235, 705.
- Cour, 28 février 2013, *Ordem dos Tenicos Officials de Contas*, aff. C-1/12, *Rec. num.* : 467.
- Cour, 28 février 2013, *Arango Jaramilloc c/ BEI*, aff. C-334/12 RX-II, np : 570.
- Cour, 16 avril 2013, *Espagne et Italie c/ Conseil*, aff. C-274/11 et C-295/11, np : 739.
- Cour, 30 mai 2013, *Jérémy F. c/ Premier ministre*, aff. C-168/13 PPU, np : 710.
- Cour, 19 septembre 2013, *Commission c/ G. Strack*, aff. C-579/12, RX-II : 570.
- Cour, 22 octobre 2013, *Commission c/ Allemagne*, aff. C-95/12, *Rec. num.* : 647.
- Cour, 7 novembre 2013, *Isbir*, aff. C-522/12, *Rec. num.* : 395.
- Cour, 28 novembre 2013, *Commission c/ Luxembourg*, aff. C-576/11, *Rec. num.* : 647.
- Cour, 5 décembre 2013, *Allessandra Venturini*, aff. C-159 à 161/12, *Rec. num.* : 405.
- Cour, 10 décembre 2013, *Commission c/ Irlande, France, Italie, Eurallumina SpA, Aughinish Alumia Ltd*, aff. C-272/12 P, *Rec. num.* : 679.
- Cour, ord., 12 décembre 2013, *Umbra Packaging srl c/ Agenzia delle Entrate – Direzione Provinciale di Perugia*, aff. C-355/13, *Rec. num.* : 720.
- Cour, 19 décembre 2013, *Commission c/ Pologne*, aff. C-281/11, np : 209.
- Cour, 15 janvier 2014, *Commission c/ Portugal*, aff. C-292/11 P, *Rec. num.* : 650.
- Cour, 16 janvier 2014, *Flora May Reyes c/ Migrationsverket*, aff. C-423/12, *Rec. num.* : 427.
- Cour, 13 février 2014, *Merk Canada Inc. c/ Accord Healthcare Ltd e.a.*, aff. C-555/13, *Rec. num.* : 709.

- Cour, 6 mars 2014, *Crucinao Siragusa c/ Regione Sicilia*, aff. C-206/13, np : 235.
- Cour, 18 mars 2014, *Commission c/ PE et Conseil*, aff. C-427/12, np : 215.
- Cour, 20 mars 2014, *Commission c/ Pologne*, aff. C-639/11, np : 367.
- Cour, 8 avril 2014, *Digital Rights Ireland Ltd et Kärntner Landesregierung e.a.*, aff. C-293/12 et 294/12, np : 706.
- Cour, 30 avril 2014, *Royaume-Uni c/ Conseil*, aff. C-209/13, np : 553, 739.
- Cour, 6 mai 2014, *Commission c/ Parlement et Conseil*, aff. C-43/12, *Rec. num.* : 95.
- Cour, 13 mai 2014, *Commission c/ Espagne*, aff. C-184/11, np : 546.
- Cour, 19 juin 2014, *Jessy Saint Prix c/ Secretary of State of Work and Pensions*, aff. C-507/12, *Rec. num.* : 425.
- Cour, 1er juillet 2014, *Alands Vindkraft*, aff. C-573/12, np : 359.
- Cour, 17 juillet 2014, *Angelo Alberto Torresi et Pierfrancesco Torresi*, aff. C-58 et 59/13, np : 391.
- Cour, 10 septembre 2014, *Haralambidis*, aff. C-270/13, np : 383.
- Cour, 2 octobre 2014, *Orgacom*, aff. C-254/13, np : 323.
- Cour, 9 octobre 2014, *TDC A/S c/ Erhvervsstyrelsen*, aff. C-222/13, np : 709.
- Cour, 15 octobre 2014, *Parlement c/ Commission*, aff. C-65/13, np : 83.
- Cour, 11 novembre 2014, *Dano*, aff. C-333/13, np : 428.
- Cour, 19 novembre 2014, *ClientEarth*, aff. C-404/13, np : 260.
- Cour, 2 décembre 2014, *Commission c/ Grèce*, aff. C-378/13, np : 647.
- Cour, 11 décembre 2014, *Essent Belgium*, aff. C-204 à 208/12, np : 359.
- Avis 2/13, 18 décembre 2014, np : 137, 575.
- Cour, 5 février 2015, *Nisttahuz Poclava*, aff. C-117/14, np : 235.
- Cour, 12 février 2015, *Sähköalojenanimattilitto*, np : 395.
- Cour, 18 février 2015, *Stanley international Betting et Stanley Malta Ltd*, aff. C-463/13, np : 409.
- Cour, 28 avril 2015, *T & L Sugars et Sidul Açucares Unipessoal Lda c/ Commission*, aff. C-456/13 P, np : 669.
- Cour, 5 mai 2015, *Espagne c/ Parlement et Conseil*, aff. C-146/13, np : 553.
- Cour, 5 mai 2015, *Espagne c/ Conseil*, aff. C-147/13, np : 553.
- Cour, 4 juin 2015, *P. et S.*, aff. C-579/13, np : 447.
- Cour, 16 juin 2015, *Peter Gauweiler et a.*, aff. C-62/14, np : 161.
- Cour, 18 juin 2015, *Deutsche Bahn et a.*, aff. C-583/13, np : 500.
- Cour, 9 juillet 2015, *K. et A.*, aff. C-153/14, np : 447.
- Cour, 9 juillet 2015, *Allemagne c/ Conseil*, aff. C-360/14 P, np : 357.
- Cour, 16 juillet 2015, *Commission c/ Conseil*, aff. C-88/14, np : 215.

- Cour, 20 janvier 2022, *Commission c/ Grèce*, aff. C-51/20 : 647.
- Cour, ord., 4 février 2022, *République tchèque c/ Pologne*, aff. C-121/21 : 620.
- Cour, 10 février 2022, *Bekirschauttmannschaft HartbergFürstenfeld*, aff. C-219/20 : 395.
- Cour, 16 février 2022, *Hongrie c/ PE et Conseil*, et *Pologne c/ PE et Conseil*, aff. C-156/21 et 157/21 : 740.
- Cour, 3 mars 2022, *Sosiaala – ja terveysalan lupa – ja valvontavirast*, aff. C-634/20 : 403.
- Cour, 24 mars 2022, *PJ c/ EUIPO*, aff. C-529/18 P : 582.
- Cour, gr. ch., 26 avril 2022, *Landespolizeidirektion Steiemark*, aff. jtes C-368/20 et 369/20 : 432.
- Cour, 5 mai 2022, *Commission c/ Missir Mamachi di Lusignano*, aff. C-54/20 P : 570.

Tribunal

- TPICE, ord., 23 janvier 1991, *Prodifarma c/ Commission*, aff. T-3/90, *Rec.*, p. II-1 : 690.
- TPICE, 3 juin 1999, *TF1 c/ Commission*, aff. T-17/96, *Rec.*, p. II-1757 : 691.
- TPICE, 3 mai 2002, *Jégo Quéré c/ Commission*, aff. T-177/01, *Rec.*, p. II-2365 : 668.
- TPICE, 26 novembre 2002, *Artegodan*, aff. T-74/00, *Rec.*, p. II-4945 : 321, 361.
- TPICE, 28 janvier 2003, Laboratoires Servier, aff. T-147/00, np. : 361.
- TPICE, 30 septembre 2003, *T.A.C.A.*, aff. T-212 à 214/98, *Rec.*, p. II-375 : 486.
- TPICE, 8 juillet 2004, *JFE Engineering e.a. c/ Commission*, T-67/00, T-68/00, T-71/00 et T-78/00, *Rec.*, p. II-2501 : 679.
- TPICE, 26 janvier 2005, *Laurent Piau*, aff. T-193/02, *Rec.*, p. II-209 : 467.
- TPICE, 30 janvier 2007, *France Télécom SA c/ Commission*, aff. T-340/03, *Rec.*, p. II-107 : 486.
- TPICE, 17 septembre 2007, *Microsoft c/ Commission*, aff. T-201/04, *Rec.*, p. II-03601 : 485.
- TPICE, ord., 28 septembre 2007, *France c/ Commission*, T-257/07 R, *Rec.*, p. II-4153 : 599.
- TPICE, ord., 15 novembre 2007, *Donnici c/ Parlement*, T-215/07 R, *Rec.*, p. II-4673 : 601.
- TPICE, ord., 25 juin 2008, *VDH Projektentwicklung et Edeka Rhein-Ruhr c/ Commission*, aff. T-185/08, *Rec.*, p. II-98 : 685.
- TPICE, 8 octobre 2008, *Schunck c/ Commission*, aff. T-69/04, *Rec.*, p. II-2567 : 512.

- TPICE, 28 janvier 2009, *Centra Studi Manieri c/ Conseil*, aff. T-125/06, *Rec.*, p. II-69 : 581, 671.
- Trib, ord., 16 novembre 2010, *Internationale FruchtimportGessellschaft c/ Commission*, aff. T-296/97, *Rec.*, p. II-3871 : 671.
- Trib., 15 décembre 2010, *E. ON Energie*, aff. T-141/08, *Rec.*, p. II-5761 : 500.
- Trib., 29 mars 2011, *Portugal c/ Commission*, aff. T-33/09, *Rec.*, p. II-1429 : 650.
- Trib, ord., 11 avril 2011, *Département du Gers c/ Commission*, aff. T-502/10, *Rec.*, p. II-90 (pub. somm) : 664.
- Trib., ord., 6 septembre 2011, *Inuit Tapirrit Kanatami c/ Parlement et Conseil*, aff. T-18/10, *Rec.*, p. II-05599 : 669.
- Trib., ord., 9 septembre 2011, *France c/ Commission*, aff. T-257/07, *Rec.*, p. II-5827 : 361.
- Trib., 5 octobre 2011, *Romana Tabacchi c/ Commission*, aff. T-11/06, *Rec.*, p. II-6681 : 510.
- Trib., 19 octobre 2011, *France c/ Commission, soutenue par Royaume-Uni*, aff. T-139/06, *Rec.*, p. II-7315 : 647.
- Trib., ord., 4 juin 2012, *Eurofer c/ Commission*, aff. T-381/11, *Rec.*, p. II-292 (pub. somm) : 669.
- Trib., 27 juin 2012, *Bolloré*, aff. T-372/10, *Rec. num.* : 501.
- Trib., 8 novembre 2012, *Hongrie c/ Commission*, aff. T-194/10, np : 666.
- Trib., ord., 11 janvier 2013, *Charron Inox, Almet c/ Conseil et Commission*, aff. T-445-11 et T-88/12, *Rec. num.* : 682.
- Trib., 27 février 2013, *Bloufin Touna*, aff. T-367/10, np : 669.
- Trib., 9 juillet 2013, *Arango Jaramillo c/ BEI*, aff. T-234/11 P-RENV-RX, np : 569.
- Trib., 26 septembre 2013, *Pioneer c/ Commission*, aff. T-164/11, *Rec. num.* : 689.
- Trib., 9 décembre 2013, *El Corte Inglès, SA c/ Commission*, aff. T-38/09, np : 666.
- Trib, ord., 27 février 2014, *GJ c/ Cour de justice de l'Union européenne*, aff. T-490/13, np : 671.
- Trib., 3 septembre 2014, *Schutzgemeinschaft Milch und Milcherzeugnisse c/ Commisssion*, aff. T-112/11 et 113/11, np : 666.
- Trib., ord., 16 octobre 2014, *Konstantinos Mallis et Elli Konstantinou Malli c/ Commission et BCE*, aff. T-327/13, np : 662.
- Trib., 21 janvier 2015, *Easyjet Airline*, aff. T-355/13, np : 502.
- Trib., 22 avril 2015, *Planet c/ Commission*, aff. T-320/09, np : 674.
- Trib., 30 avril 2015, *Polynt et Sitre c/ ECHA*, aff. T-134/13, np : 666.

– Trib., 30 avril 2015, *Hitachi Chemical Europe c/ ECHA*, aff. T-135/13, np : 666.
– Trib., 12 mai 2015, *Dalli c/ Commission*, aff. T-562/12, np : 75.
– Trib., 21 mai 2015, *APRAM c/ Commission*, aff. T-403/13, np : 667.
– Trib., 30 septembre 2015, *Anagnostakis c/ Commission*, aff. T-450/12, np : 81.
– Trib., 16 décembre 2015, *Suède c/ Commission*, aff. T-521/14, np : 695.
– Trib., 10 janvier 2017, *Gascogne c/ UE*, aff. T-577/14, np. : 611.
– Trib., 17 février 2017, *Ingrid Alice Mayer c/ EFSA*, aff. T-493/14, np. : 679.
– Trib., 4 mai 2017, *Green source Poland c/ Commission*, aff. T-512/14 : 667.
– Trib., 23 octobre 2017, CEAHR c/ Commission, aff. T-712/14 : 477.
– Trib., 13 décembre 2017, *RENV, Arango Jamarillo et autres c/ BEI*, aff. T-482/16 : 570.
– Trib., 19 septembre 2019, *Zhejiang India Pipeline Industry c/ Commission*, aff. T-228/17 : 262.
– Trib., 20 septembre 2019, *Venezuela c/ Conseil*, aff. T-65/18 : 664.
– Trib., ord., 25 septembre 2019, *Magnan c/ Commission*, aff. T-99/19 : 690.
– Trib., 7 novembre 2019, *Campine et Gampine Recycling c/ Commission*, aff. T-240/17 : 512.
– Trib., 21 novembre 2019, *Banco Coopérativo Espanol c/ CRU, Portigon c/ CRU, Hypo Vorarlberg Bank AG c/ CRU* : 669.
– Trib., ord., 8 avril 2021, *CRII-GEN e.a. c/ Commission*, aff. T-496/20 : 668.
– Trib., 5 mai 2021, *Pharmaceutical Works*, aff. T-611/18 : 684.
– Trib., 10 novembre 2021, *Google*, aff. C-612/17 : 482.

Bibliographie sélective

Ouvrages généraux

* J. ANDRIANTSIMBAZOVINA, M. BLANQUET, F. FINES et H. GAUDIN, *Les grands arrêts de la Cour de justice de l'Union européenne. Droit constitutionnel et institutionnel de l'Union européenne*, Paris, Dalloz, 2014.

* A. BERRAMDAME et J. ROSETTO, *Droit de l'Union européenne. Institutions et ordre juridique*, 3ᵉ éd., coll. Cours, Paris, LGDJ-Lextenso, 2017.

* M. BLANQUET, *Droit général de l'Union européenne*, 11ᵉ éd, Paris, Sirey, 2018.

* C. BOUTAYEB (dir.), *Les grands arrêts du droit de l'Union européenne. Droit institutionnel et matériel de l'Union européenne*, Paris, LGDJ-Lextenso, 2014.

* C. BOUTAYEB, *Droit institutionnel de l'Union. Institutions, ordre juridique, contentieux*, 7ᵉ éd., coll. Manuel, Paris, LGDJ-Lextenso, 2022.

* C. BRIÈRE et M. DONY, *Droit de l'Union* européenne, 8ᵉ éd., Bruxelles, Éditions de l'Université de Bruxelles, 2022.

* L. COUTRON, *Droit de l'Union européenne. Institutions, sources, contentieux*, 6ᵉ éd., Paris, Dalloz, 2021.

* L. GRARD (dir.), *Droit de l'Union européenne*, coll. Exercices pratiques, Paris, LGDJ-Lextenso, 2013.

* J.-P. JACQUÉ, *Droit institutionnel de l'Union européenne*, 9ᵉ éd., coll. Cours, Paris, Dalloz, 2018.

* *JurisClasseur Europe traité* (encyclopédie permanente).

* M. KARPENSCHIF et C. NOURRISSAT, *Les grands arrêts de la jurisprudence de l'Union européenne*, 4ᵉ éd., coll. Thèmis, Paris, PUF, 2021.

* P. LEQUILLER, « Le Traité de Lisbonne », in *Rapport de l'Assemblée nationale*, n° 562, 8 janvier 2008. *Liber amicorum Melchior Wathelet. L'Europe au présent*, Bruxelles, Larcier, 2018.

* *Liber amicorum Vassilios Skouris, La Cour de justice de l'Union européenne sous la présidence de Vassilios Skouris (2003-2015)*, Bruxelles, Bruylant, 2015.

* F. Martucci, *Droit de l'Union européenne*, 3ᵉ éd., coll. Hypercours, Paris, Dalloz, 2021.

* *Mélanges en l'honneur du Doyen François Hervouët. Entre les ordres juridiques*, Poitiers, Presses universitaires juridiques, 2015.

* *Mélanges J.-P. Jacqué, Chemins d'Europe*, Paris, Dalloz, 2010.

* *Mélanges J. Molinier*, Paris, LGDJ-Lextenso, 2012.

* F. Picod, C. Rizcallah et S. van Drooghenbroeck (dir.), *La Charte des droits fondamentaux. Commentaire article par article*, 3ᵉ éd., Bruxelles, Bruylant, 2022.

* F.-X. Priollaud et D. Siritzki, *Le Traité de Lisbonne. Texte et commentaire article par article des nouveaux traités européens (TUE-TFUE)*, Paris, La documentation Française, 2008.

* *Répertoire communautaire Dalloz* (encyclopédie permanente).

* J.-L. Sauron, *Comprendre le Traité de Lisbonne*, Paris, Gualino éditeur, 2008.

* P.-H. Teitgen, *Droit institutionnel communautaire* (préf. J. Rideau), Bruxelles, Bruylant, 2019.

* F. Terpan, *Droit et politique de l'Union européenne*, 3ᵉ éd., Bruxelles, Larcier, 2018.

* A. Vauchez, *L'Union par le droit. L'invention d'un programme institutionnel pour l'Europe*, Paris, Les Presses de Sciences Po, 2013.

Ouvrages spécialisés

En droit matériel

* J.-B. Auby et P. Idoux (dir.), *Le gouvernement économique européen*, coll. Droit administratif, Bruxelles, Bruylant, 2017.

* M.-A. Barthe, *Économie de l'Union européenne*, Paris, Economica, 2014.

* C. Blumann (dir.), *Introduction au marché intérieur. Libre circulation des marchandises*, 3ᵉ éd., Commentaire J. Mégret, Bruxelles, Éditions de l'Université de Bruxelles, 2015.

* C. Boutayeb, *Droit matériel de l'Union européenne*, 6ᵉ éd., coll. Manuel, Paris, LGDJ-Lextenso, 2021.

* L.-Y. Carlier, *La condition des personnes dans l'Union européenne ; recueil de jurisprudence*, Bruxelles, Larcier, 2022.

* O. Clerc et P. Kaufnamm, *L'Union économique et monétaire européenne. Des origines aux crises contemporaines*, Paris, Pedone, 2016.

* N. de Grove-Valdeyron, *Droit du marché intérieur européen*, 5ᵉ éd., coll. Systèmes, Paris, LGDJ, 2017.

* L. Dubouis et C. Blumann, *Droit matériel de l'Union européenne*, 7ᵉ éd., Paris, Monchrestien, 2019.

* L. Fromont, *La gouvernance économique européenne. Les conséquences constitutionnelles d'une décennie de crises*, Bruxelles, Bruylant, 2022.

* C. Nourissat, *Droit de la concurrence. Libertés de circulation. Droit de l'Union européenne-Droit interne*, 5ᵉ éd., coll. HyperCours, Paris, Dalloz, 2016.

* N. Petit, *Droit européen de la concurrence*, 3ᵉ éd., Paris, Montchrestien, 2020.

* P. Van Cleynenbreugel, *Droit matériel de l'Union européenne. Libertés de circulation et marché intérieur*, Bruxelles, Larcier, 2017.

* L. Vogel, *Droit de la concurrence. Droit européen*, 3ᵉ éd., Bruxelles, Bruylant, 2020.

* L. Vogel, *Droit du marché intérieur*, 2ᵉ éd., Bruxelles, Bruylant, 2020.

En contentieux

* A. Cartier et D. Dero-Bugny (dir.), *Les réformes de la Cour de justice. Bilans et perspectives*, Bruylant, Bruxelles, 2020.

* F. Ferraro et C. Iannone, *Le renvoi préjudiciel*, Bruxelles, Larcier, 2022.

* K. Lenaerts et J. Gutierrez-Pons, *Les méthodes d'interprétation de la Cour de justice de l'Union européenne*, Bruxelles, Larcier, 2020.

* S. Mahieu (dir.), *Contentieux de l'Union européenne. Questions choisies*, Bruxelles, Larcier, 2014.

* T. Materne, *La procédure en manquement d'État. Guide à la lumière de la jurisprudence de la Cour de justice de l'Union européenne*, Bruxelles, Larcier, 2012.

* M. Wathelet et J. Wildermeersch, *Contentieux européen*, Bruxelles, Larcier, 2014.

* J. Wildemeersch, *Contentieux de la légalité des actes de l'Union européenne*, Bruxelles, Bruylant, 2019.

Sur les grands débats européens

* C. Bahurel, E. Bernard et M. Ho-Dac (dir.), *Le Brexit. Enjeux régionaux, nationaux et internationaux*, Bruxelles, Bruylant, 2017.

* A. Bailleux, E. Bernard et S. Jacquot, *Les récits judiciaires de l'Europe*, Bruxelles, Bruylant, 2020.

* V. Barbe et C. Koumpli, *Brexit, droits et libertés*, Bruxelles, Larcier, 2022.

* D. Blanc (dir.), « 60 ans des traités », *Rev. UE*, décembre 2017 (n° 613) à juillet-août 2018 (n° 620).
* B. Cautres, *Les Européens aiment-ils (toujours) l'Europe ?*, coll. Réflexe Europe, Paris, La documentation Française, 2014.
* L. Clément-Wilz, *Le rôle politique de la Cour de justice de l'Union européenne*, Bruylant, Bruxelles, 2019.
* E. Dubout et F. Picod (dir.), *Coronavirus et droit de l'Union européenne*, Bruxelles, Bruylant, 2021.
* H. Dumont, *Le COVID-19 : quels défis pour les États et l'Union européenne ?*, Bruxelles, Bruylant, 2022.
* D. Grisay (dir.), *Brexit : Enjeux et perspectives politiques, économiques et juridiques*, Bruxelles, Larcier, 2017.
* C. Haguenau-Moizard et C. Mestre, *La démocratie dans l'Union européenne*, Bruxelles, Bruylant, 2018.
* P. Huberdeau, *La construction européenne est-elle irréversible ?*, coll. Réflexe Europe, Paris, La documentation Française, 2017.
* Z. Laïdi, *La norme sans la force. L'énigme de la puissance européenne*, 2e éd., Paris, Les Presses de Sciences Po, 2013.
* A. Lami (dir.), *La pandémie de Covid-19. Les systèmes juridiques à l'épreuve de la crise sanitaire*, Bruxelles, Bruylant, 2021.
* M. Lefebvre, *L'Union européenne peut-elle devenir une grande puissance ?*, coll. Réflexe Europe, Paris, La documentation Française, 2012.
* E. le Heron, *À quoi sert la Banque centrale européenne ?*, coll. Réflexe Europe, Paris, La documentation Française, 2012.
* B. Nabli, *L'État intégré, un nouveau type d'État européen. Le cas de la France*, Bruxelles, Bruylant, 2022.
* S. Matelly et B. Nivet, *L'Europe peut-elle faire face à la mondialisation ?*, coll. Réflexe Europe, Paris, La documentation Française, 2015.

Périodiques

Cahiers de droit européen
Common Market Law Review
Europe
Journal de droit européen
Revue des affaires européennes
Revue du marché commun et de l'Union européenne
Revue du droit de l'Union européenne
Revue trimestrielle de droit européen
Revue trimestrielle des droits de l'homme

Documents

Journal officiel de l'Union européenne (série L : « Législation » et série C :
  « Communications »)
Rapport général sur l'activité de l'Union européenne (annuel)
Rapport de la Cour de justice de l'Union européenne (annuel)

Sites Internet

Site Internet de l'Assemblée nationale : *http://assemblee-nationale.fr*
Site Internet de la Fondation Schuman : *http://www.robert-schuman.eu*
Site Internet de l'Institut Jacques Delors (fondation Notre Europe) : *http://
  institutdelors.eu*
Site Internet du *Journal du marché intérieur* : *http://jmieurope.typepad.com*
Site Internet du Sénat : *http://www.senat.fr*
Site Internet de l'Union européenne : *http://europa.eu.int*
Site Internet de l'Observatoire du *Brexit* : *https://brexit.hypotheses.org*

Index

(Les numéros renvoient aux paragraphes)

Q

R

S

T

Table des matières

PARTIE I
LE SYSTÈME JURIDIQUE EUROPÉEN

TITRE I
Les institutions de l'Union

TITRE II
Les sources du droit de l'Union

PARTIE II
LE MARCHÉ EUROPÉEN

TITRE I
La libre circulation

TITRE II
La libre concurrence

PARTIE III
LE JUGE EUROPÉEN

TITRE I
Les juridictions de l'Union et la procédure contentieuse

TITRE II
Les principales voies de droit